Financial Risk Management

金融风险管理
（第2版）

高晓燕 主编

清华大学出版社
北京

内 容 简 介

本书通过运用最新的风险分析工具,对信用风险、流动性风险、市场风险、利率风险、汇率风险、证券投资组合风险、操作风险、法律风险及其他风险的管理等进行了系统分析,并提出相应的定价模型和风险管理模型。对金融风险管理的发展环境及未来发展趋势进行了研究。论述了金融风险管理的基本结构、程序、技能要求和管理模型;梳理了基本的、国际上通用的金融风险识别、衡量技术。对金融风险管理进行了全面系统的分析研究。

本书力求突出几个特色:系统性,新颖性,现实性。本书适合经济管理类专业本科生、专科生使用,以及适合做银行从业资格考试的学员培训教材。

本书封面贴有清华大学出版社防伪标签,无标签者不得销售。
版权所有,侵权必究。举报: 010-62782989, beiqinquan@tup.tsinghua.edu.cn。

图书在版编目(CIP)数据

金融风险管理/高晓燕主编. —2版. —北京:清华大学出版社,2019(2023.12重印)
(21世纪经济管理精品教材. 金融学系列)
ISBN 978-7-302-50540-2

Ⅰ.①金… Ⅱ.①高… Ⅲ.①金融风险-风险管理-高等学校-教材 Ⅳ.①F830.9

中国版本图书馆 CIP 数据核字(2018)第 141940 号

责任编辑:杜　星
封面设计:李召霞
责任校对:宋玉莲
责任印制:沈　露

出版发行:清华大学出版社
网　　址: https://www.tup.com.cn, https://www.wqxuetang.com
地　　址: 北京清华大学学研大厦 A 座　　邮　编: 100084
社 总 机: 010-83470000　　邮　购: 010-62786544
投稿与读者服务: 010-62776969, c-service@tup.tsinghua.edu.cn
质量反馈: 010-62772015, zhiliang@tup.tsinghua.edu.cn
印 装 者: 三河市天利华印刷装订有限公司
经　　销: 全国新华书店
开　　本: 185mm×260mm　　印　张: 18　　字　数: 412 千字
版　　次: 2012 年 8 月第 1 版　2019 年 6 月第 2 版　　印　次: 2023 年 12 月第 9 次印刷
定　　价: 49.00 元

产品编号: 080270-01

前言

随着金融自由化、全球化的发展以及层出不穷的金融创新,金融机构所处的风险环境日益复杂,金融风险已成为各国政府和公众面临的最严重的非自然类灾难。特别是自2007年开始的金融危机以来,金融风险管理就成为摆在各国政府、监管者和从业者面前的重要课题。

2018年是贯彻党的十九大精神的开局之年,是决胜全面建成小康社会、实施"十三五"规划承上启下的关键一年。党的十九大报告对我国社会主要矛盾做出了新的表述,强调不平衡不充分发展是当前中国面临的突出问题。在金融改革领域,党的十九大报告明确指出:"深化金融体制改革,增强金融服务实体经济能力,提高直接融资比重,促进多层次资本市场健康发展。健全货币政策和宏观审慎政策双支柱调控框架,深化利率和汇率市场化改革。健全金融监管体系,守住不发生系统性金融风险的底线。"

我国商业银行风险管理起步较晚。随着金融体制改革的不断深化,我国商业银行风险管理虽有所改进,但仍存在许多问题。从我国目前实际情况和改革开放的进展来看,我国商业银行正在和将要面临以下难题:①资产质量不高。受我国商业银行自身的利益驱动、缺乏自我约束和内控机制、政府行政干预以及宏观政策调整等影响,我国商业银行相当一部分的资产已经或将要成为呆账或坏账而丧失收益甚至本金。②贷款难以收回。尽管《中华人民共和国公司法》《中华人民共和国商业银行法》《贷款通则》等法律法规已经颁布实施,但是银行仍面临企业不愿或不能偿还银行贷款,使银行承担较大的贷款无法收回的风险。③市场化风险加大。我国的金融市场已发展到一定规模,银行的资金筹集和运用已经开始市场化,这会使银行面临资金流动性或支付危机的风险。例如,银行同业拆借市场的发展,有利于商业银行进行资金流动性管理,但由于市场不完善和商业银行拆借行为的不规范,可能导致资金流动性或支付能力的危机。④利率风险加大。随着资金融通的不断市场化和中央银行对利率调控手段的运用,利率变化的频率和幅度会进一步加快和扩大,从而银行所面临的利率风险也将进一步增大。⑤汇率及其他金融衍生品交易风险日益增大。随着各商业银行外汇业务和外汇交易的不断扩大,其面临的汇率波动也日益增大。同时,由于缺乏管理经验,商业银行对金融衍生品交易的涉入使经营风险进一步加大。⑥金融犯罪案件屡发不断,影响极大。犯罪种类和手段日益多样,造成的经济损失和影响也不断扩大,尤其是由银行内部造成的金融欺诈和盗窃案件,使银行资金遭受损失的风险进一步加大。

形成以上难题的因素是多方面的。有的是由于缺乏严格的内部控制所致,有的是由外部客观因素形成的,有的是内生可控的,有的是外生不可控的。因此,商业银行应着眼于内部风险控制,结合考虑外部监控因素来设计商业银行的风险管理体系。

近几年,我国在商业银行风险管理方面,已经逐步建立风险管理的体系。但是,与国外同行相比,还存在相当的差距,从而限制了银行风险管理系统在揭示和控制方面的作用,阻碍了我国商业银行的国际化发展。存在的差距主要是传统的管理理念与科学的风险管理存在差距;商业银行风险管理系统的构架还不完善;我国商业银行评估风险、量化风险的技术还比较落后、简单,缺乏风险对冲的工具;我国的商业银行缺少风险管理的文化。

金融风险管理日益受到国内外金融界的重视,论著颇丰。但由于金融风险管理的理论、技术、策略、工具等处在一个不断发展的过程中,有些理论、技术尚未成型,论著中多以论文或专著形式出现,教材尚不多见。编写本书的目的在于促进金融类院校本科生课程建设,同时为社会及金融机构提供高水平的理论指导。通过对金融风险进行系统的、深入的研究归纳,力求使本书成为业界和学术界公认的高水平的本科生教材。

本教材共11章。第一章、第二章构成本书的第一个层次。第三章、第四章、第五章、第六章,通过案例等,运用最新的风险分析工具,对利率风险、汇率风险、证券投资组合风险等市场风险进行分析,并提出相应的定价模型和风险管理模型。第七章,运用最新的风险分析工具,对流动性风险进行分析,并提出相应的流动性风险管理模型。第八章,运用最新的风险分析工具,对信用风险进行分析,并提出相应的信用风险管理模型。第九章,对操作风险进行分析,对金融机构内部风险控制制度建设进行阐述。第十章,对法律风险及其他风险的风险管理进行了论述。第十一章,对金融风险管理的发展环境及未来发展趋势进行了论述。

本书通过对近年来国际金融形势及国际、国内的金融风险事件的分析,论述了金融风险管理的必要性,介绍了国际上金融风险管理的最新动态;描述了风险及金融风险的概念、分类;论述了金融风险管理的职能、原则和指导思想,金融风险管理的基本结构、程序、技能要求和管理模型;讲述了基本的、国际上通用的金融风险识别、衡量技术。

为使教材真正适应高等院校金融专业学生的教学及研究需要,我们力求突出以下几个特色。

(1) 系统性。既要系统反映金融风险管理的既有成果,又必须立足于继承和发展,承上启下,继往开来,由浅入深,层层推进,并为讲授留有充分的余地。

(2) 新颖性。本书要求编写人员所参考的资料必须是近年来金融风险管理领域的最新成果,较多地纳入国内、国外最新的被实践检验能够成立的学术思想和理论观点,力求做到资料新、数据新、案例新、框架新。

(3) 现实性。本书在编写过程中对金融机构的风险管理实务流程等进行了深入的了解与合理的借鉴,力求做到与实践中的金融风险管理相结合。突出国内银行业实践,兼顾国际银行业最新趋势,坚持理论与实践相结合,以实践为主;知识与技能相结合,以技能为主;现实与前瞻相结合,以现实为主。使学生全面理解现代金融机构风险管理的基础知识与操作,并为银行业从业人员资格考试打下基础。

  本书由天津财经大学金融系教授高晓燕总体筹划,精心设计,并由课题组成员共同完成。第一、二章及附录由高晓燕撰写,第三、四、五章由高晓燕、何赛飞撰写,第六、八、十章由高晓燕、卢悦撰写,第七、九、十一章由刘久彪、王治国撰写。

  由于时间和编写人员能力所限,本教材尚有诸多不尽如人意之处,热忱盼望各方的批评指正。

作 者

2018 年 10 月

一、教学进程与安排

序号	主 要 内 容	学 时 分 配		
		总课时	讲授课时	实践或习题课
1	第一章　金融风险管理概述 第一节　金融风险概论 第二节　金融风险管理的内涵、意义及其发展 第三节　金融风险的监督管理	2	2	
2	第二章　金融风险管理的框架 第一节　金融风险管理系统 第二节　金融风险管理的组织结构 第三节　金融风险管理的一般程序	4	4	
3	第三章　利率风险的管理 第一节　利率风险概述 第二节　利率风险的衡量 第三节　利率风险的管理 第四节　我国的利率风险管理	2 4	2 3	 1
4	第四章　汇率的风险管理 第一节　汇率风险概述 第二节　汇率风险的类型 第三节　汇率风险衡量 第四节　汇率风险的管理	2 4	2 4	
5	第五章　金融衍生工具及其风险管理 第一节　金融衍生工具概述 第二节　金融衍生工具的定价与风险度量 第三节　衍生金融工具的风险管理	2	2	
6	第六章　证券投资组合风险管理 第一节　资产组合理论 第二节　资本资产定价理论 第三节　指数模型与套利定价理论	4	3	1
7	第七章　流动性风险的管理 第一节　流动性风险概述 第二节　流动性风险管理理论 第三节　流动性风险的衡量 第四节　流动性风险的管理技术	2 4	2 3	 1
8	第八章　信用风险管理 第一节　信用风险概述 第二节　信用风险度量方法 第三节　信用风险管理方法 第四节　我国信用风险管理现状	2 4	2 3	 1

续表

序号	主 要 内 容	学 时 分 配		
		总课时	讲授课时	实践或习题课
9	第九章　操作风险管理 第一节　操作风险概述 第二节　操作风险的管理 第三节　商业银行操作风险的案例分析	2	2	
10	第十章　其他风险管理 第一节　法律风险管理概述 第二节　声誉风险管理	4	4	
11	第十一章　金融风险管理的未来 第一节　金融风险管理发展趋势 第二节　《巴塞尔新资本协议》	2	2	
12	总复习	4	2	2

二、教学方法与考核方法

教学方法	■课堂讲授　　　　42学时 ■案例教学　　　　3学时 □前沿讲座　　　　＊＊＊＊学时 □商业模拟游戏　　＊＊＊＊学时 □体验教学　　　　＊＊＊＊学时 □角色扮演　　　　＊＊＊＊学时 □小组学习　　　　＊＊＊＊学时 □自主学习　　　　＊＊＊＊学时 □翻转课堂　　　　＊＊＊＊学时 □研究性专题　　　＊＊＊＊学时 □其他方法(在空线处填写)……………		□沙盘模拟　　　　＊＊＊＊学时 □实验操作　　　　＊＊＊＊学时 □上机操作　　　　＊＊＊＊学时 ■习题课　　　　　3学时 □实习　　　　　　＊＊＊＊学时 □企业参观　　　　＊＊＊＊学时 □慕课/公开课　　＊＊＊＊学时 □网络教学　　　　＊＊＊＊学时 □视频教学　　　　＊＊＊＊学时	
考核方法	□课堂前测试　　　＊＊＊＊％ ■出勤　　　　　　10％ □课堂测试　　　　＊＊＊＊％ □课堂发言　　　　＊＊＊＊％ □课堂角色扮演　　＊＊＊＊％ ■平时作业　　　　10％ □个人演讲　　　　＊＊＊＊％ □其他方法(在空线处填写)……………		■案例/项目报告　　10％ □个人结课论文　　＊＊＊＊％ □小组论文　　　　＊＊＊＊％ □期中考试　　　　＊＊＊＊％ ■期末考试　　　　70％ □口试　　　　　　＊＊＊＊％ □研究性专题报告　＊＊＊＊％ □小组报告　　　　＊＊＊＊％	

第一章 金融风险管理概述 … 1

知识结构 … 1
学习目标 … 1
第一节 金融风险概论 … 1
一、金融风险的概念 … 1
二、金融风险的分类 … 2
三、金融风险的特点 … 5
四、金融风险的产生原因 … 6
五、我国金融风险产生的特殊原因 … 9
第二节 金融风险管理的内涵、意义及其发展 … 10
一、金融风险管理的内涵 … 10
二、金融风险管理的意义 … 10
三、金融风险管理的发展 … 12
第三节 金融风险的监督管理 … 13
一、金融风险监管的理论根源及其有效性的争论 … 13
二、金融风险监管的目标和原则 … 15
三、金融风险监管体制 … 16
案例分析 雷曼兄弟公司破产原因分析 … 17
思考题 … 20

第二章 金融风险管理的框架 … 21

知识结构 … 21
学习目标 … 21
第一节 金融风险管理系统 … 22
一、金融风险管理的衡量系统 … 22
二、金融风险管理的决策系统 … 22
三、金融风险管理的预警系统 … 23
四、金融风险管理的监控系统 … 24

五、金融风险管理的补救系统 …………………………………………………… 24
　　六、金融风险管理的评估系统 …………………………………………………… 25
　　七、金融风险管理的辅助系统 …………………………………………………… 25
第二节　金融风险管理的组织结构 ………………………………………………… 26
　　一、金融机构风险管理组织结构设计的基本原则 ……………………………… 26
　　二、金融机构风险管理的组织体系 ……………………………………………… 27
　　三、风险管理的组织结构模式 …………………………………………………… 29
　　四、实例分析：我国国有控股商业银行风险管理组织结构 …………………… 33
第三节　金融风险管理的一般程序 ………………………………………………… 34
　　一、金融风险的识别与分析 ……………………………………………………… 34
　　二、风险评估 ……………………………………………………………………… 38
　　三、风险管理对策的选择 ………………………………………………………… 39
　　四、金融风险管理方案的设计和实施 …………………………………………… 43
　　五、风险报告 ……………………………………………………………………… 44
　　六、风险管理的评估 ……………………………………………………………… 44
　　七、风险确认和审计 ……………………………………………………………… 44
案例分析　冰岛的"国家破产" …………………………………………………… 45
思考题 ………………………………………………………………………………… 46

第三章　利率风险的管理 …………………………………………………………… 47

知识结构 ……………………………………………………………………………… 47
学习目标 ……………………………………………………………………………… 47
第一节　利率风险概述 ……………………………………………………………… 48
　　一、利率风险的分类 ……………………………………………………………… 48
　　二、影响利率风险的因素 ………………………………………………………… 50
　　三、利率风险的成因分析 ………………………………………………………… 50
第二节　利率风险的衡量 …………………………………………………………… 51
　　一、利率期限结构 ………………………………………………………………… 51
　　二、持续期 ………………………………………………………………………… 54
　　三、凸性 …………………………………………………………………………… 55
第三节　利率风险的管理 …………………………………………………………… 56
　　一、利率风险管理的含义 ………………………………………………………… 56
　　二、利率风险管理的必要性 ……………………………………………………… 56
　　三、利率风险管理的重点 ………………………………………………………… 57
　　四、利率风险管理的方法 ………………………………………………………… 58
第四节　我国的利率风险管理 ……………………………………………………… 64
　　一、我国利率风险控制与管理的有关问题 ……………………………………… 64
　　二、我国商业银行利率风险控制方略 …………………………………………… 65

三、我国商业银行利率风险衡量方法 …………………………………… 68
　案例分析　发生在美国奎克国民银行的故事 ………………………………… 70
　思考题 ……………………………………………………………………………… 71

第四章　汇率风险的管理 …………………………………………………… 73

　知识结构 …………………………………………………………………………… 73
　学习目标 …………………………………………………………………………… 73
　第一节　汇率风险概述 …………………………………………………………… 74
　　一、汇率风险的概念 …………………………………………………………… 74
　　二、汇率风险的成因分析 ……………………………………………………… 74
　　三、汇率风险的影响 …………………………………………………………… 76
　第二节　汇率风险的类型 ………………………………………………………… 77
　第三节　汇率风险衡量 …………………………………………………………… 80
　　一、净外汇风险敞口 …………………………………………………………… 80
　　二、汇率风险衡量 ……………………………………………………………… 80
　第四节　汇率风险的管理 ………………………………………………………… 84
　　一、汇率风险管理原则 ………………………………………………………… 84
　　二、汇率风险的管理战略 ……………………………………………………… 85
　　三、汇率风险的控制 …………………………………………………………… 86
　　四、我国汇率风险管理的现状、存在问题、发展方向 ……………………… 94
　案例分析　汇率风险案例 ………………………………………………………… 96
　思考题 ……………………………………………………………………………… 98

第五章　金融衍生工具及其风险管理 …………………………………… 99

　知识结构 …………………………………………………………………………… 99
　学习目标 …………………………………………………………………………… 99
　第一节　金融衍生工具概述 ……………………………………………………… 100
　　一、金融衍生工具的概念和特征 ……………………………………………… 100
　　二、金融衍生工具的分类 ……………………………………………………… 101
　　三、金融衍生工具的主要功能 ………………………………………………… 104
　　四、金融衍生工具的产生与发展动因 ………………………………………… 106
　第二节　金融衍生工具的定价与风险度量 ……………………………………… 108
　　一、金融衍生工具的定价 ……………………………………………………… 108
　　二、风险度量 …………………………………………………………………… 115
　第三节　衍生金融工具的风险管理 ……………………………………………… 117
　　一、金融衍生工具的风险类型 ………………………………………………… 117
　　二、风险管理的目标 …………………………………………………………… 118
　　三、金融衍生工具风险的管理 ………………………………………………… 119

四、我国金融衍生产品的风险管理 …………………………………………… 120
　案例分析　金融衍生产品交易案例 ………………………………………………… 121
　思考题 ……………………………………………………………………………… 126

第六章　证券投资组合风险管理 ……………………………………………… 128

　知识结构 …………………………………………………………………………… 128
　学习目标 …………………………………………………………………………… 129
　第一节　资产组合理论 …………………………………………………………… 129
　　一、证券收益率和风险的测定 …………………………………………………… 129
　　二、影响证券组合风险的因素 …………………………………………………… 132
　　三、证券投资风险概述 …………………………………………………………… 132
　　四、现代资产组合理论 …………………………………………………………… 134
　　五、无风险借贷对有效集的影响 ………………………………………………… 137
　　六、现代证券投资组合理论的局限性 …………………………………………… 139
　　七、资产组合管理理论对中国的现实意义 ……………………………………… 140
　第二节　资本资产定价理论 ……………………………………………………… 140
　　一、资本资产定价模型的假设 …………………………………………………… 140
　　二、分离定理 ……………………………………………………………………… 141
　　三、市场组合 ……………………………………………………………………… 141
　　四、资本市场线（CML） …………………………………………………………… 142
　　五、证券市场线（SML） …………………………………………………………… 142
　　六、资本市场线和证券市场线的关系 …………………………………………… 144
　　七、β 系数 ………………………………………………………………………… 144
　　八、资本资产定价模型的扩展 …………………………………………………… 144
　　九、资本资产定价模型的意义 …………………………………………………… 145
　第三节　指数模型与套利定价理论 ……………………………………………… 145
　　一、指数模型 ……………………………………………………………………… 145
　　二、套利定价理论 ………………………………………………………………… 148
　　三、我国的证券投资组合风险管理的现状及存在的问题 ……………………… 151
　　四、针对我国证券市场的现状提出的措施 ……………………………………… 153
　案例分析　长期资本管理公司的兴衰及启示 ……………………………………… 153
　思考题 ……………………………………………………………………………… 156

第七章　流动性风险的管理 …………………………………………………… 158

　知识结构 …………………………………………………………………………… 158
　学习目标 …………………………………………………………………………… 158
　第一节　流动性风险概述 ………………………………………………………… 158
　　一、流动性风险的内涵 …………………………………………………………… 158

二、流动性风险的特征 ………………………………………………… 159
　　三、流动性风险的作用 ………………………………………………… 160
　第二节　流动性风险管理理论 ……………………………………………… 161
　　一、资产管理理论 ……………………………………………………… 161
　　二、负债管理理论 ……………………………………………………… 162
　　三、资产负债综合管理理论 …………………………………………… 163
　第三节　流动性风险的衡量 ………………………………………………… 163
　　一、流动性比率或指标 ………………………………………………… 165
　　二、现金流分析 ………………………………………………………… 166
　　三、其他衡量方法 ……………………………………………………… 166
　第四节　流动性风险的管理技术 …………………………………………… 168
　　一、流动性风险的识别 ………………………………………………… 168
　　二、流动性风险的预警 ………………………………………………… 169
　　三、压力测试 …………………………………………………………… 169
　　四、情景分析 …………………………………………………………… 170
　案例分析　中国金属旗下钢铁公司破产 ………………………………… 171
　思考题 ……………………………………………………………………… 174

第八章　信用风险管理 ……………………………………………………… 175

　知识结构 …………………………………………………………………… 175
　学习目标 …………………………………………………………………… 175
　第一节　信用风险概述 ……………………………………………………… 176
　　一、信用风险的概念 …………………………………………………… 176
　　二、信用风险的来源 …………………………………………………… 176
　　三、信用风险的类型 …………………………………………………… 177
　　四、信用风险的影响因素 ……………………………………………… 177
　　五、信用风险的特征 …………………………………………………… 178
　　六、我国信用风险的特点 ……………………………………………… 179
　第二节　信用风险度量方法 ………………………………………………… 180
　　一、传统的信用风险度量方法 ………………………………………… 180
　　二、现代信用风险度量模型 …………………………………………… 183
　第三节　信用风险管理方法 ………………………………………………… 189
　　一、信用风险管理方法的演变 ………………………………………… 189
　　二、信用风险管理方法 ………………………………………………… 190
　　三、现代信用风险的管理手段 ………………………………………… 191
　　四、现代信用风险管理的发展趋势 …………………………………… 193
　第四节　我国信用风险管理现状 …………………………………………… 194
　　一、我国国有商业银行的风险特征 …………………………………… 194

二、我国商业银行信用风险内部评级的现状和问题 …………………………… 195
　　三、完善我国商业银行信用风险内部评级体系的建议 ………………………… 197
案例分析　深发展 15 亿元贷款无法收回 …………………………………………… 198
思考题 ……………………………………………………………………………………… 199

第九章　操作风险管理 …………………………………………………………………… 200

知识结构 …………………………………………………………………………………… 200
学习目标 …………………………………………………………………………………… 200
第一节　操作风险概述 …………………………………………………………………… 201
　　一、操作风险的定义 …………………………………………………………………… 201
　　二、操作风险的特点 …………………………………………………………………… 201
第二节　操作风险的管理 ………………………………………………………………… 203
　　一、加强防范操作风险的对策 ……………………………………………………… 203
　　二、操作风险管理的任务和原则 …………………………………………………… 204
　　三、我国商业银行操作风险的管理实践 …………………………………………… 206
第三节　商业银行操作风险的案例分析 ………………………………………………… 208
　　一、国际操作风险案例介绍 ………………………………………………………… 208
　　二、国内操作风险案例介绍 ………………………………………………………… 209
　　三、案例分析的启示：如何防范操作风险 ………………………………………… 210
案例分析　法国兴业银行巨亏 …………………………………………………………… 211
思考题 ……………………………………………………………………………………… 212

第十章　其他风险管理 …………………………………………………………………… 213

知识结构 …………………………………………………………………………………… 213
学习目标 …………………………………………………………………………………… 213
第一节　法律风险管理概述 ……………………………………………………………… 213
　　一、法律风险及其管理定义 ………………………………………………………… 213
　　二、构建法律风险防范机制的现实意义 …………………………………………… 214
　　三、法律风险的具体防控措施 ……………………………………………………… 216
第二节　声誉风险管理 …………………………………………………………………… 222
　　一、声誉风险的定义及形式 ………………………………………………………… 222
　　二、加强声誉风险管理的意义 ……………………………………………………… 223
　　三、声誉风险管理存在的困难 ……………………………………………………… 223
　　四、声誉风险管理的有效措施 ……………………………………………………… 224
案例分析　"吴英神话"：法律背后的乱象 …………………………………………… 225
思考题 ……………………………………………………………………………………… 228

第十一章 金融风险管理的未来 ······ 229

知识结构 ······ 229
学习目标 ······ 229
第一节 金融风险管理发展趋势 ······ 229
一、培育风险管理文化 ······ 230
二、重构风险管理体制 ······ 230
三、提升风险管理技术 ······ 232
第二节 《巴塞尔新资本协议》 ······ 232
一、《巴塞尔协议》的发展历程 ······ 232
二、《巴塞尔新资本协议》的主要内容 ······ 235
三、巴塞尔资本协议与商业银行风险管理 ······ 236
四、巴塞尔协议在中国 ······ 239
案例分析 《巴塞尔协议Ⅲ》的进展及其影响 ······ 241
思考题 ······ 251

参考文献 ······ 252

附录 A ······ 257

附录 B 银行业金融机构全面风险管理指引(征求意见稿) ······ 264

第一章 金融风险管理概述

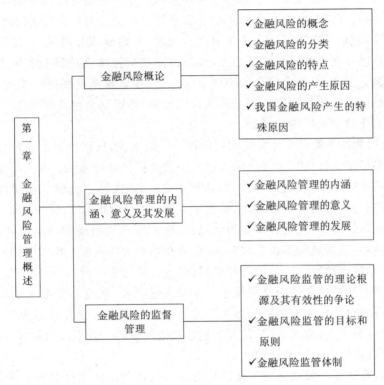

学习目标

◆ 理解金融风险的概念、分类、特点和产生原因；
◆ 掌握金融风险管理的内涵、意义和发展；
◆ 了解金融风险监管的理论根源及其有效性的争论、金融风险监管的目标和原则，以及金融风险监管体制。

第一节 金融风险概论

一、金融风险的概念

改革开放 40 年来，我国经济迅速增长。金融作为市场经济的核心，在我国经济的发展和改革中起到了重要的枢纽和推动作用。但是，在我国经济、金融快速发展的同时，由于金融、经济、社会、历史等多方面的因素,潜伏着较大的金融风险,主要表现为经济转轨时期的金融风险。从国际上来看,近年来,动荡不安的国际金融领域险象环生,如1982年的墨西哥金融风波、1995年英国巴林银行的倒闭、1997年7月开始的东南亚金融危机、2007年爆发的美国次级贷款危机等。

世界上发生的金融危机表明,一旦金融风险得不到有效的控制,很容易引起连锁反应,从而引发全局性、系统性的金融危机,并殃及整个经济生活,甚至导致经济秩序混乱与政治危机。因而,对金融风险的研究已不仅是金融业务的得失问题,也不单纯是经济研究领域前沿课题的探讨问题,而是关系到经济安全与国家安全的重大现实问题。因此,正确识别金融风险(包括其表现、特点、产生原因),及时、准确监测金融风险,采取措施防范和化解金融风险已经成为全球关注的焦点,也是当前我国经济理论界和实际工作部门最重要的研究课题。在2000年全国金融工作会议上,时任总理朱镕基进一步指示人民银行:要加强对金融风险监测的研究。对金融风险的监测,是识别金融风险的进一步量化,是采取措施防范和化解金融风险的依据。

风险是指某种不确定事件发生的可能性。一般来说,任何盈利事业都存在风险。金融风险指的是经济主体在从事资金融通过程中遭受损失的可能性。有人把金融比喻成硬币的两面,一面是金融的收益性;另一面是不稳定性、损失性。金融活动就像投掷硬币的过程一样,获利与损失的机会都有,只是概率不同,结果不同。

在现代市场经济中,随着经济货币化、证券化和金融化程度的不断提高,金融已成为现代经济的核心,金融风险不仅客观存在,而且在相当大的程度上反映了国民经济的运行风险;再加上金融活动特有的信用性和虚拟性(金融活动是一种"符号经济",是通过货币、价格等符号和名义变量表现的经济现象。它与通过产量、就业等实际因素和实际变量表现的实质经济相对应),使金融风险加大。金融风险积累到一定程度并爆发,就成为金融危机,其后果危害之大,波及之广,是远远超过其他风险的。它不仅能破坏金融秩序,还会危及经济运行,甚至影响社会稳定。

金融风险有广义和狭义之分。任何从事资金融通的经济主体都存在受损失的可能。广义的金融风险包括政府(代表国家)风险、金融机构风险、企业风险、个人风险和国际风险。由于企业和个人的金融活动涉及面窄,产生的风险主要给其自身带来一些损失,对外影响小。而其他三个部门,特别是金融机构的金融活动产生的金融风险大,常发展成为系统性金融风险,这三个部门产生的风险称为狭义金融风险。

美国经济学家、芝加哥学派创始人奈特(Knight)在其1921年出版的名著《风险、不确定性及利润》中,较全面地分析了风险与不确定性的关系。不确定性是指经济行为人面临的直接或间接影响经济活动的无法充分准确地加以分析、预见的各种因素;而风险不仅取决于不确定性因素的不确定性的大小,而且还取决于收益函数的性质。因此,他认为,风险是从事后角度来看的由于不确定性因素而造成的损失。

二、金融风险的分类

根据研究的需要,人们可以从不同的角度,根据不同的分类标志对金融风险进行分类。

(一) 按金融风险的形态划分

按金融风险的形态划分,金融风险可以分为以下9种。

1. 信用风险(credit risk)

信用风险又称违约风险,指债务人不能或不愿履行债务而给债权人造成损失的可能性,或是交易一方不履行义务而给交易对方带来损失的可能性。信用风险存在于一切信用活动中,也存在于一切交易活动中。

2. 流动性风险(liquidity risk)

流动性风险指由于流动性不足给经济主体造成损失的可能性。保持良好的流动性,对企业、家庭乃至国家而言都是至关重要的。但并不是流动性越高越好,因为流动性与营利性是有矛盾的,流动性越高,往往营利性就越低。

3. 利率风险(interest risk)

利率风险是指利率变动的不确定性给商业银行造成损失的可能性。巴塞尔委员会在1997年发布的《利率风险管理原则》中将利率风险定义为:利率变化使商业银行的实际收益与预期收益或实际成本与预期成本发生背离,使其实际收益低于预期收益,或实际成本高于预期成本,从而使商业银行遭受损失的可能性增加。

4. 汇率风险(foreign exchange risk)

汇率风险又称外汇风险,是指汇率的变化可能给当事人带来的不利影响。汇率风险主要分为三种。

(1) 交易汇率风险:用外币进行计价收付的交易中,经济主体因外汇汇率的变动而蒙受损失的可能性。交易汇率风险主要发生在以下几种场合:商品劳务进口和出口交易中的风险、资本输入和输出的风险、外汇银行所持有的外汇头寸的风险。

(2) 折算汇率风险:又称会计风险,指经济主体对资产负债表的会计处理中,将功能货币转换成记账货币时,因汇率变动而导致账面损失的可能性。功能货币指经济主体与经营活动中流转使用的各种货币。记账货币指在编制综合财务报表时使用的报告货币,通常是本国货币。

(3) 经济汇率风险:又称经营风险,指意料之外的汇率变动通过影响企业的生产销售数量、价格、成本,引起企业未来一定期间收益或现金流量减少的一种潜在损失。

5. 操作风险(operation risk)

操作风险又称运作风险。英国银行家协会(British Banker Association, BBA, 1997)最早给出了操作风险的定义。他们认为:操作风险与人为失误、不完备的程序控制、欺诈和犯罪活动相联系,它是由技术缺陷和系统崩溃引起的。经过广泛的讨论和争论,1998年5月,IBM(英国)公司发起设立了第一个行业先进思想管理论坛——操作风险论坛,在这个论坛上,将操作风险定义为:操作风险是遭受潜在损失的可能,是指由于客户、设计不当的控制体系、控制系统失灵以及不可控事件导致的各类风险。损失可能来自内部或外部事件、宏观趋势以及不能为公司决策机构和内部控制体系、信息系统、行政机构组织、道德准则或其他主要控制手段所不能控制的操作风险变动。它不包括已经存在的其他风险种类如市场风险、信用风险及决策风险。

巴塞尔银行监管委员会对操作风险的正式定义是:操作风险是指由于不完善或有问

题的内部操作过程、人员、系统或外部事件而导致的直接或间接损失的风险,这一定义包含了法律风险,但是不包含策略性风险和声誉风险。根据《巴塞尔新资本协议》,操作风险可以分为由人员、系统、流程和外部事件所引发的四类风险,并由此分为七种表现形式:内部欺诈,外部欺诈,聘用员工和工作场所安全性,客户、产品及业务做法,实物资产损坏,业务中断和系统失灵,交割及流程管理。

6. 法律风险(legal risk)

从狭义上讲,法律风险主要关注商业银行所签署的各类合同、承诺等法律文件的有效性和可执行能力。从广义上讲,与法律风险相类似或密切相关的风险有外部合规风险和监管风险。

7. 通货膨胀风险(inflation risk)

通货膨胀风险又称购买力风险,指通货膨胀可能使经济主体的实际收益率下降,或使其筹资成本提高。通货膨胀造成单位货币购买力下降。因为实际利率近似于名义利率与通货膨胀率之差,名义利率一定时,通货膨胀率越高,实际利率就越低,因此,通货膨胀会导致实际利率下降。

8. 环境风险(circumstance risk)

环境风险指金融活动的参与者面临的自然、政治和社会的变化而带来的风险。如自然灾害、意外事故可能给借款人造成的财产损失和人身伤害,致使借款人无法按期归还贷款,进而间接地给发放贷款的银行造成损失。

9. 国家风险(country risk)

国家风险指在国际经济活动中,由于国家的主权行为所引起的造成损失的可能性。国家风险是国家主权行为所引起的或与国家社会变动有关。在主权风险的范围内,国家作为交易的一方,通过其违约行为(如停付外债本金或利息)直接构成风险,通过政策和法规的变动(如调整汇率和税率等)间接构成风险,在转移风险范围内,国家不一定是交易的直接参与者,但国家的政策、法规却影响着该国内的企业或个人的交易行为。

(二) 按金融风险的性质划分

按金融风险的性质划分,金融风险可以划分为系统性金融风险和非系统性金融风险。

(1) 系统性金融风险,是指发生波及地区性和系统性的金融动荡或严重损失的金融风险,它通常涉及整个金融体系。系统性金融风险又可以分为周期性金融风险和结构性金融风险。系统性金融风险不能通过资产多样化来分散和回避,因此又可以称为不可分散风险。

(2) 非系统性金融风险,是指由于内部和外部的一些因素的影响,使个别经济主体(或金融机构)遭受损失甚至破产倒闭的情形。非系统性金融风险属于个别经济主体的单个事件,对其他经济主体没有产生影响或影响不大,没有引起连锁反应,可以通过分散投资策略来规避,因此又可以称为可分散风险。

(三) 按金融风险的层次划分

按金融风险的层次划分,金融风险可以分为微观金融风险和宏观金融风险。

(1) 微观金融风险是指金融活动的参与者,如居民、企业、金融机构面临的风险。微观金融风险产生于微观经济因素,如外汇市场供求的波动,货币市场供求的变化带来利率的波动等。利率风险、汇率风险、流动性风险、信用风险等基本属于微观金融风险。

(2) 宏观金融风险是国家、整个国民经济和整个金融体系面临的风险。宏观金融风险主要产生于宏观金融因素。金融体系风险、外债风险、国家风险以及一国的货币当局指定的货币政策或汇率政策产生的制度风险都属于宏观金融风险。

(四) 按金融风险的地域划分

按金融风险的地域划分,金融风险可以分为国内金融风险和国际金融风险。

(1) 国内金融风险是国内金融活动中存在的风险,源于国内金融活动的不确定性,其影响或承受主体仅限于本国居民,即国内经济主体。

(2) 国际金融风险是指国际金融活动中存在的风险,是金融风险在国际领域的特殊表现形式。国际金融风险的承担主体可以是居民,也可能是非居民。国际金融风险比国内金融风险复杂,管理的难度也要大一些。国际金融风险既有经济性风险,又有政治性风险和社会性风险。

在金融全球化程度日益提高的今天,国内金融风险与国际金融风险相互影响、相互渗透、相互转化,越来越难以截然分开。一方面,一个国家的金融风险可以"输出",渗透到其他国家,引发国际金融风险;另一方面,国际金融风险也可以向国内传导,形成国内金融风险。

三、金融风险的特点

金融风险的特点是其本质外化的表现,主要有以下几点。

(一) 不确定性

在市场经济中,人们所面对的市场变化是无限的,而人们的认识能力却是有限的(有限理性、不完全信息),由此产生的不确定性是市场风险的本质体现。金融风险就是由不确定性引起的产生金融损失的可能性。金融风险的不确定性要求我们,特别是金融机构必须树立风险的动态观,并时刻根据经济环境、经济主体行为变化的特点,把握风险的变化与发展,以采取相应措施予以防范。

(二) 普遍性

由于资金融通具有偿还性的特点,资金融出方要在将来的某一时间收回其资金,并获得报酬;资金融入方偿还本金的同时,并付出利息。但是,由于将来存在着许多不确定因素,融出方可能无法按时、按预期的报酬收回本金和利息;融入方也可能无法按时、按预定期限的成本偿付资金。这种可能性在资金融通过程中是普遍存在的。这一特性要求各级政府部门、各金融机构、各企业和每个人都要时时处处树立金融风险意识。

(三) 扩散性

金融以信用为基础。金融机构作为融资中介,实质上是由一个多边信用共同建立起来的信用网络。信用关系的原始借贷通过这一中介网络后,不再具有一一对应的关系,而是相互交织,相互联动,任何一个环节出现的风险损失都有可能通过这个网络对其他环节产生影响;任何一个链条断裂,都有可能酿成较大的金融风险,甚至引发金融危机。这一特性要求政府和金融监管当局特别要注重区域性、行业性的系统金融风险。

（四）隐蔽性和突发性

由于金融机构具有一定的创造信用的能力,因而可以在较长的时间里通过不断创造新的信用来掩盖已经出现的损失和问题。而这些风险因素被不断地积累,最终就会以突发的形式表现出来。所以,我们在日常工作中要采用科学的指标和方法,加强对金融风险的观测、判断、分析和预测,及时发现问题并加以解决。

（五）可控性

尽管金融风险具有客观性,但风险作为经济主体行为的后果,也可以去认识和把握,并采取积极的防范措施去控制。这一特征要求金融机构必须树立起正确的风险管理观念,并有的放矢地采取有效措施防范和化解金融风险。

（六）双重性

尽管我们在研究金融风险时,更多地强调它损失的可能,但在金融活动中,在风险存在的条件下,获取额外收益的机会也是客观存在的。这种正效应是人们所渴求的,属于风险收益的范畴,它激励人们勇于去承担风险,富于竞争和创新精神,以促进金融的深化。金融风险的两重性特征,势必使经济主体产生一种约束机制和激励机制,更好地有效配置资源。

四、金融风险的产生原因

金融风险作为一种引致损失的可能性,其生成机制是比较复杂的。微观主体行为和宏观经济环境等因素,都可以从不同的侧面直接或间接地造成金融风险。从理论上分析,金融风险主要来源于以下几个方面。

（一）金融体系主体的缺陷

1. 金融主体的有限理性

这是与西方经济学的经济人假说相对应的,指人们既具有自利性又缺乏理性的行为。在这点上,金融主体尤为突出,主要是过度投机和盲目恐慌,其表现为:

(1) 人类竞相追求财富的利益冲动,对虚幻增长的财富的臆想。

(2) 大众的盲从导致了过度投机,并使其愈演愈烈。

(3) 忠告对卷入投机狂潮的人是无济于事的。

(4) 对金融投机历史的"健忘"和对金融与智力关系的曲解。而在金融体系出现波动时,人类因缺乏理性会盲目恐慌。如一家有问题的银行出现支付困难,存款人可能挤兑所有的银行,造成恐慌性挤兑,甚至导致金融体系的崩溃。金融投机是为了追逐较高的利润,金融恐慌是为了防止损失。

2. 内部人控制

它是指在财产所有权和经营权分离的情况下,经营者利用在信息和管理上的优势,偏离所有者的利益目标,为获得自身的最大利益而损害所有者利益的行为。在金融体系中,内部人控制会出现逆向选择和道德风险。逆向选择是在选择代理人的过程中,委托人在考虑了代理人可能存在的问题后,不选择符合要求的代理人,反而选择不符合要求的代理人。道德风险是经营者在行使资金使用权时,以自身利益目标最大化为依据,选择对出资人来说是次优的方案。金融欺诈是逆向选择的极端例子,利用职权的金融违法犯罪行为是道德风险的极端例子。在内部人控制下,任何形式的风险都转嫁给出资人,且出资人未能从加大的风险中获得额外的收益。这样,就破坏了风险与报酬成正比的风险配置机制,必然会影响金融体系的正常运作功能,这是金融体系风险的一个根源。

(二)金融体系客体的缺陷

金融产品有其独特的风险。

第一,金融产品具有不确定性。金融产品要经过一段时间交易活动才能够真正完成,由此带来了违约风险,或信用风险。这反映了金融活动的信用本质,是金融交易中最基本的风险。

第二,金融产品是一项高度复杂的合同。以贷款合同为例,主要内容就包括:贷款数量、贷款利率、贷款期限、有关抵押和担保的条款、贷款违约条款等,导致合同的履行不确定。

第三,合同的复杂性与不确定性的结合,使金融产品的定价十分困难。在现代经济环境中,一些经济变量是很难预测的,金融产品难以定价,金融活动常出现不规范的内幕交易,给金融体系的正常运作留下隐患。

第四,金融产品具有不完全性。在法制不健全、不规范的社会中,金融产品的交易困难。

第五,金融产品具有虚拟性。金融产品一产生,就脱离实物经济运动,遵循自身的规律。马克思早就深刻地揭示了金融产品的虚拟性:金融产品的运动脱离实物经济的运动;其价格只是资本化的收益,受收益、投机、预期、利率等影响,对生产资本没有直接影响,具有独特的价格决定机制;金融产品具有派生功能,其数量大大超过实物产品的数量。

(三)金融体系运作方式和组织结构上的缺陷

1. 风险补偿机制不健全

风险得到一定的补偿,才能同我国金融风险的系统分析资源一起得到最优配置。在现代社会中,金融体系的资金配置主要有两种方式:价格配置、非价格配置。这两种方式都缺乏风险完全补偿的机制。受金融体系主体和客体缺陷的影响,价格配置存在逆向选择和道德风险的问题,风险得不到完全的补偿。非价格配置有两种:

(1) 在政府干预下的资金配置。政府出于宏观经济调控目的,控制信用规模,在不允许金融机构提高金融产品的价格基础上,进行行政干预使资金供给和需求达到均衡。

(2) 金融机构为了保护市场份额,不及时地调整利率,而形成的非价格配置。

2. 过度竞争

金融机构之间存在着过度竞争的问题,其成因包括:

(1) 金融机构为了自身经营目标,扩大市场份额,无度地扩张经营能力,加大竞争力度。

(2) 金融机构为了逃避较强的金融监管而过度竞争。

（3）在市场准入条件降低的情况下，由于金融机构的增多而过度竞争。过度竞争既能使金融业快速地发展，又能使金融机构陷入困境，整个金融体系处于一种快速变动和不稳定的状态。

3. 金融体系的脆弱性

它取决于：

（1）金融活动主体对经济活动变化的敏感程度。由于经济变化在金融体系中的传递速度很快，经济主体的经营和财务风险增大，投资者的短期行为和大量的游资会导致金融体系过于敏感和脆弱。

（2）金融体系结构的问题。金融体系过于单一，金融机构、金融市场和金融产品的种类和数量有限，金融体系的应变能力就差，传递不利变化的速度就加快，容易受外界因素的影响。

（3）金融体系中各个组成部分的相对强弱。在金融体系中，各个金融机构的业务是相互交叉的，为了争夺市场，较弱机构将降低条件参与竞争，给金融市场带来了巨大的风险。

（4）传染性。按照传染病的机理，一个金融机构的问题可能传染到其他的金融机构，乃至整个金融体系。

（四）金融体系风险的外部因素

1. 宏观经济因素

金融体系与宏观经济紧密相连。一方面，金融混乱会导致经济混乱，进而引致政治混乱；另一方面是每次金融危机或金融动荡都有深刻的经济根源，金融体系的状况是经济活动的集中体现。金融体系与宏观经济有着千丝万缕的联系，又具有相对独立性。对金融体系造成冲击的宏观经济因素包括：经济增长率、通货膨胀率、整体经济效益水平、经济结构、国际收支状况、财政收支状况。宏观经济的恶化一方面通过影响各个经济主体对金融体系造成冲击；另一方面通过影响人们对整个经济的信心来影响金融体系，此外政府的宏观经济政策也会对金融体系构成冲击。

2. 非经济因素

非经济因素包括政局的变化、战争、自然灾害等，这些因素都能对金融体系的稳定构成威胁。从人类社会的发展规律看，政治、法律制度必须与经济发展相协调，否则就会影响和阻碍经济的发展。现代市场经济客观上要求廉洁、公正和透明的政治、法律制度；反之，金融体系的风险就会加大，造成政局不稳，人们对政府失去信心，影响经济金融的稳定运行。战争和自然灾害使得市场发生紊乱，影响金融体系的安全和稳定。

3. 非正式金融体系对金融体系的影响

正式金融体系是由经过政府批准、接受政府监管、有固定的经营场所和规范的业务流程、提供主要的金融服务的金融机构所组成的金融体系。而不符合上述条件的金融体系就是非正式金融体系，如民间借贷、钱庄等。在一定条件下非正式金融活动是对正式金融活动的有益补充，但是如果超出一定的限度，非正式金融体系就会对正式金融体系造成冲击，导致正式金融体系的资金外流，宏观调控信息失真，非法金融活动猖獗，扰乱整个社会的经济秩序。

五、我国金融风险产生的特殊原因

我国正处于从传统计划经济向社会主义市场经济转轨的历史时期。我国金融风险的形成除了以上的一般生成机制以外,还有其特殊的产生原因,即体制转轨所产生的体制性金融风险。主要表现在以下几个方面。

(一)粗放型、数量型的经济增长模式

在计划经济体制下,各地大肆举债铺摊子、上项目,以求提高经济增长速度,是一种典型的粗放型、数量型的经济增长模式。由于重复建设、企业效益差,产生了大量的不良贷款。在经济迅猛增长,贷款不断增加的形势下,潜伏的金融风险被暂时掩盖了。但是随着商品市场的日益饱和,经济转向效益型增长模式,金融风险便不断地凸显出来。

(二)融资方式与国民收入分配结构的矛盾

改革开放以来,我国国民收入分配结构和投资结构发生了很大的变化。居民收入所占比重不断增加,财政和企业收入比重不断下降。财政不再向一般的企业拨付定额内流动资金和资本金,企业增加自有资金的能力也很低,再加上直接融资渠道有限,企业不得不向银行大量借款。造成一方面企业过度负债,不堪重负;另一方面银行资产质量差。银行成为主要的融资中介,国民经济运行中的诸多矛盾和风险向银行集中,形成和累积金融风险。

(三)银企产权关系不明确,信贷约束软化

改革开放40年来,我国经济运行的市场化程度得到了很大的提高,但产权改革进程缓慢,收效甚微,致使国有银行与国有企业之间产权关系不明确。企业把银行的钱看成国家的钱,只想着借不愿还。银行对企业贷款偿还也缺乏有效的约束,不能形成企业与银行之间的有效制衡机制。

以上三个原因都是经济体制和经济运行中种种问题在金融领域的综合反映。

(四)社会信用观念淡薄,缺乏金融风险意识

改革开放以来,我国在尊重经济主体的"私利"和提高投资行为自主化的程度的同时,忽视了信用道德的建设,致使借债还钱交易规则严重受损,经济主体失去了基本的信用道德理念,"欠债有理、负债有利"之风盛行,导致银行贷款长期不能收回,形成金融风险。近几年来,一些地方、部门和单位违反国家规定,在管理体制和经营方式变革中,采用各种方式,逃避银行债务,使大量金融债权悬空。此外,由于历史和体制的原因,再加上一些地方、部门领导干部金融知识缺乏,不懂甚至无视金融法规,行政干预金融机构的正常经营活动的现象时有发生。一是对中央银行的干预。中央银行缺乏应有的独立性,在宏观调控和金融监管方面常常受制于各级政府的约束,特别是对一些非法集资和非法设立的金融机构难以监管;二是对商业银行的干预。政府促使商业银行按政府制定的优先发展次序配置资金投向,如向国有大中型企业倾斜,向亏损企业发放安定团结贷款等。导致商业银行背离"三性"原则,失去自主性,信贷约束软化,从而产生金融风险。

(五)金融改革滞后,金融机构内控机制不健全

近些年来,我国金融机构数量和业务增长迅猛,原专业银行向商业银行转变,新的金

融工具不断出现。与此相比,我国的金融体制不适应改革和发展的要求,金融法制不健全;金融监管薄弱;金融机构内部管理混乱,纪律松弛,违章违规现象严重,约束机制和激励机制不健全;少数从业人员素质差。

第二节　金融风险管理的内涵、意义及其发展

金融风险管理是金融管理的核心内容。金融宏观调控与监管部门、金融机构和金融市场的其他参与者都孜孜不倦地探求着有效的风险管理方法。金融风险管理的发展也逐渐向完善化发展转变。

一、金融风险管理的内涵

总体上讲,金融风险管理是指人们通过实施一系列的政策和措施来控制风险以消除或减少其不利影响的行为。金融风险管理的内涵是多重的,对金融风险管理的含义应从不同的角度加以理解。

金融风险管理根据管理主体不同可分为内部金融风险管理和外部金融风险管理。内部金融风险管理是指作为风险直接承担者的经济个体对其自身面临的各种风险进行管理。内部金融风险管理的主体是金融机构、企业、个人等金融活动的参与者,尤以金融机构的风险管理为代表。外部金融风险管理主要包括行业自律管理和政府监管,其管理主体不参与金融市场的交易,因而不是作为受险主体对自身的风险进行管理,而是对金融风险的参与者的风险行为进行约束。

金融风险管理根据管理对象的不同可分为微观金融风险管理和宏观金融风险管理。微观金融风险管理只是对个别金融机构、企业或部分个人产生不同程度的影响,对整个金融市场和经济体系的影响较小。微观金融风险管理的管理目标是采用合理的、经济的方法使微观金融活动主体因金融风险的影响而受到损失的可能性降至最低。宏观金融风险可能引发金融危机,对经济、政治、社会的稳定性可能造成重大影响,因此,宏观金融风险管理的目标是保持整个金融体系的稳定性、避免出现金融危机,保护社会公众的利益。

二、金融风险管理的意义

改革开放 40 年来,我国经济迅速增长,经济总量不断扩大,综合国力明显增强,生产力和人民生活水平都有了很大的提高。金融作为市场经济的核心,在我国经济市场化改革中起到了重要的枢纽作用和"推动力"作用。金融业本身也取得了长足的进步。表现在:多种形式的金融机构逐步建立,与社会主义市场经济体系相适应的多元化的金融体系逐步形成;资本市场发展迅速,并逐步走向成熟;银行的存贷款业务发展迅速,为国民经济的腾飞提供了主要的资金来源;银行业的间接融资仍然超过了证券业的直接融资,成为社会融资的主体;外资金融机构的大量引进,使我国金融业与全球金融业的联系增强,我国金融业的国际化水平明显提高;多元化的保险体系已基本形成。

在我国金融业快速发展的同时,由于金融、经济、社会等多方面的因素,我国金融潜伏

着巨大的风险,且主要表现为经济转轨时期的金融风险。

(1) 金融机构特别是国有商业银行资产质量较差,不良贷款比例较高,企业欠息不断增加,隐藏着较大的信用风险。

(2) 一些中小存款金融机构和非银行金融机构历史遗留问题较多,少数机构资本金不足,资不抵债,已不能按期支付到期债务,面临较大的流动性风险,可能发生甚至已经发生支付危机。

(3) 金融机构的亏损额进一步加大。

(4) 社会乱集资、乱设金融机构、乱办金融业务,严重扰乱了金融秩序,隐藏着很大的风险。一些部门或地方政府批准设立的合作基金会、股金服务部、互助储金会、资金服务部和合作保险等组织,从事或变相从事金融业务。这些组织以吸收股份为名,入股人既不享有股东权利,也不承担股东义务,"股金"随存随取,支付高息,这类组织实际上已办成了金融机构,隐藏着很大风险。

(5) 非银行金融机构存在违规行为。证券业挪用股民资金买卖股票,获取暴利,使某些股票的市场价格严重超过实际投资价值,造成巨大的风险;保险业的无序竞争使其经营成本大大提高,其未来生存与发展潜伏着巨大的风险;信托业大大超越其经营范围,从事与银行业相似的信贷业务,其贷款受地方政府的干预更多,承受的风险也更大,很多信托投资公司已濒临破产的边缘。

(6) 各种违法违规活动比较严重,金融机构面临很大的恶意犯罪风险。一些金融机构和从业人员弄虚作假,违法违规经营,恶性竞争。少数不法分子内外勾结,诈骗企业、银行和居民的资金。

(7) 一些金融机构和企业,违规借入外债,变相借债,或对外债进行担保,产生了很大的外债支付风险。

从国际上来看,近年来,动荡不安的国际金融领域险象环生。以近30年为例,1982年的墨西哥金融风波、1995年英国巴林银行的倒闭、1997年7月开始的东南亚金融危机等,不仅给当地的金融业造成极大破坏,有些还引起地区性金融和经济的震荡。世界上发生的金融风险告诉我们,一旦金融风险得不到有效的控制,很容易引起连锁反应,从而引发全局性、系统性的金融危机,并殃及整个经济生活,甚至导致经济秩序混乱与政治危机。因而,对金融风险的研究已不仅是金融业务得失问题,也不单纯是经济研究领域前沿课题的探讨问题,而是关系到经济安全与国家安全的重大现实问题。加强金融监管、控制金融风险已经成为全球关注的焦点。因此,深入研究金融风险形成的原因、表现形式、特征、内在规律,用科学的指标和方法对其进行测定,并寻求适应中国国情的金融风险控制方法,就成为当前我国金融研究领域最重要的研究课题。

首先,我国经济正处于从计划经济向市场经济转轨的过程中,在这一时期中,我国经济运行既不是一种传统的计划经济,也不是一种完全意义上的市场经济,而是一个计划经济与市场经济的混合体,是有中国特色的社会主义市场经济。在这种特殊的经济运行机制下,国外的金融风险分析与控制方法在中国就失去了制度基础。因此,必须结合中国特殊的经济运行机制来进行金融风险研究,建立一套适合我国国情的金融风险的系统结构和综合评价指标体系。其次,我国对金融风险的研究还处于起步阶段,且多为定性研究,从定量的角度对我国金融风险的内在联系、活动规律进行深入研究还不够。现代金融的发展使金融条件变得很复杂,要在如此复杂的事物中发现规律,并按客观规律办事,仅靠定性描述就不够了,需要结合运用定量分析。最后,金融风险是一个系统,其组成因素众多,产生原因和内部关系复杂,应利用系统工程的思想来研究金融风险。

金融风险引起了世界各国的广泛关注,在我国金融风险已经累积到相当严重的程度,人民银行已经把防范和化解金融风险作为一项重要的工作来抓,但也存在一些问题。如对识别风险研究比较多,特别是我国金融风险的特点、表现、产生原因等,并制定了许多防范和化解金融风险的办法措施,但对监测风险研究不多。而正确测定风险是识别风险的量化,是制定防范和化解金融风险的办法措施的依据。另外在我国现行的一些测定风险的办法中,指标缺乏系统性,指标权重的确定缺乏科学性,综合评价方法有较强的人为主观性。本研究将用系统分析法来系统化、定量化地研究中国金融风险的组合、内在联系和重要性,并在此基础上建立中国金融风险的综合评价指标体系,为中国金融风险的定量监测系统的建立奠定基础。因此,金融风险管理的研究对于我国建立金融风险监控体系,防范和化解金融风险,促进宏观经济的稳健运行,有很重要的现实意义。

三、金融风险管理的发展

花旗银行前主席 Walter Wriston 曾说过:"生活的全部是管理风险而不是消除风险。"金融机构所面临的风险包括信用风险、市场风险、流动性风险、操作风险和法律风险等。从发生的概率大小以及对金融机构产生的影响来看,又以信用风险和市场风险的影响最大。近年来金融市场发生了重大变化,全球化的证券市场迅猛发展,资产化的趋势越来越强,外汇交易和金融衍生品交易构成了金融市场交易的重要组成部分。这使得金融机构面临的主要风险转向市场风险。

在全球金融化的不断演进过程中,国际风险管理体系也不断发展健全,风险管理机制不断完善,其发展历程大致分为以下几个阶段。

(一) 20 世纪 80 年代初

由于储蓄和贷款机构深受债务危机的影响而大量倒闭,银行业开始普遍重视对信用风险进行防范和化解。随着银行业风险管理实践的逐步展开,出现了许多新情况、新问题。为了更好地适应风险管理新形势的需要,著名的《巴塞尔协议》便应运而生,它可以作为银行业资本充足性管理实践的基本准则和重要指引。该协议通过对不同类型的资产规定不同的权重来测量和评估风险,是对银行风险比较笼统的一种分析方法,对于充实银行资本,提高资本充足率,增强抵御风险的能力以保护银行的资产安全起到了巨大的促进作用。

(二) 20 世纪 90 年代以后

随着金融衍生工具的推陈出新和交易量的迅猛增长,市场风险日益突出,接连发生了几起震惊世界的银行和金融机构危机的大案。例如,英国最悠久的巴林银行的破产、日本山一证券十多亿美元的交易损失、日本大和银行的巨额国债的交易损失、中国香港百富勤的倒闭等一系列风险事件,促使人们对金融市场风险加以高度关注。

一些主要的国际性大银行开始建立自己的内部风险测量与资本配置模型,以弥补《巴塞尔协议》有关规定的不足和缺陷。取得的主要进展包括:

(1) 市场风险测量的新方法——Value at Risk(VaR)(受险价值方法)。这一方法最主要的代表是摩根银行的"风险矩阵系统"(risk metrics)。

(2) 银行业绩衡量与资本配置方法——信孚银行的"风险调整的资本收益率"系统。

(3) 最近几年来,一些大银行认识到信用风险仍然是十分关键的金融风险类型,便开始关注信用风险测量方面的问题,试图测量和评估信用风险的内部方法和模型。其中以J.P.摩根的 Credit Metrics 系统和 Credit Suisse Financial Products(CSFP)为主。这一风险管理系统是第一个用于测量和评估信用风险的内部模型,可以测量整个银行的合并信用风险,并提供另一种VAR报告。

(4) 1997年夏开始,亚洲金融危机爆发,整个世界金融业开始出现此起彼伏的动荡,特别是1998年10月美国长期资本管理公司(LTCM)发生了巨额损失事件。这家由华尔街精英、政府前财政官员和诺贝尔经济学奖得主组成的,曾经红极一时的金融业巨子,在世界金融动荡的冲击之下,也难逃一劫,几近破产。这一系列震惊世界金融业的风险事件出现了一些新特点,即损失不再是由单一的风险因素所造成,而是由信用风险和市场风险等混合因素造成。这些事实证明:是重新考虑银行风险管理理念、方法与模型的时候了。由于以前的各种测量和评估模型是针对单一风险的,有一定的局限性,这就促使人们更加重视市场风险与信用风险的综合测量模型以及操作风险的量化问题。由此,全面风险管理模式开始进入了人们的研究视野。而具体进展则正是集市场风险、信用风险和其他多种风险于一体的各种新模型的纷纷创立。全面风险管理方法无疑是对风险管理理念的一次革命。

经过多年不断的尝试与探索,金融风险管理技术不断发展,已经可以达到主动识别、预警、测量和控制风险的水平。目前有关的研究侧重于对已有风险管理技术的修正、补充和完善,以及将计量风险方法逐步推广到市场风险以外(包括信用风险、流动性风险、结算风险和操作风险等)的其他风险领域的应用。

第三节 金融风险的监督管理

金融监管是指政府或政府授权的机构或依法成立的其他组织对金融活动以及金融活动的参与者实施监督和管理的统称。狭义的金融监管指金融监管当局依据国家法律、法规对金融业实施的监管。广义的金融监管还包括金融行业组织的自律性管理与金融机构的内部控制。本章着重介绍狭义的金融监管。

一、金融风险监管的理论根源及其有效性的争论

(一) 金融风险监管的理论根源

1. 金融风险的外部负效应较大

(1) 金融机构的负债率较高,且其债权人分布范围广泛,可能覆盖社会各阶层。一旦某家金融机构因承担了过度的金融风险而破产,受损失的不仅是其所有者,众多债权人也

会蒙受损失。而且,由于金融风险的传染性,也可能会波及其他金融机构。因此,金融机构倒闭的外部负效应在一定条件下会产生不同程度的放大效应,若这种负效应过大,可能会导致系统性的金融风险,甚至导致大面积的金融市场的震荡乃至崩溃。

(2) 金融体系在国民经济中占有举足轻重的地位。存款机构是货币的主要供应者,并为社会提供支付体系。金融体系的稳定对货币供给的稳定和支付结算的顺利进行具有十分重要的意义。金融风险引发的金融动荡有可能会造成宏观经济震荡。

2. 金融市场的信息不完全和不对称难以由市场机制消除

在金融交易中,当事人很难完全掌握与交易相关的全部、准确的信息,因此,普遍存在金融市场的信息不完全和不对称的现象。资金供求双方拥有的信息量存在显著差异,资金需求者是拥有信息优势的一方,为了以尽量低的代价获取资金,可能在借款时隐藏对自身不利的信息。而资金的供给方则难以辨别需求者资信的好坏,只能根据市场平均利率收取利息。在这种情况下,低风险的资金需求者由于其预期收益也偏低,无力承担由市场平均利率计算得到的利息而退出资金借贷市场,余下的是高风险的需求者。资金供给者为了回避风险,只好减少资金供应。这种金融契约签订前的逆向选择,可能导致借贷市场萎缩。金融契约签订之后,资金的安全又面临着道德风险的考验。资金的使用者可能会谋求更高的利益而改变资金的用途,从事高风险高收益的经济活动,或恶意拖欠,进而导致该笔借贷资金的呆坏账,给出借资金的金融机构造成难以弥补的损失。

3. 金融体系具有内在的脆弱性

由于信贷资金使用与偿还上的分离、金融资产价格的波动性、金融机构的高负债经营等,使金融活动面临诸如信用风险、市场风险、流动性风险、操作风险等多种风险,极易引发金融动荡。

(二) 对金融风险监管有效性的争论

许多学者从多角度对金融风险的必要性进行了论证,但也有一些学者对其有效性提出了质疑,其中,监管成本论和监管失灵论是其中具有代表性的理论。

1. 监管成本论

金融监管的成本可以分为两类:监管引起的直接资源成本和监管引起的间接效率损失。若金融监管的成本超过了其收益,则意味着金融监管是不经济的,没有实施的必要性。

(1) 直接的资源成本。一是行政成本,是指监管机构在执行监管的过程中所耗用的资源。二是奉行成本,是指被监管者为了遵守监管条例而耗用的资源。

(2) 间接的效率损失。金融风险监管造成的间接的效率损失表现为社会的整体福利水平可能因为监管的实施而下降。金融监管也可能导致道德风险,因为监管可能会引发私人部门疏于防范风险或更愿意冒更大的风险以牟取厚利,这可能会导致损失发生的可能性更大。

2. 监管失灵论

监管的失灵表现为:

(1) 监管者也是经济人。从事监管工作的人员是独立的利益个体,也有实现自身利益最大化的要求。监管者可能为少数利益集团所诱,利用手中的职权为其服务。

（2）监管行为的非理想化。即使监管主体的主观意愿是好的，由于对客观规律认识程度和把握能力的差异以及受其他条件所限，其行为也可能是非理想化的，达不到目标效果。

（3）监管的低效率。监管机构作为监管制度的供给者，缺乏竞争和约束，容易出现官僚主义。

二、金融风险监管的目标和原则

（一）金融风险监管的目标

金融风险监管的具体目标主要体现在两个方面。

1. 维护金融体系的稳定和安全

金融监管机构应建立和维护金融交易秩序，监督金融机构稳健经营，降低和防范金融风险，维护公众对金融体系的信心，防止系统危机和市场崩溃的发生。

2. 保护社会公众利益

银行存款人、证券市场投资者以及其他金融机构的公众客户作为风险的承受者在信息拥有、资金规模等方面不占优势，容易受到金融风险的负面影响，因此，金融监管机构应对他们的合法权益加以保护。

金融风险监管的总体目标是在一定的约束条件下追求最优的效果，在稳定、公平、效率三者间寻求均衡。

（二）金融风险监管的原则

金融机构应遵循以下原则。

1. 独立原则

独立原则是指金融监管机构或部门应保持相对的独立性，在职责明确的前提下，拥有制定监管条例和日常操作上的自主权，以避免受到某些利益集团或他人的影响或干预。

2. 适度原则

金融监管机构的职能空间必须得到合理的界定。金融机构应以保证金融市场内在调节机制能够正常发挥作用为前提。监管不应干预市场的激励-约束机制。一方面，监管机构不应压制富有活力的、正当的市场竞争。另一方面，监管机构不应承诺将对竞争中的失败者采取拯救措施。

3. 法治原则

金融机构必须有法律作为监管依据，并依法执行。金融机构者同样应该受到约束和监督，以防出现监管过度或监管松懈。监管过度是指监管者为了自身的声望或利益而过于强化监督，监管松懈是指监管者由于工作疏漏或受到利益诱导而放松监管。

4. 公正、公平、公开原则

公正原则要求监管者公正地履行其监管职能，以法律或相关规章制度为依据，尊重客观事实，避免主观臆断。公平原则要求监管者应保证交易各方的平等地位，不得给予任何一方任何的偏袒或歧视。公开原则是指监管者应将监管的过程和结果向有关当事人全部公开，提高监管的透明度，保证各方当事人的知情权。

5. 效率原则

金融机构必须建立并明确成本-效益观念,尽可能降低监管成本,减少社会支出。这就要求精简监管体系,提高监管人员的整体素质,在监管过程中讲求实效,对监管方案进行优选,并采用现代化的先进的技术手段。

6. 动态原则

金融机构应与金融发展保持同步,以免阻碍金融发展。监管机构应尽快对不适应金融发展新形势的规则进行修订,避免压制金融创新的积极性。监管机构还应该具有前瞻性,把握金融市场的走向和演变趋势,提前做出相应的准备,缩短监管时滞,提高监管的先验性。

三、金融风险监管体制

(一)金融风险监管的要素

金融风险监管是指金融风险监管的职责划分与权力分配的方式和组织制度。金融风险监管体制的要素是监管主体、监管客体和监管手段。

金融风险监管的主体是金融风险监管的实施者。根据监管主体的法律性质不同,大致有政府监管机构和行业自律组织。政府监管机构可以分为两类:一类是由官方机构承担监管职责;另一类则是由民间机构或私人机构接受政府授权从事监管。

金融风险监管的客体是指金融监管的对象,包括金融活动和金融活动的参与者。金融机构是金融机构的主要对象,如商业银行、保险公司、证券公司、投资基金、信托投资公司等。

金融风险监管的手段是指监管主体为了实现监管目标而采用的方法,是监管的具体体现。监管主体主要采取行政手段、法律手段以及经济手段对金融产品和金融服务的种类、定价、供应、交易以及金融机构的准入、经营、退出等进行监管。

(二)现代金融风险监管体制发展的新变化

随着近年来经济、金融全球化趋势的逐渐加强,尤其是全球性金融危机发生的频率越发提高,影响范围越加宽广,程度越发深重,改革和重构监管体制已成为各国面临的共同问题。现代金融风险监管体制在发展过程中呈现一系列新的变化趋势。

1. 政府监管和自律监管趋于融合

根据监管主体的不同,金融风险监管体制可以分为政府型监管体制和自律型监管体制。政府型监管体制是指政府积极参与金融风险监管,设立专门的监管机构,并制定相关的法律、法规和规章制度要求各金融机构严格遵守,而行业自律只起到辅助性的作用。自律型监管体制是指政府除了进行某些必要的国家立法之外,较少直接对金融市场进行规范。市场管理主要是依靠行业自律,金融机构也通过自我约束予以配合。

政府型监管体制的优势在于监管机构超脱于金融活动的当事人,且具有公信力,能够公平、公正、公开地发挥其监管作用,保护社会公众的利益,但政府型监管体制也存在不容忽视的劣势:现代社会的金融结构日益复杂,金融工具、交易方式不断创新,金融市场的不确定因素增多,监管难度相应增大。政府既要加强监管,又不能过分干预市场,往往处于两难境地。

行业自律型监管体制的优势在于它比政府更熟悉本行业的具体实际情况,但它也同样存在劣势:缺乏强有力的公信力和执行手段、容易从本行业的利益出发而忽视其他各方的利益。

在金融风险监管的不断发展过程中,政府型监管体制和行业自律型监管体制出现了逐渐融合的趋势。两种体制同时发挥作用,并及时沟通,力求更有效地发挥金融监管效果。

2. 外部监管和内部控制相互促进

外部监管主体不再是一味地从外部施加管制而是更加注重促使金融机构强化内部控制制度,提高自我监控水平。金融监管机构对金融机构的内控制度提出了全方位的要求,要求其建立完善的内控机制和制度,具体包括建立科学的企业治理结构、独立于权威的内部监察机构、业务职能部门明确的风险控制分工以及彼此相互制约关系、谨慎的授信审批制度或分级授权制度、严格的会计控制制度、有效的内部监察与稽核制度以及合理的员工管理制度。

3. 分业监管向统一监管转变

分业监管是根据金融机构及其业务范围的划分,由多家专业监管机构分别进行监管。统一监管是指一家机关机构承担监管职责,将金融业作为相互连续的整体进行统一监管。虽然目前大多数国家仍然实行分业监管,但是受到混业经营的影响,实行完全分业监管的国家呈现出逐渐减少的趋势。

4. 功能性监管理念对机构型监管理念提出挑战

传统的机构型监管是以金融机构的类别作为标准划分金融机构的,而功能型监管是根据金融产品的特定功能来确定该种金融产品的监管机构。功能型监管能够有效地解决混业经营中金融创新产品监管的归属问题,避免出现监管真空。

雷曼兄弟公司破产原因分析

一、雷曼兄弟公司及其破产事件

(一)雷曼兄弟公司

雷曼兄弟公司是为全球公司、机构、政府和投资者的金融需求提供服务的一家全方位、多元化投资银行。雷曼兄弟公司雄厚的财务实力支持其在所从事业务领域的领导地位,并且是全球最具实力的股票和债券承销与交易商之一。同时,公司还担任全球多家跨国公司和政府的重要财务顾问,并拥有多名业界公认的国际最佳分析师。公司为在协助客户成功过程中与之建立的长期互利的关系而深感自豪(有些可追溯到近一个世纪以前)。

由于雷曼兄弟公司的业务能力受到广泛认可,公司因此拥有包括众多世界知名公司的客户群,如阿尔卡特、美国在线时代华纳、戴尔、富士、IBM、英特尔、美国强生、乐金电子、默沙东医药、摩托罗拉、NEC、百事、菲利普莫里斯、壳牌石油、住友银行及沃尔玛等。这个拥有一个半世纪的投资银行是华尔街的"巨无霸"之一，同时还享有"债券之王"的美誉。但是公司却在2008年的金融海啸中，走到了破产的地步。

(二) 雷曼兄弟公司破产过程

雷曼兄弟公司在2008年6月16日发布的财务报告显示，第二季度（至5月31日）公司亏损28.7亿美元，是公司1994年上市以来首次出现亏损。雷曼兄弟公司净收入为负6.68亿美元，而前年同期为55.1亿美元；亏损28.7亿美元，合每5 114美元，前年同期则盈利12.6亿美元。雷曼兄弟公司首席执行官理查德·福尔德（Richard Fuld）马上采取相应措施。通过发行新股募得60亿美元资金，并且撤换了公司首席财务官和首席营运官，6月16日，雷曼兄弟公司股价有所反弹，但股价已经累计下跌了60%。9月9日，韩国产业银行（KDB）收购雷曼兄弟公司的谈判中止，雷曼兄弟公司股价重挫45%。9月10日，雷曼兄弟公司公布第三财季业绩报告以及数项重组战略方案，雷曼兄弟公司第三季度巨亏39亿美元，创下该公司成立158年历史以来最大季度亏损。第三季度雷曼兄弟公司已减值高达78亿美元房地产抵押证券敞口，全年总计减值172亿美元，占相关资产总额的31%。财务报告公布之后，雷曼兄弟公司股价应声下挫7%。雷曼兄弟公司股价从年初超过60美元，跌至7.79美元，短短9个月狂泻近90%，市值仅剩约60亿美元。在从外部投资者获取资金的努力失败后，雷曼兄弟公司正式宣布出售其所持有的英国市场上的住宅房地产抵押证券的投资组合，并期待交易在几周内完成。同时，雷曼兄弟公司计划在2009年一季度剥离250亿~300亿美元的商业房地产（commercial real estate）投资组合，使其独立为一家公开交易的公司，以期在这场金融危机中生存下来。9月14日，由于美国政府拒绝为收购提供保证，美国银行、巴克莱银行等潜在收购者相继退出谈判，拥有158年历史的雷曼兄弟公司面临破产。9月15日，雷曼兄弟公司宣布将申请破产保护。雷曼兄弟公司声称，破产的仅是母公司，旗下的经纪业务和投资银行部门均不在破产之列。公告称，雷曼兄弟公司依照美国银行破产法第十一章，向纽约南部的联邦破产法庭提起破产保护。雷曼兄弟公司所有从事经纪业务的分支机构及雷曼兄弟公司的子公司，包括Neuberger Beman an Holding和LLC等子公司，均不受此影响，将继续正常交易和营业。

二、原因分析

(一) 雷曼兄弟公司破产的背景环境

雷曼兄弟公司的倒闭产生于由次贷危机导致的美国金融危机，反过来又加剧了这场动荡。若要分析雷曼兄弟公司破产的原因，就要了解美国的次贷危机，而资产证券化又被喻为次贷危机的"温床"。

1. 资产证券化带来的潜在风险

资产证券化是将缺乏流动性但具有稳定现金收入流的资产汇集起来，通过结构性重组及信用增级将其转变为可以在金融市场上出售和流通的证券。然而随着资产证券化的衍生层次越来越多，信用链条被越拉越长。例如，从最初的房屋抵押贷款到最后的CDO等衍生产品，中间经过借贷、打包、信用增持、评级、销售等繁杂阶段，整个过程设计有数十个不同机构参与，信息不对称的问题非常突出。一旦市场情况逆转，将会给中间参与各方带来重大损失。

2. 次贷危机导致的金融动荡

从 2000 年起，美国政府利用低利率及减税政策，鼓励居民购房，以此来拉动经济增长，从而带动美国房地产大涨。在激烈的竞争面前，金融机构不惜降低住房信贷者准入标准，大量发放次级贷款。随后，金融机构将这些贷款出售给投资银行，投资银行打包成次级房贷债券进行出售。房价上涨时，风险不会显现，然而随着美国联邦利率上升，房地产市场逆转，房价开始下跌。利率大幅攀升使很多贷款人无法按期偿还借款；同时，住房市场持续降温也使购房者出售住房或通过抵押住房再融资变得困难。于是，引发次级抵押贷款机构亏损或破产，投资基金被迫关闭，股市剧烈震荡。

(二) 雷曼兄弟公司破产的内在原因

除了受宏观经济环境影响之外，美国独立投资银行的营运模式和雷曼兄弟公司经营的主要业务，资产结构都是导致其破产的原因。

1. 高杠杆经营

不同于商业银行，投资银行不经营储蓄业务，也就没有稳定的资金来源。投资银行的主要的资金来自债券市场和银行间拆借市场。据统计，国际前十大投资银行的财务杠杆比率在 2007 年达到了 30 倍左右的高比率。雷曼兄弟公司的财务报表显示，自 2007 年 7 月次贷危机开始，其财务杠杆率（总资产/总股东权益）仍然在 20 倍以上，2007 年 8 月 31 日其杠杆率为 30.3 倍，在 2008 年 2 月底达到了 31.7 倍的高峰，直到 2008 年 8 月 31 日，这一比率才降至 21.1 倍。以 30 倍的财务杠杆率为例。在资产价格上涨情况下，只要赚 1% 就相当于赚到股本的 30% 的收益，而一旦价格下跌导致亏损 3.3%，即意味着破产。2007 年夏天到现在，美国住房市场价格已经下降了 20%，商业房产的价格的降幅稍小，持有大量相关资产的雷曼兄弟公司的资本金很快就被不断贬值的资产所侵蚀。资本金的不足过度举债以及监管的放任最终使雷曼兄弟公司在这场危机中没有坚持下来。

2. 高风险业务占主导地位

在华尔街，虽然美国大型证券公司和投资银行都经营债券业务，但五大投资银行各有分工，雷曼兄弟公司是以债券和债券衍生品为主要业务方向的。2006 年，雷曼兄弟公司居次级债券承销商之首，大约占全美抵押债券市场份额的 11%，2007 年上升到 12.1%，成为华尔街打包发放住房抵押贷款证券最多的银行。次贷危机爆发后，由于次级抵押贷款违约率上升，造成次级债金融产品的信用评级和市场价值直线下降。雷曼兄弟公司持有的债券总额在 2008 年第一季度是 6 394 亿美元，占总资产的比重达到 82.4%，第二季度是 5 167 亿美元，占总资产比重达到 80.8%。雷曼兄弟公司为这类资产计提的减值大幅影响了雷曼兄弟公司的利润。最终，这一曾经是雷曼兄弟公司的主要收入来源拖垮了雷曼兄弟公司。对固定收益类业务的过分依赖使雷曼兄弟公司在整个金融环境极不利的情况下难以脱身。

3. 难于消化的垃圾资产

首先，来了解一下什么是第三级资产。第三级资产是最难估价的资产，因为这类资产基本上是无法在市场上进行交易的，它的市场价值是根据一系列假设建立模型计算出来的，通常是些经过多次打包和分割后的衍生产品。雷曼兄弟公司第二季度末持有的第三级资产有 413 亿美元，其中房产抵押和资产抵押债权共 206 亿美元。这 400 多亿美元的资产在市场总体情况恶化、信用降低的情况下价值下跌,给雷曼兄弟公司带来减值损失,从而影响雷曼兄弟公司的利润,同时因为在市场上难以找到买家,又无法变现。雷曼兄弟公司的股东权益仅有263亿美元,第三级资产成了无法消化的"垃圾资产"。

三、启示

(1) 合理选择运营和管理模式。企业应运用波特的五种力量和SWOT等先进的科学方法进行环境分析,根据环境分析和企业愿景、使命进行战略选择,确定战略目标,以战略目标为导向,确定适合本企业的运营模式和管理模式。

(2) 完善风险管理系统。风险管理是中国企业实现战略目标,保持盈利、发展和履行社会责任强有力的保证。企业要从战略高度认识风险管理的重要性,并实施三维度的综合评价,即权衡企业在增长、盈利及风险之间的平衡。目前,企业吸收、消化先进的风险管理理论,落实《内部控制基本规范》等法规要求,完善风险管理制度,构建科学风险管理机制,防止权力绕过制度,合理利用风险管理工具来识别、评估和管理风险,并对风险管理的效果进行监控,十分必要,十分迫切。

(3) 优化风险预警体系,使危机管理成为常态。企业应该完善预警理论,选择预警工具,吸引与培养风险预警管理人才,优化预警体系,使危机管理成为常态。

思 考 题

一、名词解释

金融风险 信用风险 市场风险 操作风险 国家主权风险 汇率风险 利率风险 战略风险 法律风险 金融风险监管 监管成本论 监管失灵论

二、问答题

1. 金融风险的含义是什么?它会对经济产生哪些影响?
2. 金融风险产生的原因是什么?根据我国实际情况,分析我国金融风险的产生有哪些特殊的原因。
3. 金融风险管理的发展大致分为哪些阶段?
4. 简述《巴塞尔协议》是从哪些方面管理金融风险的。
5. 金融机构监管和目标和原则是什么?

三、讨论题

现代金融风险监管体制发展出现了哪些新变化?

第二章 金融风险管理的框架

知识结构

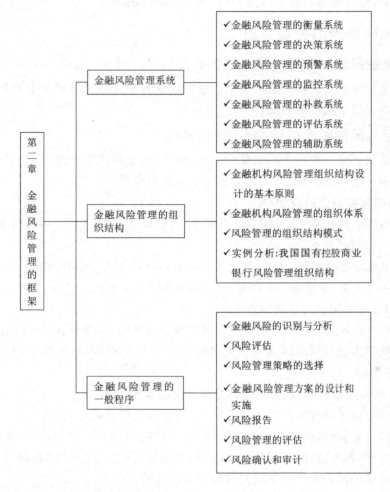

学习目标

- ◆ 理解金融风险的各种管理系统；
- ◆ 掌握金融风险管理的组织结构设计的基本原则、金融机构风险管理的组织体系和风险管理的组织结构模式；
- ◆ 了解金融风险管理的一般程序，包括金融风险的识别与分析、风险评估、风险管理策略的选择和实施方案的设计、金融风险管理方案的实施、风险报告、风险管理的评估、风险确认和审计。

第一节 金融风险管理系统

金融风险管理是一项复杂的系统工程,该系统主要包括金融风险管理的衡量系统、金融风险管理的决策系统、金融风险管理的预警系统、金融风险管理的监控系统、金融风险管理的补救措施、金融风险管理的评估系统、金融风险管理的辅助系统七个子系统。各子系统密切相关,但又分别具有不同的特点,执行不同的职能。

一、金融风险管理的衡量系统

(一)金融风险管理的衡量系统的含义

金融风险管理的衡量系统是指用来估量每项交易中金融风险的大小和影响,为金融风险管理的决策提供依据的系统。

(二)金融风险管理的衡量系统的运作

金融风险的衡量一般都采用定量的方法,所以,在金融风险管理中,为了对金融风险的大小和影响做出准确的衡量,人们通常建立一定的模型。

1. 常见的风险测量的模型

(1)市场风险测量模型:VaR、ES 等模型。例如,为了对证券价格风险进行衡量,人们常采用概率分布的方法。

(2)信用风险测量模型:J.P. 摩根的 Creditmetrics 模型、KMV 模型,瑞士信贷银行的 CreditRisk+模型,麦肯锡公司的 CreditPortfolioView 模型。例如,为了对信用风险进行衡量,人们往往采用信用评级的方法。

(3)利率风险测量模型:主要有缺口模型和持续期模型,以对利率风险进行衡量。

运用这些模型进行风险的衡量主要的优点就是易于理解,运用简单,从而也便于汇报,便于制定政策。

2. 建立风险汇总机制,以便衡量其整体的金融风险

即使就每项业务或每个局部而言,其面临的金融风险都很小,但是,如果将各项业务或各个局部综合起来,则就整体而言,其面临的风险就很大了。目前,在对整体金融风险进行衡量的时候,各种金融机构所普遍认同的方法是"资本充足率"的衡量方法。对于这种方法及其具体的操作在第二节我们将做详细的介绍。

二、金融风险管理的决策系统

(一)金融风险管理的决策系统的含义

金融风险管理的决策系统是指为整个金融风险管理系统提供决策支持的系统。它既要负责设计和运用整个金融风险管理系统,制定防范金融风险的各种规则和指导方针来规范业务运作,指导业务人员开展金融风险防范活动,又要根据具体的风险特征和状况,研究制定金融风险管理的最佳策略,制定防范或化解金融风险的各项具体措施和安排,并发出指令,责令各个部门实施。例如,银行的决策部门可根据其测定的金融风险的大小,要求计划部门对资产负债结构进行调整,以缩小利率敏感缺口,或要求信贷人员提前收回某笔贷款,以缩小乃至避免由该笔贷款引起的信用风险。

(二)金融风险管理的决策系统的职能

决策系统是整个金融风险管理系统的核心,它在风险管理系统中发挥统筹调控的作用。具体来说,包括以下内容。

(1)统筹规划职责。决策系统不仅要负责设计和运用整个金融风险管理系统,制定防范金融风险的各种规则指导方针,而且还要根据具体的风险特征和状况研究制定金融风险管理的最佳策略。

(2)制定授权制度。决策系统职能之一就是建立对各层管理人员、业务人员或下级单位的授权制度,如规定各级管理人员对客户授信的最高审批限额,业务人员、管理人员在市场交易中的最大成效限额,以及下级单位经营管理权限等。

(3)制定支持制度。即决策系统要为决策提供支持,使管理人员能够通过该系统选择最佳的风险管理工具、最佳的资产组合或其他最佳的决策等。

三、金融风险管理的预警系统

(一)金融风险管理的预警系统的含义

经济实体在经营活动中,通过内部的研究部门或外部的咨询机构,对经营活动中出现的金融风险进行监测和预警,以引起有关人员的注意,并供他们在决策时参考,这就是金融风险管理的预警系统。例如,在一项投资中,投资者可预先确定营运资本与总资产之比的警戒线,从而在投资决策中自觉地约束投资的规模;又例如,银行可通过预警机制对某个行业的前景提出警告,以供信贷人员在贷款取向中参考。

(二)金融风险管理的预警系统的建立

金融风险管理的预警系统可以从以下三个方面加以建立。

(1)根据本机构的历史经验,来建立相应的预警信号。例如,银行可以根据以往经验,来推测市场资金的需求、供给趋势,建立"头寸"变化的警戒线。

(2)根据同一行业一些机构的状况进行行业分析,来建立相应的预警信号。例如,企业财务报表中各种比率应保持在什么范围,该企业在整个市场的占有率在多大时才能支持。

(3)分析未来的各种趋势,包括经济走势、行业形势、个体经营状况等,即进行宏观分析,确定未来的各种趋势。例如,根据汇率变化趋势、股票走势、企业经营前景等,通过反复筛选整理成一定的预报材料,以供以后参考。

经济实体通过建立预警机制,既可以掌握金融风险的整体状况,从而采取相应的策略,又会引起企业内部各部门对金融风险的高度重视,有效增强防范和抑制金融风险的意识和自觉性,还可以对交易对手提出忠告或警告,从而促使交易对手也对金融风险高度重视,防止交易对手的行为导致金融风险。总而言之,整个市场都会处于预警状态,最终减少了金融风险的发生。

四、金融风险管理的监控系统

(一) 金融风险管理的监控系统的含义

金融风险管理的监控系统是指随时监督公司承受的风险动态情况,督促各部门严格执行有关规章制度和风险管理政策,严格执行相关的风险管理程序,将风险管理工作落到实处。

(二) 金融风险管理的监控系统的职能

(1) 监控系统首先需要设置一系列的监控指标,如资本充足率、流动性比率、单向贷款的占比等,并通过计算机联网,对各业务部门和分支机构的经营状况进行监控,包括信贷、资金头寸、债券和外汇交易的进展情况等,随时掌握公司内部资金的流向和业务状况。一旦发现异常,就采取相应的防范应急措施。特别地,监控系统设置有限额权限提示、自动障碍和警讯等程序来确保授权制度的执行。当出现超额限额权限的趋势时,监控系统就会及时提醒操作人员,若操作人员不进行及时纠正或继续进行违规,监控系统将会自动设置障碍,拒绝执行其发出的指令,并向上级管理部门发出警讯。

(2) 监控系统还要定期或不定期地对各业务部门进行全面或某些方面的稽核,检查各种风险管理措施的实施情况,寻找各种隐患,如贷款的贷后检查、质押品的管理、重要凭证的保存等,发现问题及时向上级领导或上级部门汇报,并督促有关部门迅速改正或者采取补救措施。

(3) 监控系统还要对董事会制定经营方针和重大决策、规定和制度及其执行的情况进行检查,一旦发现问题,可以直接向有关部门提出期限改进的要求。比如,如果公司进行的一项大规模的投资出现问题,该监控系统会直接向相关部门或领导提出改进的要求,并规定一定的期限,以免发生不必要的损失或减少损失。

五、金融风险管理的补救系统

(一) 金融风险管理的补救系统的含义

金融风险管理的补救系统是指对已经显露出来的金融风险,及时采取补救措施,防止金融风险的恶化和蔓延。例如,当银行面临"头寸"严重不足的流动性风险时,其补救系统要协助计划部门尽快采取措施(如低价出卖资产),以防止对各项业务和银行的声誉造成重大损失。尤其要防止因为金融风险的扩散而引起的挤兑现象;又如,当经济实体面临利率风险或汇率风险时,其补救系统可以通过出卖资产(或外汇)、购买金融衍生产品等方案来转嫁风险,进行保值等。特别值得注意的是,对银行经常面临的呆账、逾期贷款等问题,补救系统一定要研究出切实可行的措施,力求加以解决。例如,当某项贷款到期不能收回时,可要求该项贷款的主管信贷员和有关部门进行协作,上门催收或到法院起诉,以便尽力追回贷款。

(二) 金融风险管理的补救系统的职能

(1) 制定日常业务操作的补救措施,建立应急基金。例如,商业银行可以建立应急基金,当银行发生突发事件时就可以利用该基金解决燃眉之急,从而减少乃至避免不必要的损失。

(2) 建立准备金制度,对已产生的资金损失要及时加以弥补。例如,商业银行都建立了呆账准备金制度,按照一定的程序,对已确定无法收回的贷款进行核销,并及时用呆账准备金弥补损失,以保证银行资金的正常运转。

(3) 建立基础设施发生故障的防范和及时处理的系统,减少操作风险。例如,对一些由计算机处理的资料和数据,要适时做出备份和存档,并设立恢复程序,以备在软件发生故障时仍能保持信息的完整性,并能及时恢复或继续交易。

六、金融风险管理的评估系统

(一) 金融风险管理的评估系统的含义

金融风险管理的评估系统是指对金融风险管理各项业务和业绩进行评估的系统。

(二) 金融风险管理的评估系统的职能

1. 内控系统的评估

它主要是确定内控系统的可靠性,以保证对风险的有效控制。它可以对整个内控过程加以评价,也可以针对某个环节加以评估。对整个业务过程的评估,往往是选择若干个典型业务,沿着它们的处理程序,检查业务运行过程中的各个环节是否得到有效控制;针对某个环节的评估,可稽核该环节在各时期的处理手续,从而检查内控制度是否有效。

2. 金融风险管理模型的评估

它主要是检验模型的科学性、实用性,并根据检验的结果做出相应的调整或修订。一些机构常常运用回归测试(将较长时间段中每天的实际变化的回归检验值与模型得出的结论相比较)等办法,来检验模型的准确性,或对模型进行调整或修订。

3. 金融风险管理业绩评估

它主要是为了评估金融风险管理的成就,以促进金融风险管理工作的高效运行。业绩评估体系包括业绩的考评制度和奖励方法。业绩的考评常采用定量(如资本充足率)和定性(如部门的战略重要性和风险偏好)相结合的方法。至于奖励方法,则各公司有所不同。如有的公司采取分期领取佣金的方式;有的公司则要求业务人员将部分红利注入其所操作的部位,以构成风险共同体等。其目标都是既要激励业务人员的进取精神,又限制或防止其过度冒险行为。

七、金融风险管理的辅助系统

除了以上所述的各个系统之外,金融风险管理还有赖于其他有关部门的辅助和合作,这些有关部门就是金融风险管理的辅助系统。

(一) 金融风险管理的辅助系统的含义

金融风险管理的辅助系统是指为上述各个核心系统提供帮助和合作的系统。

(二) 金融风险管理的辅助系统的职能

1. 建立信息库，为金融风险评估提供数据支持

如在公司过去的金融风险管理过程中，各金融风险产生的原因、损失情况、影响大小等都应记录保存，以为将来的金融风险管理工作提供经验。例如，银行在信用风险管理中，应建立客户的信息档案系统，将客户的信用记录、注册资本、生产经营计划、资产负债状况、人才结构等详细资料输入系统，供有关业务人员参考，并据此建立授信额度控制制度。各业务部门对客户的跟踪信息，要及时汇总至风险管理部门的信息系统。风险管理部门根据客户的经营、资产情况等的变化，可随时修订授信额度，提示有关部门采取相应措施。

2. 对交易过程中的各种资料和数据妥善储存

这些资料和数据包括交易对手、交易时间、产品类型、票面金额、现金流明细、汇率、利率、清算明细和合同文本等，从交易开始酝酿到交易最终结束的所有有关信息都必须完整地保存。这不仅有利于内部管理，明确责任，防止工作人员疏忽或内部人员行为不轨造成损失，而且在与交易对手发生纠纷时，也能提出有效的证据。

3. 加强职能部门间的协作

金融风险管理要得到相关部门，尤其是科技部门和人事部门的协助。科技部门要开发金融风险管理技术网络，并适时进行维护。开发的系统和模型要具有安全性，能保证信息系统和模型的完整性和保密性。如系统进入权限按员工级别限制，用户有独特的识别标志（密码），某一级别只能进入系统的某一个部分，严格防止第三者通过非法途径获取重要信息。人事部门要负责培训、配备精通金融风险管理技术的专业人士，为金融风险管理提供人力资源的保障。总之，各个部门为公司的唯一总目标进行协作。

第二节 金融风险管理的组织结构

一、金融机构风险管理组织结构设计的基本原则

（一）总体原则：协调与效率结合

（1）协调原则：金融机构风险控制组织结构的设计要考虑金融机构内部各业务职能的设置及相互之间关系的协调。

（2）效率原则：金融机构风险控制组织结构的安排和职责划分要体现效率原则，保证银行经营管理系统的高效运作。

（二）基本原则

1. 全面风险管理原则

它要求金融机构风险管理组织结构设计安排应充分满足金融机构全面风险管理的要求。具体包括：

（1）全员风险管理，即金融机构内部所有的工作人员都要参与风险管理，都要有风险意识和自觉性。

(2) 全程风险管理，即在风险识别、风险衡量、风险分析与评价整个风险管理流程中都要进行有效管理。

(3) 全方位风险管理，即对金融机构各个部门，各种业务均要进行风险管理。

2. 集中管理原则

它要求对金融机构风险管理组织结构设计时应同时设立风险管理委员会和具体的业务风险管理部门。

3. 垂直管理原则

它要求董事会和高级管理层应当充分认识到自身对风险管理所承担的责任。

4. 独立性原则

它要求风险管理的检查、评价部门应当独立于风险管理的管理执行部门，并有直接向董事会和高级管理层报告的渠道。

5. 程序性原则

它要求金融机构风险管理体系组织结构的安排应当严格遵循事前授权、事中执行和事后审计监督三道程序。

二、金融机构风险管理的组织体系

一个有效的风险管理组织体系，主要由董事会、风险管理执行委员会、风险管理组、风险管理职能部门和风险管理的支持部门等组成。根据以上五个原则，分别设定它们的职能分工和相互关系如下。

（一）董事会

董事会是流动性风险管理的最高决策机构，对包括风险管理在内的经营目标、战略进行管理，并对管理的结果负有最终的责任。董事会的主要责任有：①全面认识银行面临的风险，确定银行的风险偏好以及各部门风险管理的目标和方向；②确定银行能承受的流动性风险水平，制定风险管理战略和政策；③建立流动性风险所必需的文化、制度和方法体系等。为了确定风险管理政策及时反映内外环境的变化，董事会要定期组织专家对风险管理政策进行审查。

（二）风险管理执行委员会

银行董事会风险管理的责任可具体由下设的一个执行委员会来负责。在董事会中，通常由3~5名董事组成"风险管理执行委员会"，承担董事会的日常风险管理职能。董事会将流动性风险管理的日常决策权授予该执行委员会，执行委员会定期向董事会报告。执行委员会的职责主要在于：①拟定风险管理战略，并在机构范围内贯彻和执行董事会批准的风险管理战略，确保金融机构有完善的内部控制、规范的业务程序和适当的经营政策，核实各种业务都受到有效的控制，并定期对内控情况和风险管理基础设施状况进行评估；②批准各风险管理下属机构和范围内贯彻和执行董事会批准的风险管理战略，清楚反映金融机构所面临的风险，包括长期计划和投资中的所有风险及风险类型、交易对手有关情况，批准承受金融风险大小，并为承担风险损失提供所需的风险资本；③定期评价金融机构总体风险管理的有效性及风险管理的基础设施状况，并向董事会报告风险管理方面的问题。由此可见,风险管理委员会成立的目的是:更好地落实董事会的日常风险管理工作和有效防止董事长或投资决策人员与执行部门串通而进行大量的冒险行为。

(三)风险管理组

风险管理组是指风险管理委员会下设的、独立于日常交易的风险管理战略部门。它通常设有战略组和监控组。战略组的职责主要是制定公司的风险管理政策和风险管理战略,并确保这些政策和战略得以实施;也就是说,它既要制定公司的风险管理政策、风险管理制度、风险度量模型和标准等,及时修订有关办法或调整风险管理策略,又要指导业务人员的日常风险管理工作。监控组的职能是贯彻风险管理战略,具体包括三个方面:第一,根据战略组制定的风险管理模型,进行风险衡量和评估,持续监测风险的动态变化,并及时、全面地向战略组汇报公司的风险状况,以尽快减少或消除风险;第二,监督业务部门进行风险控制的操作流程,以便使得各个部门严格按照风险管理程序进行,并控制风险限额的使用情况,确保各项交易金额被控制在授权的范围内;第三,审核并评价业务部门的风险管理办法和报告,评估各业务部门的风险管理业绩。

风险管理组作为负责风险管理的高层管理机构,负责拟定银行的流动性风险管理政策,并确定风险管理战略的有效实施。其主要职能有:①拟定详细的流动性风险管理政策;②颁布各种流动性风险管理的标准和程序;③设定限额、分配限额来管理和限制业务部门的最高流动性风险限额。流动性风险管理组处于风险管理功能系统的核心地位,包括一定数量的执行委员会成员。为确保其不受具体业务部门业务的短期压力,风险管理组还应当独立于日常业务和交易管理。

(四)风险管理职能部门

风险管理职能部门是风险管理组的直接支持者。它在业务上独立并具有明确的责任,直接向风险管理组报告,贯彻已经批准的操作风险管理策略。流动性风险管理职能部门的主要职责包括:①对各项业务进行风险测量、监控和评估,确定风险的危害程度;②定期向风险管理组提供必要的风险管理信息,报告风险承受能力;③监督各业务部门风险管理策略的具体实施情况;④根据各个部门搜集来的风险管理信息制定各种风险管理战术性策略,以有效地防范风险。

(五)风险管理的支持部门

风险管理组除了得到风险管理职能部门的支持以外,还必须得到其他一些相关部门的支持,包括战略规划部门、人力资源部门、合规和法律部门、内部稽核部门、信息系统部门,要求这些职能部门提供有关风险管理的可靠信息,以保证风险管理策略的正确制定和执行。在这些支持部门中,内部稽核部门的地位尤其重要,它能保证已经获准的流动性风险管理政策和规程得到有效执行。内部稽核部门人员应当定期稽核、测试风险管理程序和内部控制。同时,稽核委员会向董事会和执行委员会报告,以便执行委员会及时采取措施对存在的问题加以解决。

（六）分行和基层行的应对管理部门和岗位

考虑到我国银行全行上下流动性风险管理组织体系的有效衔接，原则上分行相应的组织结构比照总行设计。但是考虑到分行主要是一个具体的执行机构，所以不用设立风险管理的决策部门，但是有必要增加一些具体的操作和内部控制部门。同时，考虑到机构精简的效率原则，商业银行的基层行没有必要设立专门的流动性风险管理部门，可以在一个综合的风险管理部门中设立流动性风险的管理岗位，或者赋予基层行的计财部以流动性风险的管理职能。

（七）业务系统

业务系统是整个金融风险管理体系的直接而又相当重要的组成部分，它既与风险管理部门相分离，而独立成一个金融风险管理体系，又与风险管理部门建立有机的联系，要执行风险管理部门制定的有关风险管理制度和战略，并要协助、支持风险管理的工作，及时向风险管理部门汇报、反馈有关的信息。

公司的总经理是业务系统的管理者，也是在具体操作中管理金融风险的最终责任人，他（她）在组织业务经营的同时，也领导着公司的风险管理工作。例如，建立内部风险衡量、监控和评估模型，并组织实施；确保风险管理部门的有关决定的实施；监督风险动态，并采取有关应急措施等。

在日常工作过程中，公司的管理部门和操作部门也同时进行着风险决策和风险管理，各部门都必须负责本部门的风险管理工作。部门负责人必须认真贯彻金融风险管理部制定的有关政策和战略，确保各项业务合规、合法，严密做好风险管理工作，并及时、准确地向风险管理部报告风险暴露的信息，尤其是对超过风险限额的交易要迅速地报告风险管理部门，并采取相应的防范措施，减少乃至避免损失的发生。

为了有效地防范各种金融风险，在整个公司和各个部门都要建立起制约机制。中国人民银行制定的《加强金融机构内部控制的指导原则》要求金融机构建立顺序递进的三道监控防线。

（1）第一道监控防线是岗位制约，即建立完善的岗位责任制度和规范的岗位管理措施，实行双人、双职、双责制度，使业务操作实行不同职责的分离、交叉核对、资产双重控制和双人签字等，以确立岗位间相互配合、相互督促、相互制约的工作关系。

（2）第二道监控防线是部门制约，即建立起相关部门、相关岗位之间相互监督制约的工作程序。例如，银行信贷部门的贷款规模受到资金计划部门的约束、业务部门的数据处理程序受到科技部门的控制。

（3）第三道防线是内部稽核，即建立稽核部，对各岗位、各部门、各项业务实施全面的监督，及时发现问题、真实地反映情况，并协助有关部门纠正错误、堵塞漏洞，确保各种规章制度的执行和各项政策的实施，避免不正当行为所构成的风险隐患。

商业银行风险管理的组织流程图见图2-1。

三、风险管理的组织结构模式

（一）职能型组织结构模式

职能型组织结构模式见图2-2。

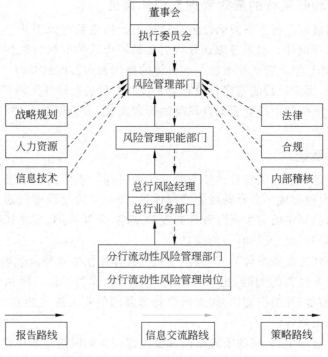

图 2-1　商业银行风险管理的组织流程图

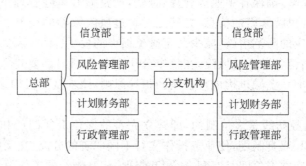

图 2-2　职能型组织结构模式

1. 职能型组织结构模式的含义

职能型组织结构模式是指整个金融机构的经营管理按职能部门划分,风险管理部门与其他职能部门平行,负责整个金融机构的风险控制。此种模式适用于资本规模较小的银行。

2. 职能型组织结构模式的优点

(1) 能够促进金融机构组织实现职能目标。
(2) 确保部门内规模经济的实现。
(3) 促进组织深层次的技能提高。

3. 职能型组织结构模式的缺点

(1) 金融机构风险管理部门对外界环境变化反应较慢。

(2) 可能引起高层决策缓慢、金融机构各风险管理部门之间超负荷运行等问题。

(3) 部门间缺少横向协调和缺乏创新，对组织目标的认识有限。

（二）事业部型组织结构模式

事业部型组织结构模式见图 2-3。

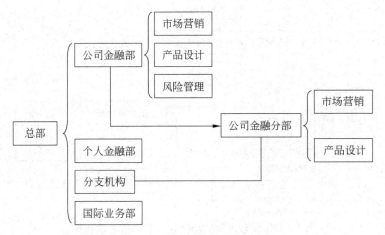

图 2-3 事业部型组织结构模式

1. 事业部型组织结构模式的含义

事业部型组织结构模式是指整个金融机构按业务种类划分为不同的事业部，便于对相关业务进行专业化经营，形成相应的利润中心。此种模式适用于资产规模较大、经营业务种类较多的银行。

2. 事业部型组织结构模式的优点

(1) 整个组织能够快速地适应外界环境的变化，能够实现跨职能部门的高度协调，各事业分部容易适应并应对不同的产品、地区和顾客。

(2) 有利于决策的分权化。

(3) 风险部门设在各个事业部内部，有利于各个事业部有针对性地对本部门所面临的风险及时监督和控制。

3. 事业部型组织结构模式的缺点

(1) 不具有职能部门内部的规模经济。

(2) 各产品线之间缺乏协调，从而导致产品线的整合与标准化变得困难，并且不利于金融机构对整体经营风险的控制。

（三）矩阵型组织结构模式

1. 矩阵型组织结构模式的含义

矩阵型组织结构模式分为两种。

(1) 整个金融机构按照业务种类纵向划分为以业务为主的利润中心，便于各部门根据各自业务特点进行专业化经营；按职能部门的分类横向划分，通过金融机构的职能部门对各业务部内部的相关职能部门进行横向控制和管理，有利于金融机构对总体经营风险的控制。此种模式适用于资产规模较大,从事业务种类繁多的金融机构。

(2)以地区为标准设置纵向的利润中心,以职能标志对各部门的相应职能进行横向控制。适用于允许跨地区设置分行的商业银行。

矩阵型组织结构模式——以事业部为中心见图2-4。

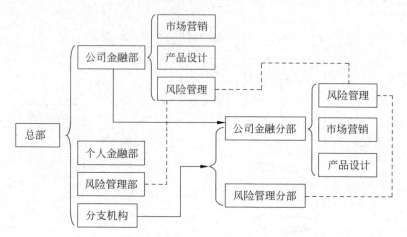

图2-4 矩阵型组织结构模式——以事业部为中心

矩阵型组织结构模式——以区域为中心见图2-5。

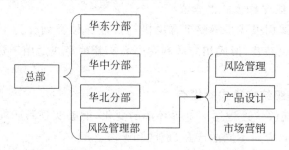

图2-5 矩阵型组织结构模式——以区域为中心

2. 矩阵型组织结构模式的优点

(1)风险管理部门设在事业部内部,接受事业部的领导,一方面,有助于对各事业部具体业务经营风险的控制和化解;另一方面,有助于各事业部在经营中实现利润追求与风险控制之间的平衡。

(2)各事业部内部的风险部门要接受总部风险管理部门的领导,既有利于得到总部在风险控制上的技术和信息支持,也有利于总部对整体经营风险的把握和控制,保证整个银行经营的稳健性。

3. 矩阵型组织结构模式缺点

(1)容易导致风险内部控制管理人员卷入双重职权之中,降低其积极性。

(2)该模式下的金融机构风险管理要求管理人员具有良好的人际关系技能和全面的内部控制方面的培训,经常的会议和解决问题发生的冲突会耗费大量的时间和精力。

三种结构形式的比较如表2-1所示。

表 2-1 三种结构形式的比较

	职 能 型	事 业 部 型	矩 阵 型
主要适用的对象	规模较小、分支机构较少、业务种类相对单一	产品和服务的比较优势突出且适于专业化经营管理、分支机构层级较少	资产规模较大、分支机构众多、经营区域较广、业务种类繁多
风险管理的权责分配	按分支机构层级划分,属于分权式。"块块"管理为主,"条条"管理为辅	按产品和服务划分,属于集权式。"条条"管理为主,"块块"管理为辅	按产品和服务、分支机构层级、地域等多维标准来划分,介于分权与集权之间
风险管理部门的独立性	较低	一般	较高
部门间的沟通与协调	不同层级之间(纵向)沟通与协调的难度较大	不同事业部之间(横向)沟通与协调的难度较大	纵向和横向沟通与协调的难度都比较大
是否有利于整体风险管理	否	否	是
应对环境变化的能力	较差	较强	较强

四、实例分析:我国国有控股商业银行风险管理组织结构

(一)总行风险管理组织结构设计方案

建立以风险管理委员会为主要决策机构,以风险管理部为主要执行机构的矩阵型总行风险管理组织结构。

(二)分行风险管理组织结构设计方案

分行的风险管理组织结构比照总行的风险管理组织结构设置,即在管理层对现有的风险管理、信贷审批和管理等部门的职能进行必要的整合,设置风险管理部,并在业务层、管理层和支持保障层中的相关业务部门设置相应的风险管理科。

(三)支行风险管理组织结构设计

(1)有基层运行设立统辖全行金融风险管理的风险管理部,将现有信贷管理部门的职能归并至风险管理部。

(2)在各行业管理部门内部设立风险管理岗,实行业务操作和风险管理的平行作业,采用矩阵式报告线路,即部门负责风险管理的人员既要向风险管理的职能部门负责报告,同时又要向所在业务部门负责人汇报工作。

(四)全行风险报告运行机制

(1)要求:商业银行金融风险报告运行机制必须明确、简洁、高效。

(2)含义:风险报告是指各报告单位根据规定的格式、时间和程序,向上级行或上级行对口部门、本级行风险管理部门报送的,分析和反映本单位管理范围内各类风险与内部控制状况及应对措施的书面材料。

(3)分类:风险报告分为综合报告和专题报告。综合报告为定期报告,分季度报告、半年报告、年度报告;专题报告为即时报告,一旦发现就随时报告。

(4)模式：商业银行风险管理组织结构设计方案中的风险报告线路采取横向传送与纵向报送相结合的矩阵式结构。

我国国有控股商业银行风险管理组织结构图见图2-6。

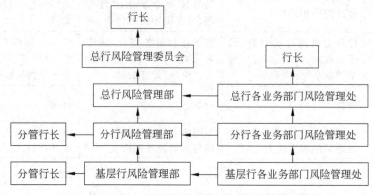

图2-6　我国国有控股商业银行风险管理组织结构图

第三节　金融风险管理的一般程序

金融风险管理的一般程序分成六个阶段：一是金融风险的识别与分析；二是风险评估；三是风险管理对策的选择和实施方案的设计；四是金融风险管理方案的实施；五是风险报告；六是风险管理的评估；七是风险确认和审计。

一、金融风险的识别与分析

（一）金融风险的识别

金融风险的识别是指辨别或识别金融活动中所面临的各种风险。包括战略方面的风险、经营方面的风险、财务方面的风险、财产方面的风险、声誉方面的风险及法律方面的风险等。它是金融风险管理的首要步骤，同时也是关键的一步。

金融风险的识别是一项十分困难的工作，它要求人们做到以下几点：第一，对金融风险的识别必须既及时又准确。必须在金融风险发生之前或在金融风险很小时就发现，而不是等到金融风险已经很大甚至已经发生了很大损失后才被发现。因为当风险很严重时不但防范和化解它们很困难，而且管理成本也很高。所以，只有及时识别风险，将风险扼杀在摇篮里，才能审时度势，采取有效的措施防范风险。同时又避免了高昂的管理成本，减少了资源浪费。第二，对金融风险的识别必须既全面又深入。因为风险涉及各种业务的方方面面，同一业务也有可能面临多种不同的风险。这就要求风险管理人在风险识别的时候要有一个全面的认识才行，任何一个小小的失误或疏忽，都有可能酿成大错，造成严重的损失，甚至是致命的损失。而且，由于风险具有隐蔽性、复杂性和多边性，只有对风险进行全面深入的分析和研究，才能准确把握风险。第三，对风险的识别既要连续又要系统。金融风险并不是一成不变的，它总是在不断变化着，或增大，或缩小，或从无到有，或从有到无。因此，金融机构必须根据其业务的具体情况，随时关注各种金融风险及其变化。同时,由于各项业务具有紧密联系,金融风险又具有扩散性,金融机构必须对风险加以系统的识别。

金融风险的识别方法多种多样,因公司性质不同而不同。我们认为金融风险的识别要结合具体的业务特征,而金融风险分析是在对识别的基础上对其特征进行进一步研究。

1. 从资产负债的性质来识别风险

在金融风险的识别中,最简单、最直接的方法就是利用资产负债的性质来识别,对每个会计科目进行深入研究,分析各种资产和负债的性质和风险特征。下面我们以我国的典型银行——商业银行为例来阐述资产和负债的风险识别。

商业银行的资产项目可以归为五类:现金资产、各种贷款、证券投资、固定资产和其他资产。不同的资产具有不同的风险特征。现金资产包括库存现金、在人民银行存款、同业存款、托收未达款等。现金资产是流动性最强的资产,被看作银行的一线准备金。一线准备金过少会导致流动性不足;一线准备金过多会增加持有成本,造成资源浪费。贷款资产是商业银行最主要的资产也是最大的盈利来源,具有信用风险大和流动性低的特点。不同的方式、不同的期限又具有不同的风险,例如,信用贷款的风险比保证贷款的风险大,长期贷款风险大于短期贷款的风险。由于采用不同的利息支付方式和币种选择的问题,又会导致利率风险和汇率风险。证券投资包括国库券、债券、股票等,它们一般具有较高的流动性,视为二级准备金,但是证券投资也会面临证券价格风险、利率风险和信用风险。

商业银行的负债项目包括存款负债、借入负债和结算中负债。它们主要面临利率风险和流动性风险。利率风险是为了保持和吸引资金所必须支付的利率的不确定性而引起的,流动性风险是指存款人提取资金的不确定性导致的挤兑现象。

在进入风险的识别过程中还要关注表外业务。表外业务包括承诺(贷款承诺、循环贷款承诺等)、保证(信用证、备用信用证等)以及与金融衍生品有关的业务(期权、远期等)。这些业务往往有很大的信用风险,与衍生品有关的业务还面临着巨大的价格风险。分析这类信用和价格风险往往是考察其授信额度、交易额度及承受能力。

2. 从资产负债的结构来识别金融风险

我们在金融风险的识别过程中,还要关注资产与负债的合理搭配程度,因为资产与负债的多样化和合理搭配能有效转嫁、分散或冲销金融风险。如果银行的长期资产过多,将会面临较大的信用风险;如果对高风险行业的贷款较多,也会面临较大风险。总之,各种资产的正相关性较高,往往达不到分散风险的目的,这样会增大风险。从另一方面说,如果资产与负债的到期时间、数量不对称,则会面临流动性风险。例如,利率敏感性资产大于利率敏感性负债时,利率的下降会引起净利息收入的减少;当利率敏感性资产小于利率敏感性负债时,利率的上升会引起净利息支出的增加。

为了更方便地识别金融风险,人们根据工作经验设置了一系列指标体系及参考标准。中国人民银行制定的《商业银行资产负债比例管理监控、监测指标》中有八项是针对资产和负债结构的。如表2-2所示。

表 2-2 针对资产和负债结构指标体系

指　　标	计　算　公　式
存贷款比例	各项贷款期末余额/各项存款期末余额
中长期贷款比例	① 人民币剩余期限一年以上(不含一年)中长期贷款期末余额/人民币剩余期限一年以上(不含一年)中长期存款期末余额； ② 外汇剩余期限一年以上(不含一年)中长期贷款期末余额/外汇贷款期末余额
流动性比率	流动性资产期末余额/流动性负债期末余额
国际商业借款比率	(自借国际商业借款＋境外发行债券)期末余额/资本净额
境外资金运用比率	(境外贷款＋投资＋存放境外资金运用)期末余额/外汇资产期末余额
备付金比率	超额准备金期末余额/各项存款期末余额
单个贷款比例	① 对同一借款人贷款期末余额/资本净额； ② 对最大十家客户发放的上个期末余额/资本净额
拆借资金比例	① 拆入资金期末余额/各项存款期末余额； ② 拆出资金期末余额/各项存款期末余额

3. 从运营能力来识别金融风险

在对金融风险进行全面系统的识别的时候，金融机构还需要进一步考察经营者的资本金、收益能力和管理水平。

1) 资本金

资本金是经营者承担日常经营风险、保持清偿率和体现其实力的根本。商业银行可以用资本金承担损失、清偿债务，还可以通过发行债券或股票增加流动性，增强还款能力。

2) 收益能力

收益能力与风险有着密切的联系，收益不仅可以弥补损失，而且收益的大小决定着红利的分配和承受负债成本的能力，也影响了吸引资金的能力。在风险识别中，我们可以用损益表来分析收益能力，因为损益表反映了经营者的财务状况。通过分析比较损益表中收入与支出金额，可以掌握银行的收入来源、各类收入的大小与稳定性、各种成本和其他管理成本，从而找出潜在的问题。在实务中，常用利差收益率、资产盈利率、杠杆乘数、资产利用率、资金成本率、贷款名义(真实)收益率、贷款保本线、非利息支出率等指标来检验收益能力和风险状况。

3) 管理水平

一个经济主体的经营管理水平既直接影响着经营风险，又间接影响着其他风险。良好的管理有利于树立良好的企业形象，保证资金来源的稳定，增强竞争能力，从而有利于减少流动性风险。同时还有利于增强抗风险能力，降低收益的不确定性。经营管理水平的定性分析主要是考察信息系统、计划系统、操作系统和控制系统等的运转效率和组成。定量分析是计算一些指标或考察其历史记录。常用指标有资产总额/职工人数、非利息支出/资产总额、占用费用支出/经营支出总额等。历史记录包括决策失误、各种故障、操作失误、亏损记录等以及资产质量中出现的问题，如逾期贷款、呆滞贷款、呆账贷款的比例等。

4) 结合具体的暴露来识别金融风险

由于各种业务都由一系列要素组成,具有一定的特征。所以,在风险管理中,结合各种业务的具体特点与性质等相关因素来识别风险,既能做到及时、准确地把握风险,又能精准地找到问题的症结所在。如贷款的数额、期限和到期能否偿还等问题,直接影响着银行资产的流动性。贷款的定价问题又会面临利率风险。在证券投资过程中,证券收入主要是买卖差价和利息、红利。所以在实际操作中,市场利率的变化、能否在二级市场上交易、市场的活跃程度等导致证券投资面临利率风险、价格风险和流动性风险。我们还可以根据业务操作的流程来分别识别各个环节存在的风险。

(二) 风险分析

1. 风险分析的内容

金融风险分析主要包括两方面的内容:一是金融风险的影响;二是金融风险的诱因。

1) 分析金融风险的影响

对金融风险影响进行分析,是为了评估金融风险所可能产生的损失大小、对经营管理的影响以及管理成本等,以决定是否进行风险管理。金融风险可能导致的损失,主要取决于暴露的大小和经济变量的不确定性。

通过对金融风险的识别,金融机构可以清楚自己拥有的各种交易部位中哪些部分存在着金融风险,存在着何种金融风险。进一步地通过对暴露部位大小的分析,人们可以估量可能发生的损失的大小。一般地说,在同一种风险状态下,暴露越大,发生的损失就越大;反之,就越小。

经济变量的变化幅度越大,可能受到的损失就越大;反之,就越小。当然,对经济变量的不确定性的把握是一件相当困难的事情。因此,在分析金融风险的时候,多数金融机构都只是进行粗略的估计。如果需要进行精确的预测,则必须从各方面综合起来考虑,甚至通过建立模型来分析。

金融机构在分析金融风险可能导致的损失后,必须估量自己的承受能力及其对经营管理的影响。如果金融风险导致的损失将对它的收益产生较明显的影响,会影响其声誉和股权的市场价值。

(1) 哪些项目存在金融风险,受何种金融风险影响?

(2) 各种资产或负债受到金融风险影响的程度如何?

通过对风险暴露的分析,管理者就能决定哪些项目需要进行金融风险管理,哪些项目需要加强金融风险管理,并根据不同的金融风险制订不同的方案,以取得最经济最有效的结果。

2) 分析金融风险的诱因

金融风险是由于经济生活中的一些不确定性因素引起的,不同的金融风险具有不同的诱因。一种货币的汇率风险最根本的原因是该货币在国际市场上的供求不平衡。而这种不平衡又取决于这个国家的货币购买力、经济发展水平、经济政策的变化,另一个国家甚至全世界的经济、贸易、政治以及市场预期等因素。利率风险最根本的因素是金融市场上的资金供求关系。而这种供求关系又取决于货币供应量、货币政策和财政政策、通货膨胀率、经济周期等因素。价格风险、衍生品价格、商品价格风险也都取决于市场的供求。

信用风险的和经营风险则主要取决于经营管理能力。信用风险的主要成因是授信对象的经营管理水平、收益能力等;而经营风险的主要成因是经济主体自身的经营管理水平、防范措施等。

通过对风险成因的诊断,管理者就可以分清哪些金融风险是可以规避的,哪些金融风险是可以分散的,哪些金融风险是可以转移的,哪些金融风险是可以自担的。

2. 风险分析的方法

(1) 风险逻辑法:即从最直接的风险开始,层层深入地分析导致风险产生的原因和条件。

(2) 指标体系法:即通过财务报表各种比率、国民经济增长指标等工具进行深入分析,或者以图表形式判断趋势和总体规模。

(3) 风险清单:即全面地列出金融机构所有的资产、所处环境、每一笔业务的相关风险,找出导致风险发生的所有潜在原因和风险程度,借此来分析风险发生的原因和风险可能产生的影响。

二、风险评估

(一)风险评估的内容

(1) 预测金融风险发生的概率——风险概率。

(2) 预测金融风险发生的可能结果——风险状态。

(3) 预测金融风险发生的可能影响因素——风险因素。

(4) 确定各种金融风险的相对重要性,明确需要处理的缓急程度——风险程度。

(二)发生概率评估方法

(1) 主观概率法:对于没有确定性规律和统计规律的风险,需要通过专家和管理者的主观判断来分析和估计概率。这种方法系统误差较大。

(2) 时间序列预测法:利用风险环境变动的规律和趋势来估计未来风险因素的最可能范围和相应的概率,包括移动平均法、回归法等。

(3) 累计频率分析法:分析利用大数法则,通过对原始资料的分析,依次画出风险发生的直方图,由直方图来估计累计频率概率分布。

(三)预测风险结果的评估方法

1. 极限测试

极限测试含义:是指风险管理者通过选择一系列主要的市场变动因素,然后模拟目前的产品组合在这些市场因素变动时所发生的价值变化。

极限测试步骤:首先,选择测试对象;其次,鉴定假设条件;再次,重新评估产品组合的价值;最后,根据评估结果,决定是否采取相应的行动。

极限测试缺陷:一是测试对象难选择;二是没有考虑未来事件发生的概率;三是可用数据相当少。

2. 风险价值

风险价值含义:是指在给定置信度(一般取 90%~99%)下,一定时期内资产的最大可能损失值。

风险价值计算方法：主要包括历史模拟法、结构蒙特卡罗法、分析法等计算方法。

3．情景分析

情景分析不仅关注特定市场因素的波动所造成的直接影响，而且还关注在特定的情景下，特定的时间段内发生的一系列事件对收益的直接和间接影响。情景分析工作的难度较大，它需要分析一系列事件对公司的影响。

三、风险管理对策的选择

目前，金融风险管理已经成为各个经济主体所普遍面临的问题。在风险管理对策的选择上，具有形形色色的方案，根据对策的性质和特点来分，金融风险管理对策主要分为六种。

（一）预防策略

1．预防策略的定义

所谓预防策略，是指金融风险尚未发生时，人们预先采取一定的防备性措施，以防止金融风险发生的策略。它是风险管理的传统策略。

2．预防策略的应用

在银行和其他金融机构中，预防策略是一种常见的策略。它主要被用于信用风险的管理和流动性风险的管理。该策略是一种主动、积极的策略，所应对的是那些可以预防或者可以避免的风险。

1) 在信用风险中的应用

在信用风险管理中，我国银行信贷管理中实行的信贷"三查"制度实际上就是一种比较典型的预防策略。银行在发放贷款之前，通过调查借款人的信誉、资本金、经营状况及偿债能力，审查贷款发放的程序，检查和监督贷款的运用情况，可以准确地做出贷款决策。一旦发现问题，银行可及时地调整贷款方案，要求借款人改善经营状况，或变更还款计划。银行通过控制各种风险源，消除潜在的隐患，避免风险的发生。

2) 在流动性风险中的应用

为了防止流动性风险的发生，保证日常业务的正常进行，银行必须保持一定的准备金。准备金分为第一、第二和第三线准备金。其中，第一线准备金主要包括现金和存在中央银行的存款。第二、第三线准备金主要包括短期政府债券、可转让定期贷款等。正是这些第二、第三线准备金有效地防范了流动性风险，是银行和其他金融机构防范流动性风险的一种预防策略。

与其他对策相比，预防策略具有安全可靠、成本低廉、社会效果良好等优点。尤其值得肯定的是，这种策略比较有效地做到了防患于未然。因此，该策略得到广泛应用。由于风险与收益成正比，所以人们在利用预防策略来避免金融风险时，有时将难免要牺牲一定的收益。

（二）规避策略

1．规避策略的定义

规避策略是指人们根据一定的原则，采用一定的技巧，来自觉地规避开各种金融风险,以减少或避免这些金融风险所引起的损失。在各种投资活动中,规避策略是一种重要的风险管理策略。由于风险与收益往往成正比变动,因而投资者在选择投资项目时,必须对风险与收益同时兼顾,全面权衡。

2. 规避策略的应用

规避策略是一种被动、消极的策略,所对付的则是那些无法预防或业已存在的金融风险。

1) 在风险厌恶者中的应用

对于一个风险厌恶者来说,他在进行投资活动的时候,会尽量减少风险,选择风险小的项目进行投资,而放弃收益与风险并存的项目。

2) 在外汇风险管理中的应用

为了规避外汇风险,人们总是力求持有"硬货币"。所以人们在对外金融贸易中会遵循这样的原则:在出口或发生对外债权时,应争取采取硬货币;而在进口或发生对外债务时,应采取软货币。规避外汇风险的另一种做法就是"配对管理"。所谓"配对"是指将出口收款及其他外汇收入全部存入外汇账户,以供进口付款及其他外汇支出使用。这样,在外汇收支平衡的条件下,汇率的变动风险可以得到抵消。

3) 应用于银行和其他金融机构的头寸管理

这种策略主要有三种做法:第一,由于利率变动是不确定的,对利率的预测未必是准确的,所以,为求收入的稳定,银行和其他金融机构一般总是通过对资产和负债的品种、期限、数量等的调整,尽量缩小乃至消除利率敏感性缺口或持续期缺口,以规避利率风险;第二,通过资产结构的调整,如缩短资产的平均期限或提高短期资产在总资产中所占的比重,来规避流动性风险和信用风险;第三,尽量减少外汇持有"头寸",以规避外汇风险。

(三) 分散策略

1. 分散策略的定义

分散策略是指投资者在进行证券投资时,并不是把全部资本集中投资于某一种特定的证券,而是将其资本分散地投资于多种不同的证券中。通过投资分散化,一些证券价格上涨而使其获得了盈利,这些盈利可以部分或者全部弥补另一些证券价格下降而使其所受的损失。

2. 分散策略的应用

定义中提到的分散策略除了可以分散证券投资的风险外,该策略还可以在外汇风险管理和信用风险管理中应用。

1) 在外汇风险管理中的应用

为了防止汇率的不确定性变动带来的损失,各种金融机构及其他经济主体常常保持多种货币"头寸",使一些货币的贬值所造成的损失为另一些货币的升值所带来的盈利抵消。对一个国家来说,实现储备资产多元化,以防范汇率变动所引起的储备风险,实际上就是一种分散策略。

2) 在信用风险管理中的应用

为了避免因个别借款者(尤其是贷款金额巨大者)无力偿还贷款而遭受巨额损失,一些银行通过贷款销售的方式,或与其他金融机构组成银团贷款的方式,使得自己的授信对象多样化,从而分散风险。

因为分散策略是一种人们运用得较早,并被长期的实践证明是一种行之有效的策略,所以该策略深入人心,被普遍运用到金融风险管理中。

(四)转嫁策略

1. 转嫁策略的定义

转嫁策略是指人们利用某些合法的交易方式或业务手段,将自己所面临的金融风险转移给其他经济主体的一种策略。

2. 转嫁策略的应用

1) 在外汇风险管理中应用

在外汇风险管理中,转嫁策略是一种较常见的策略。在对外贸易或金融活动中,人们可通过提前或推迟外汇的支付来转嫁外汇风险。当预期外币将升值时,进口商及其预定在未来进行外汇支出的经济主体应尽可能提前支付,而出口商及其预定在未来有外汇收入的经济主体可能会推迟收款;当预期外币将贬值时,进口商及其预定在未来进行外汇支出的经济主体应尽可能推迟付款,而出口商及其预定在未来有外汇收入的经济主体可能会提前收款。当然在利用这种策略时我们必须注意几个问题:第一,在什么时候收款或付款,不能由任何一方决定,所以必须以合理合法为原则,以对方同意或接受为前提;第二,提前收付款只是将自己的风险加以消除,另一方并没有承担这种风险,因此并不存在转嫁的问题。而只有在推迟支付条件下,由自己承担的风险因这种推迟而转嫁给了对方;第三,提前或推迟收付来管理风险要建立在预测准确的基础上才行,否则可能会弄巧成拙。

2) 在各种投资活动中的应用

转嫁策略也可以运用于各种投资活动中,例如,在资产定价中,投资者可以通过提高名义利率,即可将购买力风险转嫁给筹资者。又如,在股市下跌时,股票持有者将股票即时抛出,则可将风险转嫁给买者。

这种策略最重要、最显著的特征就是:转嫁风险必须以有人承担为条件。该策略只是改变了风险的承担者,并没有从根本上消除风险。

(五)保值策略

自20世纪70年代以来,保值策略是运用得最多的风险管理策略。保值策略有广义和狭义之分,广义的保值策略包括各种金融风险管理策略,狭义的保值策略只包括其中的套期保值策略。

1. 套期保值策略的定义

套期保值策略一般是指人们通过一定的金融交易方式,来冲销自己所面临的某种金融风险的一种策略。

2. 套期保值策略的主要形式

1) 远期交易

远期交易是一种传统的交易形式。简单地说,它是指交易对方在成交后约定在未来某日期依成交时所确定的汇率交割一定数量的某种外汇的交易形式。分为固定交割日的远期交易(交割日是在成交时固定好的)和择期交易(将规定的一段时间内的任何一个营业日选为交割日)。

2) 掉期交易

所谓掉期交易,是指人们在外汇市场上同时做两笔交易,其中一笔是买进,另一笔是卖出。这两笔交易的货币相同,金额也相同或接近相同,但期限不同。例如,投资者买入1 000美元现汇的同时,又卖出1 050美元的期汇。这两笔交易中,一笔是因为人们从事某种投资活动的需要而进行的,另一笔是为了前一笔所承担的风险的需要而进行的。所以这一期间无论汇率如何变动,他们均可以用一笔交易的盈利来弥补另一笔交易的损失,从而实现保值。

3) 金融期货交易

金融期货交易是指人们在集中性的市场,以公开竞价的方式所进行的标准化的金融期货合约的交易。期货交易之所以能起到保值的作用,是因为现货价格和期货价格受到相同因素的影响,价格变动是基本一致的。所以,在金融期货市场上建立一种与其现货市场方向相反的部位,并在期货合约到期前通过反向交易而将此部位冲销。人们总可以在一个市场获利,而在另一个市场受损,以获利弥补损失,达到保值目的。

4) 金融期权交易

金融期权交易也是一种新的套期保值策略。所谓金融期权是指人们在支付少量期权费之后所获得的、可在未来某特定时间以协定价格买进或卖出一定数量的某种金融工具或衍生金融工具的一种权利。

与掉期交易和金融期货交易有很大不同的是,该策略既能将潜在的损失控制在有限的、已知的范围内,又能在相当程度上保住可能获得的意外收益。

(六) 补偿策略

1. 补偿策略的定义

补偿策略是指人们通过一定的途径,对业已发生或将要发生的金融风险损失,寻求部分或全部的补偿,以减少或避免实际损失的一种策略。

2. 补偿策略的应用

1) 在外汇风险管理中的应用

人们通常实行的"加价保值"和"减价保值",实际上就是一种补偿策略。其实质是通过进出口价格的调整来补偿自己在汇率变动中所受的损失。加价保值适用于出口收汇的场合,即若出口商愿意接受软货币,则可在出口价格中加进预期该货币贬值的因素,从而通过出口价格的提高来弥补货币贬值的损失。而减价保值适用于进口付汇的场合,即若进口商愿意支付硬货币,则可在进口价格中减去预期该货币升值的因素,从而用降低的价格来补偿货币升值带来的损失。

2) 在信用风险管理中的应用

在银行和其他金融机构的信用风险管理中,担保和抵押也是被普遍运用的补偿策略。在贷款合同中带有担保人的,如果债务人到期不能还清全部债务,则担保人必须按合同规定承担连带责任,代为清偿债务。如此,银行或其他金融机构即可避免因债务人违约或丧失偿债能力而造成的损失。在抵押贷款中,若借款人不能如数还清本息,银行有权处理抵押物品,由于抵押物的价值一般高于被抵押资产的价值,因此,通过抵押,银行和其他金融机构因信用风险而造成的损失可得到全部补偿。

3) 在利率风险管理中的应用

各种利率协议实际上也是人们比较常用的补偿策略。例如,借款人为了避免因利率上升而遭受损失,便向某金融机构买进一份利率上限协议。日后,若市场利率升至协议规定的上限以上,则超过部分就由出售该协议的金融机构给予补偿。

补偿策略的另一种形式就是保险。保险是指人们通过购买保险,将风险转嫁给保险公司,当发生损失时由保险公司给予补偿,从而避免或者减少实际损失的一种形式。

风险严重程度与发生频率的关系见图 2-7。

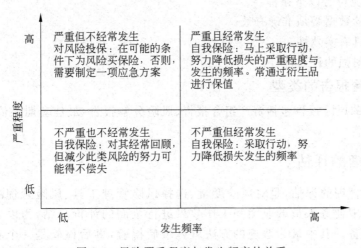

图 2-7 风险严重程度与发生频率的关系

四、金融风险管理方案的设计和实施

1. 风险管理方案的定义

风险管理方案是指金融风险策略、金融风险工具、金融风险管理程序等的统称。

2. 风险管理方案的内容

风险管理的方案包括以下几项。

(1) 风险管理结构:包括风险管理的任务、职责、责任、政策、方法、控制和信息工具;

(2) 风险管理质量:包括公司哲学、文化、培训、意识和如何加强有利的行为。

金融风险管理方案的实施是指实施所选择的风险管理对策并不断地通过各种信息反馈检查风险管理决策及其实施情况,并视情形不断地进行调整和修正,以此更加接近风险管理的目标。风险管理方案的实施过程包括前台、中台、后台三个环节,能够对所有商业交易相关方面进行执行、获得、记录、过程化和处理。

五、风险报告

（一）风险报告的定义

风险报告是公司定期通过其管理信息系统将风险报告给其监管者和股东的程序。

（二）风险报告的意义

风险报告是风险管理的一个重要组成部分，它是了解风险管理结果的窗口和企业风险情况沟通的工具。风险报告程序的开发是一个循序渐进的过程，随着市场、业务和方法的变化，需要不断增加报告的种类和方法。

（三）风险报告的要求

风险报告应符合以下条件：
(1) 输入的数据必须准确有效。
(2) 报告具有实效性。
(3) 具有很强的针对性。

（四）风险报告的类型

经常使用的风险报告包括资产组合报告、风险分解报告、最佳套期保值报告、最佳资产组合复制报告。

六、风险管理的评估

金融风险管理的评估，是对风险度量、选择风险管理工具、风险管理决策以及金融风险管理过程中业务人员的业绩和工作效果进行全面的评价总结，为以后更好地进行风险管理做准备。其中最为普遍的方法就是事后检验，事后检验是一个有用的评估市场风险测量和方法集合的工具。事后检测的结果出来后，需要采取相应的措施，或是对模型进行调整，或是重新评估定价和损益行为。事后检验过程包括两个方面：第一，用汇总和测量总的资产组合风险的风险价值方法与实际的经验损益数字进行比较；第二，比较理论和实际的损益，检验每一个用于估价和控制公司头寸风险的模型是否覆盖所有的风险要素。

七、风险确认和审计

风险确认和审计包括内部和外部审计员对风险管理程序的检查要求。风险管理作为内部一项独立的业务，它的发展对公司内部和外部审计员的职责、任务产生了很大影响。对外部审计员来说，这意味着工作重点从检查公司财务记录的完整性扩展到评价其风险信息完整性。

（一）风险确认

风险确认是指确认公司正在使用的风险管理系统和技术是有效的。
风险确认包括：①正规的风险管理检修；②复核风险管理程序。

（二）风险审计

(1) 内部审计：是指内部审计人员对风险管理的审计，主要检查风险管理程序的完整性。

（2）外部审计：是指外部审计人员对风险管理的审计，主要检查公司财务记录的完整性。

案例分析

冰岛的"国家破产"

一、案情

冰岛，一个美丽富饶的北欧温泉岛国，被联合国选为全球最适宜居住的国家。由于受世界金融危机的影响，一度面临"国家破产"的危险。

2005年，冰岛人均国内生产总值达到54 975美元，位居世界第三。除了人均国内生产总值高之外，原来冰岛还是世界上第二长寿的国家，以及拥有世界排名第一的人类发展指数，被誉为"世上最幸福国家"。而如今，冰岛市值排名前三位的银行已全部被政府接管，冰岛货币克朗自2008年以来贬值已超过一半，很多冰岛人甚至产生了移民的想法。

（1）2008年10月9日，冰岛市值排名前三位的银行已全部被政府接管。数据显示，这三家银行的债务总额为610亿美元，大约相当于冰岛GDP的12倍。

（2）冰岛出现严重金融动荡，冰岛克朗2008年1月份以来贬值超过一半。

（3）冰岛政府向国际货币基金组织（IMF）、俄罗斯等申请援助，以应对金融危机。

二、原因

1. 直接原因

此次席卷全球的金融危机。金融危机在某种程度上是一个偿债能力的危机，冰岛的资本不足够偿还这种债务。一开始是流动性的危机，中央银行帮助解决流动性的问题，但中央银行的责任没有很好地履行。冰岛这样的一个小国家有自己的货币，流动性的问题是致命性的。

2. 根本原因

政府没有进行有效的金融监管，反而鼓励银行的投机行为。冰岛与欧洲的其他国家一样，对自己的金融体系进行了私有化、放松了管制。私有化之后带来了投资的繁荣，以及资产价格的上升，以及资产价值的泡沫。国际的贷款人愿意把资金无限制的贷到冰岛，而且房价在上升，股票市场也在上升。银行体系出现了问题，这是因为，首先冰岛从一个简单的存款制度变成了一个全球的国际金融的中介机构，银行体系没有得到很好的监管，银行监管机构也就是中央银行，没有能力完全地了解银行所面临的风险。

三、启示

（1）发展金融业必须有坚实的实体经济做后盾。冰岛政府把筹码过多地押在虚拟经济上，使风险被扩大导致到无法控制的地步。简而言之，冰岛选择的经济发展模式，就是利用高利率和低管制的开放金融环境吸引海外资本，然后投入高收益的金融项目，进而在全球资本流动增值链中获利。这种依托国际信贷市场的杠杆式发展，收益高但风险也大。全球化带来了全球资本的流动，一个国家可以搏杀于全球资本市场，参与金融利益的分成,并攀上全球金融生态链的高端,但前提是有足够强大的实体经济做支撑。从经济规模看,冰岛似乎并不具备这种实力。

(2) 国家不能放松对金融行业的监管。冰岛之所以出现危机,是由于金融业扩充过度,银行和大商家纷纷涉足高风险投资。但政府对此不仅坐视不理,反而鼓励它们大举放贷,国民又常年习惯靠借贷消费,由泡沫形成的经济繁荣毕竟是脆弱的。对这种严重失衡的状况,冰岛政府和中央银行不仅视若无睹,政府反而鼓励银行发放更多贷款和承担更高的风险。而金融评级机构早在两年前便对冰岛银行业的情况表示关注,但冰岛当局毫无动作,2008年8月,冰岛的银行监管者还宣称其银行体系稳固可以抵御很大的金融冲击。但言犹在耳,冰岛最大的三家银行在不到一个半月后全都出了问题。

思 考 题

一、名词解释

预防策略　规避策略　转移策略　对冲策略　风险报告　风险补偿策略　保值策略　掉期交易　金融期货交易　金融期权交易　极限测试　情景分析

二、问答题

1. 金融风险管理系统包括哪些?
2. 事业部型组织结构模式优缺点有哪些?
3. 金融风险管理的一般程序分成哪几个阶段?
4. 金融风险管理对策主要分为几种?
5. 风险分析的方法有哪些?
6. 风险评估的方法有哪些?

三、讨论题

1. 讨论职能型、事业部型、矩阵型风险管理组织结构模型的优缺点。
2. 讨论我国国有控股商业银行风险管理的方法。

第三章 利率风险的管理

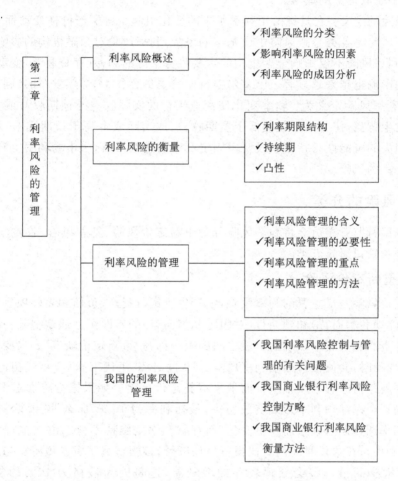

学习目标

- ◆ 理解利率风险的分类、成因分析、影响利率风险的因素；
- ◆ 掌握利率风险衡量的主要方法、利率期限结构、持续性和久期以及利率风险管理的方法；
- ◆ 了解利率风险管理的含义、必要性和重点。了解我国利率风险控制与管理的有关问题，我国商业银行利率风险控制方略和衡量方法。

第一节 利率风险概述

利率的定义：它是指某一段时间取得的利息与借贷资金的比率。从宏观意义上讲，利率是资金供求总量达到均衡时的借贷价格。从微观视角来看，利率对于不同的经济主体的意义是不同的。对于投资者来说，它代表在一定时期可能获得的收益；对于贷款人来说，则代表了获取资金的成本。

利率风险的定义：它是指由于利率水平的变化引起金融资产价格变动而可能带来的损失。利率风险是各类金融风险中最基本的风险，利率风险对金融机构的影响更为重大，原因在于，利率风险不仅影响金融机构的主要收益来源的利差（存贷利差）变动，而且对非利息收入的影响也越来越显著。巴塞尔银行监管委员会在1997年发布的《利率风险管理原则》中将利率风险定义为：利率变化使商业银行的实际收益与预期收益或实际成本与预期成本发生背离，使其实际收益低于预期收益，或实际成本高于预期成本，从而使商业银行遭受损失的可能性。指原本投资于固定利率的金融工具，当市场利率上升时，可能导致其价格下跌的风险。

一、利率风险的分类

巴塞尔银行监管委员会将利率风险分为重新定价风险、基差风险、收益率曲线风险、选择权风险和缺口风险五类。

（一）重新定价风险

重新定价风险是最主要的利率风险，它产生于银行资产、负债和表外项目头寸重新定价时间（对浮动利率而言）和到期日（对固定利率而言）的不匹配。通常把某一时间段内对利率敏感的资产和对利率敏感的负债之间的差额称为"重新定价缺口"。只要该缺口不为零，则利率变动时，会使银行面临利率风险。20世纪70年代末和80年代初，美国储贷协会危机主要就是由于利率大幅上升而带来重新定价风险。如果银行将通过90天期定期存款取得的资金以浮动利率形式贷放出去，最初利率为10%，那么90天期间内，贷款利率将会随利率调整期的到来而发生变化，而存款利率则维持不变。由于银行资产的重新定价（调整利率），在这段时间内要比银行负债频繁，该银行属于资产敏感。当利率趋于上升时，资产敏感的银行将会获得较多的净利差，这是因为最初为10%的贷款利率在90天期间会提高，而存款利率则仍维持在某一固定水平，比如8%。

该风险是普遍存在的，中国商业银行也面临着重新定价风险。

（二）基差风险

当一般利率水平的变化引起不同种类的金融工具的利率发生程度不等的变动时，银行就会面临基差风险。即使银行资产和负债的重新定价时间相同，但是只要存款利率与贷款利率的调整幅度不完全一致，银行就会面临风险。中国商业银行贷款所依据的基准利率一般都是中央银行所公布的利率，因此，基差风险比较小，但随着利率市场化的推进，特别是与国际接轨后，中国商业银行因业务需要，可能会以LIBOR为参考，到时产生的基差风险也将相应增加。通常表现为两种形式：①在存贷款利率波动幅度不一致的情况下，存贷利差缩小导致银行净利息收入减少；②在短期存贷利差波动与长期存贷利差波动幅度不一致的情况下，由于这种不一致与银行资产负债结构不相协调而导致净利息收入减少。目前，利率结构风险在我国外币市场已经显现，由于大额外币存款利率由银行自行定价，而银行又把利率水平高低作为争夺市场份额和扩大资产规模的手段，客观上造成存款利率上升幅度远高于贷款利率上升幅度，利率结构风险正在逐步扩大。

（三）收益率曲线风险

收益率曲线：是将各种期限债券的收益率连接起来而得到的一条曲线，当银行的存贷款利率都以国库券收益率为基准来制定时，由于收益率曲线的意外位移或斜率的突然变化而对银行净利差收入和资产内在价值造成的不利影响就是收益率曲线风险。收益曲线的斜率会随着经济周期的不同阶段而发生变化，使收益率曲线呈现出不同的形状。正收益率曲线一般表示长期债券的收益率高于短期债券的收益率，这时没有收益率曲线风险；而负收益率曲线则表示长期债券的收益率低于短期债券的收益率，这时有收益率曲线风险。根据中国债券信息网公布的有关资料显示，中国商业银行2016年年底持有的国债面值已经超过七万亿元。如此大的国债余额在负收益率曲线情况下，收益率曲线风险非常大。

（四）选择权风险

选择权风险是指利率变化时，银行客户行使隐含在银行资产负债表内业务中的期权给银行造成损失的可能性。即在客户提前归还贷款本息和提前支取存款的潜在选择中产生的利率风险。根据我国现行的利率政策，客户可根据意愿决定是否提前支取定期储蓄存款，而商业银行对此只能被动应对。当利率上升时，存款客户会提前支取定期存款，然后再以较高的利率存入新的定期存款；当利率趋于下降时，贷款客户会要求提前还款，然后再以新的、较低的利率贷款。所以，利率上升或下降的结果往往会降低银行的净利息收入水平。调查显示，近年来由于连续下调利率，客户提前还款的现象比比皆是，已经越来越严重地影响到商业银行正常的资产负债管理，估计利率市场化以后，这类风险会更加明显地表现出来。

由于中国自1996年以来先后八次下调存贷款利率，许多企业纷纷"借新还旧"，提前偿还未到期贷款，转借较低利率的贷款，以降低融资成本；同时个人客户的利率风险意识也不断增强，再加上中国对于客户提前还款的违约行为还缺乏硬性限制，因此，选择权风险在中国商业银行日益突出。

（五）缺口风险

缺口(gap)也称缺口头寸(gap position)，是指在某一段时间内需要重新设定利率的那部分资产与需要重新设定利率的负债之间的差额。直至几年前，银行一直都把缺口头寸作为衡量利率风险的最基本方法。缺口风险，也称资产负债不匹配风险，是指在利率敏感性资产与利率敏感性负债不等价变动中产生的利率风险。缺口风险主要源于金融机构自身的资产负债数量结构的不匹配。当利率敏感性资产大于利率敏感性负债，即银行经营处于"正缺口"状态时，随着利率上浮，银行将增加收益，随着利率下调，银行收益将减少；反之，利率敏感性资产小于利率敏感性负债，即银行存在"负缺口"状态时，银行收益随利率上浮而减少,随利率下调而增加。这意味着利率波动使得利率风险具有现实可能性,在利率波动频繁而又缺乏风险管理措施的情况下,银行可能遭受严重的风险损失。

资金缺口是一个与时间长短相关的概念。缺口数值的大小与正负都依赖于计划期的长短,这是因为资产或负债的利率调整期限决定了利率调整是否与计划期内利率相关。

除了上面谈到的资金缺口指标外,还可以用利率敏感比率(interest rate sensitive ratio)来衡量银行的利率风险。近年来,银行经营管理人员逐渐采用动态的利率敏感资产和利率敏感负债的缺口方法,方法之一便是"持续期缺口分析"。

二、影响利率风险的因素

(一) 宏观经济环境

当经济发展处于增长阶段时,投资的机会增多,对可贷资金的需求增大,利率上升;反之,当经济发展低迷,社会处于萧条时期时,投资意愿减少,自然对可贷资金的需求量减小,市场利率一般较低。

(二) 央行的政策

一般来说,当央行扩大货币供给量时,可贷资金供给总量将增加,供大于求,利率会随之下降;反之,央行实行紧缩式的货币政策,减少货币供给,可贷资金供不应求,利率会随之上升。

(三) 价格水平

市场利率为实际利率与通货膨胀率之和。当价格水平上升时,市场利率也相应提高,否则实际利率可能为负值。同时,由于价格上升,公众的存款意愿下降,而工商企业的贷款需求上升,贷款需求大于贷款供给所导致的存贷不平衡必然导致利率上升。

(四) 股票和债券市场

如果证券市场处于上升时期,市场利率将上升;反之利率相对而言也降低。

(五) 国际经济形势

一国经济参数的变动,特别是汇率、利率的变动也会影响到其他国家利率的波动。自然,国际证券市场的涨跌也会使国际银行业务所面对的利率产生风险。

三、利率风险的成因分析

(一) 利率水平的预测和控制具有很大的不稳定性

只有当金融机构提供的利率与市场利率一致时,其产品才会被市场接受。故金融机构需要对利率变化进行预测,但市场利率是不断变化的,且变化受多种因素影响,所以金融机构在预测和控制利率水平时面临许多不确定因素。

(二) 利率计算具有不确定性

为了规避利率风险,金融机构一般通过一定的模型计算利率为资产负债定价,但计算利率与实际利率经常不一致,从而形成风险;同时,存贷利率定价方法不匹配也会造成金融机构的风险。

（三）金融机构的资产负债具有期限结构的不对称性

金融机构通常是以较低成本的短期负债来支持收益较高的中长期资产，通过两种水平的差额来取得收益。但利率处于不断变化之中，如果贷款发放以后，利率水平上涨，金融机构需要为存款支出更高的成本，而原来发放的贷款利率水平却可能很低，使得银行入不敷出。

（四）为保持流动性而导致利率风险

金融机构为了保证一定的流动性，通常需要持有相当于其资产20%～30%左右的有价证券，以满足随时出现的支付需要。为了保持证券价格的稳定，金融机构一般倾向持有流动性较强的短期证券或易于被市场接受的政府债券，短期证券主要是国库券、短期公司债、短期商业票据等，其利率一般是固定的，因此它们的市场价格随着市场短期利率反向变化。其流动性风险表现在两个方面：一是当市场利率高企时，证券价格会下降，由于折现系数变小，短期证券的现值也就越低，流动性风险也就越大；二是在利率大幅度波动时期，无论固定利率的短期证券还是易于被市场接受的政府债券，其价格都会随市场剧烈震荡而受到影响。

（五）以防范信用风险为目标的利率定价机制存在的缺陷

金融机构在进行信贷时存在"逆向选择风险"。一般金融机构在对贷款定价时，是根据借款人的资信、期限、还款保证等来确定利率水平的。一般资信越差，利率越高。高利率使得具有良好资信的借款人退出信贷市场，使得那些潜在风险高的人最终获得贷款，从而增大金融机构的风险。

（六）金融机构的非利息收入业务对利率变化越来越敏感

20世纪80年代以前，金融机构的收入主要来自传统的净利息收入，但现在金融机构的收入更多地来自非利息收入。在一些大银行，甚至超过了传统的净利息收入。这些非利息收入业务对利率变化十分敏感，存在利率风险。

第二节　利率风险的衡量

利率风险衡量的主要方法有：利率期限结构、持续期和凸性。

一、利率期限结构

（一）利率期限结构概述

1. 利率期限结构的定义

利率期限结构是指具有同样信用级别而期限不同的债券收益率的关系，用坐标图曲线来表达便形成了收益率曲线，即期限与收益率之间的关系。

2. 利率期限结构的意义

（1）利率期限结构为债券定价提供基准。各种债券的价格等于按未来市场利率把各期利息及本金进行贴现的现值，而其中市场利率的预测就是以利率期限结构为基准的。

(2) 为衍生产品定价提供基准。各种衍生产品的价格其实就是未来现金流的贴现，而其中使用的贴现利率就是以利率期限结构为基准的。

3. 构造利率期限结构债券的选择

(1) 国债：过去人们一般选用国债来构造利率期限结构，优点是没有信用风险，不包含信用风险溢酬，可以直接比较；没有流动性风险，利率中不包含流动性溢酬。缺点是融资问题导致的收益率偏低。国债利率期限结构不是反映收益率和期限的最佳衡量工具，主要原因是具有相同期限的债券实际上不一定有相同的收益率。

(2) 零息债券：零息债券的收益率，一般称为即期利率，描述即期利率和期限关系的曲线称为即期利率曲线，又由于零息债券的期限一般短于一年，其他期限的即期利率必须要通过国债实际的收益率推导出来，因此它又称为理论即期收益率曲线。

4. 确定利率期限结构的几种方法

(1) 息票剥离法(bootstrap method)：适用于债券市场比较发达、债券种类比较齐全的国家。后面会有应用实例。

(2) 贴现因子函数估计：①线性方法：包括多项式估计和样本估计；②非线性方法：包括指数样本估计等。

(3) Carleton 和 Cooper 的离散估计。

5. 利率期限结构自身形态的微观分析

利率期限结构从形态上看可能有水平、向下凹、向上凸等。利率期限结构从变动上看可以是平行移动和非平行移动。

(1) 水平因素：在利率期限结构变动中发挥主导作用。

(2) 倾斜因素：影响长短收益率朝着不同方向变化。

(3) 曲度因素：影响因素复杂。

(二) 关于利率期限结构的主要理论

关于利率期限结构主要有两种理论，即预期理论和市场分割理论，用来为不同形状的利率期限结构提供解释。传统的利率期限结构(静态)理论：

(1) 预期理论：远期利率代表着对未来利率的预期。

(2) 市场分割理论：远期利率由债券的供求决定。

现在有很多理论对利率期限结构曲线的形态进行了理论解释和数学构建。

1. 预期理论

预期理论(pure expectation theory, PE)，也称期望理论。它的基本内容：当前利率期限结构代表了对未来利率变化的一种预期，即远期利率代表着预期的未来利率。根据远期利率是否受其他因素影响，预期理论又分纯预期理论和偏好预期理论。纯预期理论认为远期利率只受预期的未来利率的影响，而偏好预期理论则认为远期利率除了主要受预期的未来利率影响外，还受到其他因素的影响。

(1) 纯预期理论

纯预期理论的基本假设：投资者希望持有债券期间收益最大；投资者对特定期限无特殊偏好，他们认为各种期限都是可以完全替代的；买卖债券没有交易成本，一旦投资者察觉到收益率差异即可变换期限;绝大多数投资者都可以对未来利率形成预期,并根据这些预期指导投资行为。

纯预期理论的基本内容:认为远期利率只代表预期的未来利率。因此,给定时间的完整期限结构反映了对各种未来短期利率的市场当期预期。

纯预期理论的理论解释:根据该理论,利率期限结构曲线向上倾斜表明市场预期短期利率上升;利率期限结构曲线平坦则表明市场预期短期利率几乎是不变的;利率期限结构曲线向下倾斜时表明市场预期短期利率下降。

纯预期理论的评价:学者们认为纯预期理论作为一种精巧的理论,可以较好地解释用收益率曲线表示的利率期限结构在不同时期变动的原因,但它最大的缺陷是忽视了投资的风险。如果远期利率是未来利率的完全反映,则债券的价格完全确知,因此投资债券是完全无风险的,这与实际显然不符。

由于上述缺陷,经济学家对纯预期理论做了进一步解释:即完全预期、局部预期和期限轮回预期。

完全预期理论:这是对纯预期理论最宽泛的解释,认为投资者对任何投资期内的收益预期是相同的,因而不必考虑所选择的期限结构。

局部预期理论:这是对纯预期理论最狭窄的解释,认为不同的债券的收益在不长的投资期内是相同的。

期限轮回预期理论:这是有关纯预期理论的最后一种解释,认为投资者在其投资期内通过滚动投资短期债券所获取的收益,与一次投资期限等同于投资期的零息债券所获取的收益是相同的。

2) 偏好预期理论

偏好预期理论认为远期利率反映了市场预期的利率水平以及风险水平。根据对风险水平的不同理解,它又分为流动性偏好理论和产地偏好理论。

流动性偏好理论:它认为远期利率包括市场预期的利率水平和风险水平,并且这一升水随着期限的延长而上升。流动性偏好理论以纯预期理论为基础,加入了风险因素。它认为长期债券的利率一般要高于短期债券,是由于投资者普遍不喜欢风险,对高流动性债券的偏好将使得短期债券的利率水平低于长期债券。只有当长期利率减去平均预期利率的差额大于流动性风险升水时,投资者才会持有长期债券。长期利率取决于市场对未来短期利率预测的平均值加上该种债券由期限决定的流动性升水。

产地偏好理论:该理论与流动性偏好理论一样,认为远期利率包含市场预期的利率和风险水平,但并不认为风险升水随着到期期限的延长而增加。产地偏好理论认为资金需求和供给在既定期间内是不匹配的,一些贷款人、借款人被引导去变换期限以均衡这种不匹配时,就需要给予他们适当的风险升水补偿。那么利率期限结构曲线的形状取决于风险升水的正负。当风险升水为正时,曲线上倾;为零时是平坦;为负时是下倾;或正或负,则呈抛物线。

2. 市场分割理论

市场分割理论,又称区间偏好理论,认为投资者有投资偏好。期限不同的债券市场是完全分离和独立的,每一种债券的利率水平在各自的市场上,由对该种债券的供给和需求决定,不受其他期限债券的影响。由于不同市场之间的差异以及投资者面临的众多投资限制,比如风险水平的限制、头寸的限制等,他们不会轻易地离开原先的市场而进入一个不同的市场,只有当另一种期限的债券预期收益率大于他们所偏好期限的债券预期收益率时,他们才愿意购买非偏好期限的债券,从而导致了不同市场之间的利率差异。

由于一般投资者对短期债券的偏好大于长期债券。为了让投资者购买长期债券,必须向他们支付正值的期限升水。

(三) 关于利率期限结构的模型

按模型中包含的随机因子的个数可分为单因子模型和多因子模型。单因子模型中只含有一个随机因子,多因子期限结构模型涉及多个随机因子。由于多因子模型特别复杂,因此本课程主要介绍单因子模型。

在风险世界中,所有证券的预期收益率都等于无风险利率。因为风险中性的投资者并不需要额外的收益吸引他们承担风险。因此,在风险世界中,所有现金流都可以通过无风险利率进行贴现求得现值。

1. 现代利率期限结构均衡模型

(1) Rendleman-Bartter 模型。Rendleman-Bartter 模型认为利率变动遵循几何布朗运动,与股票价格所遵循的过程类似。Rendleman-Bartter 模型利率变动像股票价格一样运动是不合理的,因为不符合利率均值回归这种实际现象。

(2) Vasicek 模型。Vasicek 模型认为瞬时利率变动遵循一个均值回归过程。瞬时利率有可能取负值,这与实际情况不相符。

(3) CIR 模型。CIR 模型认为瞬时利率变动围绕一个平均值波动,如果利率偏离了均值,总要回到均值。CIR 模型排除了利率取负值的可能性,但系数计算复杂。

2. 现代利率期限结构无套利模型

(1) He-Lee 模型。He-Lee 模型认为瞬时利率变动遵循一个均值约等于远期利率曲线斜率的一个过程。基本评价:He-Lee 模型是一个比较简便的利率模拟方法,但存在不足:一是假定债券价格的波动性独立于时间与实际不符;二是利率存在负值的可能。

(2) Hull-White 模型。Hull-White 模型认为瞬时利率变动遵循一个均值依赖于时间的一个均值回归过程。He-Lee 模型和 Vasicek 都是 Hull-White 模型的特例。

(3) HJM 模型。HJM 模型认为远期利率变动遵循一个均值和标准差都依赖于时间的一个过程,由此再来刻画即期瞬时利率。HJM 模型有一些不足之处:一是瞬时远期利率不是直接可观察的,因此要应用该模型就可能比较困难;二是 HJM 框架中,瞬时远期利率的连续复合排除了出现对数正态过程的可能性。

二、持续期

持续期和凸性是衡量债券利率风险的重要指标。很多人把持续期简单地视为债券的到期期限,其实是对持续期的一种片面的理解,而对凸性的概念更是模糊。在债券市场投资行为不断规范、利率风险逐渐显现的今天,如何用持续期和凸性量化债券的利率风险成为业内日益关心的问题。

麦考利持续期(Macaulay Duration)的概念,是美国经济学家弗里德里克·麦考利于

1938年首先提出来的。它是用来对债券进行具体的数值分析,以衡量其价格对利率(或收益率)变动的敏感程度的一个指标。它的计算方法是,将债券未来各部分现金流入量的到期时间分别加权后再汇总,权重是各个现金流入量的现值,然后用这个加权的总到期时间除以所有的现金流量现值之和(即债券的价格),得出的就是麦考利持续期的数值。这个数值表面上看是该债券收益的一种平均到期时间,而奇妙之处在于,它又是债券价格对收益率变化敏感性的比例系数。要知道利率(收益率)变动时债券价格的反应,只要用麦考利持续期数值来乘以收益率变化量就可以了。假定某种债券的麦考利持续期是10,该债券的收益率在瞬间要从9%升至9.10%,那么收益率的变化是0.10,10乘以0.10得1,这个数字就是该债券价格变动的百分比数值。也就是说,当某债券的收益率可能要上升10个基点(0.1个百分点)的时候,如果债券的麦考利持续期是10,那么它的价格将下降1%。上面提到过,债券的收益率与其价格总是反方向运动的,所以上述计算过程列成公式时必须加上一个负号。由此可见,债券的麦考利持续期越大,它的价格对收益率变动的敏感性就越强。

三、凸性

在实现生活中,债券价格变动率和到期收益率变动之间并不是线性关系,持续期只不过是用线性关系进行近似估计。在收益率变动较小,或者利率期限结构平行移动时,这种近似比较准确,如果收益变动比较大,或者利率期限结构发生了非平行移动,一阶近似就会产生比较大的误差,此时就需要进行二阶项的调整。这个二阶项就是凸性。

(一)债券凸性的定义与度量

凸性是对债券价格曲线弯曲程度的一种度量。凸性越大,债券价格曲线弯曲程度越大,用修正持续期度量债券的利率风险所产生的误差越大。理论上说,持续期等于债券的价格-收益率曲线的斜率,凸性则衡量了曲线的弯曲程度,表示的是价格-收益曲线的斜率的变化,用数学表示则为债券价格方程对收益率的二阶导数。严格地定义,凸性是指在某一到期收益率下,到期收益率发生变动而引起的价格变动幅度的变动程度。可以得出以下一些推论。

(1)对于没有隐含期权的债券,凸度总是正的(大于0)。也就是说,当利率下降时,债券价格将以加速度上升;当利率上升时,债券价格将以减速度下降,这样无论在利率上升还是下降的环境中,投资者都有好处。

(2)有隐含期权的债券的凸度一般为负。这表明价格将随着利率的下降而以减速度上升,随着利率上升以加速度下降。这对投资者而言是不利的。

(3)凸性具有可加性,债券组合的凸性为各债券凸性的加权平均值,权重为债券价值占组合价值的百分比。

(二)从收益率的一个基本点变动描述凸性

我们可以把凸性定义为:

$$G = 比例调整因素 \times (因收益率上升一个基本点所产生的资本亏损 + 因收益率下降一个基本点所产生的资本利得)$$

(三)债券凸性的特性

(1) 在息票率和收益率均保持不变的情况下,债券(或贷款)凸性随到期期限的增加而提高。

(2) 到期收益率和持续期相同的两种债券,凸性越大,对投资者越有利。

(3) 收益率和持续期保持不变,票面利率提高,凸性越大。这种情况产生于凸性公式中的贴现效应。

(4) 当利率轻度变化时,对凸性的纠正是极小的,而当利率波动时,凸性被认为是最好的性质。

第三节 利率风险的管理

一、利率风险管理的含义

所谓利率风险管理,是指商业银行为了控制利率风险并维持其净利息收入的稳定增长而对资产负债采取的积极管理方式。利率风险常常产生于资产和负债之间的成熟期差异,也产生于资产和负债之间的利率调整幅度差异。在20世纪80年代,利率风险管理的研究重点是利率变动对银行利差的影响。自20世纪90年代以来,由于银行资产的多样化及金融衍生工具的发展,利率风险管理的任务转向分析利率变动对银行资产、负债的市场价值及资本净值的影响。在当前我国利率市场化不断加快的形势下,利率风险管理应成为我国各商业银行资产负债管理的核心内容之一。各商业银行应建立起一套科学有效的现代利率管理机制,以从容地迎接利率市场化的到来,以免在利率市场化到来的初期因自身准备不足仓促上阵而陷于被动地位。

二、利率风险管理的必要性

(一)利率市场化与利率风险管理

由于国有商业银行利率内控机制不完善、国内资本有效配置机制尚未建立,以及中国人民银行利率调控能力有待提高等,利率市场化改革进展比较缓慢。但我国利率市场化的程度已经较高,如各类债券利率、部分贷款利率以及大额存款利率事实上已经完全市场化。随着我国利率市场化改革的进一步推进,利率市场化的程度将进一步提高,利率水平及其结构的变动也将越来越频繁,商业银行也将面临越来越大的利率风险。相应地,商业银行利率风险管理的好坏将直接影响其经营业绩,从而反过来影响着中国人民银行利率市场化改革的步伐。

(二)资产负债管理与利率风险管理

从国外商业银行资产负债管理的实践看,资产负债管理的主要内容是利率风险管理、流动性风险管理和资产充足性风险管理,而且利率风险管理在资产负债管理中的地位已经越来越突出。1998年,中国人民银行正式取消商业银行的信贷规模控制,全面推行资产负债比例管理和风险管理,尽管资产负债比例管理更为强调各项比例的监控,但随着利率市场化改革的逐步推进,我国商业银行内在的资产负债结构,决定了利率风险管理必将成为商业银行资产负债管理的重要内容。截至2016年年底,银行业金融机构本外币贷款余额112.06万亿元,较年初增加12.71亿元,增长12.79%。其中,短期贷款37.1万亿元,比年初增加1.2万亿元;中长期贷款63.4万亿元,比年初增加9.6万亿元。2016年,银行业金融机构存款余额稳中有增,本外币存款余额155.52万亿元,较年初增加15.74万亿元,增长11.27%。可见,我国商业银行主要资产是生息资产,利息收入仍旧是主要的收益来源,"短存长贷"现象十分明显,商业银行在面临信用风险和流动性风险的同时,也面临着由于期限或重新定价不对称性所导致的重新定价风险等利率风险。

(三)资本充足率监管与利率风险管理

商业银行面临的风险主要有:信用风险、流动性风险、汇率风险以及利率风险。1988年7月,巴塞尔银行监管委员会发布了《关于统一资本衡量和资本标准的协议》(俗称《巴塞尔协议》),对商业银行资本比率、资本结构、各类资产的风险权数等方面做了统一规定,但在计算风险资本比率时只考虑了商业银行面临的信用风险,而没有考虑到商业银行面临的利率风险、汇率风险等因素。1999年6月,巴塞尔银行监管委员会发布了新的资本协议框架,新的资本协议框架在强调商业银行运用外部或内部评级结果来区分不同信用等级的信用风险、监管当局的持续性监管和强化市场监督的同时,要求各国监管当局在计算商业银行资本充足率时将利率风险考虑在内。中国人民银行根据巴塞尔银行监管委员会的上述要求,制定了我国商业银行资本充足率的监管规则,已将其作为现场监管和非现场监管的主要指标。随着巴塞尔银行监管委员会新资本协议框架在我国的实施,中国人民银行在计算资本充足率时必然将商业银行面临的利率风险考虑进去,商业银行也必须重视利率风险管理。

三、利率风险管理的重点

(一)利率风险意识问题

在我国利率管制体制下,中国人民银行长期要求商业银行必须严格遵守各项利率法规和利率政策,商业银行管理层重视的是利率合规性问题,基本上甚至根本没有意识到利率风险对商业银行经营业绩的重要性。意识决定行为,商业银行利率管理人员特别是管理层是否具有利率风险意识,将直接决定商业银行利率风险管理工作的进展情况。因此,要通过研讨会、培训班等形式来提高商业银行工作人员的利率风险意识和利率风险管理知识;对于商业银行管理层来说,主要是强化其利率风险意识;对于商业银行一般工作人员来说,在强化利率风险意识的同时,要加强对利率风险管理知识,如利率风险计量技术等的培训。

(二)金融产品定价问题

商业银行是经营金融产品的企业,金融产品的价格将直接影响金融产品的销售和经营效益。因此,金融产品的定价问题是商业银行经营管理的核心问题,这将随着我国利率市场化改革的推进越来越突出。目前,我国商业银行尚未建立完善的金融产品定价机制,基本上没有设立专职的金融产品定价部门,也没有将金融产品营销部门和定价部门分离,导致金融产品定价没有体现成本效益原则和差异化策略,也容易出现道德风险。同时，金融产品定价主要是确定金融产品的利率水平、变动规则及违约责任，也就是确定是采用固定利率还是浮动利率，若是浮动利率，则浮动周期是几个月、能否提前支取或提前还款等，相应地决定了商业银行将面临的利率风险大小及种类，但我国商业银行在金融产品定价过程中基本上没有考虑到利率风险问题。因此，要督促商业银行尽快完善金融产品定价机制，加强对金融产品定价问题的研究，设立并强化专职的金融产品定价部门。

（三）利率风险管理机构问题

我国商业银行基本上没有设立专职的金融产品定价部门，更不要说设立专职的利率风险管理部门。目前，我国商业银行利率管理职能部门基本上是资金财务部门，主要负责中国人民银行利率政策文件的转发及解释等工作，尽管近几年商业银行开始逐步充实资金财务部门的利率管理人员，也开始逐步参与金融产品的定价工作。但从总体上来说，我国商业银行利率管理部门的设置和人员的配备尚无法适应利率市场化改革和商业银行经营管理的需要。鉴于金融产品定价和利率风险管理的内在联系，我国商业银行要将金融产品定价和利率风险管理的职能集中由同一部门——利率风险管理部管理，并加强相关职能部门的协调配合，如董事会负责制定利率风险管理政策，统计部门负责提供资产负债剩余期限等数据，研究部门负责宏观经济、金融市场利率的走势预测等。

（四）利率风险管理人员的培训问题

由于我国商业银行尚未或刚开始涉足利率风险管理领域，利率管理人员基本上不具备利率风险管理的基本知识，亟须进行利率风险管理基本知识的培训。一方面，近期可以由中国人民银行举办利率风险管理培训班，邀请大学教授讲解利率风险管理理论，邀请外国商业银行利率风险管理实务人员讲解利率风险管理经验。另一方面，商业银行要将利率风险管理纳入其业务培训范围，也可以委托高校举办利率风险管理短期培训班。

四、利率风险管理的方法

利率风险管理是西方商业银行资产负债管理的一项重要内容，是增加银行经营收益、稳定银行市场价值的主要工具。利率风险管理是商业银行实现风险管理的重要组成部分。在利率预测和利率风险衡量的基础上进行利率风险管理主要有两大类：一类是传统的表内管理方法，通过增加（或减少）资产或负债的头寸，或者改变资产或负债的内部结构（如构造免疫资产组合），达到控制利率风险的目的；另一类则是表外管理方法，主要是为现有资产负债头寸的暂时保值以及针对个别风险较大，或难以纳入商业银行利率风险衡量体系的某一项（类）资产或负债业务，通过金融衍生工具等表外科目的安排来对其进行"套期保值"。

（一）缺口管理

1. 基本含义

利率敏感性缺口是指在一定时期（如距分析日一个月或三个月）以内将要到期或重新确定利率的资产和负债之间的差额，如果资产大于负债，为正缺口；反之，如果资产小于负债,则为负缺口。当市场利率处于上升通道时,正缺口对商业银行有正面影响,因为资产收益的增长要快于资金成本的增长;若利率处于下降通道,正缺口则又为负面影响。负缺口的情况正好与此相反。

利率敏感性缺口分析是银行实行利率风险管理的最基本的手段之一,它通过资产与负债的利率、数量和组合变化来反映利息收支的变化,从而分析它们对银行利息差和收益率的影响,在此基础上采取相应的缺口管理。运用利率敏感性缺口分析可以量化计算由于利率变动给银行的生息资产和生息负债带来的影响程度,在判断利率未来的变动走势的情况下,引导银行主动进行资产负债结构的调整,达到趋利避害的目的。

2. 两种模型原理

在利率敏感性缺口模型中,当利率变动时,敏感性缺口状况和银行的净利息收入紧密相关;利率上升时,银行保持敏感性正缺口有利;利率下降时,银行保持敏感性负缺口有利。但是,在有效持续期的缺口模型中,银行的持续期缺口状况和银行净资产价值的关系与敏感性缺口模型下的情况正好相反;利率上升时,银行保持持续期负缺口有利;利率下降时,银行保持持续期正缺口有利;当然持续期零缺口最安全。当利率上升或下降时,敏感性缺口策略和持续期缺口策略对银行的要求刚好相反,那么,这两种缺口策略是否相互冲突呢?分析这个问题首先应该从模型的原理入手。利率敏感性缺口主要分析利率的波动对银行净利息收入的影响。假设银行的利率敏感性资产和利率敏感性负债面临同样的利率波动,那么当利率波动时,决定净利息收入增加或减少的因素便是敏感性资产和敏感性负债之间的差额,也即敏感性缺口的大小。而有效持续期的概念是建立在资产或负债价值是未来可获得或支出的现金流的贴现值之和的基础之上的,它被定义为资产或负债的市场价值相对市场利率变动百分比的弹性。持续期分析中蕴含了未来现金流和偿还期限对价格的利率弹性的影响,持续期与未来现金流的大小呈反向关系,与偿还期限的长短呈正向关系,这一点是敏感性缺口分析所缺乏的。有效持续期可以分析每笔资产或负债的利率风险,也可以分析银行总体的利率风险。银行净资产市值的变动与持续期缺口呈反向关系,持续期缺口越大,则银行净资产价值的变动幅度越大。

通过以上对两种模型原理的阐述,我们不难发现,敏感性缺口反映的是利率敏感性资产总值与利率敏感性负债总值之间的差额,它的意义在于衡量银行净利息收入受市场利率变动影响的程度,敏感性缺口越大,银行的利率风险越大。而有效持续期缺口可近似地表示为银行总资产市值和总负债市值的平均利率弹性之差,它的意义在于衡量银行的净资产市值受市场利率变动影响的程度。由此可见,利率敏感性缺口和有效持续期缺口的意义存在着显著的差异。但是,由于敏感性缺口和未来的净利息收入变动有关,未来的利息收入和利息支出又是银行资产和负债的最重要的现金流之一,而持续期的计算与未来的现金流紧密相关,所以敏感性缺口和有效持续期缺口之间又存在紧密的联系。由于在利率上升或下降时,银行对敏感性缺口和有效持续期缺口的选择刚好相反,所以我们必须弄清楚完全相反的缺口策略是否会发生冲突。我们假定在一开始,某银行的利率政策非常保守,利率敏感性缺口为零,有效持续期缺口为零。假定该银行预测未来市场利率上升,并且经营策略从保守型向主动型转变,因此需要把资产和负债结构调整为敏感性正缺口,把银行的有效持续期缺口改为负缺口。又假设只考虑通过表内调整的方式来达到上述目标。调整为敏感性正缺口可以通过增加敏感性资产,或者减少敏感性负债,或者两者同时进行。值得注意的是,利率敏感性和非利率敏感性的区分与银行利率敏感性分析的考察期长短有关,如果某项贷款的利率调整每六个月进行一次,而银行利率风险分析的考察期则是一个月或者三个月,只要考察期小于调整期,这项贷款在考察期内都是非敏感性资产。因此,敏感性资产的增加既可以通过浮动利率资产的增加、固定利率资产的减少来满足,也可以通过缩短浮动利率资产的利率调整期或者缩短资产的偿还期限,从而通过重新发放资产来达到;敏感性负债的减少也是同样道理。上述的这些调整策略都会因为利率的上升而使资产未来的现金流增加或使负债未来现金流的增加相对较小,而这与有效持续期负缺口调整的方式是相一致的,或者说包含有效持续期缺口调整的方式之中的。因为达到有效持续期负缺口可通过以下任意一种方式进行:缩短资产的偿还期限,或者延长负债的偿还期限,或者增加资产未来的现金流,减少负债未来的现金流等。所以,利率敏感性正缺口和有效持续期负缺口并不矛盾,事实上,上述各种方式都是有效利用利率上升时机、规避利率风险的可行方案,银行可以根据自己的实际情况来进行选择。

3. 优点

原理易懂,思路清晰,计算简单,并且操作简便。

4. 局限性

局限性主要表现在:一是敏感性缺口分析的精确性值得怀疑。而敏感性缺口分析的精确性取决于计划期划分的长短,计划期越短,结果越精确,但从实际操作上来说,计划期时间跨度太小是没有多大意义的。利率预测在现实中往往准确率不高,短期利率则更难加以预测。银行对敏感性缺口的控制欠缺灵活性。二是增加管理成本。银行为了调整敏感性缺口采取有竞争力的措施,会提高其隐含成本。三是未考虑到利率变动的两面性。一方面,利率波动影响资产产生的收入和负债带来的成本;另一方面,利率波动还会影响银行资产的市场价值。而敏感性缺口模型并未考虑到后者。实际中,负债利率支付的变化一般快于资产利率收入的变化。

为规避利率风险,商业银行根据自身风险偏好选择主动性或被动性操作策略。主动性策略是指商业银行预期市场利率的变化趋势,事先对利率敏感性缺口进行调整,以期从利率变动中获得预期之外的收益。譬如,预期利率上升,商业银行通过增加敏感性资产或减少敏感性负债,将利率敏感性缺口调整为正值。被动性操作策略是指商业银行将利率敏感性缺口保持在零水平,无论利率如何变动均不会对银行净利差收入产生影响。这是一种稳健保守的风险管理策略,但也因此失去获取超额利润的市场机会。

利率变动、利率敏感性缺口与净利息收入的关系见表3-1。

表3-1 利率变动、利率敏感性缺口与净利息收入的关系

利率敏感性缺口	利率变动	净利息收入	利率敏感性缺口	利率变动	净利息收入
>0	上升	增加	<0	下降	增加
>0	下降	减少	0	上升	不变
<0	上升	减少	0	下降	不变

（二）持续期管理

1. 单项资产或负债的持续期

对于单项资产或负债而言，可以直接通过该项资产或负债的持续期和凸度来描述其利率风险。

2. 资产负债组合的持续期

对于商业银行而言，资产和负债的持续期即为每项资产和负债持续期的加权平均值。通过分别计算资产和负债的持续期就可以分析净资产价格对利率变动的损益。

有以下特征：

（1）持续期缺口。持续期缺口反映了资产和负债持续期错配的程度，其绝对值越大，利率风险就越大。

（2）凸度缺口。当凸度缺口为正时，利率发生变动时可以使净资产得到正损益，从而降低利率风险；反之，当凸度缺口为负时，增大利率风险。

（3）资产规模 A。A 越大，则利率变动产生的利率风险就越大。

（4）利率变动。利率变动越大，利率风险就越大。

3. 利率风险管理的对策

采用风险免疫技术管理利率风险。利率风险免疫是指通过某种管理方法，使得商业银行的资产和负债所受到利率变动的影响能相互抵消，进而使整个资产负债组合的价值不发生变化。根据持续期模型，在利率变动幅度较小时，可以忽略凸度缺口的影响，商业银行通过调整资产和负债的期限结构，使资产和负债的持续期相等，即持续期缺口为零，从而达到利率风险免疫的目的；在利率变动幅度较大时，凸度缺口会影响风险免疫的效果，商业银行应调整资产和负债的期限结构，使在持续期缺口为零的情况下，最大化凸度缺口，从而使利率风险免疫管理达到最佳效果。

（三）远期利率协议

1. 远期利率协议的基本概念

远期利率协议（forward rate agreements，FRA），是一种远期合约，买卖双方（客户与银行或两个银行同业之间）商定将来一定时间点（指利息起算日）开始的一定期限的协议利率，并规定以何种利率为参照利率，在将来利息起算日，按规定的协议利率、期限和本金额，由当事人一方向另一方支付协议利率与参照利率利息差的贴现额。

了解远期利率协议必须先弄清以下三方面内容。

1）FRA 的价格

FRA 的价格是指从利息起算日开始的一定期限的协议利率，FRA 的报价方式与货币市场拆出拆入利率表达方式类似，但 FRA 报价多了合约指定的协议利率期限。具体 FRA 行情可通过路透终端机的"FRAT"画面得到。FRA 市场定价是每天随着市场变化而变化的，该市场价格仅作参考之用，实际交易的价格要由每个报价银行来决定。FRA 市场报价举例如表 3-2 所示。

表 3-2 FRA 市场报价举例

美元	FRA	美元	FRA
3×6	0.808%~0.814%	6×9	0.803%~0.809%
2×8	0.816%~0.822%		

2）报价

表 3-2 报价"6×9、8.03%~8.09%"的市场术语做如下解释：6×9 表示期限，即从交易日（7 月 13 日）起 6 个月末（次年 1 月 13 日）为起息日，而交易日后的 9 个月末为到期日，协议利率的期限为三个月期。

"8.03%~8.09%"为报价方报出的 FRA 买卖价：前者是报价银行的买价，若与询价方成交，则意味着报价银行（买方）在结算日支付 8.03% 利率给询价方（卖方），并从询价方处收取参照利率。后者是报价银行的卖价，若与询价方成交，则意味着报价银行（卖方）在结算日从询价方（买方）处收取 8.09% 利率，并支付参照利率给询价方。

3）利息计算

（1）计算 FRA 协议期限内利息差。该利息差就是根据当天参照利率（通常是在结算日前两个营业日使用 LIBOR 来决定结算日的参照利率）与协议利率结算利息差，其计算方法与货币市场计算利息的惯例相同，等于本金额×利率差×期限（年）。

（2）按惯例，FRA 差额的支付是在协议期限的期初（利息起算日），而不是协议利率到期日的最后一日，因此利息起算日所交付的差额要按参照利率贴现方式计算。

（3）计算的 A 有正有负，当 A>0 时，由 FRA 的卖方将利息差贴现值付给 FRA 的买方；当 A<0 时，则由 FRA 的买方将利息差贴现值付给 FRA 的卖方。

2. 利用 FRA 进行风险管理的技巧

FRA 是防范将来利率变动风险的一种金融工具，其特点是预先锁定将来的利率。在 FRA 市场中，FRA 的买方是为了防止利率上升引起筹资成本上升的风险，希望现在就锁定将来的筹资成本。用 FRA 防范将来利率变动的风险，实质上是用 FRA 市场的盈亏抵补现货资金市场的风险，因此 FRA 具有预先决定筹资成本或预先决定投资报酬率的功能。

3. FRA 与利率期货的联系与区别

从形式上看，FRA 具有利率期货类似的优点，即避免利率变动风险，但它们之间也有区别，如表 3-3 所示。

表 3-3 FRA 与利率期货的区别

	FRA	利率期货
交易形态	场外交易市场成交，交易金额和交易期限都不受限制，灵活简便	交易所内交易，标准化契约
利率风险	双方均存在信用风险	极小
交割前的现金流	不发生现金流	每笔交易保证金账户内有现金净流动
适用货币	一切可兑换货币	交易所规定的货币

(四)利率互换

1. 基本概念

利率互换是指两个或两个以上当事人之间自行达成协议,在约定的时间内交换现金流的一种场外交易方式。利率互换是指在货币互换业务迅猛发展的基础上创新的、在交换各方面只涉及一种货币的不同利率债权或债务的一种转换。利率互换的基础实际上是交换各方在各自所在市场、品种等方面拥有相对比较优势,所以互换的实质是建立在比较优势基础上的利益的互换。利率互换的具体形式有利率互换、固定利率货币互换、货币息票互换、基准利率互换、卡特尔互换、互换期权等。

2. 金融中介机构的作用

在一般的互换交易中,参与交易的公司并不直接接触,而是分别与金融中介机构进行交易。金融中介机构可以是银行,也可以是专门从事互换业务的金融公司。他们在这一场外交易市场中随时准备以交易对手的身份与公司进行互换交易,同时应公司的特殊需要设计互换交易的具体形式,并提供报价。这就省去了公司为寻找合适的交易对手需要花费的不必要的时间和精力。此外公司也受益于这些金融中介机构的专业经验,从而可以更有效地利用互换这一金融工具。

3. 利率互换的利率风险管理功能

虽然利率互换产生于降低筹资成本的需要,它也可以用于管理利率风险。借款机构通过利率互换合同锁住利差来避免利率波动的风险。

利率互换协议的作用是借款公司通过与银行签订的协议,将贷款利率由浮动利率转变为固定利率或者反之,以有效控制债务的成本。

(五)利率期货

1. 利率期货的定义

利率期货是指买卖双方按照事先约定的价格在期货交易所买进或卖出某种有息资产,并在未来某一时间进行交割的一种金融期货业务。利率期货是一种标准化的远期利率协议。利率期货可分为长期利率期货和短期利率期货两类。

2. 利率期货套期保值

可使用多头套期保值或空头套期保值。

(1)多头套期保值是指交易者买入期货合约,它可以在合约交割日按约定价格实际买入证券期货,也可以选择在交割日前卖出同等数量的期货合约而结清头寸。多头套期保值通常应用于投资者预期市场利率将要下降时。

(2)空头套期保值是指交易者卖出期货合约,它必须在交割日按合约约定的价格卖出证券现货,亦可通过购入与在手的合约相同商品、相同交割月份的另一手合约而将头寸结清。假若利率上升,空头套期保值将会使交易者得利。

3. 利率期货风险

利率预期是套期保值的关键环节,利率预期的准确性决定了风险管理的结果。基差风险。基差是指在某一时间期货合约价格与预期标的资产现值的差价。若想通过保值使得期货市场收益可以恰巧抵消现货市场损失,则必须对基差加以准确的预期并相应地调整保值的规模。但是现货市场收益率和期货市场收益率并不是完全保持一致的,于是就产生了基差风险。

(六) 利率期权

金融创新给投资者带来的另一种规避利率风险的保值工具是利率期权。常用的利率期权包括:互换期权、利率上限期权、利率下限期权及其组合利率上下限期权。

1. 当投资者面临利率风险时,期权就是一种有效的保值方式

假若投资者手中持有一定数量的某种证券,当市场利率下降时,投资者持有的证券价格将会上升,这对投资者来说并不构成损失;然而,若市场利率上升,则会导致投资者手中持有的证券下跌,此时投资者面临利率下跌所引起的收益减少的风险。在这种情况下,可通过看跌期权加以规避风险。

投资者购买一份国债看跌期权,假若市场利率确实上升,国债价格将会下降,面对这种情况,投资者可以选择执行他所购买的国债期权合约赋予他的权利,按照敲定价卖出国债期货。利用期权合约,在国债期货市场上,以低于敲定价的市场价买入国债现货,再以高于市场价格的敲定价卖出,则可用来部分或全部抵消由于市场利率上升使投资者所持证券价格下跌所带来的损失。

2. 利率上限与利率下限

利率上限是一种特殊的期权,它是用来保护浮动利率借款人免受利率上涨风险的一种风险管理工具。按照合约,如果到时市场利率超过了上限,利率上限合约的出售者必须向合约持有人补偿市场实际利率与利率上限的差额,从而保证合约持有人实际付出的利率不超过合约规定的上限。同理,一个有远期浮动利息收入的人可以按照相同的条款买进利率下限,以保证他的收入。

3. 利率上下限

如果把利率上限和利率下限加以组合,便可以得到一种双向保护的利率风险防范工具——利率上下限。企业在买入一个上限合约的同时再卖出一个利率下限合约。企业一方面通过利率上限合约固定未来利率成本;另一方面通过出售利率下限合约获得潜在收入,从而降低购买利率上限的成本。相反,企业也可以根据其未来的利息收入来卖出上限合约,并同时买入下限合约,从而既稳定未来收入,又降低合约购买费用。

第四节 我国的利率风险管理

一、我国利率风险控制与管理的有关问题

(一) 承认国内利率风险客观存在的事实

我国目前仍处在存贷款利率水平由中央银行管制的环境中,但利率风险却一直客观存在。例:央行公布存贷款利率下调后,某家先前借入银行五年期高息借款的资信很好的企业,向银行提出提前还贷,再按降息后的低利率贷款。此时,贷款银行将陷入既不高兴又很无奈的局面,因为银行接受企业要求,将意味着利息收入的大幅减少,若不接受企业要求,在现今金融行业激烈竞争的格局中,企业也可提前还贷,而到另一家银行申请贷

款。因此,企业已有意无意地利用国家利率下调的时机,对负债利率进行了掉期,即进行了利率风险的控制和管理。而银行方面因没有对利率风险进行管理和控制,连最基本的控制即在贷款合同中列明有关提前还贷的条件,以锁住可能产生利息收入的损失都没有做,正是所谓对我国市场利率风险存在的漠视。上述事例说明,在我国国内金融市场上目前利率管制制度下,利率风险管理技术仍是非常有用的。实际上,我国金融企业可以对未来利率变动进行预期,也是对央行利率政策的预期,从而对当前的借贷款合同进行必要的风险管理。另外,随着全球经济一体化,我国更加频繁地到国际金融市场进行融资和贸易,而国际金融市场的利率水平波动幅度大,必须进行利率风险控制与管理,以提高我国信用等级和降低筹资成本。

(二)尽快颁布运用衍生金融工具进行风险管理的政策法规

利率风险管理工具亦统称衍生金融工具。衍生金融工具运用将产生高回报、高风险的可能性。既然目前无论国内金融市场还是国际金融市场上,衍生金融工具运用已迅速发展和必不可少,我们不能因其具有风险性而消极地拒之国门外,从而损失其带来的利益,而应是积极借鉴国外行之有效的法规,制定适合我国国情的政策法规,使投资者有法律政策标准评价企业从事衍生金融工具交易带来的风险;也使衍生金融工具依法操作,在法定风险限度内维护投资者的利益。

(三)大力培养专业人员,实行资格认证制度

衍生金融工具及其交易方式极其复杂,需要具有熟练的专业技术知识,目前我国无论是在理论还是实务方面,都处于薄弱甚至空白,因此必须尽快培养一批经过特别培训,具有特别技术水平的操作人员,还要造就一批高质量的监督人员。为保证这些人员的专业水平,还需实行资格认证制度。

二、我国商业银行利率风险控制方略

利率风险是商业银行面临的最主要的市场风险,我国商业银行在利率市场化进程中也必将面临日益严重的利率风险,对商业银行利率风险有效管理将是银行经营管理中紧迫重要的任务之一。

利率风险控制是商业银行实现有效利率风险管理的关键,同利率风险衡量一起构成商业银行利率风险管理的重要组成部分。在利率预测和利率风险衡量的基础上,进行利率风险控制的具体方法主要有两大类:一类是传统的表内管理方法,通过增加(或减少)资产或负债的头寸,或者改变资产或负债的内部结构(例如构造免疫资产组合),达到控制利率风险的目的;另一类是表外管理方法,主要是为现有资产负债头寸的暂时保值以及针对个别风险较大,或难以纳入商业银行利率风险衡量体系的某一项(类)资产或负债业务,往往是通过金融衍生工具等表外科目的安排来对其进行"套期保值"。本书将就表内管理方法和表外管理方法分别进行应用分析,还对利率风险管理的难点即内含期权风险控制进行专门深入的研究。分析利率风险控制的具体表内方法的应用,包括投资组合策略、贷款组合策略、存款组合策略、借入资金策略等。

（一）表外衍生工具方法控制利率风险

本书对以前文献较少涉及的表外衍生工具方法进行了深入分析。在具体规避和控制资产负债表和具体金融资产负债工具产生的利率风险时，国外许多银行大量运用多种金融衍生工具和金融交易创新来实现利率风险控制，如荷兰银行认为：衍生工具的运用与对利率和通货风险的管理是融为一体的；标准渣打银行在对 2003 年风险管理回顾中专门有一节谈到衍生工具的运用，"不论对银行还是其客户而言，衍生产品都是一种重要的风险管理工具，因为它们能被用做管理价格、利率和汇率波动所带来的风险"。

在我国，利率市场化为银行使用利率衍生工具创造了条件，风险规避和套利需要也增加了衍生工具的市场需求，《金融机构衍生产品交易业务管理暂行办法》的实施合法化了银行利率衍生工具创新，表外衍生工具方法控制利率风险的实现将日趋现实。根据当前我国市场发展和法律许可的情况，我国银行利率风险管理中可行的利率衍生工具有：远期利率协议、利率期权、利率互换。

（二）内含期权风险控制研究

正如内含期权风险衡量一样，内含期权风险控制也是利率风险控制的难点。前文（内含风险衡量部分）指出，我国商业银行具有的内含期权风险，主要指银行活期存款随时提前支取和银行个人住房贷款提前偿付而带来的利率风险。这里就更一般更广的意义而言，对商业银行影响较大的内含期权风险有两种：第一种是核心存款客户的随时取款风险；第二种是借款人的提前偿付风险。

1. 核心存款客户的随时取款风险分析及其控制

1）博弈模型分析

针对核心存款客户的随时取款风险，我们可以通过商业银行与存款人的不同信息状态下决策博弈模型分析，设计合理的激励-约束机制、细分客户管理以达到风险控制目的。在简单的两客户间非合作和信息非对称博弈模型中，利率上升时核心存款低于其他高利率存款的利差扩大，往往每一方都是在假定对方非合作的情况下来决定自身的选择，结果导致低效率的纳什均衡（提款，提款），从而损失银行进一步提供一系列优质服务的补偿。这是在利率上升时商业银行流失大量核心存款客户的根源，解决的方法之一就是要强化商业银行的信息披露制度。在扩展的博弈模型中，参与者即银行的核心存款客户是多人（$n \geqslant 3$），所有存款者组成一个连续统一体，都只面临两种选择，要么提款，要么不提。对博弈函数 $F(I, E, \mu_i)$ 分析表明，商业银行的长期平均核心存款余额是一个稳定的数，只与初始客户分布有关，利率的短期波动并不会对它造成很大影响。商业银行如果能较准确地计算出 x_1^* 即采取行动 1（提款）的存款者人数占总人数的比重，则将最小限度地受到来自利率波动的影响。

2）风险管理启示

利率上升时，不同的存款人有不同的行为选择。出于投机性动机的存款人将行使提款期权，以投资于高收益产品；出于交易性动机和预防性动机的存款人将放弃提款期权。在不完全、对称信息模型中，存款人提款在两期内完成，利率变动的长期趋势是不确定的，银行的最优选择是计算出稳定的平均存款余额，这是银行满足流动性需求、应对存款人随机提款的重要参数。在不完全、非对称信息模型中,存款人具有信息优势,银行只有通过贝叶斯学习过程才能不断地改进由于信息不对称所造成的决策误差;同时银行并非处于完全被动的地位,通过建立金字塔式的存款人层级制度激励机制,可在一定程度上激励不提款人群和约束提款人群,减少信息劣势的负面影响,并在某种程度上实现银行和存款人目标函数的一致性,从而有利于合作均衡解的实现。不考虑个别存款人的流动性需求,忽略高级别存款人的短期行为,当利率上升时,存款人和银行的长期均衡选择应该是(不提款,升级)。而银行在日常的经营管理中,一方面应该加强利率预测,跟踪利率的短期和长期走势,做好事前防范;另一方面要不断增强银行的资本金实力,以提高突发事件下应对挤兑风潮、避免破产风险的能力。由此得到以下几点。

(1) 利率变动并非必然导致利率风险,相反利率风险并非全由利率变动产生。本书的分析建立在利率变动的基础上,其实在实践中利率不变也会导致利率风险。比如,存款人出于交易动机或其他非投机性动机,在利率不变或利率下降时都会提款;借款人由于房屋转让等原因,甚至在利率上升的时候也会提前还款。所以,在考虑人的因素后,利率风险和利率变动之间多了一条传导渠道,使问题变得更加复杂。

(2) 存款人提款是有隐性成本的。他可以随时提款,但要考虑重新存入时的转换成本,特别对中小存款人来说更是如此。一旦由于利率上升而提款,将重新成为存款人层级中的最低级,所得到的服务内容和服务水平与原来是有差异的,对这一因素存款人不得不重视。

(3) 存款人的动机会影响其行为决策,进而影响银行的存款余额管理。投机性存款人较多,银行防范利率风险所需日常资金就要多些;相反,就要少些。许多学者对中国存款人的储蓄动机进行了分析,认为改革开放以来中国居民存款动机主要为预防性动机。

(4) 一般情况下,存款人动机将超过利率变动的影响,成为存款人行动的最主要因素,所以银行防范随时取款风险的关键是要精确把握存款人动机。

(5) 当利率上升时,短期内会造成存款余额波动,但从长期来看,却有一个相对稳定的存款余额。这部分存款对利率变化不敏感,是保持商业银行流动性的"核心"。为了更准确地计算稳定的平均存款余额,商业银行应采取以下应对措施:一是完善信息披露制度。无论是银行与客户之间,或是客户与客户之间,都存在信息不对称的问题,这是导致特定情况下存款人非理性集群行为的根本原因。二是提高服务质量。一般而言,对于服务质量和利率水平,核心存款客户更看重前者,更倾向于支付便利。三是识别不同客户群,实行差别定价。核心存款客户的存款动机是多样的,或者说是异质的,这就需要商业银行对客户进行细致的调查、甄别和筛选,从中区分出利率敏感型客户和利率不敏感型客户,对其进行差别定价。

2. 借款人的提前偿付风险分析及其控制

1) 借款人的提前偿付风险分析

提前偿付行为是指借款人在到期之前提前将贷款的一部分或全部归还银行的行为。利率变动并非是导致提前偿付的唯一原因,提前偿付行为主要受以下几个因素的影响。

(1) 现行市场利率 r。
(2) 房屋周转 M。
(3) 宏观经济活动 E。
(4) 季节性因素 S。
(5) 人口统计和人口流动因素 D。
(6) 其他因素 F。

2) 提前偿付风险的防范和管理

对住房抵押贷款提前偿付风险的防范和管理,主要从权利保护、模型建立和数据库建设三个方面着手。对贷款人权利的保护制度一般有三种,即提前偿付期锁住制度、提前偿付罚金制度和收益率维持制度。收益率维持与罚金具有相似之处,也是从维护贷款人利益的角度出发,要求借款人在提前还款时必须支付贷款人一笔额外的收益率维持费作为补偿,收益率维持费的收取比例要以贷款人对是否提前偿付无异议为准。根据计划偿付额的未来值计算方法的不同,收益率维持制度可分为四种模型。

通过建立提前偿付模型,对未来现金流进行较为准确的预测,是管理提前偿付风险的有效途径。目前各国开发的提前偿付模型很多,但总体来看可分为以下几大类:第一类是通过建立提前偿付函数计算提前偿付率;第二类是通过分解各组成部分得出提前偿付额;第三类是利用期权调整利差来调整受提前偿付影响的抵押贷款的现金流;第四类是各类监管机构建立的提前偿付模型。

在当前情况下,碍于数据方面的约束,商业银行一时无法建立合适的提前偿付模型以得出一系列提前偿付率。我们认为较好的方式是银行利用住房抵押贷款的时间性特点,采取类似美国公共证券协会标准(PAS)的提前偿付模型的方法对提前偿付行为进行界定(实际上 PAS 标准也主要来源于住房抵押贷款提前偿付的时间性)。银行可以根据自己的实际情况,设定一定的住房抵押贷款月提前偿付的增长率以及其趋于平稳的时间,以此作为标准,其他抵押贷款的提前支付情况可以设定为该标准的倍数。

三、我国商业银行利率风险衡量方法

利率风险衡量是商业银行进行利率风险控制的基础,是商业银行利率风险管理的重要组成部分。利率风险衡量的方法较多,商业银行常用的方法包括期限缺口法、持续期分析法、净现值分析法和动态模拟分析法。期限缺口法、净现值分析法和动态模拟分析法对银行总体利率风险进行衡量,持续期分析法既可衡量银行总体利率风险,也可衡量银行单个(或单种)资产或负债价值的利率风险。从方法基于的价值体系来看,利率风险衡量方法可分为账面价值法和市场价值法。期限缺口法是典型的账面价值法,净现值分析法是典型的市场价值法。持续期分析法的价值体系介于二者之间,但主体仍属于市场价值法。动态模拟分析法则既可用于账面价值分析,也可用于市场价值分析。

(一)我国银行利率风险衡量方法选择

当前我国银行在选择利率风险衡量方法时,首先必须适应较低的收益与较高的成本的对比状况,选择能达到一定衡量要求但成本不高的方法对我国银行利率风险加以衡量。其次,在选择具体方法时还需考虑方法的适用性,选择我国已经具备实践条件的方法。综合我国利率风险衡量的收益-成本分析和方法的适用性分析,我国银行适宜选择期限缺口法衡量银行总体利率风险,对期限缺口法无法充分反映的重要资产、负债的利率风险,尤其是内含期权风险等,则采用其他方法加以补充。这包括:用持续期法衡量债券资产价值的利率风险,探索建立内含期权行为模型等,此外,我们还引进了管理市场风险的VaR方法。其中内含期权风险衡量是利率风险衡量的难点,我国商业银行具有的内含期权风险主要指银行活期存款随时提前支取和银行个人住房贷款提前偿付而带来的利率风险,我们可以分别运用持续期方法和计量建模方法对活期存款提前支取和贷款提前偿付带来的利率风险进行衡量。

(二) 期限缺口法衡量银行的总体利率风险

运用期限缺口法衡量银行的总体利率风险首先是编制准确的期限缺口报告,以便进一步进行利率风险分析。假设以一家银行2003年6月的数据为例,实证分析期限缺口报告编制:从分段缺口来看,除0~1天期的缺口头寸为负,其他时间段缺口都为正,因此该行只在0~1天期内为负债敏感型,其他时间段都属于资产敏感型;如果0~1天内重新定价的贷款余额是存款相应余额(包括同业存放)的3%,可以推知,假设其他利率不变,如果未来一天内存贷利率同时上升,且存款利率变动幅度小于贷款利率变动幅度的3%,则银行的净利息收入将增加,若未来一天内,存贷利率同时下降,则当存款利率变动幅度超过贷款利率变动幅度的3%时,银行的净利息收入会增加,表明两个月以后利率上升对该行该时间段的净利息收入更有利;如果未来一年内总的利率累计变动是上升,则银行净利息收入将会下降;累计缺口/生息资产(缺口比率)比率越大,银行承受的利率风险也越大。解决当前在我国银行运用期限缺口法时数据处理的困难,一是可考虑对定期储蓄的交易数据程序进行改写,对每一天收到的定期储蓄按存期汇总余额,这样就可得出缺口报告所需的准确的管理数据了;二是将每次编制缺口报告处理数据的逻辑写入交易数据生成的程序,则每有一笔交易数据产生,都会自动生成可直接运用的管理数据。

(三) 用持续期法衡量债券资产价值的利率风险

用持续期法衡量债券资产价值的利率风险。本书以国内唯一在年报中对所持金额重大的政府债券券种予以披露的民生银行为例,选取组合加权平均法(PWAD法)计算其主要债券组合的持续期:2003年年末民生银行所持主要债券组合的持续期为7.124,这说明如果收益率平均上升100个基点,民生银行该债券组合的价值将下降约7.124%,即减少达115 327.45万元;2003年12月30日银行间债市平均到期收益率为3.06%,到2004年7月2日的平均到期收益率为3.99%,上升了93个基点,民生银行因此受损达到107 254.533万元。此外,在我国商业银行债券资产中有相当一部分属于由国家开发银行和进出口银行发行的金融债券,这其中必有相当一部分属于浮动利率债券,本书采用Yawitz等(1987)的方法,计算我国浮息债券的持续期。以00国开09债券为例计算它的持续期,2001年00国开09债券的持续期为0.984,2002年利率下调后00国开09债券的持续期为0.987,略有上升,但差别极小,这是利差和基准利率相对于前一年的变化相互抵消的缘故。

(四) 内含期权风险衡量

内含期权对商业银行的最大影响是改变了利率风险的敞口。我国商业银行具有的内含期权风险主要指银行活期存款随时提前支取和银行个人住房贷款提前偿付而带来的利率风险。本书分别利用活期存款价值和持续期计算的方法来衡量活期存款的利率风险。我国商业银行个人住房贷款提前偿付利率风险的衡量关键在于我国商业银行个人住房贷款提前偿付模型的建立。本书以某银行的提前偿付率数据为例,采用时间序列分析的原理与方法,根据时序数据本身的规律,对提前偿付率做一初步研究。研究表明提前偿付率序列可以建立一阶差分序列 ARMA(2,1)模型,且模型得到的预测值与实际值非常接近,因此,ARMA(2,1)模型能够对实际提前偿付率变动进行较好的模拟与预测。

(五) VaR 技术及其在商业银行利率风险管理中的应用

VaR 技术可以对市场各种风险逐步定量化,通过资产收益的概率统计方法对市场风险进行识别和度量。在商业银行风险管理中,VaR 技术主要在信息披露、资源配置与绩效评价三方面发挥重要作用,同时它也不可避免地在数据要求、使用范围及前提假设的现实性等方面具有一定局限性。

案例分析

发生在美国奎克国民银行的故事

20 世纪 80 年代中期,美国明尼阿波利斯第一系统银行预测未来的利率水平将会下跌,于是便购买了大量政府债券。

1986 年,利率水平如期下跌,从而带来不少的账面收益。但不幸的是,1987 年和 1988 年利率水平却不断上扬,债券价格下跌,导致该行的损失高达 5 亿美元,最终不得不卖掉其总部大楼。

在残酷的事实面前,西方商业银行开始越来越重视对利率风险的研究与管理。而奎克国民银行在利率风险管理方面树立了一个成功的榜样。

1983 年,奎克国民银行的总资产为 1.8 亿美元。它在所服务的市场区域内有 11 家营业处,专职的管理人员和雇员有 295 名。1984 年年初,马休·基尔宁被聘任为该行的执行副总裁,开始着手编制给他的财务数据。

基尔宁设计了一种报表,是管理人员在制定资产负债管理决策时所使用的主要的财务报表,它是个利率敏感型报表。这种报表有助于监控和理解奎克银行风险头寸的能力。报表的核心内容如下。

在资产方,银行有 2 000 万美元是对利率敏感的浮动利率型资产,其利率变动频繁,每年至少要变动一次;而 8 000 万美元的资产是固定利率资产,其利率长期保持不变。

在负债方,银行有 5 000 万美元的利率敏感型负债和 5 000 万美元的固定利率负债。

基尔宁分析后认为:如果利率提高了三个百分点,即利率水平从 10% 提高到 13%,

该银行的资产收益将增加60万美元(3％×2 000万美元浮动利率型资产=60万美元),而其对负债的支付则增加了150万美元(3％×5 000万美元浮动利率型负债=150万美元)。这样国民银行的利润减少了90万美元(60万美元-150万美元=-90万美元)。反之,如果利率水平降低三个百分点,即从10％降到7％,则国民银行利润将增加90万美元。

基尔宁接下来分析了1984年当地和全国的经济前景,认为利率在未来12个月将会上升,且升幅将会超过3％。为了消除利率风险,基尔宁向国民银行资产负债管理委员会做报告,建议将其3 000万美元的固定利率资产转换为3 000万美元的浮动利率型资产。奎克国民银行资产负债管理委员会同意了基尔宁的建议。

这时,有家社区银行拥有3 000万美元固定利率负债和3 000万美元浮动利率型资产,愿意将其3 000万美元的浮动利率资产转换成3 000万美元的固定利率资产。于是两家银行经过磋商,很快达成协议,进行资产互换。

正如基尔宁预测的,1984年美国利率持续上升,升幅达到4％。为国民银行减少了120万美元的损失,基尔宁也成为奎克国民银行的明星经理。

思 考 题

一、名词解释

利率风险 基差风险 收益率曲线风险 缺口风险 重新定价风险 选择权风险 利率敏感比率 利率风险管理 缺口管理 远期利率协议 利率互换 利率期货 利率期权 利率期限结构 预期理论 市场分割理论 持续期 凸性 利率结构风险 逆向选择风险 资本充足率

二、问答题

1. 简答利率风险的分类。
2. 简答影响利率风险的因素。
3. 简答利率风险的成因。
4. 简答利率期限结构的意义。
5. 确定利率期限结构都有哪些方法?
6. 纯预期理论的基本假设有哪些?
7. 简述流动性偏好理论。
8. 简答债券凸性的特征。
9. 简答利率风险管理的必要性。
10. 简答缺口管理的优点和局限性。
11. 简答远期利率协议和利率期货的区别与联系。
12. 简答金融中介机构在利率互换中的作用。
13. 我国在利率风险控制与管理的问题上将在哪两方面做出努力?
14. 在利率预测和利率风险衡量的基础上,进行利率风险控制的具体方法主要有哪些?

15. 简答持续期缺口分析。
16. 简答《巴塞尔协议》三大支柱。
17. 简答利率风险管理的重点。
18. 简答利率风险管理的方法。

三、讨论题

结合目前商业银行面临的风险，论述银保监会细化银行账簿利率风险的基本要求。

四、计算题

1. 假如某金融机构的资产负债表如下（注意：该资产负债表以市场价值报告，所有利率为年利率）。

资产负债表 单位：百万元

资产		负债	
现金	20	活期存款	100
15年期商业贷款		5年期定期存款	
（10%，balloon payment）	160	6%（balloon payment）	210
30年期抵押贷款		20年期债券（7%）	120
（8%，按月分期偿还）	300	所有者权益	50
总资产	480	负债与所有者权益合计	480

试计算：

(1) 该银行的到期期限缺口是多少？
(2) 如果所有资产和负债的利率均上升1个百分点，计算该银行的到期期限缺口。
(3) 计算在第(2)小题的条件下，对该银行的所有者权益的市场价值的影响。
(4) 假设市场利率上升2个百分点，判断该银行是否仍具有偿付能力。

2. 假设某金融机构的资产负债表如下：

资产负债表 单位：百万元

资产		负债	
浮动利率抵押贷款		活期存款	
（当前年利率为10%）	50	（当前年利率为10%）	70
30年期固定利率贷款	50	定期存款	
（固定利率为7%）		（当前年利率为6%）	20
		所有者权益	10
总资产	100	负债与所有者权益合计	100

(1) 计算该银行预期年末的净利息收入。
(2) 假如利率增加了2个百分点，该金融机构年末的净利息收入是多少？
(3) 运用重定价模型计算该金融机构利率增加2个百分点后的净利息收入。

第四章 汇率风险的管理

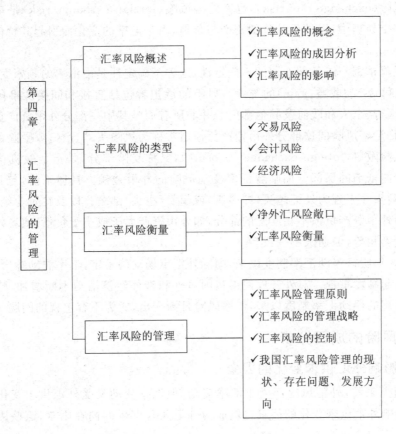

学习目标

- ◆ 了解汇率风险的概念、成因分析以及汇率风险的影响；
- ◆ 掌握汇率交易风险中的外汇买卖风险、交易结算风险，掌握会计风险，了解经济风险；
- ◆ 理解净外汇风险敞口，重点掌握汇率风险的衡量办法；
- ◆ 掌握汇率风险的管理原则、管理战略，重点掌握汇率风险的控制办法，理解我国汇率风险管理的现状、存在问题、发展方向。

20世纪70年代初，以美元为核心的布雷顿森林体系瓦解，世界主要货币国家普遍实行了浮动汇率制度，导致了各主要国家货币之间日趋频繁的汇率波动，因此给外汇持有者或使用外汇者带来不确定性，即带来汇率风险。因此为了有效防范汇率风险，在管理汇率风险的过程中应该遵循收益最大化、全面重视、管理多样化等原则,并结合实际情况,制定合适的汇率风险管理战略,从而减少汇率风险带来的损失。

第一节 汇率风险概述

一、汇率风险的概念

汇率风险(exchange rate risk),也称外汇风险(foreign exchange risk)是指一定时期的国际经济交易当中,以外币计价的资产与负债,由于汇率的变化而引起其价值涨跌的不确定性。

汇率风险是资产或负债变化的不确定性,这种不确定性是由汇率的频繁变化引起的,是风险损失(loss)与收益(gain)的统一。风险的承担者包括直接和间接从事国际经济交易的企业、银行、个人和政府及其他部门。并非所有而是其中一部分外币资产负债面临汇率风险,面临汇率风险的这部分外币资产负债通常称为风险头寸、敞口或受险部分。

汇率风险敞口(foreign exchange exposure),又称受险部分,是指金融机构在外汇买卖中买卖未能抵消的那部分面临着汇率变动风险的外币金额。具体来讲,包括:在外汇交易中,风险头寸表现为外汇超买(即多头)或超卖(空头)部分。以及在企业经营中,风险头寸表现为外币资产负债不相匹配的部分,如外币资产大于或小于负债,或者外币资产与负债在数量上相等,但期限不一致。

自1973年实行浮动汇率制度以来,国际外汇市场动荡不定,汇率波动频繁剧烈,汇率风险问题引起高度重视。对外开放使得我国对外和涉外经济活动不断增加,特别是人民币实行有管理的浮动汇率制度以来,汇率风险日渐突出,成为不容忽视的问题。

二、汇率风险的成因分析

(一)影响外汇供求变化的因素

从表面上来看,外汇风险产生于汇率变动,但汇率变动又受外汇供求变化规律的支配。所以影响外汇供求变化的因素也就成为外汇风险产生的内在因素,这些因素包括以下几项。

(1)经济发展状况。在纸币流通条件下,纸币只是充当价值符号,并无实际价值。纸币稳定与否取决于一国的经济发展状况。当一国经济发展稳定、国民收入稳步增长、财政收支平衡、货币供给适度时,其对内价值就稳定,其对外价值——汇率也会趋于稳定甚至坚挺;反之,当一国经济状况不佳时,汇率的对内价值与对外价值都难以确定。

(2)国际收支变化。国际收支是一国在一定时期内对外经济交易的系统记录与反映,其变化直接影响着汇率变动。一般来讲,国际收支逆差意味着外汇需求增加、供给减少,会导致外汇汇率的上升和本币汇率的下跌。当国家对本国汇率的管制较少时,这种变化的影响十分明显。

(3)物价水平变化。物价表现为一国货币的对内价值。在纸币流通条件下,流通中的货币量常与货币的实际需求量发生背离。如果一国货币流通量远大于实际需要量,必然会导致物价上涨、纸币贬值的结果,这就意味着货币的对内贬值。在市场经济条件下,货币的对内贬值必然会影响一国货币的对外价值,最终导致本币的对外贬值,即本国货币汇率下跌。

(4) 利率变化。利率是资金的使用价值,也是一国货币的时间价值,其升跌变化直接关系到资金供给者和使用者的收益与成本。较高的利率会加大信贷与投资的成本,从而起到缩减贷款与投资规模的作用,导致经济发展速度变慢。货币供应量减少,物价下跌,从而有利于出口,也会吸引大批套利资金的涌入;较低的利率会缩小信贷与投资的成本,从而使信贷与投资的规模扩大,货币供应量增加,经济发展速度加快和物价上涨,不利于出口,也会导致短期资金外逃。从长期的动态作用上看,利率变动会导致物价变动,物价变动会影响进出口和国际资本的流入、流出,从而最终引起汇率的变动。

(5) 中央银行的干预。自从凯恩斯主义占据西方经济学主导地位后,政府在经济生活中扮演着很重要的角色,各国政府对经济的直接干预从来没有中断过。由于汇率变动对一国的国际收支、进出口贸易、资本流动等都有直接的影响,这种影响又会进一步波及国内的生产价格、投资收益与生产成本,所以各国政府为了避免汇率变动对本国经济造成不良影响,往往对汇率进行干预。央行或运用外汇平准基金对汇率进行单独干预,或联合其他国家央行进行联合干预,使汇率达到预定的指标或可接受的水平。近些年,由于外汇交易量的急剧扩大(日交易量已超过1万亿美元),外汇投机日益猖獗(占了外汇交易总量的90%以上),一国银行单独干预汇率往往力不从心,故多采取联合干预汇率的办法。如在1994年、1995年,西方七国就多次联合干预美元与日元的汇率。

(6) 各国政府宏观经济政策的影响。各国的宏观经济政策目标多表现为以下四个方面:增加就业、稳定物价、促进经济增长和保持国际收支平衡。汇率作为一国经济状况的一面"镜子",它能反映出一国宏观经济政策对经济增长率、物价上涨率、利息率和对外收支状况的影响。如1975年夏季的美元汇率下跌,西德马克汇率上涨,主要是由西德的货币和财政"双紧"政策造成的。1980年以后美元的持续上升,则又与美国财政政策和货币政策的一"松"一"紧"有关。1981年上半年美元汇率的反弹也与美国"紧"的货币政策有关。

(二) 经济主体的原因

(1) 以外币计价的资产或负债存在敞口。汇率风险的产生源于经济主体——外币计价的资产或负债存在"敞口"(exposure)部分。汇率风险是由经济主体以外币表示的资产与负债不能相抵部分,即由敞口部分造成的。

(2) 经济主体的跨货币交易行为。跨货币交易行为,即以外币进行交易,却以本币核算效益的行为。经济主体可能发生各种以外币表示的收付,如应收应付外币款项、外币资金的借入借出、以外币资金表示的对外投资等,上述交易除需要用外币进行交易和完成结算外,还需要通过本币进行成本和收益核算。由于外币与本币之间的兑换率(即汇率)不断发生变化,于是就产生了汇率风险。

(3) 时间的影响。汇率风险的大小还与另一个因素——时间,有密切联系。汇率的变动总是与一定的时间相联系:在同一时间,汇率不可能发生变动;时间延续越长,则汇率变动的可能性越大,其可能发生的变动幅度也越大,相应的汇率风险也就越大。从经济主体外币交易的达成到结算的实际发生,均有一个时间期限问题。例如进出口交易的达成到外汇的实际收付,借贷协议的达成到贷款的提用以及本息的实际偿付,投资决策的产生到实际投入资金等。时间成为汇率风险构成的另一个重要因素。

三、汇率风险的影响

汇率风险是汇率波动造成的未来收益变动的可能性,对国民经济的影响主要表现在宏观和微观两个层次。从宏观上看,汇率风险对一国国际贸易条件、国际收支、物价水平、外汇储备和就业等总量因素发生影响;从微观上看,汇率风险主要对企业的营运资金、收益、成本和经营战略发生影响。本书从企业的角度来看汇率风险,因此着重介绍汇率风险的微观影响。

前面已经提到,涉外经济部门及涉外企业由于在日常经济活动中涉及两种或两种以上的货币,因而不可避免地处于交易风险、折算风险、经济风险及国家风险之中。实际上,纯国内企业也要受汇率风险的间接影响,原因在于纯国内企业的原料供应会受汇率变化的影响而发生价格变动,或者纯国内企业的产品要与进口的商品竞争,进口商品的数量与价格的变化就会影响到国内企业,而且纯国内企业往往不如涉外企业那样容易转嫁汇率风险,所承担的间接风险影响更大。当然,纯国内企业的"受险部分"测算起来比较复杂,汇率风险对它们的影响要受风险传递渠道、产业性质和时间等因素的制约。本书不讨论纯国内企业受汇率风险影响的情况,而主要讨论汇率风险对涉外企业经济活动的影响。

涉外企业主要指那些从事商品和劳务进出口业务的企业,从事国际生产许可证转让、国际特许权转让及国际技术转让活动的企业,国际合资企业,从事外汇交易及国际投资和筹资活动的商业银行及其他金融机构。汇率风险对涉外企业的影响集中表现在以下三个方面:企业经营战略、业务安排和企业信用。

(一)企业经营战略

企业经营战略是指企业人力、财力、物力的合理配置及产供销的总体安排。企业经营战略决定着企业的筹资与投资安排、生产布局、生产规模、销售渠道及利润分配。汇率风险给企业的产供销活动带来成本核算的不确定性,企业正常经营活动的预期收益因汇率波动而面临预料之外的损益,同时带来企业现金流量的增减变化,这些都会影响企业管理者的经营决策。如果汇率变动有利于企业的资金营运,企业就会采取大胆的、开拓的、冒险的经营战略,如扩大海外投资,扩大生产规模,开辟新产品、新市场。相反,如果汇率变动不利于企业的资金营运,企业就会采取保守的、稳妥的、谨慎的经营战略,尽量避免使用多种外汇,把海外市场、海外投资和筹资缩小到一定范围,扩大生产规模、产品创新等增加企业实力、提高其国际经济地位的活动也不会贸然进行。汇率风险对企业经营战略的影响实际上关系到企业的兴衰成败。

(二)业务安排

汇率波动对企业业务活动的正常运行有较大影响。对进出口企业来讲,汇率波动剧烈时,由于难以确定成本核算,企业或者观望,或者争取有利于自己的计价货币,造成谈判时间拖延,签约成交额下降,甚至在签约后,如果汇率变动超过预计的成本而导致企业可能亏损时,进出口企业往往寻找各种借口毁约,使外贸业务受损。对商业银行、国际信托投资公司等金融机构,汇率波动出现一面倒趋势时,外汇买卖将减少,银行业务量将下降;

汇率波动还会造成银行的债务人因额外增加的债务负担而无力偿债或破产,银行呆账、坏账可能增加;汇率波动会引发大量投机和套期保值,要求银行具有更高超的风险头寸管理技巧,否则,银行就会面临灭顶之灾。1995年,英国具有一百多年历史的巴林银行因衍生金融工具投机失败而倒闭就是一个典型的例子。因此,汇率风险促使银行不断完善自身的风险管理技巧,不断进行金融工具的创新。

(三) 企业信用

信用是企业的无形资产,它取决于企业的规模、经营能力、盈利能力和经理形象等因素。企业信用等级越高,与之往来的客户对其信任程度就越高,企业受益越多。信用等级高的企业能够以较低的成本筹集所需资金,能够获得较高的投资收益,还能够在商品买卖中赢得有利的交易条件,因此企业信用如同企业的生命,是十分宝贵的财富。汇率风险对企业的资产负债表和损益表影响很大,因为涉外企业的业务一般涉及多种货币,而会计报表却只能使用一种货币记账,故需要将其他货币折算成记账货币,这种折算完全依赖于汇率变动,所以汇率变动对账面反映的企业经营能力影响巨大。虽然账面反映并不等于实际经营,而且汇率的变动有涨有跌,造成账面资产负债的不断变化,但是一定时期的财务报表却是公众审查企业经营状况的手段,也是评定企业信用等级的标准,不能不对其高度重视。例如,1979年上半年日本索尼公司因在美国发行股票,需用美元报告资产负债和损益状况,尽管其实际经营利润比上一年同期增加了98%,但其实报表净收益却减少了36%,因为1979年受汇率剧烈波动影响,其折算损失为5 940万美元,而一年前,索尼公司则有折算利润2 640万美元,前后相差8 580万美元。因此,如果按公司账面盈利能力来评定其信用等级,索尼公司的信用就会下降,进而影响到该公司的筹资及交易业务。与折算风险相关的另一个影响企业信用的因素是税收,企业因汇率变动而账面上发生折算收益时,所得税就会相应增加,当然,出现折算损失时,所得税也会相应减少,在累进式所得税下,应税收入变动对企业盈利水平有很大影响,因此,汇率波动会通过税收增减间接地影响企业的信用等级。

第二节 汇率风险的类型

根据汇率风险对经济主体、会计报表、经济主体的长期发展产生的不同影响,可以分为不同的种类。

(一) 交易风险(transaction risk)

交易风险是指以外币计价的未来应收款、应付款在以本币结算时由于汇率波动而使价值发生变化导致损失的可能性。交易风险是一种流量风险,是涉外计价活动中经常面临的风险,其本质是由于交易合同中的计价货币与本币不一致所带来的风险。当经济主体的外汇债券、债务已产生,而在汇率发生变动后才实际收付,交易风险就产生了。交易风险又可以进一步分为外汇买卖风险和交易结算风险。

1. 外汇买卖风险

外汇买卖风险又称金融性风险,是指由于进行外币买卖产生的外汇风险。银行在外汇买卖过程中会出现外汇空头头寸或多头头寸,空头的外汇头寸其汇率在外汇头寸轧平日内上涨,使银行在轧平空头时蒙受多付本币的经济损失;多头的外汇其汇率在外汇头寸轧平日内下跌,使银行在轧平多头时蒙受少收本币的经济损失。

【例 4-1】 一家日本银行在买进 1 000 万美元后,卖出 800 万美元,还剩下 200 万美元。通常将这 200 万美元称为多头,这种多头将来在卖出时会因汇率水平变化而发生盈亏。如果当日收盘价为 1 美元合 150 日元,该银行卖出 200 万美元应收回 3 亿日元。如果第二天外汇市场美元对日元比价跌至 1 美元合 120 日元,那么该行只能收回 2.4 亿日元,损失 6 000 万日元。

【例 4-2】 中国某金融机构在日本筹集一笔总额为 100 亿日元的资金,以此向国内某企业发放 10 年期美元固定利率贷款。按当时日元对美元汇率,1 美元合 200 日元,该机构将 100 亿日元折合成 5 000 万美元。10 年后,日元对美元汇率变成 1 美元合 110 日元,仅 100 亿日元的本金,就需要 9 090.9 万美元。而该金融机构到期收回本金 5 000 万美元与利息(按 17% 计)700 万美元,总计 5 700 万美元,连借款的本金都难以弥补,这就是该金融机构因所借外币汇率上浮所蒙受的风险。

2. 交易结算风险

交易结算风险又称商业性汇率风险,是指以外币计价进行贸易及非贸易业务的一般企业所承担的汇率风险,是伴随商品及劳务买卖的外汇交易而发生的,主要由进出口商承担。交易结算风险是基于将来进行外汇交易而将本国货币与外国货币进行兑换,由于将来进行交易时所适用的汇率没有确定,因而存在风险。进出口商从签订合同到债权债务的清偿,通常要经历一段时间,而这段时间内汇率可能会发生变动。于是,未结算的金额就成为承担风险的受险部分。

【例 4-3】 德国出口商输出价值 10 万美元的商品,在签订出口合同时,美元与欧元的汇价为 1 美元∶0.952 4 欧元,出口 10 万美元的商品,可换回 9.524 万欧元,但当货物装船时,美元汇价下跌,欧元上升,汇价变为 1 美元∶0.950 0 欧元。这样,德国出口商结汇时的 10 万美元只能兑换 9.5 万欧元,于是由于汇率波动使出口商损失了 240 欧元,结果他不能获得预期利润或只能获得较少的利润。在这里,签订合同时的 10 万美元金额便是该德国出口商的受险部分。

同样,进口商从签订合同到结算为止也要承担汇率风险,原理与出口商相同,只是汇率变动与出口商刚好相反。

如果进出口商在签订合同时,不采用交易双方国家的货币结算,而是采用第三国货币进行结算,第三国汇率的变动也同样使进出口商承担交易结算风险。

【例 4-4】 英国某进口商从德国进口机器零件,双方商定以美元计价结算。每个零件价格 1 000 美元。签订合同时的汇价为 1 英镑∶2 美元,英国进口商应支付 500 英镑才能兑换到 1 000 美元,如果进口商将零件的国内销售价定为 550 英镑,那么每个零件可获 50 英镑利润。但是合同到期结算时,英镑的汇价下跌,变为 1 英镑∶1.9 美元,则 1 000 美元的零件就要支付 526.3 英镑,如果按原定销价在国内销售,英国进口商只能获得 23.7 英镑的利润,结果其预期利润由于汇率变动而减少。这里,1 000 美元一个零件便是英国进口商承担汇率风险的受险部分。

（二）会计风险（accounting exposure）

会计风险也称为换算风险（translation exposure），是指跨国企业为了编制统一的财务报表，将以外币表示的财务报表用母公司的货币进行折算或合并时，由于汇率变动而产生的账面上的损益差异。虽然会计风险与交易风险不同，它仅仅是一种账面上的损益，但它却会影响到企业向股东和公众公布财务报表的数值，可能会招致股价和利润率的下跌，从而给企业带来融资能力等方面的障碍。外汇会计风险来源于会计制度的规定，并受不同国家会计制度的制约。由于汇率的变化，引起公司的资产负债表中某些外币项目金额上的变动。公司在计算报表时，为了把原来用外币计量的资产、负债、收入和费用，合并到本国货币账户内，必须把这些用外币计量项目发生额用本国货币重新表述。这种称作折算的重新表述，要按照公司所在国政府、会计协会和公司确定的有关规定进行。

【例 4-5】 美国某公司在英国的子公司的往来账户余额为 100 万英镑。年初时 GBP1＝USD1.600，即账户余额是 160 万美元。年末时美元升值，英镑贬值，GBP1＝USD1.500，那么年末时，英国子公司账户余额折算美元只有 150 万美元，英镑余额价值降低了 10 万美元。根据美国的会计制度规定，这笔损失可计在母公司收益的损失上，或通过一个备抵账户直接冲销股东收益。

会计风险表现的方式较多，主要有以下三类。

（1）存量会计风险。指企业在海外持有和销售的库存，在汇率变化时，其相应价值和成本折算成母公司所在地货币时发生变化的可能性。

（2）固定资产会计风险。指企业购置、折旧和更新资产时，由于汇率变化而产生的风险。

（3）长期债务会计风险。包括各种应偿还而未偿还的长期借款，如公司债、长期票据、长期借款，由于汇率变化而产生的汇率风险。

（三）经济风险（economic risk）

经济风险又称经营风险，是指由于外汇汇率变动使企业在将来特定时期的收益发生变化的可能性，即企业未来现金流量的现值的损失程度。收益变动幅度的大小，主要取决于汇率变动对企业产品数量及价格成本可能产生影响的程度。例如，当一国货币贬值时，出口商一方面因出口货物的外币价格下降有可能刺激出口，使其出口额增加而获益；另一方面如果出口商在生产中所使用的主要原材料为进口品，因本国货币贬值会提高本币表示的进口品的价格，出口品的生产成本就会增加。结果该出口商在将来的纯收入可能增加，也可能减少，该出口商的市场竞争能力及市场份额也将发生相应的变化，进而影响到该出口商的生存与发展潜力，此种风险就属于经济风险。

该定义有两个需要注意的方面：①它针对的是意料之外的汇率变动，意料之中的汇率变动不会给企业带来经济风险；②它针对的是计划收益，由于意料之中的汇率变动对企业收益的影响已经在计算计划收益的过程中加以考虑，所以经济风险并未包括汇率变动对企业收益的全部影响。

虽然交易风险、经济风险与会计风险都是由于未预期的汇率变动引起企业或个人的外汇资产或负债在价值上的变动，但侧重点各有不同。

(1) 从损益结果的计量上看,交易风险可以从会计程序中体现,用一个明确的具体数字表示,可以从单笔独立的交易,也可以从子公司或母公司经营的角度来测量其损益结果,具有静态性和客观性的特点。而经济风险的测量不是来源于会计程序,而是来源于经济分析,侧重于企业的全局,从企业整体经济上预测、规划和分析,它涉及企业财务、生产、价格、市场等各方面,因而带有一定的动态性和主观性的特点。

(2) 从测量时间来看,交易风险与会计风险的损益结果,只突出了企业过去已经发生的交易在某一时点的汇率风险的受险程度,而经济风险则要测量将来某一时间段出现的汇率风险。不同的时间段的汇率波动,对各期的现金流量、经济风险受险程度以及企业资产价值的变动将产生不同的影响。

因此,经济风险的避免与否很大程度上取决于企业的预测能力,预测的准确程度将直接影响该企业在生产、销售和融资等方面的战略决策。因此,它对企业的影响比交易风险和会计风险大,不但影响公司在国内的经济行为与效益,还直接影响公司的涉外经营效益或投资效益。在各种汇率风险中,交易风险和经济风险是企业最主要的汇率风险。

第三节 汇率风险衡量

一、净外汇风险敞口

一家银行承受的某一币种的汇率风险可以由净外风险敞口来表示,即

$$净外汇风险敞口_i = (外币资产_i - 外币负债_i) + (外币购入_i - 外汇售出_i)$$
$$= 净外币资产_i + 净外汇购入_i$$

式中,i 为任何一种外币。

如果净外汇风险敞口为正数,意味着当外币对本币的币值下降时银行将面临外汇亏损;反之,如果净外汇风险敞口为负数,则当外币对本币的币值上升时,银行将面临外汇亏损。

许多商业银行作为外汇的交易商和自营商在外汇市场上扮演着十分重要的角色,它们大量地以外币形式持有资产和负债。显然,银行为了避免外汇风险,可以把它持有的某一币种外币资产总额同该币种外币负债总额完全匹配,同时,把它购入和售出这种外币的数额完全匹配。或者,银行可以将它在某种外币买卖上存在的不相匹配同它在该种外币资产和负债之间存在的不相匹配互相抵消,从而使它的以该币种表示的净外汇风险敞口等于零。

二、汇率风险衡量

(一) 一般方法

为了度量一家银行因其外币资产和负债组合的不相匹配以及外汇买卖的不相匹配而可能产生的外汇亏损或盈利,首先需要计算净外汇风险敞口,然后,将其折算成本币,再将它与汇率的预期变动联系起来,具体表示为

以本币计价的某种外币 i 的亏损或盈利

= 以本币计价的净风险敞口 i × 外币 i 的汇率变动值

该等式表明,银行在某一外币上存在的净风险敞口越大,或者该种外币的汇率变动幅度越大,它潜在的以本币计价的亏损或盈余也越大。

(二) 不同汇率风险的度量方法

1. 交易风险的度量

原则上,银行应当每天轧平所有的缺口头寸,避免不必要的外汇风险,保证赚取无风险的买卖差价收入。但是银行每天的外汇交易非常频繁,买卖的货币种类和期限非常多,轧平头寸不但要承担大量的交易成本,在现实中也是不可能的。因此,在银行的经营管理实务中,通常的做法是限定风险的大小,把风险控制在可承担的范围内。

1) 缺口限额管理

为了管理外汇缺口头寸,银行建立了外汇交易记录表,按照每种货币合约到期日记录每笔交易的外汇流量,这些头寸按币种和期限列示。如果在每一个到期日,所有货币的外汇交易记录表上,买卖金额正好相等,不管汇率发生什么变化,银行都没有任何资金损失,不存在汇率风险。如果某一种货币的交易记录表中,存在着金额或期限的不匹配,银行就存在外汇风险。

外汇交易记录是评估和管理外汇风险的重要工具。但是,外汇交易记录表只是一个交易记录,它没有告诉我们目前外汇头寸的盈亏情况,难以体现汇率风险的总体状况。为了控制汇率波动造成外汇头寸的盈亏,银行应该用市场汇率重新估价外汇头寸,分析外汇头寸的盈亏情况。

2) 在险价值(VaR)

VaR 是汇率风险更为复杂的评估方法。VaR 方法的关键在于对市场因素(汇率)变动的概率分布的估计,最常用的方法是风险度量制法(risk metrics)。该方法假定金融资产收益率服从正态分布,只需要价格波动率的估计就可以把受市场因素不同程度影响,以及受不同市场因素影响的金融资产的受险程度,以同样的货币单位来度量,从而加总衡量综合风险。

2. 经济风险的度量

经济风险对企业的影响是长期的,而且是复杂且多层面的。对汇率变动引起的收益与成本的敏感性分析和回归分析是度量经济风险的常用方法。

1) 收益和成本的敏感性分析

收益和成本的敏感性分析把现金流量按利润表的不同项目分类,并根据汇率预测情况对利润表的各个项目做出估计。企业的盈余能力和现金流量取决于原材料和产品的价格、销售量以及各项费用。这些因素综合起来代表了企业的竞争力,汇率的变动正是通过改变各种价格对企业的竞争力产生影响的。

价格与销售数量的变动取决于决定价格的币种与需求弹性。如果企业产品的价格是由本币决定的,那么在本币与外币的汇率发生变动时,产品的本币价格将保持不变,在国内市场的销售不会受到直接影响,但是以外币表示的出口价格会由此而发生变动。如果外币价格降低了,将扩大出口销售,可能增加企业的本币收入;反之,可能减少企业的收入。产品价格也可能是由某种外币决定的,如石油的美元价格变动通常是以其他货币标价的石油价格变动的依据。对于这种产品而言,其本币价格会因本币与该种货币的汇率变化而发生变化,而以该种外币表示的价格并不因此而改变。对于决定价格币种不同的产品而言,汇率变动对其国内外售价和销售量的影响是不同的。

2) 回归分析法

企业较常用的另一种敏感性分析方法是回归分析法。这种方法利用已有的公司绩效变量(通常为现金流量和股票价格)和汇率的历史数据进行回归分析,测定企业的经济风险。这种方法的特点是具有客观性,只用历史数据来估计企业现金流量对于汇率变动的敏感性。相对来说,收益和成本敏感性分析要求企业管理人员做出许多主观的估计,这种估计有可能过度依赖于管理人员的个人看法。然而回归分析也有自身的缺陷,其不足之处在于,历史数据未必可以反映未来。这种测定的有效性也是有限的,但是毕竟为企业提供了分析问题的另一个角度。

3. 会计风险的度量

由于企业的外币资产、负债、收益和支出等,都需要按照一定的会计准则将其折算为本国货币来表示,在折算过程中必然会暴露出货币汇率变动带来的风险。下面主要以编制合并会计报表时对子公司外币会计报表的折算来说明会计风险的评估。

外币会计报表折算方法可以分为单一汇率法和多种汇率法两种。前者主要以现行汇率对会计报表各项目进行折算,所以又称现行汇率法;后者指以不同汇率分别对会计报表有关项目进行折算,具体又进一步分为流动与非流动项目法、货币性与非货币性项目法以及时态法。

1) 单一汇率法(现行汇率法)

在单一汇率法下,除所有者权益项目以历史汇率进行折算外,外币会计报表中的资产、负债、费用等各项目均以现行汇率进行折算。现行汇率法也称期末汇率法。在现行汇率法下,收入、费用项目也可以采用会计期间的平均汇率进行折算。外币会计报表中产生的差额,计入当期损益,或者在所有者权益项目下单列"外币会计报表折算差额"项目反映,并逐年累积下去。

用现行汇率法对外币会计报表进行折算,实际上是将外币会计报表所有项目都乘以一个常数,只是改变外币会计报表的表现形式,并没有改变其中各项目之间的比例关系。现行汇率法实际上是以子公司的净资产为基准来衡量汇率变动影响的。因此,现行汇率法能够保持外币会计报表的内部结构和各项目之间的经济联系。不足之处在于,现行汇率法意味着被折算的表中各项目都承受着相同程度的汇率风险。但实际上企业资产、负债各项目承受的汇率风险是不一样的,对这些项目均以现行汇率进行折算并没有体现这种差别。

2) 多种汇率法

(1) 流动与非流动项目法。流动与非流动项目法是将资产负债表项目划分为流动项目和非流动项目两大类,并对之分别采用不同的汇率进行折算。对于流动资产和流动负债项目,按照资产负债表日的汇率计算;对于非流动的资产和负债,以及所有者权益中的实收资本、资本公积等项目,按照历史汇率进行折算;对于利润表各项目,除固定资产折旧费用和摊销费用等按照相关资产入账时的历史汇率折算外,其他收入和费用各项目均按照当前的平均汇率折算。

该方法对流动资产负债项目采用现行汇率计算,有利于对子公司营运资金进行分析。不足之处是,区分流动与非流动项目并按不同的汇率进行折算,缺乏足够的理论支持;存货与现金、应收账款一样采用现行汇率折算,意味着存货与现金、应收账款项目承受一样的外汇风险,并没有反映存货的实际情况;对长期应收款、长期应付款、长期银行借款和应付债券等项目采用历史汇率折算,没有反映这些项目事实上承受的外汇风险。

(2) 货币性与非货币性项目法。货币性项目是指持有的货币以及将以固定金额或可确定金额收回的资产和负债。除此以外,则属于非货币性项目。该方法对货币性项目采用现行汇率折算,对非货币性项目和所有者权益则采用历史汇率折算;对于利润表项目,除折旧费及摊销费用按照有关资产的历史汇率折算外,所有的收入和费用均以当期的平均汇率折算;销售成本项目则是在对期初存货、期末存货和当期购货分别进行折算的基础上,按照"期初存货＋当期购货－期末存货＝当期销货"等式计算确定的。其中,期初存货和期末存货按各自的历史汇率折算,当期购货按当期平均汇率折算。利润表项目的折算和流动与非流动项目法下的折算方法基本相同。

货币性与非货币性项目法反映了汇率变动对资产、负债各项目的不同影响,体现了货币性项目承受汇率风险这一事实。但不足之处在于,没有考虑非货币性项目的计量基础。在非货币项目采用现行市价计量的情况下(如存货和投资按照"成本与市价孰低法"计价,提取跌价准备),采用历史汇率折算与市价计量基础是矛盾的。

(3) 时态法。时态法是指对现金、应收及应付账款项目按现行汇率计算,对其他资产和负债项目则根据其性质分别按历史汇率或现行汇率折算。时态法也称为时间度量法,是针对前述货币性与非货币性项目法的不足而提出来的。其理论依据是,外币会计报表的折算不应当改变会计报表所反映的经济事实,因此,在选择汇率时,只能改变计量单位,而不应该改变原有的计量属性。

按照时态法,外币会计报表的现金、应收应付项目采用现行汇率折算;对于按照历史成本反映的非货币性资产,采用历史汇率折算;对于现行成本反映的非货币性资产,采用现行汇率折算;对于所有者权益的项目,除未分配利润外,实收资本等均采用历史汇率折算,未分配利润则为轧算的平衡数;对于收入、费用项目,采用交易发生时的实际率折算;对于折旧费用、摊销费用以及销售成本,其折算方法和货币性与非货币性项目法相同。

外币会计报表本币折算时,由于各项目采用不同汇率进行折算,从而产生了折算差额。折算差额的大小取决于所选用的折算方法、汇率变动的方向和过程、外币资产与外币负债的比例等因素。对于该折算差额两种会计处理方法:一是递延处理;二是计入当期损益。将折算差额计入当期损益,可以真实反映企业所承受的汇率风险。这样做的不足是,将折算差额反映在损益中,即将未实现的损益计入当期损益,有可能引起对会计报表的误解。因此,将折算差额在所有者权益项目下单列出来并逐年累积是较通用的做法。

第四节 汇率风险的管理

一、汇率风险管理原则

外汇风险是涉外经济中不可避免的一种市场风险,对一国政府、企业乃至个人都会产生很大的影响,外汇风险管理因此成为企业经营管理的重要组成部分。外汇风险管理的目标在于减少汇率波动带来的现金流量的不确定性,控制或者消除业务活动中可能面临的由汇率波动带来的不利影响。为了实现这一目标,在外汇风险管理中应该遵循一些共同的指导思想和原则。这些原则包括:收益最大化原则、全面重视原则和管理多样化原则。

(一)收益最大化原则

收益最大化原则要求涉外企业或跨国公司精确核算外汇风险管理的成本和收益,在确保实现风险管理预期目标的前提下,支出最少的成本,追求最大化的收益。这是企业进行外汇风险管理的基石和出发点,也是企业确定具体的风险管理战略、选择外汇风险管理方法的准绳。外汇风险管理本质上是一种风险的转移或分摊,如采用远期外汇交易、期权、互换、期货等金融工具进行套期保值,都要支付一定的成本,以此为代价来固定未来的收益或支出,使企业的现金流量免受汇率波动的侵扰。一般来说,外汇风险管理支付的成本越小,进行风险管理后得到的收益越大,企业对其外汇风险进行管理的积极性就越高,反之亦然。

(二)全面重视原则

全面重视原则要求涉外经济的政府部门、企业或个人对自身经济活动中的外汇风险高度重视。外汇风险有不同的种类,有的企业只有交易风险,有的还有经济风险和会计风险,不同的风险对企业的影响有差异,有的是有利的影响,有的是不利的影响,因此涉外企业和跨国公司需要对外汇买卖、国际结算、会计折算、企业未来资金运营、国际筹资成本及跨国投资收益等项目下的外汇风险保持清醒的头脑,做到胸有成竹,避免顾此失彼,造成重大的损失。

我国的企业由关起门来搞建设到走出去面向全球市场,从听计划、听指挥到自主经营、自负盈亏,经历了重大的变革和突破。在这个建立面向市场的经营机制过程中,关键是解放思想、转变观念。由于企业刚开始进行跨国经营或者扩大国际经营范围,在外币资金的调拨和头寸管理中不可避免地出现更多的风险,外汇风险无时不在、无处不在,外汇风险可能带来营运资本和现金流量的损失,影响企业的正常经营和核心竞争力,企业不能不防,不能不管,这需要经营者在头脑中牢固树立风险管理这个概念,补上外汇风险管理这一课。全面重视原则即要求企业首先要有风险管理的意识,从管理战略上给予外汇风险管理高度的重视。

(三)管理多样化原则

管理多样化原则要求涉外企业或跨国公司灵活多样地进行外汇风险管理。企业的经营范围、经营特点、管理风格各不相同,涉及的外币的波动性、外币净头寸、外币之间的相关性、外汇风险的大小都不一样,因此每个企业都应该具体情况具体分析,寻找最适合于自身风险状况和管理需要的外汇风险战略及具体的管理方法。实际上,没有一种外汇风险管理办法能够完全消除外汇风险,所以,认为某一种风险防范措施必然比另一种措施更优越、效果更佳的论断是有失偏颇和较为武断的。在选择风险管理办法时,需要考虑企业发展战略、风险头寸的规模和结构、涉外业务范围和性质、相关国家的外汇管理政策、金融市场发达程度等约束因素。随着时间的推移,外部约束因素会不断变化,因此,企业的外汇风险管理战略也需要相应地更改,企业不能抱残守缺,也不能长期只采用一种外汇风险管理方法。

二、汇率风险的管理战略

企业通常可采用以下三种外汇风险管理战略。

(一) 全面避险的管理战略

在采取全面避险的管理战略时,企业试图对经营中出现的外汇风险一律进行套期保值,强调绝对安全,不留任何来自汇率方面的不稳定因素。

采取这种战略的企业,属于风险厌恶者,他们是全心全意的生产经营专家,不是金融或外汇专家,不希望自身的经营业绩受到汇率变动的影响。他们不愿意承受汇率造成的额外损失,也不想获得汇率带来的额外利润,只愿集中精力执行其生产和经营计划。完全套期保值战略使企业实现了风险中立目标,汇率不管朝哪个方向波动都将与企业的现金流量无关。采取完全套期保值战略,是公司对外宣布自己稳健经营的一个信号,对维护企业的社会形象和声誉具有特别的意义,对某些需要赢得稳健投资者支持的企业来说,这一战略无疑是最佳的选择。然而,完全套期保值的代价是三种风险管理战略中最高的,因为汇率波动是双向的,对企业的风险而言利弊皆存,完全套期保值不仅要支付高昂的成本,而且还牺牲了汇率波动可能带来的收益。

此外,有的企业有条件采取这种战略,因为他们的经营特点决定其拥有低成本的风险管理优势。例如,有风险的外汇币种有发达的衍生工具市场,在市场上处于价格优势,有可能把风险管理成本转移到产品销售价格中去。与保持外汇风险的其他对手相比,这些企业不会因完全套期保值而处于不利地位。一般来说,稳健经营要求高的商业银行大多采取这一战略,基本上实现外汇风险中立,保有的外汇风险头寸很少。

(二) 消极的管理战略

采取消极的管理战略的企业对其面临的外汇风险听之任之,不采取任何措施进行控制或消除,"无为而治"。选择消极保值战略的企业看似无为,实际上是在谋求50%概率的汇率变动的有利影响,以便享受这份免费的午餐。当然,这种战略的弊端是,如果汇率变动对其不利,企业就要承受由此产生的所有损失。

采取这种战略的企业一般是风险爱好者,他们的依据是:

(1) 认为自己获得的信息多,对外汇市场行情的判断比较准确,有把握识别外汇风险对自己有利还是不利的能力,故保留外汇风险以尽可能获得额外的风险收益。

(2) 相信市场机制的作用。如果外汇市场遵守利率平价和购买力平价,市场是高度有效的,企业的实际经营、现金流量与汇率波动无关,那么采取任何措施进行保值或投机都是不必要或无效的,只是多花冤枉钱。

(3) 外汇风险不大,给企业造成的不利影响只伤皮毛、不触筋骨。如果外汇风险管理花费的成本很大,套期保值的成本超过了不进行风险管理的损失,企业反倒不如不进行风险管理。

但在现实中,这种战略受到很大的挑战,因为企业经营不可能与汇率波动无关,特别是从短期看,汇率波动很少符合利率平价和购买力平价,它不仅带来企业资产名义上的价值波动,还影响营运资产和真实资产的实际价值。因此,除特殊情况外,涉外企业一般较少采取这种消极保值战略。

(三) 积极的管理战略

这种策略指企业积极地预测汇率走势,并根据不同的预测对不同的涉险项目分别采取不同措施的风险管理策略。例如,在预期汇率变动对其不利时,企业采取完全或部分避险的管理手段;在预期汇率变动对其有利时,企业承担汇率风险以期获取风险报酬。

采取积极保值战略的企业可以分为两类:一类是利用汇率的波动谋取利润的投机者,另一类是以平衡外汇风险头寸为目标的套期保值者。采取这种战略的企业,一般会把外汇风险管理纳入企业总体的经营管理战略,对外汇风险管理进行周密的安排,有一整套的管理制度和约束机制,而且对风险管理水平有较高的要求。否则,由此带来的损失和代价将可能远远大于全面避险的保值战略和消极的保值战略。

现实中,大部分企业都选择积极保值的风险管理战略。对于外汇风险,采取部分弥补、部分保留的策略。不同的企业往往根据自己的经营特点和管理经验,对比外汇风险大小和"允许的"外汇风险承受能力,确定是否需要进行套期保值,以及对哪些币种的外汇风险、多大的金额进行套期保值。这种决策必须建立在精确的成本收益核算基础上,后面本书会对此进行详细的介绍。不管怎样,企业的外汇风险管理战略一定要服务于企业整体目标的大局,需要结合业务特点和财务状况做出适当的选择。

三、汇率风险的控制

(一) 交易风险的控制

交易风险的管理有两种方法:内部管理方法和金融交易管理方法。

1. 内部管理方法

这种方法是指通过企业内部经营活动的调整来达到保值目的的方法,具体包括以下几种。

(1) 选择计价货币法。在国际金融市场上,有本币和外币之分,又有硬币和软币之分。企业在交易过程中,选择合适的计价货币是防范汇率风险的重要方法。其实质是汇率风险由谁承担的问题,是进口商还是出口商,这又取决于企业的市场竞争力等多种因素。

在选择计价货币时应遵循以下原则。

①"收硬付软"原则。企业在出口贸易、借贷资金输出时,力争选择硬货币来计价结算;在进口贸易、借贷资金输入时,力争选择软货币计价结算。

② 进、出货币一致原则。企业进口使用某种货币计价,那么出口也应采用该种货币计价,这样做可以将汇率风险通过一"收"一"支"相互抵消。如果计价货币升值,则进口成本因此提高,企业遭受损失,然而,出口收益却因此而增加,企业有盈有亏,两者相抵,风险降低或消除。

③ 选择可自由兑换货币原则。可自由兑换的货币流动性大,在调拨时比较方便。例如,美元、欧元、英镑就比泰铢、比索的流动性大。因此,应偏向选择可自由兑换货币。

④ 以本币作计价货币原则。在国际经济活动中,如果用本币计价结算,收、付不需要买卖外汇,也就不承担汇率变动的风险,但这种方法给贸易谈判带来一定困难,因为这实际上是将汇率风险转嫁给了对方,所以只能在其他方面给对方做些补偿,交易才能达成。目前,由于人民币还未成为可自由兑换货币,所以总体来说在国际贸易中使用有限。我国很多进出口企业在对外贸易和引进技术设备时不得不使用外汇。

⑤ 多种货币组合原则。多种货币组合原则也称一揽子货币计价原则,是指在进出口合同中使用两种以上的货币来计价以消除汇率波动的风险。若一种货币发生贬值或升值,而其他货币价值不变则不会给企业造成很大的汇率风险损失;若计价货币中的几种货币升值,另外几种货币贬值,则升值货币所带来的收益可抵消贬值货币带来的损失,从而减轻或消除汇率风险。

⑥ 综合考虑汇率与利率的变动趋势。企业在国际市场上筹集资金时要特别注意,低利率的债务不一定就是低成本的债务,高利率的债务不一定就是高成本的债务,必须把利率和汇率的变动趋势综合起来考虑。一般地讲,硬货币利率低,软货币利率高。

(2)提前或推后收付法。是指在预测汇率将朝某一方向变化时,提前或推迟外汇收付,以便尽可能减少汇率风险,得到汇价变动的好处。一般而言,对于出口商或债权人来说,当预测计价结算货币汇率趋跌时,应设法提前收汇,以防止将来外汇汇率下跌而使出口商或债权人收到的外币兑换的本币减少;当预测计价结算货币汇率趋升时,应设法推迟收汇,以期在外汇汇率上升后使出口商或债权人收到的外币可兑换成更多的本币。对于进口商或债务人来说,其情况恰恰相反。

(3)净额结算法。净额结算法又叫轧差(netting),指公司之间(多指跨国公司内部的子公司之间)相互抵消各自的头寸以获得净额,一些公司只剩债权净额,而另一些公司只剩债务净额,然后债务净额公司向债权净额公司清偿,以此结清款项。净额结算法分为双边和多边净额结算。双边净额结算只在两个公司之间进行债务净额的结算,而多边净额结算在多个公司之间进行。债权债务的结算有两种方法:一是现金总库法,即净债务人将款项汇到总库,再由总库将款项付给净债权人。二是直接冲销法,即债权、债务双方直接结算,不需要中介。所以直接冲销法更经济、合理。净额结算法可节省大量的兑换和交易成本,但许多国家的外汇管理局限制双边或多边净额交易。

(4)配平法。配平法是指以同种货币或与该种货币有某种固定联系的货币,并以等值数额和同样的期限,创造一笔流向相反的货币流量的方法。它分为自然配平法和平行配平法:自然配平法是指以同种货币创造反向流量的方法;平行配平法是指以与该种货币有某种固定联系的货币创造反向流量的方法,其固定联系是指两种货币汇率走势一致。如人民币实行与美元挂钩的汇率政策,因此美元是与人民币有固定联系的货币,美元相对于其他货币升值时,人民币也相应地对其他货币升值。

(5) 调整价格法。在进出口贸易中,不论选取的结算货币是"软通货"还是"硬通货",其结果往往是使一方承担外汇风险,而另一方不承担。在实际交易中,由于受贸易条件、交易动机、市场行情、商品质量等因素的制约,进出口商有时不得不在出口贸易中按"软通货"收汇。而在进口贸易中按"硬通货"付汇。此时,进出口商可通过价格调整来对付汇率波动所造成的损失,即把汇率风险分摊到价格中去,以达到减少汇率风险的目的。对进口商来说,当计价货币趋于上升(硬币)时,可设法提高出口商品的价格,即加价保值,加价后的单价=原单价×(1+货币的预期升值率)。对于进口商来说,当计价货币趋于下跌(软币)时,可要求降低进口商品的价格,即压价保值,压价后的单价=原单价×(1-货币的预期贬值率)。

(6) 订立保值条款。订立保值条款是指在经济合同中议定有关外汇风险承担的条款,保护双方当事人的利益。可以选用的保值条款有以下几种。

① 用"一揽子"货币保值,是指选用多种货币共同作为保值货币。即在合同中规定一种计价结算货币,同时用其他多种货币组成的"一揽子"货币保值。具体做法是:首先确定"一揽子"货币的构成,通常选用SDR(特别提款权)或软硬搭配的数种货币。其次是规定收付总额中各种保值货币所占的比重,并用货币篮子中的各种货币当时的汇率乘以相应的该货币在货币篮子中所占的比重,求和,得出一种复合货币汇率。最后将合同货币以该汇率进行转换,合同到期时,再以市场汇率计算货币篮子的汇率,并以该汇率再折算回来。由于货币汇率时刻都在变化,变化幅度、方向都不一致,使货币篮子中的多种货币的汇率有升有降,汇率风险分散就可以把风险限制在一定幅度内,有效地避免了风险。

② 用硬货币保值,即在合同中规定以硬货币计价,用软货币支付,并载明两种货币当时的汇率。在执行合同过程中,如果支付货币汇率下跌,则对合同中金额进行等比例的调整,按照支付日的支付货币算,这样做,使实收的计价货币金额与签订合同时相同,可以弥补支付货币汇率下跌造成的损失。

③ 用黄金保值,即用黄金作为保值货币,具体做法是:将支付货币按黄金市场价格转化为黄金的盎司数量。合约到期时,再按当时的黄金市场价格折成合同货币收付。这里特别指出,黄金保值条款通行于固定汇率时期,现极少使用,因为黄金已不再是各国货币的定值标准,黄金与货币间的固定联系已不复存在,黄金保值也便失去了意义。

2. 金融交易管理方法

金融交易管理方法是指借助于金融市场交易来防范汇率风险的方法,具体包括以下几种。

1) 即期外汇交易

即期外汇交易法是指拥有外汇债权债务的公司与外汇银行签订外汇买卖协议,按当天外汇市场的即期汇率成交,于2日内交割的一种外汇交易。这种方法适用于企业在2个营业日内有外币收、付款的情况。为了防止2日内汇率发生突然性的、不利于企业的变化,签订卖出或买入即期外汇合同,把汇率锁定在当前,防止了汇率变化带来的损失,消除了汇率变动的风险。

2）远期外汇交易

远期外汇交易的产生，是适应国际贸易、国际借贷和国际投资等避免外汇汇率变动风险的需要。无论是从事国际贸易的进出口商，还是从事外汇业务的银行，都可以利用远期外汇交易来避免汇率风险。

远期外汇交易是指具有远期外汇债权债务的企业与外汇银行签订购买或卖出远期外汇合同来消除汇率变动的风险。具体方法是：进出口商在进出口合同签订时就做一笔交割日与结算日相对应的远期外汇交易，把交割时的汇率锁定在当前，不管以后汇率如何变化，都按合约上的汇率进行交割。进口商按这一约定汇率买进外汇去支付货款，出口商按这一约定汇率把收到的外汇货款换成本币。这种方法是外汇风险管理中运用得最广泛的方法。远期外汇交易按交割日期是否固定，可分为固定交割日的远期外汇交易和选择交割日的远期外汇交易（又称择期交易）。

3）外汇期货交易

防范汇率风险是外汇期货交易的根本经济功能。外汇期货交易的套期保值功能的基本原理是：在外汇市场上买入或卖出外汇期货来"对冲"现货外汇空头或多头头寸，以一个市场上的盈利来抵消另一个市场上的亏损，从而达到规避外汇风险的目的。为什么外汇期货与外汇现货"对冲"（做反向交易）就可回避风险呢？这是因为：外汇期货价格与现货价格受相同经济因素影响制约，两者的变动是基本一致的。因此做反向交易后，当现货市场上亏损时，期货市场上一定盈利；期货市场上亏损时，现货市场上一定盈利。这样盈亏抵消，就可规避风险了。

外汇期货交易的套期保值分为多头套期保值和空头套期保值两种。

（1）多头套期保值。当企业有外汇应付款时，未来需用本币买入外汇偿付债务，面临外汇汇率升值的风险，于是在期货市场上买入与将来要在现货市场交易的现货外汇数量相等或相近的、到期日相同或相近的外汇期货合约，等到将来在现货市场上买进外汇，用以付款时再卖出原外汇期货合约，冲销原期货多头。这种外汇期货套期保值方式就是多头套期保值。若支付到期时结算货币果真升值了，则进口商在现汇市场上为支付货款而购买外币所蒙受的损失，可由期货市场上"先买后卖"获得的盈利来弥补；若支付到期时结算货币贬值了，则进口商在期货市场上"先买后卖"蒙受的损失，可由现汇市场上所获得的盈利来弥补。这样，无论支付到期时结算货币是升值还是贬值，进口商在现货市场上的盈利（或亏损）总可与期货市场上的亏损（或盈利）相抵，从而全部或部分消除外汇风险。

（2）空头套期保值。当企业有外汇应收款时，为了避免将来把收到的外汇兑换成本币时外汇汇率下跌的风险，于是在期货市场上卖出与将来要在现货市场上卖出的现货外汇数量相等或相近、到期日相同或相近的外汇期货合约，等到将来收到外汇，在现货市场上卖出时，再买入原外汇期货合约，冲销原期货空头，这种外汇期货套期保值方式就是空头套期保值。若收回货款时结算货币果真贬值了，则出口商在现货市场上收回外币货款兑换成本币时所蒙受的损失，可由期货市场上"先卖后买"所获得的盈利来弥补；若收回货款时结算货币升值，则出口商在期货市场上"先卖后买"所蒙受的损失，可由现货市场上所获得的盈利来弥补。这样，无论收回货款日结算货币是升值还是贬值，出口商在现货市场的盈利(或亏损)总可与期货市场上的亏损(或盈利)相抵,从而全部或部分消除外汇风险。

4) 外汇期权交易

外汇期权交易是 20 世纪 80 年代初出现在金融市场上的一种新的金融产品。其套期保值的基本原理是：在外汇期权市场上购买外汇买方期权或卖方期权来"对冲"现货外汇空头或多头头寸,以避免汇率变动对将来外汇债务造成多付本币或对外汇债权造成少收本币的损失。

特别需注意的是,期权买方购买的是一项权利而非义务。到合约期满日或期满之前,如果汇率变动对他有利,他可以选择放弃履行合约,只有当汇率变动对他不利时,他才履行合约。

外汇期权交易有两种基本形式：买方期权和卖方期权。

(1) 买方期权。当企业有外汇债务时,为了避免汇率上升的风险,可购买外汇买方期权,于是可获得在合约日或合约日之前按照协定汇率买入一定数量该外汇的权利。如果外汇即期汇率上升且高于协定汇率,期权持有人履行合约,按协定的汇率买入外汇(因此又称"看涨期权")。如果外汇即期汇率下跌且低于协定汇率,期权持有人可放弃履约,而到现货市场上按市场价格买入外汇。

(2) 卖方期权。当企业有外汇债权时,为了避免外汇贬值的风险,可购买外汇卖方期权,于是可获得在合约日或之前按照协定汇率卖出一定数量该外汇的权利。如果外汇即期汇率下跌且低于协定汇率,期权持有人可选择履行合约,按协定的汇率卖出外汇(因此又称"看跌期权")。如果外汇即期汇率上升且高于协定汇率,期权持有人可放弃履约,而按现汇价格卖出外汇,换取本币。

5) 掉期外汇交易

掉期外汇交易是一种组合型的外汇交易,它是同时买卖方向相反、币种相同、金额相同而交割日不同的外汇交易。在既有外币支付又有外币收入(或既有外币收入又有外币支付),而且收支日期不相吻合的情况下,企业就可以利用掉期交易来控制汇率风险,其主要目的是轧平各期货到期日不同所造成的资金缺口。

6) 货币互换

货币互换是一种常见的债务保值方法,主要用来控制中长期的汇率风险,具体操作是：合同签订后,双方以约定汇率交换等值本金；合同期内按商定的方法交换根据本金计算的利息；合同到期后,依原汇率再换回本金。互换的约定汇率可以是交易时的即期汇率,也可以是人为设定的。

7) 货币市场借贷

货币市场借贷即通过货币市场上的借贷来抵销已有的债权和债务的外汇风险。

(1) BSI(borrow-spot-invest)法,即借款-即期交易-投资法。当企业有外汇应收款或外汇应付款的情况时,可以利用 BSI 法来消除外汇风险。

在企业有外汇应收款的情况下,可以先从银行借入一笔外汇,其金额按相关利率计算与此笔应收外币金额等值,期限与外币的未来收款期限吻合,这样将外汇风险的时间结构转变到现在,时间风险消除,但货币风险依然存在,此风险则可通过即期合同法予以消除,即做一笔即期外汇交易,先将借入的外币换为本币,这样外币与本币的价值风险也消除了。然后,再用本币进行投资,赚取投资收入,这样做可冲抵一部分采取防险措施的费用支出,到期时,用收到的外币款项偿还银行的贷款。

在企业有外汇应付款的情况下,可以先从银行借入一笔本币,而不是外币,其金额按借入日的即期汇率和相关利率计算,与此笔应付外币金额等值、支付期限吻合,然后做一笔即期外汇交易,用借入的本币买入未来的外币,这样时间风险和货币风险都消除了,再用外币做相应期限的投资,以赚取投资收入。到结算日,以收入的外币履行支付业务。

(2) LSI(lead-spot-invest)法,即提前收付-即期交易-投资法。企业有外汇应收款或外汇应付款的情况下,也可利用 LSI 法消除外汇风险。

① 在企业有外汇应收款的情况下,以征得债务方同意提前付款为前提,提前向对方收取款项,并给其一定折扣。这时外汇风险的时间结构转变到现在,时间风险消除。然后通过即期合同,把收到的外汇换成本币,这样货币风险也消除了。为了取得一定的收益,将换回的本币进行投资。

② 在企业有外汇应付款的情况下,以征得收款方同意为前提(通常收款方会答应),通常收款方会给提前付款方以一定的折扣,企业可先从银行借入一笔本币,其金额按借入日的即期汇率计算与此笔外汇应付款减去折扣的余额等值,再通过即期合同,将这笔本币换成外币,提前支付货款。从这一程序看,应是先借款(borrow),再签订即期合同(spot),最后再提前支付(lead),这一程序应是 borrow-spot-lead,即 BSL,但国际传统习惯均不叫 BSL,而叫 LSI。

除了上述几种避险方法外,防范外汇交易风险的手段还有外币票据贴现、卖(买)方信贷、保理业务、易货贸易等。由此可见,外汇交易风险管理的方法很多,对于不同的经济主体而言,可根据个人或企业的情况,酌情使用其中的一种或几种,但都应遵循风险和收益对等原则和成本最小化原则。

(二) 会计风险的控制

对于会计风险而言,由于折算损益是一种会计账面上的损益,一般并不涉及企业真实价值的变动,在相当程度上具有"未实现"的性质,除非有关的会计准则规定必须将所有外汇损益在当期收益中予以确认。因此,会计风险不同于交易风险或经济风险,这种账面风险主要影响到向股东和债权人提供的会计报表。但是这种折算损益也在一定程度上反映了企业所承担的外汇风险,这种未实现的账面损失有可能在未来成为实际的损失。

如果企业选择管理会计风险,可供选择的方法有两种:资产负债表中性化和风险对冲。

1. 资产负债表中性化

资产负债表中性化方法要求调整资产和负债,使得以各种功能货币表示的资产和负债的数额相等,折算风险头寸(会计报表折算差额,等于受险资产与受险负债之差)为零。这样,无论汇率怎样变动,都不会带来会计折算上的损失。具体操作分以下几个步骤:

(1) 计量资产负债表各账户、科目中各种外币的规模,确定折算风险头寸的大小。

(2) 确定调整的方向。例如,如果以某种外币表示的受险资产大于受险负债,则需减少受险资产或增加受险负债,或同时进行。

(3) 通过分析和权衡，进一步明确调整的具体的账户科目，使调整的综合成本最小。

在考虑折算风险之前，假如该企业处于最佳的经营状况，对资产或负债的事后调整也许并非明智之举。可采取的办法是事前调整资产或负债的计价货币，例如以本币借款，选择有利的销货和购货的计价货币，提前或推后应收账款或应付账款。

2. 风险对冲

风险对冲法通过金融市场操作，利用外汇合约的盈亏来冲销折算盈亏。但是这种方法有许多缺陷。首先，在签订外汇合约时，折算风险头寸是未知的，远期或期货合约的避险金额很可能不同于折算风险暴露。其次，风险对冲法实际上是用实现的外汇合约盈亏抵冲未实现的账面折算盈亏，而外汇合约的这种盈亏要计入应税所得，而折算盈亏通常并不纳入所得税的征收范围，视各国法规而异。由于税收差异的存在，金融市场风险对冲操作并未有效地降低企业的实际风险。

鉴于会计风险的这些特性，企业可以从另外的角度来处理会计风险。首先，在某些国家会计制度和税法允许的情况下，如我国现行的相关法规，以及美国的FASB52与修正后的CICA 1650等，企业可以将折算损益作为递延项目逐年累积，不计入企业当期损益，也不影响应纳所得税额。因此，递延处理已经在很大程度上降低了会计风险的不利影响。其次，企业还可以直接对股东、债权人等会计报表的重要使用者解释会计折算损益的性质，让使用者了解财务报表的真正意义，无须担心折算损益导致的账面盈余波动。最后，大型跨国公司的经营活动通常涵盖了多种货币，自动产生风险分散的效果，降低了汇率变动对股东权益的净影响。

（三）经济风险的控制

经济风险是衡量企业未来现金流的潜在汇率变动的敏感性，其管理的主要目标是隔离这种影响。

1. 经济风险管理的步骤

1) 考虑汇率变动的期间

如果汇率变动仅仅是暂时的，为此对企业经营进行大规模的调整很可能使管理风险的成本大于可能带来的收益，因此没有必要。如果这种变动是持久的，对企业的影响也将是持久的，则相应的经营调整是必要的。

2) 企业选择合适的管理政策

这种政策取决于现金流量与其变动的性质，以及管理人员对风险的态度。如果根据预测的汇率变动时间、方向和幅度，可以确定未来现金流量的变动将有利于企业，管理人员可以采取行动。但一般情况下，对汇率走势的预测通常是不精确的。

对于风险厌恶型的管理人员来说，合理的管理是消极的防御性政策，尽量降低汇率变动对现金流的影响，即使这种影响可能给企业带来好处。

对于风险喜好型的管理人员来说，希望采取主动的进攻性政策，积极地根据预测调整经营，主动建立头寸。由于对汇率预测的不可靠性，这种政策带有较多的投机性，可能使企业面临难以承担的风险。

此外，根据汇率预测调整企业经营，通常不具有市场的流动性。企业往往需要另外寻找原料的来源,转移海外市场,进行厂房设备建设投资。这类措施一旦实施,很难再加以调整。因此,积极建立头寸的政策只适合通过金融市场来进行,如远期或期货合约。积极的进攻性政策还将引发第三个问题:对于一般的非金融企业而言,其竞争优势在于实际产品与服务的生产和销售。在外汇市场积极建立头寸,倾向于一种投机行为,这种行为超出了企业的经营范围,也不是企业的竞争优势所在。因此,经济风险的管理原则是尽可能降低汇率变动对现金流量的影响。

2. 减少经济风险暴露的控制方法

在这样的指导原则下,企业可以根据生产经营的特点,选择以下措施减少经济风险的暴露。

1)营销战略

市场选择。如果本币对外升值,通常国内产品在国际市场上处于竞争地位,国内市场相对来说潜力较大,企业在选择开拓市场时更加注重国内市场。如果本币对外贬值,一方面,本国产品在国外的竞争力增强;另一方面,外国企业在本国市场上竞争地位下降,国内企业不仅在国外市场上占有优势,在国内市场上也拥有优势,企业应同时大力拓展货币升值国市场和本国市场。

定价战略。在本币升值的情况下,本国出口企业以及与外国进出口商品竞争激烈的国内企业面临着这样的选择:是保持本币价格不变以维持原有单位利润率,从而损失销售量、缩小市场份额,还是降低本币价格以保住市场份额,从而降低原有利润率。选择的结果取决于企业目标:若以短期利润最大化为目标,企业根据边际收益等于边际成本原则定价,可能保持价格不变或小幅下降,视企业的市场地位而定;如果企业认为从长远来看,保持市场份额的重要性大于短期的利润最大化,则会做出降价的选择。而在本币贬值的情况下,出口企业处于有利地位,具有较大的选择余地:本币贬值,出口商可以提高出口商品的本币价格,保持外币价格不变,从而提高单位利润率;出口商也可以降低出口商品的外币价格,而保持本币价格不变,从而扩大国外市场占有率。

促销战略。企业的广告宣传、人员推销等促销预测、决策应将汇率因素考虑在内,以使企业的促销预算在不同目标国家市场上的分配更加合理。基本的原则是在货币升值国加大力度,扩大促销预算。

产品战略。在产品战略方面应对汇率波动的方法:一是选择新产品推出的时机。如本币贬值后的阶段是推出新产品以争取国外市场份额的理想时机。二是产品线决策。如本币贬值后,企业可通过简单的扩大产品线以覆盖国内外更广泛的市场,而本币升值后,企业必须对其产品线进行重新定位,将产品瞄准质量敏感度高而价格敏感度低的市场。三是产品创新。本币升值后,企业的有效应对策略是通过扩大研究和开发投入,进行产品创新,以产品的新颖性和先进性赢得市场。

2)调整战略

当外汇汇率波动较为剧烈以至于上述营销策略的调整无济于事时,企业应把精力转向生产策略调整,着手于降低生产成本,对经济风险进行有效控制。

重新组合生产要素。在本币升值的情况下,国内生产要素价格相对上升,国外生产要素价格相对下降,企业应设法利用较便宜的国外生产要素进行生产,其中最常用的方法是在国外投资办厂,以利用当地的劳动力、原材料、能源等。

转移生产。在世界不同国家和地区设有工厂的跨国公司,可以根据不同国家的货币汇率变动情况,将生产任务在不同国家的工厂之间进行转移,增加货币贬值国的生产任务,减少货币升值国的生产任务。

设厂选址。单纯从应对经济风险的角度看,在本币升值的情况下,一个计划设立新厂的企业,可以考虑在货币贬值国建厂。

提高劳动生产率。这是降低生产成本、提高企业的持续盈利能力和市场竞争力的根本途径,也是应对货币升值风险的重要措施。具体来说,企业在本币升值时,可以通过实行高度自动化、进行严格的质量管理、关闭低效率的工厂等措施,提高劳动生产率,降低生产成本,从而争取或维持市场占有率。

3) 财务战略

财务战略是对企业的债务结构进行重新调整,以便在汇率发生变动时,企业资产收益的下降能被相应的清偿债务的成本的下降所抵消。

资产债务匹配。资产债务匹配即企业将融资与未来将要获得的收益进行匹配,以消除因汇率变动造成的损失。例如,若一个企业拥有以美元计价的大量出口业务,那么该企业就应当将其部分债务也以美元计价表示。

业务分散化。企业在全球范围内分散其生产基地和销售市场,是防范经济风险的有效战略。

融资分散化。各种债务计价货币汇率的变动可以通过分散化相互抵消,减少债务成本的不确定性。

营运资本管理。跨国公司可以通过转移定价在母公司与子公司之间、子公司与子公司之间转移资金与利润。当预期某子公司所在国货币将发生贬值时,应当通过转移定价及早将子公司以当地货币表示的利润转到母公司所在国或其他子公司;反之,当某子公司所在国货币发生升值时,应当通过转移定价及早将母公司或其他子公司的利润转移到该子公司。

四、我国汇率风险管理的现状、存在问题、发展方向

全球金融一体化,是国际金融发展的一个重要趋势。在金融自由化发展、放松外汇管制、开放国内金融市场的前提下,金融国界逐步消失,金融风险日渐增大,加之美国次贷危机的后果蔓延全球,致使全球外汇市场中累计的金融风险更加突出。这些潜在的汇率变化对已经国际化、市场化的企业来说,无疑充满了考验。

由于我国金融外汇风险管理尚处于发展过程中,所以,尽管许多企业已经感受到外汇风险所带来的种种影响,外汇风险管理对于许多企业来说依然是一个陌生的问题。目前,在我国只有极少数大型公司认识到外汇风险规避问题的重要性,但对于绝大多数中、小型企业,由于受人力、财力等方面的限制,在外汇风险防范中采取"随波逐流"的态度。因此,由于外汇变动带来的损失的情况在一些企业中是较为普遍的。国际金融市场上汇率变动所造成经营上的不利影响常常让一些企业感到束手无策。我国企业在外汇风险管理方面存在以下问题。

(一)企业汇率风险意识淡薄

国内企业的外债风险管理意识普遍较弱。由于一直以来人民币对美元汇率保持稳定,企业在涉外合同谈判和收付汇环节上几乎不考虑汇率风险,往往认为汇率的变动及其带来的损失是天经地义的事,管理层和财务人员缺乏专业外汇知识,认为没有必要采取专门的外债风险管理,对将来的生产经营造成了不利影响。

(二)专业外汇管理人才不足

由于企业缺乏外汇专门知识和外汇理财技巧的人才,谈不上对汇率风险的预测,更谈不上有效地运用金融工具来化解风险,引导企业成长、壮大和向外向型企业转变。

(三)金融服务配套机制不健全

我国目前金融市场不发达,金融工具单一,人民币对外汇交易还没有期货、期权等套期保值工具,唯一能利用的远期结售汇目前还处于初步阶段,还没有大规模加以展开,可供选择的避险工具有限。

加强企业外汇风险管理的对策主要有以下几点。

(一)完善企业外汇风险管理的外部配套设施

为应对瞬息万变的国际金融形势,企业越来越迫切希望能享有更多的用汇自主权。我国应该学习国际上风险管理的先进管理模式,以助于企业进行外汇风险管理。具体来说,应从以下几个方面来完善企业外汇风险的管理:①深化我国项目结售汇制度改革,扩大企业用汇自主权;②推进人民币汇率形成机制的改革,培养企业的风险意识,促使企业形成对人民币汇率的理性预期,主动参与外汇市场的套期保值,提高企业的风险管理水平;③发展外汇交易市场,积极推出新的外汇交易品种。

(二)加强企业外汇风险管理的内部建设

如何利用外部有利条件发挥自身优势,提高风险管理能力,合理规避外汇风险,是企业当前急需解决的一个关键问题。具体来说,企业应从以下几方面加强外汇风险内部管理体系的建设。

(1)提高外汇风险管理意识。只有把外汇风险管理列为企业日常工作的一项重要日程,并把外汇风险管理战略纳入企业的整体经营战略系统中,才有可能有效地防范和规避外汇风险。

(2)设立专门的外汇风险管理机构,培养和储备相应的专业人才。要设立专门的外汇风险管理机构,配置相应的管理人员。同时,也要不断加强培养和储备专业的外汇风险管理人才。

(3)借鉴国际上成功的外汇风险管理经验。由于中国目前尚不存在完备的国际外汇市场、期货市场和期权市场,我国企业的现实选择就是在海外的国际金融市场上对这些避险工具加以利用,并建立适合自己的外汇风险管理系统。

(4)建立健全外汇风险综合管理体系。它主要包括外汇风险的识别和测量体系、防范和规避体系及事后评估系统。

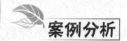

汇率风险案例

近年来,人民币汇率朝自由浮动的方向发展,人民币汇率市场化改革促进了人民币的国际化,2017年央行发布《人民币国际化报告》指出,自人民币纳入特别提款权(SDR)货币篮子一年以来,已有60多个国家和地区将人民币纳入外汇储备。但随着国际环境的变化,如特朗普经济政策的颁布和改革给世界经济发展带来了较大的不确定性,全球央行缩表预期等加剧了人民币汇率波动,这对我国涉外企业经营带来了重大影响,加大了其经营的不确定性,我们应该如何去应对,运用什么样的手段来防范汇率风险,是当前亟须解决的问题。

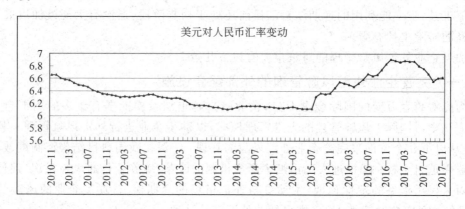

一、出口企业忧心汇率成本

由于进出口企业在进行贸易活动时,从签约到交易付款历时较长,在此期间,若汇率出现较大波动,将会对企业造成直接的经济损失,即在人民币贬值时,进口货物就需要更多的人民币来支付既定的外汇,在人民币升值时,出口货物在结汇时所得的人民币减少。

据宁波海关统计,2017年1月至11月,宁波市进出口总额6 889.7亿元,与2016年同期相比增长22.9%。面临如此巨大的进出口总量,化解汇率变化带来的风险显得尤其重要。那么,应该用什么办法来规避风险呢?

应对之一:采用金融工具如远期结售汇、货币掉期等

目前,国内银行对出口企业提供的主要贸易融资品种有授信开证、出口押汇、外汇票据贴现、进口押汇和国际保理融资等。此外,从货币、外汇、股票、债券等传统金融品中衍生出来的金融衍生产品,如远期、期货、掉期和期权等用于市场风险的规避。

"规避汇率风险的金融工具有不少,现阶段出口企业比较常用的是远期结售汇业务和货币掉期业务。"中国银行宁波分行资金业务部高级经理冯波告诉记者。

远期结售汇业务,简单说来就是企业可以对未来将要发生的外汇收支提前敲定汇价,远期结售汇业务主要就是锁定汇率,操作相对简单。那具体该如何操作呢?冯波举了一个例子:假设一家出口企业在2017年3月中旬办了6个月的远期结汇业务,到期是9月中旬,当时报的6个月远期结汇价是689.32元(100美元兑换人民币689.32元)。随后人民币对美元持续升值,结果到了2017年9月中旬,这家出口企业发现当日的结汇价格是656.34元。"这么来说吧,这家企业若在3月没有办远期结汇业务,那么在9月的结汇日那天最多只能按照656.34元的价格来结汇,100万美元只能兑换到人民币656.34万元。"

再来说说货币掉期业务。让我们同样以举例的方式来了解这个业务:假设宁波市的一家贸易公司向美国进口产品,支付货款100万美元;3个月后,该公司可以通过出口收到100万美元。若当时的美元兑人民币为6.6,公司须以人民币660万元购买100万美元。3个月后收到美元时,如果人民币贬值至6.5,公司就只能收回人民币650万元。

应对之二:采用非金融手段如早收迟付、换结算货币等

记者在采访中了解到,有些企业出于费用的考虑没有使用银行提供的金融避险工具,但他们另外找到了一些规避汇率风险的手段。

慈溪一电器企业的负责人余先生认为,企业要学会向外商转移汇率成本。"我就跟客户说,人民币对美元升值这个问题双方要一起来面对,我们签合同时约定价格按实时汇率进行结算,否则我们辛辛苦苦赚来的钱可能就被人民币升值给消耗掉了。"这位负责人表示,只要企业的产品有竞争力,出口企业通过重新谈判,向外商或生产厂家转移成本是行得通的。

记者了解到,宁波的一些外贸出口型企业已经开始在合同中附加相关汇率条款,若遇上老客户、大客户,公司就会考虑在合同中与对方约定汇率变化范围,明确人民币升值风险的分担,或者明确在供货期内人民币升值到某个幅度时,价格进行重新调整。

"既然美元是弱势货币,以美元结算企业要遭受损失,那么何不换一种结算货币呢?"这一想法得到部分人士的认同。记者了解到,目前已经有一些企业的负责人通过调整结算币种的方式来规避结汇风险了,随着人民币对美元不断升值,欧元、英镑等币种也成为外贸企业的结算币种。

二、手中美元如何保值伤脑筋

在企业忧心汇率成本的同时,投资者也在为手中的美元如何保值而伤透脑筋。这些投资者发现,"躺"在自己账户上的美元资产在人民币升值的过程中已大幅"缩水"。2017年年初人民币汇率中间价还在6.95徘徊,11月后,中间价猛升至6.6,2017年的累积涨幅已超过5%。大家议论最多的话题是,如果汇率继续下跌该怎么办。不少手中持有美元的投资者,担心汇率持续走低,是否要换成人民币。还有一些在2016年买了QDII基金的投资者也在犹豫要不要赎回。

招数一:持有强势币种获利

理财师姜先生介绍,既然美元不是强势货币了,投资者可以持有目前市场上的强势币种,并通过这些币种的升值空间来获利。理财师姜先生介绍说,自从汇改以来,大家说到人民币的时候总是跟"升值"联系在一起,但事实上人民币升值是相对于一些特定的币种来说的,如美元、日元、港币。而跟欧元、加元、澳元这些货币相比,人民币是贬值的。人民币升值的概念是相对的,如果跟这三种强势货币相比较的话,人民币在前10个月是贬值的。

招数二：闲置美元可考虑结汇

"我跟很多客户讲过，若无出国留学或投资B股等实际需求，手中的小额美元可以考虑结汇。"理财师姜先生告诉记者，投资者没必要持有弱势货币。只要投资者在投资市场中有较强的操作能力，将美元转成人民币后可再将汇率损失给赚回来，"有些投资者把美元结汇借调后去买了基金，2017年前三季度基金的收益很不错，汇率的损失就赚回来了"。

以前美元是紧俏货币，而今人们要兑换美元已经大大方便了，没必要紧紧攥着美元。市民出国留学、旅游等方面的用度应该能得到满足，一年有5万美元的规定额度，凭个人有效身份证件在银行即可办理购汇和对外付汇，而超出的部分只要提供了证明文件也能超额度购汇。

姜先生同时提醒各位投资者，人民币持续升值，让持有美元的人面临的风险越来越大，因此投资者在购买银行外汇理财产品时可尽量选择投资期短一点的，长达一两年的理财产品在目前人民币升值幅度较大的情况下，其承受的风险也就较大。

思 考 题

一、名词解释

汇率风险　外汇风险敞口　交易风险　会计风险　经济风险　套期保值　远期外汇合约　外汇买卖风险　交易结算风险　时间度量法　"一揽子"货币

二、问答题

1. 汇率风险产生的原因是什么？
2. 汇率风险可分为哪几种类别？
3. 采用哪几种方法对汇率风险进行衡量？不同汇率风险的度量方法分别是什么？
4. 如何对汇率风险进行控制？
5. 简述汇率风险的影响。
6. 简述汇率风险管理原则。
7. 简述汇率风险的管理战略。

三、讨论题

简述我国汇率风险管理的现状和存在的问题，并对我国的外汇风险管理提出可行性政策建议，对外汇风险管理的建议。

四、计算题

1. 某港商1个月后有一笔100万欧元的应付账款，3个月后有一笔100万欧元的应收账款。在掉期市场上，1月期欧元汇率为EUR/HKD＝7.780 0/10，3月期欧元汇率为EUR/HKD＝7.782 0/35，试问港商如何进行远期对远期掉期交易以保值？其港币收支如何？

2. 假设即期汇率GBP/USD＝1.500 0，美元年利率为12％，而同期英镑年利率为6％，在预期6个月后市场汇率为GBP/USD＝1.504 0的基础上，某英国套利者以100万英镑进行为期6个月的套利，问①如果预期准确，相对于不套利，可获得多少套利净收入？②如果半年后的市场即期汇率为GBP/USD＝1.561 0，则套利者的损益如何？

金融衍生工具及其风险管理

 知识结构

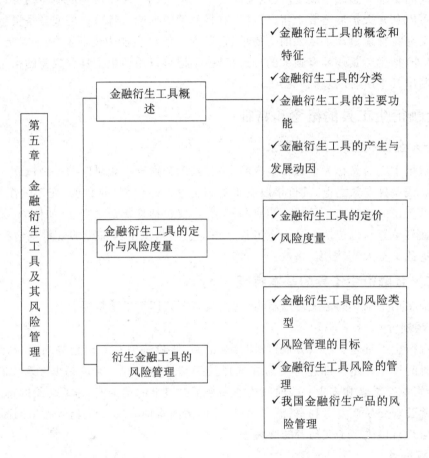

学习目标

◆ 了解金融衍生工具的概念和特征以及分类,金融衍生工具的产生和发展动因和主要功能;

◆ 掌握金融远期的定价、金融期货合约的定价、金融期权合约的定价、金融互换合约的定价,掌握风险价值的概述和 VaR 的计算;

◆ 理解金融衍生工具的风险类别以及风险管理目标,金融衍生工具风险的管理和我国金融衍生品的风险管理。

第一节 金融衍生工具概述

近30年来,衍生产品市场的快速崛起成为市场经济史中最引人注目的事件之一。过去,通常把市场区分为商品(劳务)市场和金融市场,进而根据金融市场工具的期限特征把金融市场分为货币市场和资本市场。衍生产品的普及改变了整个市场结构:它们连接起传统的商品市场和金融市场,并深刻地改变了金融市场与商品市场的截然划分;衍生产品的期限可以从几天扩展至数十年,已经很难将其简单地归入货币市场或者是资本市场;另外杠杆交易特征还撬动了巨大的交易量,它们无穷的派生能力使所有的现货交易都相形见绌;另外,衍生工具还具有强大的构造特性,不但可以用衍生工具合成新的衍生产品,还可以复制出几乎所有的基础产品。

一、金融衍生工具的概念和特征

(一)金融衍生工具的概念

金融衍生工具又称为金融衍生产品,是与基础金融产品相对应的一个概念,指建立在基础产品或基础变量之上,其价格取决于基础金融产品价格(或数值)变动的派生金融产品。这里所说的基础产品是一个相对的概念,不仅包括现货金融产品(如债券、股票、银行定期存款订单等),也包括金融衍生工具。作为金融衍生工具基础的变量则包括利率、各类价格指数甚至天气(温度)指数。

(二)金融衍生工具的基本特征

由金融衍生工具的定义可以看出,它们具有下列四个显著特征。

1. 跨期性

金融衍生工具是交易双方通过对利率、汇率、股价等因素变动趋势的预测,约定在未来某一时间按照一定条件进行交易或选择是否交易的合约。无论是哪一种金融衍生工具,都会影响交易者在未来一段时间内或未来某时点上的现金流,跨期交易的特点十分突出。这就要求交易双方对利率、汇率、股价等价格因素的未来变动趋势做出判断,而判断的准确与否直接决定了交易者的交易盈亏。

2. 杠杆性

金融衍生工具交易一般只需要支付少量的保证金或权利金就可签订远期大额合约或互换不同的金融工具。例如,若期货交易保证金为合约金额的5%,则期货交易者可以控制20倍于所投资金额的合约资产,实现以小博大的效果。在收益可能成倍扩大的同时,投资者所承担的风险与损失也会成倍放大,基础工具价格的轻微变动也许会带来投资者的大盈大亏。金融衍生工具的杠杆效应一定程度上决定了它的高投机性和高风险性。

3. 联动性

这是指金融衍生工具的价值与基础产品或基础变量紧密联系、规则变动。通常,金融衍生工具与基础工具相联系的支付特征由衍生工具合约规定,其联动关系既可以是简单的线性关系,也可表达为非线性函数或者分段函数。

4. 不确定性或高风险性

金融衍生工具的交易后果取决于交易者对基础工具(变量)未来价格(数值)的预测和判断的准确程度。基础工具价格的变幻莫测决定了金融衍生工具交易盈亏的不稳定性,这是金融衍生工具高风险性的重要诱因。基础金融工具价格的不确定性仅仅是金融衍生工具风险性的一个方面,国际证监会组织在1994年7月份公布的一份报告中,认为金融衍生工具还伴随着以下几种风险:

(1) 交易中对方违约,没有履行承诺造成损失的信用风险。
(2) 因资产或指数价格不利变动可能带来损失的市场风险。
(3) 因市场缺乏交易对手而导致投资者不能平仓或变现所带来的流动性风险。
(4) 因交易对手无法按时付款或交割可能带来的结算风险。
(5) 因交易或管理人员的人为错误或系统故障、控制失灵而造成的运作风险。
(6) 因合约不符合所在国法律,无法履行或合约条款遗漏及模糊导致的法律风险。

二、金融衍生工具的分类

金融衍生工具可以按照基础工具的种类、风险-收益特性以及自身交易方法的不同而有不同的分类,但基本的金融衍生工具包括四种:金融远期、期货、期权和互换。

(一) 金融远期合约

金融远期合约是衍生产品中最简单的一种,因其在套期保值中的广泛应用而存在了几个世纪。了解衍生产品可以先从远期合约开始,进而扩展到期货合约和互换合约。

1. 远期合约的概念

远期合约(forward contract)是合约双方约定在将来某个确定的时刻以某个确定的价格购买或出售一定数量的某项资产的协议。也就是说,在合约签订之时,双方就将未来交易的时间、资产、价格和数量都确定下来,这种确定性使合约双方规避了未来资产现货价格波动的风险。

合约中约定买卖的资产称为标的资产(underlying assets),它既可以是实物资产,如农产品、石油、金属等,也可以是金融资产,如债券、股票、外汇等。

远期合约中同意在将来购买标的资产的一方称为多头(long position),而同意出售标的资产的一方称为空头(short position)。

远期合约中商定的价格称为交割价格(delivery price)。在合约签订之时选定的交割价格应使远期合约的价值对交易双方都为零,此时双方也不支付任何现金给对方。之所以这样,是因为如果签约时该合约对多头有正的价值,就意味着该合约对空头有负的价值,此时空头肯定不愿意进入该合约;反之,如果签约时合约对空头有正的价值,多头也不会愿意进入该合约。但是,合约开始后,随着标的资产现货价格的变化,该远期合约对多头和空头就会产生正的或负的价值。合约双方的损益(payoff)取决于该标的资产的现货市场价格与交割价格的大小。假设用 S 表示合约到期时标的资产的现货价格,用 K 表示该合约的交割价格,那么对于多头而言,一单位资产远期合约的损益就等于 $S-K$。当 $S>K$ 时,多头盈利;当 $S<K$ 时,多头亏损。相应地,空头的损益为 $K-S$。当 $S>K$ 时,空头亏损;当 $S<K$ 时,空头盈利。利用损益图 5-1 可以清地将多头和空头在合约到期时的损益状况表示出来。

2. 几种主要的远期合约

根据基础资产划分,常见的金融远期合约包括四个大类。

1) 股权类资产的远期合约

股权类资产的远期合约是指以单只股票、股票组合或者股票价格指数为基础资产的远期合约。它包括单个股票的远期合约、一揽子股票的远期合约和股票价格指数的远期合约三个子类。

2) 债权类资产的远期合约

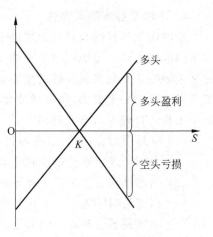

图 5-1 远期合约到期损益图

债权类资产的远期合约主要包括定期存款、短期债券、长期债券、商业票据等固定收益证券的远期合约。

3) 远期利率协议

远期利率协议是指按照约定的名义本金,交易双方在约定的未来日期交换支付浮动利率和固定利率的远期协议。

4) 远期汇率协议

远期汇率协议是指按照约定的汇率,交易双方在约定的未来日期买卖约定数量的某种外币的远期协议。

(二) 金融期货合约

期货(futures)合约是衍生品市场中最为重要的一类产品,自 19 世纪期货产品产生以来,期货市场得到了长足的发展。

1. 金融期货的定义和特征

金融期货是期货交易的一种。期货交易是指交易双方在集中的交易所市场以公开竞价的方式所进行的期货合约的交易。而期货合约则是由交易双方订立的、约定在未来的某日期按成交时约定的价格交割一定数量的某种商品的标准化协议。金融期货合约的基础工具是各种金融工具(或金融变量),如外汇、债券、股票、股价指数等。换言之,金融期货是以金融工具(或金融变量)为基础工具的期货交易。

2. 与金融远期交易相比,金融期货特征的具体表现

(1) 期货合约是在有组织的交易所内进行公开交易(public transaction);但远期合约是私人合约(private contract),不在交易所中进行交易。

(2) 期货合约标准化,期货交易所规定了每份期货合约的标的资产、合约规模、交割时间和方式等;而远期合约是由合约双方商定的,合约条款取决于双方的谈判能力。

(3) 期货合约中,结算所是每一份期货合约的交易对家,每位投资者的买入或卖出实质上是与结算所进行的,所以没有违约风险;而远期合约是双方的协议,整个过程中没有第三方,存在违约风险。

(4) 期货市场受到政府严格的法律管制,但远期市场不受任何管制。

（5）期货合约建立时，合约的任何一方都要缴纳初始保证金（initial margin），所以有现金的流出；但是远期合约建立时不需要支付现金。

（6）在期货合约的合约期限内，每天都要对损益进行结算，并影响保证金账户的余额，这被称为盯市；而远期合约没有盯市的要求。

（三）金融期权合约

1. 期权合约的基本概念

期权合约（options）允许合约双方中期权的买方向卖方支付一笔费用，以获得在未来某个时间以约定的价格购买（或出售）一项资产的权利。和其他衍生产品不同的是，对于期权的买方而言，期权是一项权利而非义务，因此在到期日或之前，他可以选择不执行这份期权，即不进行交割；而对于期权的卖方而言，期权是一项义务而非权利，这就意味着，如果期权的买方选择执行期权，卖方就必须执行；如果买方选择不执行期权，此时，卖方也不必执行。

期权的买方也被称为期权多头或期权持有者，卖方被称为期权空头。期权买方为了获得这种权利而向期权卖方支付的费用称为期权费（premium），无论到期时期权买方有没有选择执行期权，他都要向卖方支付这笔费用。期权合约双方约定的资产买卖价格被称为执行价格（strike price）。

2. 金融期权的分类

（1）按期权买者的权利划分，期权可以分为看涨期权（call option）和看跌期权（put option）。

看涨期权赋予期权买方在某一确定的时间以某一确定的价格购买标的资产，但是没有履约的义务，而卖方则是被动的。

看跌期权与看涨期权正相反，它赋予期权买方出售一项资产的权利，但无履约的义务，卖方同样是被动的。

（2）按执行日的不同，期权分为欧式期权（European option）和美式期权（American option）。

欧式期权规定期权买方只能选择在到期日那一天执行期权，而美式期权则允许期权买方在期权到期日之前的任何一天执行期权。

3. 期权合约的特征

与金融期货相比，金融期权的主要特征在于它仅仅是买卖权利的交换。期权的买方在支付了期权费后，就获得了期权合约所赋予的权利，即在期权合约规定的时间内，以事先确定的价格向期权的卖方买进或卖出某种金融工具的权利，但并没有必须履行该期权合约的义务。期权的买方可以选择行使他所拥有的权利；期权的卖方在收取期权费后就承担着在规定时间内履行该期权合约的义务。即当期权的买方选择行使权利时，卖方必须无条件地履行合约规定的义务，而没有选择的权利。

（四）金融互换合约

1. 金融互换合约的定义

按照国际清算银行（Bank for International Settlements，BIS）的定义，金融互换合约

是买卖双方在一定时间内,交换一系列现金流的合约。具体地说,金融互换合约是指两个(或两个以上)当事人按照商定的条件,在约定的时间内,交换不同金融工具的一系列支付款项或收入款项的合约。

互换是一种按需定制的交易方式。互换的双方既可以选择交易额的大小,也可以选择期限的长短。只要互换双方愿意,从互换内容到互换形式都可以完全按需要来设计,由此而形成的互换交易可以完全满足客户的特定要求。

2. 金融互换合约的类型

金融互换合约主要包括以下几种类型:利率互换、货币互换、股票互换、商品互换以及其他类型的互换。

(1) 利率互换(interest rate swaps):在此类利率互换中,交易双方交换的是以相同货币计量的现金流。如果一方支付固定利率,另一方支付浮动利率,那么这就称为简单利率互换。事实上,在全球金融体系中,简单利率互换是运用最为普遍的衍生工具。需要注意的是,因为交易双方支付的都是以相同货币计量的现金流,所以只需支付利息,没有必要交换名义本金,而且,只有一方需要支付利息差额给交易对家(也称为净额结算,netting),这样就可以大大降低信用风险。

(2) 货币互换(currency swaps):在货币互换中,交易双方彼此支付不同货币借款的利息。事实上,货币互换共有四种可能的互换形式。

① 支付一种货币的固定利率,收入另一种货币的固定利率。
② 支付一种货币的固定利率,收入另一种货币的浮动利率。
③ 支付一种货币的浮动汇率,收入另一种货币的固定汇率。
④ 支付一种货币的浮动汇率,收入另一种货币的浮动汇率。

(3) 股票互换(equity swaps):在股票互换中,我们将讨论的是股票回报率或者股票指数的回报率与固定利率的互换。

(4) 商品互换以及其他类型的互换:就像货币、利率和股票可以用来构造互换交易,商品也能用来构造互换交易,称为商品互换(commodity swaps)。

三、金融衍生工具的主要功能

金融衍生工具之所以被如此广泛地运用,与其本身所具有的功能不无关系,除了一些基本的功能外,还有其他一些延伸,如存货管理、提高资信度、收入存量与流量之间的转换、资产负债管理、筹资投资、产权重组等,其基本的功能可以分为微观层面和宏观方面。

(一) 微观方面

金融衍生工具在微观方面的四个基本功能分别为避险保值、投机、价格发现和降低交易成本。

1. 避险保值

该功能也是金融衍生工具被金融企业界广泛应用的初衷所在。金融衍生工具有助于投资者或储蓄者认识、分离各种风险构成和正确定价,使他们能根据各种风险的大小和自己的偏好更有效地配置,有时甚至可以根据客户的特殊需要设计出特定的产品。衍生市场的风险转移机制主要通过套期保值交易发挥作用,通过风险承担者在两个市场的相反操作来锁定自己的利润。一般把那些以适当的抵消性金融衍生工具交易活动来减少或消除某种基础金融或商品的风险,目的在于牺牲一些资金(因为金融衍生工具交易需要一定的费用)以减少或消除风险的个人或企业称为对冲保值者。此类主体的活动是金融衍生市场较为主要的部分,也充分体现了该市场用于进行财务风险管理的作用。

2. 投机

与避险保值正相反的是,投机的目的在于多承担一点风险去获得高额收益。投机者利用金融衍生工具市场中保值者的头寸并不恰好互相匹配对冲的机会,通过承担保值者转嫁出去的风险的方法,博取高额投机利润。还有一类主体是套利者,他们的目的与投机者差不多,但不同的是套利者寻找的是几乎无风险的获利机会。由于金融衍生市场交易机制和衍生工具本身的特征,尤其是杠杆性、虚拟性特征,使投机功能得以发挥。可是,如果投机活动过盛的话,也可能造成市场内不正常的价格,但正是投机者的存在才使得对冲保值者意欲回避和分散的风险有了承担者,金融衍生工具市场才得以迅速完善和发展。

3. 价格发现

如果以上两点是金融衍生市场的内部性功效,那价格发现则是金融衍生市场的外部性功效。在金融衍生工具的价格发现中,其中心环节是价格决定,这一环节是通过供给和需求双方在公开喊价的交易所大厅(或电子交易屏幕)内达成的,所形成的价格又可能因价格自相关产生新的价格信息来指导金融衍生工具的供给和需求,从而影响下一期的价格决定。因为该市场集中了各方面的市场参与者,带来了成千上万种基础资产的信息和市场预期,通过交易所内类似拍卖方式的公开竞价形成一种市场均衡价格,这种价格不仅有指示性功能,而且有助于金融产品价格的稳定。

4. 降低交易成本

由于金融衍生工具具有以上功能,从而进一步形成了降低社会交易成本的功效。市场参与者,一方面可以利用金融衍生工具市场减少以致消除最终产品市场上的价格风险;另一方面又可以根据金融衍生工具市场所揭示的价格信息,制定经营策略,从而降低交易成本,增加经营的收益。同时,拥有不同目的从事交易的参与者可以在市场交易中满足自己的需求,最终形成双赢的局面。

(二)宏观方面

金融衍生工具的宏观功能包括资源配置功能、降低国家风险的功能和容纳社会游资的功能。

1. 资源配置功能

金融衍生工具市场的价格发现功能在全社会资源的配置方面起到了积极作用:一方面衍生产品市场近乎完全竞争的市场,它的价格接近于供求平衡价格,这一价格用于配置资源的效果要优于用即时信号安排下期生产和消费。另一方面金融衍生工具市场的价格是对基础市场价格的预期,这能反映基础市场的未来预期收益率。当基础市场预期收益率高于社会资金平均收益率时,社会资金就会流向高收益率的地方。

2. 降低国家风险的功能

国家风险包括金融风险、政治风险、经济风险。这三种风险是密切联系在一起的,具有很强的互动性。金融衍生产品市场在降低国家风险方面发挥着重要的作用。首先,金融衍生工具市场可以降低金融风险,提高金融体系的效率。金融衍生工具市场的发展增加了金融产品的多样性,增强了金融体系的流动性,为筹资者提供了进入市场新的途径和规避风险的方法,从整体上降低了融资成本。其次,金融衍生工具对降低国家的经济风险、政治风险也有很重要的作用。如一个国家能否对它的外汇储备进行套期保值,如何规避由于汇率变动造成的外债风险等,这都将影响国家的经济风险。相对而言,金融衍生工具对政治风险的影响是间接的。

3. 容纳社会游资的功能

金融衍生工具市场的出现为社会游资提供了一种新的投资渠道,它不但使一部分预防性货币需求转化为投资性货币需求,而且产生了新的投资性货币需求,使货币经济化、市场化、证券化,在国际化日益提高的情况下,为不断增加的社会游资提供了容身之处,并通过参与金融衍生工具市场而发挥作用。

四、金融衍生工具的产生与发展动因

从 20 世纪 60 年代开始,特别是进入 20 世纪 70 年代以后,随着布雷顿森林体系的解体和世界性石油危机的发生,利率和汇率出现了剧烈波动。宏观经济环境的变化,使金融机构的原有经营模式和业务种类失去市场,同时又给它们创造了开发新业务的机会和巨大的发展空间。与此同时,计算机与通信技术的长足发展及金融理论的突破促使金融机构的创新能力突飞猛进,而创新成本却日益降低。在强大的外部需求下,金融机构通过大量的创新活动,冲破来自内外部的各种制约,导致全球金融领域发生了一场至今仍在继续的广泛而深刻的变革:各种新业务、新市场、新机构风起云涌,不仅改变了金融总量和结构,而且还对金融体制发起了猛烈的冲击,对货币政策和宏观调控提出了严峻的挑战,导致国际金融市场动荡不安,国际金融秩序有待形成。

(一)金融衍生工具产生的最基本原因是避险

自 20 世纪 70 年代以来,随着美元的不断贬值,布雷顿森林体系崩溃,国际货币制度由固定汇率制走向浮动汇率制。1973 年和 1978 年两次石油危机使西方国家经济陷于滞胀,为对付通货膨胀,美国不得不运用利率工具。这又使金融市场的利率波动剧烈。利率的升降会引起证券价格的反方向变化,并直接影响投资者的收益。面对利市、汇市、债市、股市发生的前所未有的波动,市场风险急剧放大,迫使商业银行、投资机构、企业寻找可以规避市场风险、进行套期保值的金融工具,金融期货、期权等金融衍生工具便应运而生。

(二)20 世纪 80 年代以来的金融自由化进一步推动了金融衍生工具的发展

所谓金融自由化,是指政府或有关监管当局对限制金融体系的现行法令、规则、条例及行政管制予以取消或放松,以形成一个较宽松、自由、更符合市场运行机制的新的金融体制。

金融自由化,一方面使利率、汇率、股价的波动更加频繁、剧烈,使投资者迫切需要可以回避市场风险的工具;另一方面金融自由化促进了金融竞争。由于允许各金融机构业务交叉、相互渗透,多元化的金融机构纷纷出现,直接或迂回地夺走了银行业很大一块阵地;再加上银行业本身业务向多功能、综合化方向发展,同业竞争激烈,存贷利差趋于缩小,使银行业不得不寻找新的收益来源,改变以存、贷款业务为主的传统经营方式,把金融衍生工具视作未来的新增长点。

(三) 金融机构的利润驱动是金融衍生工具产生和迅速发展的又一重要原因

金融机构通过金融衍生工具的设计开发以及担任中介,显著地推进了金融衍生工具的发展。金融中介机构积极参与金融衍生工具的发展主要有两方面原因:一是在金融机构进行资产负债管理的背景下,金融衍生工具业务属于表外业务,既不影响资产负债表状况,又能带来手续费等项收入。1988年国际清算银行(BIS)制定的《巴塞尔协议》规定:开展国际业务的银行必须将其资本对加权风险资产的比率维持在8%以上,其中核心资本至少为总资本的50%。这一要求促使各国银行大力拓展表外业务,相继开发了既能增进收益,又不扩大资产规模的金融衍生工具,如期权、互换、远期利率协议等。二是金融机构可以利用自身在金融衍生工具方面的优势,直接进行自营交易,扩大利润来源。为此,金融衍生工具市场吸引了为数众多的金融机构。不过,由于越来越多的金融机构尤其是商业银行介入了金融衍生工具交易,引起了监管机构的高度关注,目前新的《巴塞尔协议Ⅱ》对国际性商业银行从事金融衍生工具业务也规定了资本金要求。

(四) 新技术革命为金融衍生工具的产生与发展提供了物质基础与手段

计算机和通信技术突飞猛进的发展,计算机网络、信息处理在国际金融市场的广泛应用,使个人和机构从事金融衍生工具交易如虎添翼。

金融衍生工具极强的派生能力和高度的杠杆性使其发展速度十分惊人,根据国际清算银行的金融衍生产品统计报告(BIS,2009),截至2008年6月,全球商业银行持有的各类现货资产总数为390 878亿美元,而同期交易所交易的未平仓期货合约金额达到201 013亿美元(12月底数据),发行在外的期权合约金额达到396 960亿美元(12月数据),OTC交易的金融衍生产品名义金额达到6 837 250亿美元。后三类之和达到商业银行现货资产数额的19倍,衍生产品名义金额平均年增长近20%。考虑到商业银行在整个金融行业内的显著地位,可以毫不夸张地说,目前基础金融产品与衍生工具之间已经形成了倒金字塔结构,单位基础产品所支撑的衍生工具数量越来越大。

我国金融衍生工具发展迅速,自从2001年11月加入WTO以来,我国的经济主体越来越多地参与到国际上已相当成熟完善的金融市场之中,包括金融衍生产品市场。我国曾经出现的金融衍生工具有外汇期货、国债期货、股票指数期货、可转换债券、认股权证、人民币远期结售汇等,其中有部分品种早已被强令关闭。可是,随着我国走向世界的步伐逐渐加快,那些适应现在市场的衍生产品必会重返我国金融交易市场,并且新的产品会顺应经济发展要求而被更多地开发,发挥出其应有的作用。

第二节　金融衍生工具的定价与风险度量

一、金融衍生工具的定价

（一）金融远期的定价

在理解远期合约的基本概念和交易机制后，可以进一步讨论远期合约的定价。只有通过远期合约的定价机制，才能知道签约时所商定的远期价格是否对自己有利或者在合约期间自己的合约价值是否发生了变化。

远期价格（forward price）的远期合约建立时双方约定的标的资产的价格，也就是合约到期时双方交割资产时所支付的价格。通常情况下，远期价格是使合约签订时远期合约价值为零的交割价格。由于远期合约双方的价值都为零，所以任何一方都不需要向对方支付现金。无论怎样，远期价格以及远期合约的价值都是根据无套利原则得到的，理解了这种定价方式，就能确定地知道任何时刻远期合约的价值以及任何情况下的远期价格。

无套利原则的前提假设是市场无摩擦，即无交易成本、可以卖空并使用卖空所得的收入、市场参与者能以相同的无风险利率借入和贷出无限量的资金、当套利机会出现时市场参与者将参与套利活动。这些假设意味着市场价格就是无套利机会时的价格。因此，在无套利条件下，无论交易者对远期合约的头寸和其他资产中的头寸进行怎样的组合，如果不承担任何风险的话，都将只能获得无风险收益率。

为了理解无套利原则在远期合约定价中的应用，先考虑简单的表的资产——零息债券，这类资产没有储蓄费用（storage cost），在整个合约期间也不会产生现金流出。

为了便于讨论，用下面一些字母来定义各变量：

t——时间，以 $t=0$ 表示远期合约建立日，以 $t=T$ 表示远期合约到期日；

F——远期价格（forward price）；

S_0——合约签订时（$t=0$）标的资产的现货价格（spot price）；

r_f——无风险利率；

T——远期合约的期限；

V_0——$t=0$ 时的远期合约对多头的价值；

K——远期合约中的交割价格，在 $t=0$ 时，$K=F$。

对于最简单的零息债券的远期合约，远期价格可以表示为

$$F = S_0 \cdot (1+r_f)^T.$$

当 $F=S_0 \cdot (1+r_f)^T$ 时，就可以认为没有套利机会存在。

如果 $F>S_0 \cdot (1+r_f)^T$，那么投资者可以在 $t=0$ 时借入期限为 T 的 S_0 美元，用这些美元购买该标的资产，同时卖出远期合约合同。在 $t=T$ 时，合约到期，标的资产以 F 的价格售出，同时需要归还借款的本息和 $S_0 \cdot (1+r_f)^T$，这样的话投资者就获得套利利润：$F-S_0 \cdot (1+r_f)^T>0$，这种套利的方式被称为正向套利（cash and carry arbitrage）。

如果 $F<S_0 \cdot (1+r_f)^T$，那么投资者可以在 $t=0$ 时以 S_0 的价格卖出标的资产，将所得的 S_0 美元进行放贷，同时买入该标的资产的远期合约。在 $t=T$ 时，按远期合约以 F

的价格买入标的资产,同时收回期初的贷款得到本息和 $S_0 \cdot (1+r_f)^T$,这样的话他就获得套利利润: $S_0 \cdot (1+r_f)^T - F > 0$,这种套利的方式被称为反向套利(reverse cash and carry arbitrage)。

通过分析可以发现,只要远期价格偏离 $S_0 \cdot (1+r_f)^T$,就能产生套利机会。因此:

$$F = S_0 \cdot (1+r_f)^T$$

即无套利均衡时的远期价格。

【例 5-1】 考虑一份零息债券远期合约,其面值为 1 000 美元,期限为 90 天,现在报价为 500 美元。假如无风险年利率为 6%。根据无套利定价原理,该远期合约的价格为( )美元。

A. 507.34　　　B. 530.0　　　C. 504.8　　　D. 507.5

答案:A

该合约的标的资产为零息国债,所以可以用远期价格的一般公式:

$$F = S_0 \cdot (1+r_f)^T$$

计算出

$$T = 90/360 = 0.25, \quad S_0 = 500$$
$$F = 500 \times (1+6\%)^{0.25} = 507.34$$

这里要注意的是,计算短期国债远期所用的年天数为 360 天。

这一无套利定价原理也意味着远期合约投资者所能获得的收益率就是无风险利率。因为在无套利条件下,无论交易者对远期合约的头寸和其他资产中的头寸进行怎样的组合,都无法获得高于无风险的利润,而无风险的投资所获得的收益就是无风险利率。

(二)金融期货合约的定价

期货价格与现货价格的基本关系也是期货套期保值策略依据的两个基本原理:①同一种品种的商品,期货价格和现货价格受到相同因素的影响和制约,虽然波动幅度会有所不同,但其价格的变动趋势和方向有一致性;②随着期货合约到期日的临近,期货价格与现货价格逐渐聚合,在到期日前,基差接近于零,两价格大致相同。

$$基差 = 期货价格 - 现货价格$$

假设到期时期货价格高于现货价格,即基差大于零,那么可以通过卖空期货合约、买入资产来进行套利。如果期货价格低于现货价格,就可以买入期货合约、卖出资产。在有效市场中,如果这样的套利机会存在,市场交易者就会进行无风险的套利交易,因此最终期货价格趋近于现货价格。

期货合约的定价仍然可以用无套利定价原理给予解决,这一点与远期合约没什么差别。

1. 无套利定价

对于期货合约,也有正向套利(cash and carry arbitrage)和反向套利(reverse cash and carry arbitrage),这和远期合约是相同的。利用无套利定价原理,可以很容易得到期货合约的定价公式。考虑最简单的无收益证券的期货价格应为

$$F = S_0 \cdot (1+r_f)^T$$

其中：t 为时间，以 $t=0$ 表示期货合约建立日，以 $t=T$ 表示期货合约到期日；F 为期货价格（futures price）；S_0 为合约签订时（$t=0$）标的资产的现货价格（spot price）；r_f 为无风险利率；T 为远期合约的期限。

【例 5-2】 假定某项美元资产不能给持有者带来现金收入，投资者可以按照无风险利率 r 借款，这项资产在 T 时刻的远期价格 F 和在 t 时刻的即期价格 S 是正相关的。如果投资者注意到 $F>S \cdot e^{r \cdot (T-t)}$，那么投资者可以通过下列哪种方式盈利？（　　）

　　A. 以 r 利率借款 S 美元，期限为 $T-t$，购买资产，做空远期合约
　　B. 以 r 利率借款 S 美元，期限为 $T-t$，购买资产，做多远期合约
　　C. 卖空资产，以 r 利率借款 S 美元，期限为 $T-t$，做空远期合约
　　D. 卖空资产，以 r 利率借款 S 美元，期限为 $T-t$，做多远期合约
　　答案：A

如果远期价格超过即期价格的远期价值，那么可以这样套利：借款购买资产，做空远期合约，在交割日作为期货的空头交割资产，他收到的现金将超过借款的成本。

2. 各类期货合约的定价

各类期货合约的定价公式只是在最基本的定价公式 $F=S_0 \cdot (1+r_f)^T$ 上稍做调整，对于股指期货而言，红利的分发会对期货价格造成影响，而对于外汇期货，外汇利率的变化也会带来影响。

（1）股指期货合约的定价。股指期货合约的一个显著特点是在期货有效期内，作为标的资产的股票会发红利，从而导致现金流的流入。那么，股指期货合约的价格为

$$F = S_0 \cdot (1+r_f)^T - FV(CF)$$

其中：FV(CF) 是指所有现金流在合约到期日的未来值。这里的 FV(CF) 就是期货合约有效期内发放的所有红利在到期日时的未来价值。

另外，上式也可进行变形得到另一种形式的定价公式：

$$F = [S_0 - PV(CF)] \cdot (1+r_f)^T$$

其中：PV(CF) 是所有红利在 $t=0$ 时的贴现值。

如果股票组合内发放红利的股票较多，可以用连续红利率来表示股票指数的红利发放，则其期货的定价公式也要相应地用连续复利的形式来表示。

$$F = (S_0 e^{-h^c T}) e^{r^c T} = S_0 e^{(r^c - h^c) T}$$

其中：$r^c = \ln(1+r_f)$；h^c 表示连续红利率。

【例 5-3】 考虑一个期限为 8 个月的股票期货，股票现价为 98 美元/股，该公司将在四个月后发红利 1.8 美元/股，不同期限的连续符合零息债券利率为 6 个月 4%，8 个月 4.5%。该期货合约的价格最接近（　　）美元。

　　A. 99.15　　　B. 99.18　　　C. 100.98　　　D. 96.20
　　答案：A

由于这里给出的无风险利率为连续符合利率，所以用指数形式进行计算。

$$F = [S_0 - PV(CF)] e^{r_f T} = [98 - 1.8 e^{-4\% \times (4/12)}] e^{4.5\% \times (8/12)} = 99.15（美元）$$

所以，答案为 A。

（2）外汇期货合约的定价。如果不考虑盯市的影响，外汇期货的定价与外汇远期没

有什么区别。利用利率平价关系,可以得到外汇期货合约的定价公式:

$$F = S_0 \cdot [(1+r_d)^T/(1+r_f)^T]$$

其中,r_d 表示本国的无风险利率;r_f 表示外国的无风险利率。

如果采用连续复利的形式表示:

$$F = S_0 e^{-Tr_d^c} e^{Tr_f^c} = S_0 e^{(r_d^c - r_f^c)T}$$

其中,$r_d^c = \ln(1+r_d)$;$r_f^c = \ln(1+r_f)$;r_d^c 表示本国连续无风险利率;r_f^c 表示外国连续无风险利率。

【例 5-4】 假设欧元兑美元的即期价格为 1.05EUR/USD。美国的年无风险利率为 5.5%,德国的年无风险利率为 2.5%。则一年外汇远期的价格为(　　)。

A. 1.081 5　　　　B. 1.020 1　　　　C. 1.080 7　　　　D. 1.050 0

答案:B

根据利率平价关系,$F = S_0 \cdot [(1+r_d)^T/(1+r_f)^T] = 1.05 \times (1+2.5\%)/(1+5.5\%) = 1.020\ 1(\text{EUR/USD})$。

(三) 金融期权合约定价

期权这种金融衍生产品的价值体现为期权费(option premium),期权费的多少就是期权的价格。期权费包括两部分内容:内在价值(intrinsic value)与时间价值(time value)。

在期货领域中,内在价值的术语是专指期权相关资产的市场价格与执行价格两者之间的差额。市场价格与执行价格的差越大,期权的内在价值就越大。内在价值是期权费的核心部分。

期权的时间价值是指期权费超过其内在价值的部分。在美式期权中,随着期权有效期限的加长,期权的价值会随之加大。

按照期权的运作原理,对于购买期权者来说,期权的内在价值不会小于零。按美式期权,看涨期权 Call(call option) 的价值区间是:

$$\text{Call} \geq \max(0, P-S)$$

看跌期权 Put(put option) 的价值区间是:

$$\text{Put} \geq \max(S-P, 0)$$

其中,P 为相关资产在合约执行时的市场价格;S 为执行价格。

按照欧式期权,上面公式中的"$\geq$"符号需要改成"$=$"符号。

1. 期权定价的二叉树模型

为了给期权定价,需要设计一个对冲型的资产组合(hedge portfolios)。设计的对冲型资产组合包括:需要买进一定量的现货资产;卖出一份看涨期权(为了简化,以下均就欧式期权讨论),该期权的相关资产就是买入的那种现货资产;买入现货的量必须足以保证这个组合的投资收益率相当于无风险利率,从而使投资成为可以取得无风险利率收益的零风险投资。

先举一个例子:

假定某资产的当前市场价格是 80 元,预期一年以后价格可能上升到 100 元,也可能下降到 70 元。同时假定目前市场上有这种资产的看涨期权,期限一年,执行价格是

80元,恰好等于当前的市场价格。这时,投资者可以买入该资产的 2/3,为此要付出 80×2/3＝53.33 元,同时卖出一份看涨期权,并从而有一笔期权费收入 C,即看涨期权当前价格。两者相抵,实际的投资额为 53.33 元－C。

当资产的价格一年以后涨到 100 元时,期权买方会行权,即按照约定的 80 元价格要求投资者出售资产。由于投资者手中只有该资产的 2/3,所以还得按 100 元的市场价格从市场上购买不足的 1/3 用于交货,支付的金额是 33.33 元;同时,得到 80 元的资产销售收入。在买卖合约和执行合约时,投资者的支出总额是（53.33 元－C）＋33.33 元＝86.67 元－C。如果暂不考虑 C,投资者亏损 86.67－80＝6.67 元。

假定一年后资产的市场价格下降到 70 元,期权买方不会行权。这时,投资者的资产价值（起初买入该资产 2/3 的买入价值）要相应贬低。如果不考虑 C,投资者亏损（80－70）×2/3＝6.67 元,即与资产的市场价格上涨到 100 元时所亏损的数量一样。

其之所以不管资产的价格是涨还是跌都会出现同样的结果,显然是由于在出手看涨期权合约的同时购买了 2/3 数量的同一种资产的现货,并从而起了对冲作用。

考虑到有期权费收入 C,投资者有可能不亏。由于不管资产的价格是涨是跌都亏 6.67 元,所以从平衡亏损的角度考虑 C,C 的决定是与资产价格的涨跌无关的。但还有一笔收入必须加以考虑,那就是投资所应取得的无风险利率的收益。假设无风险利率是 10%,则应有的收益是（53.33 元－C）×10%。如果 C 满足下式:

$$C = 6.67 \text{ 元} + (53.33 \text{ 元} - C) \times 10\%$$

即 C 等于 10.91 元,则投资者的投资行为是零风险的。

分析到这里可以看出,为了建立对冲组合,每出售一份看涨期权合约的同时需要购买一定比例的同一种资产的现货,这个比例叫作对冲比率。例子中的对冲比率是 2/3。正是对冲比率才保证组合的投资收益率相当于无风险利率。

以下推导如何确定对冲比率并从而确定期权价值的方法。

就看涨期权而且是欧式期权讨论,设 P 是期权合约中资产的当前价格;u 是该资产的合约执行时价格上升的幅度;d 是该资产的合约执行时价格下降的幅度;r 是时间为一期的无风险利率;C 是看涨期权的当前价格;C_u 是资产价格上升时的看涨期权内在价值;C_d 是资产价格下降时的看涨期权内在价值;S 是看涨期权的执行价格;H 是对冲比率。

当构造一个买进现货资产、卖出看涨期权的对冲交易时,投资于资产现货的资金相当于 HP,扣除卖出期权的收入,投资成本是 $HP-C$。

到期末,资产组合的价值是:

(1) 当资产价格上升时,有 $uHP-C_u$。

(2) 当资产价格下降时,有 $dHP-C_d$。

由于要求的是无风险的投资组合,所以无论资产价格是升还是降,设计投资组合的结果,即期末的资产价值应该一样,即

$$uHP - C_u = dHP - C_d$$

用上述公式求解 H,得

$$H = \frac{C_u - C_d}{(u-d)P}$$

由于 $C_u=\max(0,uP-S)$，$C_d=\max(0,dP-S)$，当合约执行时的价格 P 为 100 时，$C_u=20$；当 $P=70$ 时，$C_d=0$。于是，在上面的例子中，有

$$H=\frac{20-0}{(1.25-0.875)\times 80}=\frac{2}{3}$$

一旦知道了对冲比率 H，就可以进一步求出看涨期权的价格 C。

由于这个无风险投资组合的投资成本是 $HP-C$，按照无风险利率 r 计算，所投本金的未来价值应该是 $(1+r)(HP-C)$，并且等于到期时资产的价值 $uHp-C_u$ 或者 $dHP-C_d$。因为 $uHP-C_u=dHP-C_d$，可任取其一。如取价格上涨时的资产价值表达式，则有

$$(1+r)(HP-C)=uHP-C_u$$

将对冲比率 H 的计算公式代入上式，有

$$C=\frac{1+r-d}{u-d}\cdot\frac{C_u}{1+r}\cdot\frac{u-1-r}{u-d}\cdot\frac{C_d}{1+r}$$

将上例中的 $u=1.25, d=0.875, r=0.10, C_u=20$ 元，$C_d=0$ 元的假设数据代入其中，得到期权的价值为 10.91 元。

上述期权定价的方法称为二叉树模型。之所以如此称谓，是由于论证出发点的基本要素可由图 5-2 形象地表达出来。

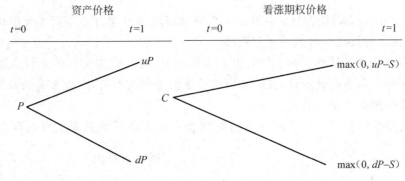

图 5-2 一期的期权定价模型示意图

2. 布莱克-斯科尔斯定价模型

布莱克与斯科尔斯的最大贡献，是推导出了一个相对简单的方程，使其能够在广泛的情况下对期权定价。对它的论证是专门学科的内容，下面仅做简单提示。

布莱克-斯科尔斯定价模型假定期权是欧式看涨期权；价格可以在期间内连续变动；无风险利率在期间内不发生变化；假定相关资产为股票，股票没有现金和利息等分红收入。该定价模型表示为

$$c(t)=S(t)N(d_1)-Xe^{-y_f(T-t)}N(d_2)$$

$$d_1=\frac{\ln(P_0/S)+\Delta tk}{\sigma\Delta t^{1/2}}+\frac{\sigma\Delta t^{1/2}}{2}$$

$$d_2=d_1-\sigma\Delta t^{1/2}$$

公式左边的 $c(t)$ 是看涨期权在到期日前 t 时刻的市场价格；$S(t)$ 是相关资产（股票）在 t 时刻的市场价值；$N(d_1)$ 是股票的数量；$Xe^{-y_f(T-t)}$ 是到期日 T 那一时刻市场价格为

X 的无风险证券在 t 时刻的折现值；y_f 是无风险利率；$e^{-y_f(T-t)}$ 是无风险利率的折现因子；$N(d_2)$ 是无风险证券的数量；$N(d_1)$ 和 $N(d_2)$ 是累计正态分布函数值，它们随时间的变化而变化。

（四）金融互换合约

我们在前面已经讨论到，互换合约主要可以分为利率互换、货币互换、股票互换以及商品互换和其他类型的互换。下面，我们将要介绍利率互换、货币互换和股票互换的定价。

1. 利率互换的定价

给利率互换定价，就是计算能使固定利率支付的现金流的现值与浮动利率支付的现金流的现值相等的固定利率，这将使初始时点互换的市场价值为零。上文提到，在利率互换中，因为双方的名义本金都是一样的，在期初和期末都不用支付名义本金，但是，在这里为了便于理解，我们假定双方都支付名义本金，这样就可以把互换双方看成是固定利率债券持有者和浮动利率债券持有者。

假设互换的名义本金为 1 美元，则以固定利率支付的现金流的现值为

$$\mathrm{FS}(0,n,m)\sum_{j=1}^{n}B_0(h_j)+1\times B_0(h_n).$$

其中：$\mathrm{FS}(0,n,m)$ 代表从 0 点开始 n 段间隔每隔 m 天基于 1 美元本金的固定利息支付；$B_0(h_n)$ 为 n 时点在 0 时点的现值系数。

现在我们计算以浮动利率支付的现金流的现值，我们假定使用的是付息票据。由于付息票据在每个利率的确定日，其未来价值的现值等于其面值，因此 1 美元面值的付息票据在 0 时点的现值就是 1 美元。

我们所要做的就是让固定利率支付的现金流现值和浮动利率支付的现金流现值相等，即 $\mathrm{FS}(0,n,m)\sum_{j=1}^{n}B_0(h_j)+1\times B_0(h_n)=1.0$，则可以得出

$$\mathrm{FS}(0,n,m)=\frac{1.0-B_0(h_n)}{\sum_{j=1}^{n}B_0(h_j)}$$

至此，我们就得出了互换的价格。

2. 货币互换的定价

运用债券组合为货币互换定价：

对于收入本币利息、付出外币利息的一方而言，$V_{互换}=B_D-S_0 B_F$；

对于付出本币利息、收入外币利息的一方而言，$V_{互换}=S_0 B_F-B_D$。

其中：$V_{互换}$ 表示货币互换的价值；B_F 表示用外币表示的从互换中分解出来的外币债券的价值；B_D 表示从互换中分解出来的本币债券的价值；S_0 表示即期汇率（直接标价法）。

【例 5-5】 假设美元和日元的 LIBOR 利率的期限结构是平的，在日本是 2% 而在美国是 6%（均为连续复利）。某一金融机构在一笔货币互换中每年收入日元，利率为 3%（每年计一次复利），同时付出美元，利率为 6.5%（每年计一次复利）。两种货币的本金分

别为1 000万美元和120 000万日元。这笔互换还有三年的期限,每年交换一次利息,即期汇率为1美元=110日元。如何确定该笔货币互换的价值?

答案:如果以美元为本币,那么

$$B_D = 65e^{-0.06 \times 1} + 65e^{-0.06 \times 2} + 1\,065e^{-0.06 \times 3} = 1\,008.427(万美元)$$

$$B_F = 3\,600e^{-0.02 \times 1} + 3\,600e^{-0.02 \times 2} + 123\,600e^{-0.02 \times 3} = 123\,389.7(万美元)$$

对该金融而言,货币互换的价值为

$$\frac{123\,389.7}{110} - 1\,008.427 \approx 113.30(万美元)$$

对于支付日元收入美元的一方,货币互换的价值约为-113.30万美元。

3. 股票互换的定价

在这里,我们将讨论三种股票互换的定价:支付固定利息,收入股票收益;支付浮动利息,收入股票收益;支付一种股票收益,收入另外一种股票收益。

对于第一种股票互换,我们可以把第一种股票互换的过程看成是如下情况,其中 $FS(0,n,m)$ 同样表示每次固定利息的支付额:

(1) 投资在1美元的股票上;

(2) 借款需要在交易期末归还1美元的现值,期末的时点为 h_n,所以这个现值数值为 $B_0(h_n)$;

(3) 在未来每个支付时点,支付固定利息 $FS(0,n,m)$。

需要注意的是,这一过程很像发行债券并购买股票。因为在初始时点并没有发生现金的流动,所以互换的价值为零,从而上述过程必须满足以下方程:

$$1.0 - B_0(h_n) - FS(0,n,m) \sum_{j=1}^{n} B_0(h_j) = 0$$

从而我们就可以得出固定利息支付的数值:

$$FS(0,n,m) = \frac{1.0 - B_0(h_n)}{\sum_{j=1}^{n} B_0(h_j)}$$

对于第二种股票互换,如果在互换中是支付浮动利息并收入股票收益,则我们就不需要计算固定利息,因为这种互换没有涉及固定利息。当然,互换的价值在初始时点为零。

对于第三种股票互换,我们用 $S_0(1)$ 和 $S_1(1)$ 代表在0时点和1时点的股票指数一,用 $S_0(2)$ 和 $S_1(2)$ 代表在0时点与1时点的股票指数二。假定我们支付股票指数一的收益并收到股票指数二的收益,对于投资这两类股票组合我们需要用到一些交易策略。我们可以在0时点卖空1美元的股票指数一,然后用收到的钱买1美元的股票指数二。在1时点,我们结清股票指数二的头寸,即收回投资,并再把1美元投资于股票指数一,同样我们也可以结清股票指数一的头寸。以此类推,重复的做空一种股票做多另一种股票。当然,因为没有固定利息支付,所以也不用给互换定价,互换的初始价值也为零。

二、风险度量

在金融衍生工具的风险度量方面,我们采用VaR的方法进行度量。

(一) 风险价值的概述

风险价值(Value-at-Risk, VaR),或称在险价值,或涉险值,是指在正常的市场条件和一定的置信水平 α(通常是 95% 或 99%)下,某一金融资产或证券组合在未来特定的一段时间 Δt 内所面临的最大可能损失。这种基于统计理论的风险测度方法,对于整体风险来说是一种非常有效的测定和管理工具。

风险价值 VaR 用数学公式可以表示为

$$P(L(t) > \text{VaR}) \leq 1 - \alpha$$

其中 $L(t) = V(t) - V(t + \Delta t)$ 表示在 t 到 $t + \Delta t$ 时间内资产的损失绝对值,$V(t)$ 为 t 时刻资产的价值。

从数学意义上来说,VaR 实际上是一个资产(组合)在未来一定持有期内,损失分布的分位数,表明该资产(组合)在持有期内将有 α 的概率能保障损失最大不超过 VaR 值。

当 $P(L(t) > \text{VaR}) = 1 - \alpha$ 时,VaR 表示在置信水平为 α 且持有期为一个时间单位的最大损失。

由上面的定义我们可以知道,VaR 描述的是 t 时刻资产在 1 个时间单位内以置信区间 p 估计的损失额度,它涉及两个重要的参数:持有期和置信区间,不同的持有期和置信区间对应不同的 VaR 值。选择不同的持有期会产生不同的资产损失分布,不同的置信区间也会对应着此损失分布上不同的分位数,从而产生不同的 VaR 值。在估计市场风险时,持有期通常为 1 周、10 天或 1 个月等。而置信水平通常为 95% 或 99% 等。

(二) VaR 的计算

在实际的工作中,我们通常会采用正态求解法、历史模拟法以及蒙特卡罗模拟法三种方法来计算 VaR 的值。

1. 正态求解法

正态求解法假设资产收益率服从正态分布,从而资产的损失函数也会具有正态性质。资产损失的正态化假设具有一定的合理性,其优点在于大大简化了 VaR 的计算过程。因为在该假设下,仅需估计资产损失所服从的正态分布的参数(均值 μ_t 和标准差 σ_t),因此正态法是一种参数方法。

VaR 是一种预期损失的测度,相对 VaR,是资产价格相对于预期未来资产价格的损失,即 $|V_T - E(V_T)|$,绝对 VaR 是指资产价格相对于 0 的损失,即 $|V_T|$。

用 $W(t)$ 表示 t 时刻资产价值,假设资产的收益率 R 服从正态分布,$R \sim (\mu, \sigma^2)$,则 $\mu - R \sim (0, \sigma^2)$。相对损失为

$$\begin{aligned} L(t+1) &= W(t)(1+\mu) - W(t+1) \\ &= W(t)(1+\mu) - W(t)(1+R) \\ &= W(t)(\mu - R) \end{aligned}$$

则相对 VaR 满足如下式子:

$$P[L(t+1) \leq \text{VaR}] = P[W(t)(\mu - R) \leq \text{VaR}] = p$$

即

$$P\left(\frac{\mu - R}{\sigma} \leq \frac{\text{VaR}}{W(t)\sigma}\right) = p$$

得
$$\text{VaR} = \alpha W(t)\sigma, \quad \alpha = \Phi^{-1}(p)$$

$\Phi^{-1}(p)$是标准正态分布函数的逆函数。以上的计算即相对 VaR。通常计算 VaR 时持有期较短,收益率的均值也较小,可忽略不计,因此可容易得出绝对 VaR 的表达式:

$$\text{VaR} = W(t)(\alpha\sigma - \mu), \quad \alpha = \Phi^{-1}(p)$$

由上面可以看出,在收益率为正态分布的假设下,我们只要再知道分布函数的参数特征,即均值和方差就可以很方便地求解 VaR 了。

通常 μ_t 的估计值为$\hat{\mu}_t$,它具有如下简单的形式 $\hat{\mu}_t = \frac{1}{n}\sum_{i=t-n}^{i=t-1}\mu_i$,$\mu_i$ 为利用资产的历史价格数据所求得的收益率。根据大数定律,$\hat{\mu}_t$ 依概率收敛于 μ_t。通常情况下,$\hat{\mu}_t \approx 0$。

2. 历史模拟法

历史模拟法计算 VaR 是一种简单的基于经验分布的方法,它不需要对资产收益的分布做出假设。它假设资产组合未来收益变化与过去是一致的,因此用收益的历史分布来代替收益的预期分布,以此来求得资产的 VaR 值。

3. 蒙特卡罗模拟法

蒙特卡罗模拟法的基本思想是重复模拟金融变量的变动、涵盖所有可能发生的情形的随机过程。假设我们知道这些变量服从预定的概率分布,因此随机模拟的过程就是重现投资组合价值分布的过程。蒙特卡罗模拟法通过模拟风险因子的变动来模拟金融资产价格的变动,进而建立资产价值变动损失的分布。

第三节 衍生金融工具的风险管理

一、金融衍生工具的风险类型

金融衍生工具面临的风险可概括为市场风险、流动性风险、信用风险、营运风险和法律风险五大类。

(一) 市场风险

市场风险是指因为衍生金融产品(如股票指数)价格发生变化,从而为金融衍生品交易商带来损失的一种风险。在金融衍生工具的各种风险中,市场风险是金融衍生工具最为普遍、最为经常的风险,存在于每一种金融衍生工具之中。因为该风险是由基础资产的价格波动引起的,绝对价格变动风险是金融衍生工具市场风险的主要表现形式,而且在该市场进行的交易大多是保证金交易,其作为高度杠杆性操作的投机工具极易加剧此类风险。

(二) 流动性风险

流动性风险主要包括两类,市场流动性风险和资金流动性风险。前者是指由于缺乏合约对手而无法变现或平仓的风险;后者是指交易方因为流动资金的不足造成合约到期时无法履行支付义务,被迫申请破产或者无法按合约要求追加保证金,从而被迫平仓,造成巨额亏损的风险。整体而言,流动性风险的大小取决于合约标准化程度、市场交易规模和市场环境的变化。

（三）信用风险

信用风险是指金融衍生工具交易中合约的对方出现违约所引起的风险。在金融衍生工具市场上，信用风险的大小与合约的期限长短有着密切关系。一般说来，合约的期限越长，此风险就越大，同时，对同一期限的合约来说，其信用风险随着时间的推移还会发生不断的变化。由于不同的产品可以在不同的交易所交易，相对而言，在没有制度保障的场外交易中交易双方存在更大的信用风险。

（四）营运风险

营运风险又称为操作风险，是指由于公司或企业内部管理不善、人为错误等原因而带来的损失，其风险来源包括两种情况：一种是在日常经营过程中由于各种自然灾害或意外事故；另一种是由于经营管理上的漏洞，使交易员在交易决策时出现故意的错误或者非故意的失误，从而给整个机构带来损失的风险。前者还能通过保险等方式进行转嫁，带来的损失通常有限；而后者往往会带来巨大风险，并且无法避免、无法转嫁更无法承担。

（五）法律风险

法律风险是指因为法规不明确或交易不受法律保障，从而使合约无法履行而给交易商带来损失的风险。此风险在相当大的程度上是由于金融衍生工具市场的过快发展造成的，其形成原因主要有两方面：一是合约确认文件不充分，交易对手不具有法律授权或超越权限，或合约不符合某些法律规定，法院依据有关规定宣布金融衍生品合约无效；二是交易对方因破产等原因不具清偿能力，对破产方的未清偿合约不能依法进行平仓，导致损失。

二、风险管理的目标

对于金融衍生工具进行风险管理，首先是要确定其风险管理的目标所在。一般来说，风险管理的目标主要有三个：安全性、公平性和公开性。

（一）安全性

由于金融衍生工具存在高风险，所以风险管理的首要目标就是要确保交易主体的安全性，减少交易主体出现的倒闭事件。当然，这并不是说将衍生工具所带来的风险完全规避掉，一个健康完善的衍生工具市场中，合理的风险承担也是其必不可少的组成部分。

（二）公平性

由于金融衍生工具所具有的高风险和高收益特征，一些占有信息优势的中介商和机构投资者往往借助其所拥有的信息优势来侵犯其他投资者的合法利益。因此，有效的风险管理所能够要求的就是加强信息披露的完整性、真实性、正确性，并制定严格有效的市场准入机制和政策，使整个市场处于公平竞争的环境中，这正是风险管理的目标之一。

（三）公开性

公开性是确保金融衍生工具高效透明的重要条件之一，因此也是风险管理的重要目标。所谓公开，是指各类与市场有关的信息能够及时准确地加以披露，使各市场主体能够在平等的条件下进行各种交易,从而促进合理价格机制的形成,保证金融衍生工具市场高效健康地发展。

三、金融衍生工具风险的管理

一般的风险管理从最广泛的意义上说,就是为了减少不确定事件的影响,计划、安排、控制各种业务活动和资源。而对于金融衍生工具风险管理,则是指各类经济主体通过对各种金融衍生工具风险的认识、衡量和分析,以最少的成本达到最大安全保障、获取最大收益的一种金融管理方法。要解决金融衍生工具交易产生的风险不仅要从宏观上进行因势利导,通过建立健全有关法规加以约束,在微观上也更应加强管理,趋利避害,把风险控制在一定范围内。针对以上提及的常见的五种风险特征,可以分别采取以下几方面的防范措施。

对于金融衍生工具市场风险,由于其来自实际市场价格的波动,故为了避免市场大幅逆转给企业造成较大的部位损失,企业应针对交易品种的不同设定不同的停损点,当市场价格达到或超过停损点所对应的价位时,企业应对此类商品的交易进行平仓,从而将企业的亏损限定在一定的幅度之内。而该限额的决定可根据企业规模的大小、经营此项业务的经验、对商品了解的程度、价格波动性等因素来制定。然而,就避险交易者而言,主要风险在于其避险部位及被避险部位的市场价变动未能完全配合,从而导致两者的损益不能完全抵消。在避险者的实务操作中,很难达到完全避免风险的境界,况且通常企业避险的成本也较高,因此也没有必要追求完美的避险。企业在避险交易中应该注意的是,当避险决策及避险部位建立之后,企业应经常监控其避险效果,如果避险的有效性不如预期,企业即应随时变更避险部位。

对于金融衍生工具流动性风险,可分为两种情况进行管理。一种情况是市场流动风险源于企业无法迅速以合理的市价交易金融商品以满足企业一时之需所带来的风险,企业针对这种风险可以定期编制流动性计划,对进出替代市场的能力进行规划,按投资种类对金融商品的持有部位设立限额。另一种情况是资金流动风险,因为企业缺乏立即可动用的速动资产,从而因无法履行到期债务造成风险,针对这种情况,企业可对每日现金流出量设立限额,维持适当的速动资产储备,建立并维持良好的资金调度渠道。

对于金融衍生工具信用风险,其与一般的企业信用风险管理类似,比如,为防止交易对方不履约不交割,则在交易发生前,企业应该充分调查交易对方的财务状况、信用等级等信用条件,对于信用等级较低的企业则减少与其交易行为或不与其进行交易。

对于金融衍生工具操作风险,一种是因为自然灾害或意外事故造成的操作风险,这种操作风险不可控程度很强;另外一种操作风险是由于人为因素造成的,在整个交易过程中,执行交易、记录交易是两大最容易出错的环节,一般有以下三种情况:①发生未经授权交易的风险时,应当进行恰当的权责区分,使交易员无法凭借未经授权的交易获得不当收益,并建立起足够的交易监控程序,迅速记录并函证交易;②对于发生交易却未记录的风险,企业可以采用预先编号的多联式交易单在交易发生的那一刻立即记录,同时迅速检查与企业自身记录不相符合的外来函证;③当产生交易记录错误的风险时,建议企业应统一使用标准用语及表达方式,交易明细情况应于各阶段收到时立即注明,实际成交资料应与下单资料核对,并立即函证客户,及时对函证差异进行追查。

对于金融衍生工具法律风险,除了企业自觉守法进行交易外,政府也应该正确分析金融衍生品的风险特征及风险管理现状,完善现有的法律。

四、我国金融衍生产品的风险管理

(一)我国金融衍生品市场的现状

一个完整的金融市场体系主要包括货币市场、资本市场、外汇市场和金融衍生品市场。金融衍生品市场能够有效地规避风险、促进市场价格发现、优化资源配置。因此发展金融衍生品市场,有利于扩大金融市场的规模、提高金融市场效率、完善金融市场功能。在我国,金融衍生品市场起步较晚,品种比较单一,市场规模较小,专业人员素质差。这些在一定程度上都制约了市场的发展。另外,尽管我国金融衍生品市场发展较快,目前仍处于起步阶段,存在许多问题。例如,市场规范化建设不足、现货市场规模不匹配、产品设计不尽合理、缺少真正的市场均衡价格以及信息披露制度不健全等,这些都使我国的金融衍生产品面临的风险越来越大。特别是近些年来,我国利率市场化和汇率形成机制改革进程不断深入,人民币利率和汇率幅度正逐渐加大,利率风险和汇率风险日益显现。虽然在金融体系日益国际化和市场化的趋势下,金融衍生产品市场在我国快速发展,但金融危机的爆发也给我国金融衍生产品风险的防范与管理提出了更高的要求。

(二)我国金融衍生产品风险防范的措施

1. 建立、健全高度协同的市场监管体系

由于金融衍生产品交易具有跨市场、跨行业的特点,需要有关监管部门的通力合作、协调配合,建立一个较完善的监管体系。首先,为保证投资者利益,有必要在人民银行、银监会、证监会和保监会之间建立监管协调机制,通过信息的共享,协调监管职责,提高政府监管的效率和水平。其次,加强交易所和行业自律组织之间的联合监管,针对不同种类的金融衍生产品制定相应的管理办法,使交易者的市场行为受到有效的约束和规范。再次,还应加强金融衍生产品市场的国际监管与合作统一,提高应对突发事件的能力。最后,通过政府统一监管,确保在市场管理、交易法规、风险管理等方面的一致性,保证金融衍生产品市场的健康有序发展。

2. 加强相关法律、法规制度的建设

为了创造良好的制度环境,我国有必要加强金融衍生产品法律、法规的建设。

(1)在立法方面,针对金融衍生产品的风险性和复杂性,应尽快制定和完善相关法律、法规,对金融衍生产品设立专门性法律,出台统一的《金融衍生产品交易法》,以保证金融衍生产品交易规范、稳定发展。

(2)制定和完善有关金融衍生产品创新的法律。创新赋予了金融衍生产品旺盛的生命力,也带来了风险。因此,对于创新应该在方案上充分论证,有法律依据,并具有严密的监控措施。

(3)制定有关衍生金融产品风险管理的法律,使风险管理主体的职责分工、管理程序、规则的制定都受到相应的法律约束和指引,为金融衍生产品的发展创造一个良好的法律政策环境。

3. 加强内部控制与风险管理

为防范金融衍生产品的风险,避免出现重大风险和过失,交易主体应建立科学、有效的风险控制机制,提高风险管理水平。

(1) 积极完善内部控制分为两方面。一方面,建立激励与约束机制,明确奖惩制度,将企业的发展与员工的切身利益联系起来;另一方面,通过严格的规章制度,形成合理高效的内部风险控制机制。对交易程序严格控制,实行前台交易与后台管理相分离,对交易员的权限进行明确的限定,建立高效独立的信息通道。

(2) 加强对金融衍生产品的风险管理。首先,应设立独立的风险监控部门。由于金融衍生产品交易具有很高的风险性与投机性,参与交易机构应成立专门的风险管理部门,有效地管理和控制风险。其次,建立完善的风险管理流程。全面准确度量与评估风险,限定风险承担水平,并适时监控,对风险管理流程定期检查,以便有效地管理风险。比如对于市场风险可用风险价值方法来度量,利用分散化方式降低信用风险,借助完善的内部管理并健全交易程序减少操作风险;通过深入地研究和分析相关法律、法规,有效管理和降低法律风险。此外,估计可能出现的极端情况下的风险状况,建立预警机制,采取有效的应急措施,以增强抵抗风险的能力。

案例分析

金融衍生产品交易案例

金融衍生产品交易案例1——"中航油(新加坡)事件"

一、"中航油事件"回顾

2003年下半年:中国航油公司(新加坡)(以下简称中航油)开始交易石油期权(option),最初涉及200万桶石油,中航油在交易中获利。

2004年一季度:油价攀升导致公司潜亏580万美元,公司决定延期交割合同,期望油价能回跌;交易量也随之增加。

2004年二季度:随着油价持续升高,公司的账面亏损额增加到3 000万美元左右。公司因而决定再延后到2005年和2006年才交割;交易量再次增加。

2004年10月:油价再创新高,公司此时的交易盘口达5 200万桶石油;账面亏损再度大增。

10月10日:面对严重资金周转问题的中航油,首次向母公司呈报交易和账面亏损。为了补加交易商追加的保证金,公司已耗尽近2 600万美元的营运资本、1.2亿美元银团贷款和6 800万美元应收账款资金。账面亏损高达1.8亿美元,另外已支付8 000万美元的额外保证金。

10月20日:母公司提前配售15%的股票,将所得的1.08亿美元资金贷款给中航油。

10月26日和28日:公司因无法补加一些合同的保证金而遭逼仓,蒙受1.32亿美元实际亏损。

11月8日到25日:公司的衍生商品合同继续遭逼仓,截至25日的实际亏损达3.81亿美元。

12月1日,在亏损5.5亿美元后,中航油宣布向法庭申请破产保护令。

二、案例剖析——分析风险形成

中航油在这场腥风血雨中其实从一开始就种下了毁灭的种子,因为其从事的期权交易所面临的风险敞口是巨大的。就期权买方而言,由于风险一次性锁定,最大损失不过是业已付出的期权费,但收益却可能很大(在看跌期权中)甚至是无限量(在看涨期权中)。相反,对于期权卖方收益被一次确定了,最大收益限于收取买方的期权费,然而其承担的损失却可能很大(在看跌期权中),以致无限量(在看涨期权中)。至于在信用风险和流动性风险等方面期权合约与期货合约大致相似,只是期权风险可能还会涉及更多的法律风险与难度更大的操作风险。中航油却恰恰选择了风险最大的做空期权。

期权交易本身的高风险性使没有任何实践经验的中航油暴露在市场风险极高的国际衍生交易市场中。国际上,期权的卖方一般是具有很强市场判断能力和风险管理能力的大型商业银行和证券机构,而中航油显然不具备这种能力。由于中航油公司从事的是场外期权交易(OTC交易),交易双方都必须承担比交易所衍生品交易更大的信用风险,然而中航油的交易对手却是在信息收集和分析技术方面占绝对优势的机构交易者,其必然会充分利用自身的信息垄断地位来获利,几乎将信用风险全部转嫁到中航油身上。加上中航油所雇用的交易员竟全是外籍交易员,机密全部暴露,营运风险加剧,在这种强势对手面前,公司无疑处于绝对劣势地位。总裁陈久霖的贪婪心理导致了公司严重违规操作面临一系列的法律风险,因为其从事的石油期权投机是我国政府当时明令禁止的。1999年6月,国务院发布的《期货交易管理暂行条例》规定:"期货交易必须在期货交易所内进行。禁止不通过期货交易所的场外期货交易。""国有企业从事期货交易,限于从事套期保值业务,期货交易总量应当与其同期现货交易量总量相适应。"2001年10月,证监会发布的《国有企业境外期货套期保值业务管理制度指导意见》规定:"获得境外期货业务许可证的企业在境外期货市场只能从事套期保值交易,不得进行投机交易。"中航油的期权交易远远超过远期套期保值的需要,属于纯粹的博弈投机行为。

三、深层原因分析——总结经验教训

一个因成功进行海外收购曾被称为"买来个石油帝国"的企业,却因从事投机交易而造成5.54亿美元的巨额亏损而倒闭;一个被评为2004年新加坡最具透明度的上市公司,其总裁却被新加坡警方拘捕,接受管理部门的调查;中国苦心打造的海外石油旗舰遭遇重创,中国实施"走出去"战略受到延误……造成这一切美梦破灭的原因到底是什么?联系第五部分提出的观点,可以将此次事件归结为以下三点。

1. 管理层风险意识淡薄

企业没有建立起防火墙机制,即在遇到巨大的金融投资风险时,没有及时采取措施,进行对冲交易来规避风险,而是在石油价格居高不下的情况下采用挪盘的形式,继续坐等购买人行使买权,使风险敞口无限量扩大直至被逼仓。正如前面所提到的,公司财务部在面临这种风险威胁时应当发挥其作用,必须获得独立监控金融业务部门资金出入和头寸

盈亏的权力,在亏损突破止损限额后直接向董事会报告,并停止为亏损头寸追加保证金,在风险已经显露时及时筑起一道防火墙,规避市场风险。另外,事实上公司是建立起了由安永会计事务所设计的风控机制来预防流动、营运风险的,但因为总裁的独断专行使得当公司在市场上"血流不止"的时候,该机制完全没有启动,造成制定制度的人却忘了制度对自己的约束的局面,那么就有必要加强对企业高层决策权的有效监控,保障风控机制的有效实施。

2. 企业内部治理结构存在不合理现象

此次惨痛损失"归功"于一人,那就是中航油总裁,曾被《世界经济论坛》评选为"亚洲经济新领袖"的陈久霖,原因在于手中权力过大,绕过交易员私自操盘,发生损失也不向上级报告,长期投机违规操作酿成苦果。而在"一人集权"的表象下也同时反映了公司内部监管存在重大缺陷。中航油公司有内部风险管理委员会,其风险控制的基本结构是:实施交易员-风险控制委员会-审计部-CEO-董事会,层层上报,交叉控制,每名交易员亏损20万美元时,要向风险控制委员会汇报,亏损37.5万美元时,要向CEO汇报,亏损达50万美元时,必须平仓,抽身退出。从上述架构中可以看出,中航油的风险管理系统从表面上看确实非常科学,可事实并非如此,公司风险管理体系的虚设导致对陈久霖的权力缺乏有效的制约机制。

另外,在信息披露方面,中航油集团也没有向投资者披露公司所面临的真实的财务风险。这次实际操作中,损失5亿多美元时,中航油才向集团报告,而批准中航油套期保值业务的集团,在事发后私下将15%股权折价配售给机构投资者,名义是购买新加坡石油公司的股权,事实上这笔1.08亿美元的资金却贷给了中航油用于补仓。令人惊讶的是,中航油在2004年11月公布的第三季度财务状况中依然做出下列判断:"公司确信2004年的盈利将超过2003年,达到历史新高。"此行为不仅没有"亡羊补牢",反而用一个新错误去填补了一个旧错误。

3. 外部监管失效

截至2004年10月10日,中航油发现已经纸包不住火,不得不向集团开口之前,它所从事的巨额赔本交易都从未公开向投资者披露过,上市公司的信息披露义务已然成为了可有可无的粉饰手段,使外部监管层面的风险控制体系也成为一种摆设。1998年国务院曾颁布《国有企业境外期货套期保值业务管理办法》,其中规定,相关企业不但需要申请套期保值的资金额度以及头寸,每月还必须向证监会以及外管局详细汇报期货交易的头寸、方向以及资金情况。显然,中航油并没有这样做。中国证监会作为金融期货业的业务监管部门对国企的境外期货交易负有监管责任,那么,在内控制度缺失的情况下,作为最后一道防线,外部监管的重要性是不言而喻的,但中航油连续数月进行的投机业务竟然没有任何监管和警示,也暴露出当时国内金融衍生工具交易监管的空白。此外,国际金融监管加强合作也是一种趋势,若此次事件中,中国和新加坡两国监管部门可以密切及时地合作,相互信任至少也能将损失控制在最低范围内了。

从以上案例不难看出,金融衍生工具交易中形成的风险足以给一个庞大的机构造成致命的冲击。中航油整起事件与它的内部控制制度不健全、高层管理者严重越权违规操作、公司内部监管和审查机制都没有发挥应有的作用不无关系。因此,结合案例我们可以发现,衍生工具本身的复杂和创新性使任何单方面的风险控制措施都不能有效地降低交易风险,所以针对不同工具事先做好风险监控、建立一个全面有效的内控机制、再加大加强政府外部监督监管措施,对于金融衍生交易市场能够正常运作、防范个体风险影响整个市场是十分必要的。

金融衍生产品交易案例2——中信泰富衍生工具损失案

一、事件回顾

中信泰富有限公司(CITIC Pacific Limited,股票代码00267,以下简称中信泰富)是一家香港证券市场久负盛名的老牌蓝筹公司。2007年,公司全年净利润较前一年上升了31.08%,达108.43亿港元;每股收益较2006年增长30.24%,达4.19港元;每股净资产较2006年增长27.62%,达27.03港元,受到投资者的热烈追捧。然而,2008年10月20日,中信泰富却发布了一条令世人震惊的公告:公司于2008年7月1日,为降低澳大利亚铁矿项目面对的货币风险,签订了若干份杠杆式澳元衍生品交易合约,合约总金额达到94亿澳元。由于9月之后澳元对美元的汇率大幅下挫了1/3,这些合约已经酿成逾百亿港元的亏损;截至2008年10月17日,合约的已变现部分亏损为8.07亿港元,合约的未变现部分按公允价值计亏损为147亿港元,二者共计亏损155.07亿港元。

消息传出,引发市场的强烈反应,10月21日中信泰富的股价大跌55.1%,报收于6.52港元,一天之内市值从318.4亿港元,暴跌至不足143亿港元,市值蒸发超过一半。随后,花旗、高盛、摩根大通等国际著名评级机构纷纷将中信泰富的评级下调至卖出或减持,中信泰富的蓝筹股地位受到严重威胁。为了挽救上市公司,重拾投资者信心,事发后中信泰富的大股东中信集团公司及时伸出了援手,除为中信泰富紧急安排15亿美元的备用信用额度之外,还将中信泰富名下的杠杆式澳元衍生品合约转至集团公司,为其"兜底",使中信泰富的损失锁定在156亿港元左右。然而,事情并没有到此为止,由于澳元汇率继续下跌,这些杠杆式澳元衍生品交易的亏损仍在继续扩大。有专家指出,如果澳元对美元汇率下跌到2001年的0.5水平,那么中信泰富杠杆式澳元衍生品交易的亏损总额可能扩大到260亿港元。由于中信集团出面兜底,这意味着中信集团可能要承担多至上百亿港元的损失。为此,一向稳健的中信集团公司的基础信用受到影响。11月18日,穆迪投资者服务公司将中信集团公司的基础信用风险评估等级由"11"调整至"12",长期外币高级债务评级由Baa1下调至Baa2。截至11月28日,中信泰富的股票价格仍然处于5.22元的低位,较10月21日又下跌了19.94%,市场上的恐慌气氛还未散去,戒备心理犹存,公众投资者信心的恢复还需要漫长的时日。

二、事件分析

中信泰富为什么要签订这些杠杆式澳元衍生品交易合约?中信泰富在一份高层个人声明中指出,公司由于目前正在澳大利亚建一个铁矿石项目,为了支付从澳大利亚和欧洲购买的设备和原材料,需要澳元和欧元,签订衍生品合约的目的是锁定需要支付的外汇的成本。于10月20日发布的公司公告披露了这些杠杆式衍生品合约的部分内容。这些合约中,金额最大并且给公司带来最大损失的合约称为澳元累计目标可赎回远期合约。这份2010年10月到期的合约规定,中信泰富可以行使的澳元兑美元汇率为0.87,当澳元兑美元汇率高于0.87时,中信泰富可以以0.87的比较便宜的汇率获得澳元,赚取汇率差价;而当澳元兑美元汇率低于0.87时,中信泰富也必须以0.87的高汇率水平继续向对家买入澳元。每份澳元累计目标可赎回远期合约规定了中信泰富可收取的最高利润(幅度介于150万~700万美元),当达到这一利润水平时,合约自动终止,中信泰富不能再以0.87的汇率获得澳元;但如果该汇率低于0.87,却没有类似的自动终止协议,中信泰富必须不断以0.87的汇率接盘,直至接收的澳元金额达到九十亿五千万澳元为止。

这份合约能够起到管理层期望的锁定澳元成本、降低交易风险的作用吗?事实证明它不但没起到保值的作用,反而给公司带来了灾难。不难看出,按照这份合同,当澳元兑美元的汇率高于0.87的时候,中信泰富可以赚到一些钱,但是这是有上限的,根据中信泰富10月20日的公告,可能的最高获利总额约为5150万美元;然而,如果汇率低于0.87,则中信泰富仍然需要按照0.87的汇率购入澳元,潜在的亏损可以高达数十亿美元!显然,这份合同本身具有极高的风险性,除非澳元升值的概率十分大,否则公司会面临巨额的赔偿。我们有理由相信,中信泰富在签订这项合同的时候,对澳元的走强是抱着绝对的信心的。然而澳元的大幅下跌这一当初认为不可能发生的事件毕竟还是发生了,巨亏就此酿成。

对于跨国经营企业而言,如果拥有外汇债务,未来需要购入外汇(如本案例中信泰富需要支付澳元从澳大利亚购买设备),可以采取的锁定成本的方法有远期市场套期保值、期货市场套期保值、货币市场套期保值、期权市场套期保值等方法。以中信泰富为例,根据2008年10月20日公司的公告,预计澳大利亚铁矿项目未来的资本开支及年度营运开支合计约为26亿澳元,则可以采取以下措施。

(1)远期市场套期保值。公司可以与银行签订远期澳元交易合同,规定一个澳元兑美元的远期汇率,合同金额为26亿澳元。到期时,公司可以按照合同约定的汇率向银行购买26亿澳元,用于项目的支付。

(2)期货市场套期保值。为了避免澳元升值造成未来美元现金流出的增加,公司可以购买合约总金额为26亿澳元的期货合约。如果澳元升值,则期货合同的盈利可以弥补现货交易的亏损;反之,如果澳元贬值,则现货交易的盈利可以弥补期货合同的亏损。

(3)货币市场套期保值。公司可以从银行借入适量的美元并将其兑换为澳元,然后将澳元存入银行用于将来的支付(到期时存入银行的澳元的本息和正好为26亿澳元)。到期时在支付澳元的同时还要归还借入的美元的本金和利息。这种方法需要事先根据澳元的存款利率以及澳元兑美元的即期汇率计算出应借入的美元的数量。

(4)期权市场套期保值。公司可以买入澳元的看涨期权合约,合约总金额为26亿澳元。这种方法需要公司事先支付一定的权利金,期权合同里规定了一个固定的澳元兑美元的汇率,亦即澳元期权合约的执行价格。到期时,如果澳元兑美元的即期汇率高于执行价格,则公司可以按照执行价格购入澳元,可以节约成本;如果澳元兑美元的即期汇率低于执行价格,则公司可以放弃权利,直接从外汇市场上以市场汇率购买澳元。

这几种方法各有优缺点,但是都是常用的避险方法,大体上都可以满足跨国经营企业锁定外汇成本的需要,反观中信泰富签订的澳元累计目标可赎回远期合约,存在以下问题。

(1) 合约的总金额(合约头寸)与实际业务的总金额(实际业务头寸)不相匹配。中信泰富的澳元累计目标可赎回远期合约的最高接收金额为九十亿五千万澳元,而未来需要支付的澳元总金额只有 26 亿澳元左右,前者是后者的三倍有余。如果中信泰富签订的澳元远期合约的总金额只有 26 亿澳元,则澳元下跌造成的亏损也不会超过目前损失的 1/3。

(2) 与传统的外汇期权合约不同,中信泰富签订的澳元累计目标可赎回远期合约不但赋予了公司买入澳元的权利,同时还规定了公司买入澳元的义务,亦即,中信泰富的澳元远期合约实质上是同时包括了买入看涨期权和卖出看跌期权。作为期权的买方,当澳元兑美元的汇率超过 0.87 时,中信泰富有权按照 0.87 的汇率购入澳元;作为期权的卖方,当澳元兑美元的汇率低于 0.87 时,中信泰富有义务按照 0.87 的汇率购入澳元。如果中信泰富采用传统的澳元期权合约,仅买入一个看涨期权,则假若澳元下跌,损失仅为支付的权利金而已。然而中信泰富的澳元远期合约里还包括了一项卖出看跌期权,虽然可以收取一定的期权费,但也使公司承担了巨大的风险,并最终付出了巨大的代价。套期保值的操作原则包括商品种类相同原则、商品数量相等原则、交易方向相反原则等。中信泰富签订的澳元衍生品交易合约违反了数量相等原则和交易方向相反原则,不符合套期保值的要求。事实上,从合约头寸远大于实际业务的头寸、卖出看跌期权等内容来看,中信泰富的澳元交易合约具有很强的投机色彩。中信泰富 10 月 20 日的公告里也指出这些外汇合约不符合对冲保值的会计准则,因而于会计期末必须按照公允价值计价。合约的巨大风险性和投机性显然与中信泰富高层个人声明中指出的锁定成本的目标存在矛盾。对于合约中存在的这么明显的问题,公司为何事先没有觉察到并加以修正呢?中信泰富的主席个人声明指出,这些外汇合约的签订,没有经过合理的授权。公司 10 月 20 日的公告指出,公司于 9 月 7 日才发现了有关情况,并采取补救行动。公司审计委员会调查结果显示,负责集团对冲策略的财务董事没有按照既定的程序事先获得主席许可就进行外汇交易,超越了职权范围;而财务总监没有尽到监督责任,也没有提醒主席有不寻常的对冲交易。声明并指出,这些合约中潜在的最大风险也没有被正确地估计到。由此可见,中信泰富在公司治理和风险控制方面存在较大的漏洞,这无疑是造成中信泰富巨亏悲剧的重要因素。

思 考 题

一、名词解释

金融衍生工具　金融远期　金融期货　金融期权　金融互换合约　远期利率协议　远期汇率协议　远期价格　流动性风险　金融远期合约　利率交换　货币互换　风险价值

二、问答题

1. 金融衍生工具的主要功能是什么?

2. 与远期交易相比,金融期货交易的特征是什么?
3. 期权合约的特征是什么?
4. 简述金融衍生工具的风险类型。
5. 金融衍生工具的风险管理目标有哪几个?
6. 论述我国金融衍生产品的风险管理。
7. 简述金融衍生工具的分类和基本特性。
8. 简述金融衍生工具产生和发展的主要原因。

三、讨论题

试论述我国金融衍生品的发展现状,以及在新形势下我国金融衍生品的风险管理。

第六章 证券投资组合风险管理

```
                                    ┌─ ✓证券收益率和风险测定
                                    │  ✓影响证券组合风险的因素
                                    │  ✓证券投资风险概述
                      ┌─ 资产组合理论 ─┤  ✓现代资产组合理论
                      │              │  ✓无风险借贷对有效集的影响
                      │              │  ✓现代证券投资组合理论的局限性
                      │              └─ ✓资产组合管理理论对中国的现实意义
                      │
                      │                 ✓资本资产定价模型的假设
                      │                 ✓分离定理
                      │                 ✓市场组合
第                    │                 ✓资本市场线（CML）
六                    │                 ✓证券市场线（SML）
章                    │                 
证 ───────────────────┼─ 资本资产定价理论 ─┤ ✓资本市场线与证券市场线的关系
券                    │                 ✓β系数
投                    │                 ✓资本资产定价模型的扩展
资                    │                 ✓资本资产定价模型的意义
组                    │
合                    │                 ✓指数模型
风                    │                 ✓套利定价理论
险                    └─ 指数模型与      ─┤ ✓我国的证券投资组合风险
管                        套利定价理论      管理的现状及存在的问题
理                                      ✓针对我国证券市场的现状
                                         提出的措施
```

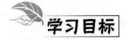

- 理解证券收益率和风险的测定、影响证券组合风险的因素、证券投资风险的概述、现代资产组合理论,掌握无风险借贷对有效集的影响、现代证券投资组合理论的局限性、资产组合管理理论对中国的现实意义;
- 掌握资本资产定价模型的假设、分离定理、市场组合、资本市场线(CML)证券市场线(SML)、资本市场线与证券市场线的关系、β系数,了解资本资产定价模型的扩展、资本资产定价模型的意义;
- 掌握指数模型、套利定价理论,了解我国的证券投资组合风险管理的现状及存在的问题,以及针对我国证券市场的现状提出的措施。

第一节 资产组合理论

资产有两种,一种是实物资产,如汽车和房子。另一种是金融资产,如股票和基金。投资者在拥有一定的资金时会选择各种资产并组合。投资者在选择资产时关心的是不同的资产组合方法将会对未来所获得的财富水平产生的影响,这就涉及了资产的组合。证券组合是由一种以上的有价证券所构成的,包含有价股票、有价证券、债券等。证券组合主要是为了在保证风险不增加的前提下实现收益的增加,这就要求投资者在进行证券组合时能够准确地进行投资的分配,确定投资的比例,使收益率增加并且降低风险。

一、证券收益率和风险的测定

(一)单一证券收益率和风险的测定

1. 单一证券收益率的测定

1)一般证券的收益率测定

投资者在一定时期内投资于某一证券的收益率测定公式为

$$R = \frac{W_1 - W_0}{W_0} \tag{6-1}$$

其中 R 表示单一证券的收益率;W_0 表示初期购买证券时的价格成本;W_1 表示期末财富数量。这个公式表示的是一定时期内投资者的收益状况确定后所计算出来的投资收益率,但是当投资涉及现在对未来的决策时,收益率就变成一个不确定的量,投资者大多是进行预测和估计,此时公式就变为

$$E(R) = \frac{E(W_1) - W_0}{W_0} \tag{6-2}$$

例:某投资者购买了总价为 100 元的股票,投资期内该股票向投资者支付 7 元现金股利,一年后,该股票价格上涨到 106 元,则一年后投资收益率为

$$R = \frac{W_1 - W_0}{W_0} = \frac{(106 + 7) - 100}{100} = 13\%$$

2）股票的收益率测定

股票收益等于股票红利收益和价差收益之和，因此其计算公式为

$$R = \frac{(D_t + P_t - P_{t-1})}{P_{t-1}} \tag{6-3}$$

其中 R 指股票的收益率；D_t 表示在 t 时期股票的红利收入；P_t 表示在 t 时刻股票的价格；P_{t-1} 表示起初的价格。

2. 单一证券风险的测定

风险是指投资者投资于某种资产后实际收益率的不确定性，实际收益率与预期收益率的偏差越大，投资于该种资产的风险也就越大。

在统计学的方法中，证券的风险通常是由该证券的预期收益率的方差或标准差决定的：

方差 σ^2 公式为

$$\sigma^2 = \sum_{i=1}^{n}[R_i - E(R)]^2 P_i \tag{6-4}$$

标准差 $\sigma = \sqrt{\sum_{i=1}^{n}[R_i - E(R)]^2 P_i} \tag{6-5}$

式中：σ 代表风险；R_i 代表所观察到的收益率；$E(R)$ 代表收益率的期望值，即预期收益率；P_i 代表各个收益率 R_i 出现的概率。

（二）双证券组合收益率和风险的测定

1. 双证券组合收益率的测定

如果投资者将资本投资于两种不同的证券 A 和 B，其比重分别为 W_A 和 W_B，则由于投资者将全部资金只投资于这两种证券，因此其权重之和为

$$\omega_A + \omega_B = 1$$

可知双证券组合的预期收益率是组成这个组合的两种证券的预期收益率的加权平均数，即

$$E(R_P) = \omega_A E(R_A) + \omega_B E(R_B)$$

其中 $E(R_P)$ 表示双证券组合的预期收益率；$E(R_A)$ 指证券 A 的预期收益率；$E(R_B)$ 是证券 B 的预期收益率。

2. 双证券组合风险的测定

双证券组合的风险不能简单地等于单个证券风险以投资比重为权数的加权平均数，因为两个证券的风险具有相互抵消的可能性。这就需要引进协方差和相关系数的概念。

1）协方差

协方差是表示两个随机变量之间关系的变量，它是用来确定证券组合收益率方差的一个关键性指标，反映了两个证券收益率之间的走向关系。若以 A、B 两种证券组合为例，则其协方差为

$$\text{COV}(R_A, R_B) = \frac{1}{n}\sum_{i=1}^{n}[R_{Ai} - E(R_A)][R_{Bi} - E(R_B)] \tag{6-6}$$

式中：R_{Ai} 代表证券 A 的收益率；R_{Bi} 代表证券 B 的收益率；$E(R_A)$ 代表证券 A 的收益

率的期望值;$E(R_B)$代表证券 B 的收益率的期望值;n 代表证券种类数;$COV(R_A,R_B)$代表 A、B 两种证券收益率的协方差。如果当两个证券的协方差为正值时,则表示证券 A 和 B 的收益率趋势是一致的,如果当两种证券的协方差为负时,则两种证券的收益率变动趋势相反,即一种证券的收益率上升,另一种证券的收益率必然下降。

2)相关系数

相关系数也是表示两证券收益变动相互关系的指标。它是协方差的标准化。其公式为

$$\rho_{AB} = \frac{COV(R_A, R_P)}{\sigma_A \sigma_B} \times 100\%$$

$$COV(R_A, R_B) = \rho_{AB} \sigma_A \sigma_B \qquad (6-7)$$

相关系数的取值范围介于-1与$+1$之间,即当取值为-1时,表示证券 A、B 收益变动完全负相关;当取值为$+1$时,表示证券 A、B 完全正相关;当取值为 0 时,表示变动完全不相关;当 $0<\rho_{AB}<1$ 时,表示正相关;当 $-1<\rho_{AB}<0$ 时,表示负相关。

3)双证券组合的风险

双证券投资组合的风险同样也是由该证券投资组合预期收益率的方差和标准差来衡量。

(1)当$\rho_{AB}=+1$时,两种证券的收益率变动完全正相关,此时

$$\sigma_p^2 = \omega_A^2 \sigma_A^2 + \omega_B^2 \sigma_B^2 + 2\omega_A \omega_B \rho_{AB} \sigma_A \sigma_B = (\omega_A \sigma_A + \omega_B \sigma_B)^2$$

(2)当$\rho_{AB}=0$时,两种证券的收益率变动完全不相关,此时

$$\sigma_p^2 = \omega_A^2 \sigma_A^2 + \omega_B^2 \sigma_B^2 + 2\omega_A \omega_B \rho_{AB} \sigma_A \sigma_B = \omega_A^2 \sigma_A^2 + \omega_B^2 \sigma_B^2$$

(3)当$\rho_{AB}=-1$时,两种证券的收益率变动完全负相关,此时

$$\sigma_p^2 = \omega_A^2 \sigma_A^2 + \omega_B^2 \sigma_B^2 + 2\omega_A \omega_B \rho_{AB} \sigma_A \sigma_B = (\omega_A \sigma_A - \omega_B \sigma_B)^2$$

$$\sigma_p = |\omega_A \sigma_A - \omega_B \sigma_B|$$

可以看出当两种证券完全负相关时,风险可以大大降低,在合理的比例时甚至能完全消除风险。

【例 6-1】 某企业为了分散投资风险,进行投资组合,有四个备选方案,甲方案的相关系数为-1,乙方案相关系数为$+1$,丙方案$+0.5$,丁方案-0.5,问哪个好?

3. 两个证券收益率、风险和相关系数之间的关系(图 6-1)

(三)三个证券组合收益率和风险的测定

1. 三个证券组合的预期收益率

$$R_p = \omega_1 R_1 + \omega_2 R_2 + \omega_3 R_3 \qquad (6-8)$$

式中,ω_i 是第 i 个证券在证券组合中所占的比重;R_i 是第 i 个证券的预期收益率。$i=1,2,3$。

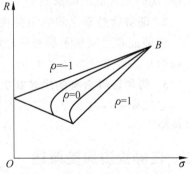

图 6-1 两个证券收益率、风险和相关系数之间的关系

2. 三个证券组合风险的测定

三个证券组合风险可以表示为

$$\sigma_p^2 = \omega_1^2\sigma_1^2 + \omega_2^2\sigma_2^2 + \omega_3^2\sigma_3^2 + 2\omega_1\omega_2\sigma_{12} + 2\omega_1\omega_3\sigma_{13} + 2\omega_2\omega_3\sigma_{23} \tag{6-9}$$

其中 ω_i 是第 i 个证券在组合中所占的比重;σ_i 是第 i 个证券的标准差;σ_{ij} 是第 i 个和第 j 个证券的协方差,$i,j=1,2,3$。

(四) 多个证券收益率和风险的测定

1. 多个证券组合收益率的测定

证券组合的预期收益率就是组成该组合的各种证券的预期收益率的加权平均数,权数是投资于各种证券的资产数占总投资额的比重:

$$E(R_P) = \sum_{i=1}^{n} \omega_i E(R_i) \tag{6-10}$$

其中 $E(R_P)$ 表示证券投资组合的预期收益率;$E(R_i)$ 表示投资组合中第 i 种证券的预期收益率;ω_i 表示投资于第 i 种证券的资产数占总投资额的比重。

2. 多个证券组合风险的测定

多种证券构成的证券投资组合的预期收益率的方差可以用双和公式表示,即

$$\sigma_p^2 = \sum_{i=1}^{n}\sum_{j=1}^{n} \omega_i\omega_j\sigma_{ij} = \sum_{i=1}^{n}\sum_{j=1}^{n} \omega_i\omega_j\rho_{ij}\sigma_i\sigma_j \tag{6-11}$$

其中 σ_p^2 表示证券投资组合的方差,是衡量风险的;σ_{ij} 表示证券投资组合中某两种证券的协方差;ρ_{ij} 表示证券投资组合中某两种证券的相关系数;σ_i 表示证券投资组合中某种证券的标准差。

二、影响证券组合风险的因素

1. 每种证券的投资额占总投资额的比重

由于每种证券的收益率和风险各不相同,因此需要确定每一种证券在投资中所占的比例,从而实现低风险高收益的组合。

2. 证券收益率之间的相关性

各种证券之间很多都有一定的相关性,因此在选择证券组合时要尽量利用证券收益之间的相关性来使收益最大化。

3. 每种证券自身的风险状况

在选择证券时要充分考虑到每种证券的风险状况,尽量选择风险较低的进行投资,减少风险。

三、证券投资风险概述

(一) 证券投资风险的来源

证券市场是一个高风险的市场,因为证券市场有很大的波动性、不确定性。

1. 证券市场风险控制难度较大

证券市场涉及面广、敏感度高、社会中的很多变化都会对风险积聚产生影响,重大的政治、经济事件都可能触发危机,对市场上很多风险因素难以把握。主观上,受监管能力

和自律程度的局限,各种违规行为难以杜绝。

2. 证券市场运作的复杂性导致了证券价格的波动

证券市场的运作过程实际上是市场供给与需求之间由不平衡到平衡、由平衡到不平衡的循环往复过程,但与其他商品市场不同的是,证券市场的供需主体及决定供需变化的因素与机制更加复杂。从市场构成来看,包括发行主体、交易主体、中介机构等,代表着不同的利益群体,内部运作机制各不相同。从市场参与者来看,从政府、企业到个人,他们在市场中的地位、对市场的熟悉程度、对市场的要求千差万别。从交易工具来看,有债权、股票、基金及金融衍生品等,这些因素共同造成了证券市场的价格难以捉摸。

3. 证券的本质决定了证券价格的不确定性

从本质上来说,证券是一种价值符号,其价格是市场对资本未来预期收益的折现,其预期收益受利率、汇率、通货膨胀率、所属行业的前景、经营者能力、个人及社会心理等多种因素的影响,难以准确估计,从而价格也具有较强的不确定性。

4. 投机行为加剧了证券市场的不稳定性

在证券市场的运作过程中,投资与投机的行为是同时产生的。投机资本追逐利润的行为加剧了市场价格波动。

(二)风险的划分及衡量

金融投资的总体风险可以划分为系统性风险与非系统性风险。

1. 系统性风险

系统性风险是指由于某种全局性的因素而对所有证券的收益率都产生作用的风险。这种风险来源于宏观方面的变化,对金融市场总体产生影响,因而不可能通过证券投资组合的方式来加以分散,又称为宏观风险、不可分散性风险。系统风险包括狭义的市场风险、利率风险、汇率风险、购买力风险和政策风险等。

(1) 狭义的市场风险。狭义的市场风险是指由市场证券行情变化所引起的风险。引起证券市场行情的变化因素有很多,政治局势、经济周期、证券市场中的操作行为等都可以带来整个市场行情的大起大落。

(2) 利率风险。利率变动是影响证券价格的重要因素。利率变动会使证券需求量发生变化,从而导致市场供求关系的变化,导致价格波动,形成风险。一般情况下利率上升,资金流入证券市场减少,会引起证券价格下跌,反之则上涨。

(3) 汇率风险。外汇汇率受各国财政政策、货币政策以及供求关系等因素的影响而发生变动,因而当投资者投资于以外币为面值发行的有价证券时,就承担了货币兑换引起的汇率风险。

(4) 购买力风险。又称通货膨胀风险,是指由于通货膨胀使货币贬值而给投资者带来的实际收益率水平的下降,在发生通货膨胀时,随着商品价格的上升,证券价格也会在一段时间内上升,虽然投资者获得的收入比以往多,但是由于货币贬值,投资者的真实收益没有增加反而会下降。

(5) 政策风险。政策风险是指由于国家政策变动而给投资者带来的风险。通常可以用 β 系数测定系统性风险。单个证券的 β 系数是用单个证券收益率与市场组合收益率的协方差除以市场组合收益率的方差：$\beta_i = \dfrac{\sigma_{iM}}{\sigma_M^2}$ 其中 β_i 表示证券 i 的系数；σ_{iM} 表示证券 i 的收益率与市场组合收益率的协方差；σ_M^2 表示市场组合收益率的方差。由于系统性风险无法通过多样化投资来分散，因此一个证券组合的 β 系数就等于该组合中各种证券的 β 系数的加权平均数。β 系数说明单个证券系统性风险与市场组合系统性风险的关系。

$\beta=1$ 说明该证券系统风险与市场组合风险一致；$\beta>1$ 说明该证券系统风险大于市场组合风险；$\beta<1$ 说明该证券系统风险小于市场组合风险；$\beta=0.5$ 说明该证券系统风险只有整个市场组合风险的一半；$\beta=2$ 说明该证券系统风险是整个市场组合风险的两倍；$\beta=0$ 说明没有系统性风险。

2. 非系统性风险

非系统性风险是由个别公司特殊状况造成的风险，这类风险只与公司本身有关，而与整个市场没有关联。因此投资者可以根据投资组合的方式弱化甚至完全消除这部分风险，也称为微观风险、可分散性风险。具体包括财务风险、信用风险、经营风险和偶然事件风险等。

（1）财务风险。财务风险是因企业的筹集方式不同而带来的风险。企业所需资金一般来自发行股票和债券两个方面。其中债务的利息负担是一定的，如果债务过大就会因资本利润率低于利息率使股东可分配的股息减少。

（2）信用风险。信用风险又称违约风险，是指企业在债务到期时不能还本付息而产生的风险。

（3）经营风险。经营风险是指由于企业经营方面的问题造成盈利水平下降而给投资者带来的风险。在市场竞争中，企业的经营方针、管理水平、市场占有率等都经受着严峻的考验。这些问题往往会给投资者带来风险。

（4）偶然事件风险。偶然事件风险是突发性风险，这种风险是绝大多数投资者事先无法预料的，其剧烈程度和时效性也因事而异。

四、现代资产组合理论

现代资产组合理论也称为现代证券投资组合理论、证券组合理论或投资分散理论。现代资产组合理论有广义和狭义之分，狭义的资产组合理论是 1952 年美国经济学家哈里·马柯维茨（Harry Markowits）提出的，他的题为《投资组合选择》的著名论文，代表着现代资产组合理论的产生。它研究的是投资者对资产的选择以及各种资产占投资总额的比例。该理论认为，有些风险与其他证券无关，分散投资对象可以减少个别风险，由此个别公司的信息就显得不太重要。个别风险属于市场风险，而市场风险一般有两种：个别风险和系统风险。广义的现代资产组合理论还包括了资产均衡定价（capital asset pricing model，CAPM）和无套利均衡定价等资本市场理论。

（一）证券投资组合理论的基本模型对投资者行为的假设

（1）投资者的不满足性：投资者在其他情况相同的两个投资组合中选择时，投资者会选择具有较高预期收益的组合。

（2）投资者厌恶风险：当面临其他条件相同的两种选择时，投资者会选择具有较低风险的组合,即标准差较小的组合。

(3) 投资者完全根据一段时期内投资组合的预期收益率和标准差来评价组合的优劣从而做出投资的决策。

(二) 现代投资组合的无差异曲线

投资者的一条无差异曲线表示能够给投资者带来相同满足程度的预期收益率与风险的不同组合。其无差异曲线具有如下特征:

(1) 无差异曲线的斜率是正的。这是因为收益给投资者带来正的效用,而风险则给投资者带来负的效用,因此,为了使投资者的满足程度相同,高风险的投资必须要有高的期望收益率。

(2) 无差异曲线是下凸的。这是由期望收益率的边际效用递减规律所决定的。也就是说,要使投资者冒增量的风险,给予他的补偿——期望收益率应该越来越高。

(3) 同一投资者有无限多条无差异曲线,位置越靠上的无差异曲线所代表的投资者满足程度越高。如图 6-2 所示,I_3 代表的满足程度最高,I_2 代表的满足程度次之,I_1 代表的满足程度最低。投资者的目标就是尽量选择位于左上方的无差异曲线上的投资组合。

(4) 同一投资者在同一时间、同一时点的任何两条无差异曲线都不能相交。一条给定的无差异曲线上所有组合表示的投资者的满意程度是相同的。

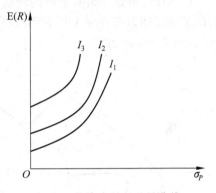

图 6-2 投资者的无差异曲线

虽然所有投资者都是风险厌恶者,但是每个人的厌恶程度是不一样的,因此不同厌恶程度的投资者所具有的无差异曲线的斜率是有区别的。因为无差异曲线的斜率反映了风险与收益之间的替代率,斜率越大,表明为了让投资者多冒同样的风险,必须给他提供的收益补偿也应越高,说明该投资者越厌恶风险;反之,斜率越小,表明该投资者厌恶风险的程度越轻。如图 6-3 所示。

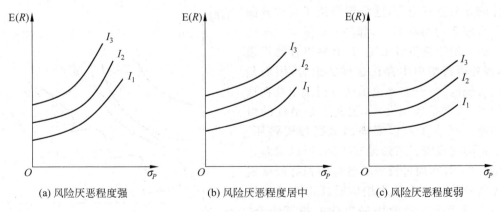

(a) 风险厌恶程度强　　(b) 风险厌恶程度居中　　(c) 风险厌恶程度弱

图 6-3 不同风险厌恶程度投资者的无差异曲线

（三）有效集

可行集是指由 N 种证券所构成的所有组合的集合，包含了所有的可能性组合。也就是说，由几种证券所构成的所有可能的组合将位于可行集的内部或边界上。一般来说可行集的形状呈伞状，如图 6-4 所示。

在相同的风险水平下，投资者会选择能够提供最大预期收益率的组合，而由于投资者是风险厌恶者，因此在预期收益率水平下，他们将会选择风险最小的组合。同时满足这两个条件的投资组合的集合就是有效集，也称有效边界或马柯维茨有效集。

有效集是可行集的一个子集，处于可行集的左上方边界上，如图 6-4 所示，B、N 两点之间上方的边界上的可行集就是有效集。

从有效集的图形可以看出有效集具有以下特点：

（1）有效集是一条向右上方倾斜的曲线，反映出证券投资中高风险、高收益的原则。

（2）有效集是一条向上凸的曲线，不可能存在凹陷的地方。这是因为，有效集是可行集的子集。所以有效集上任意两点再组合起来时仍然是可行的，也就是说两点之间可以连线，如图 6-5 所示。

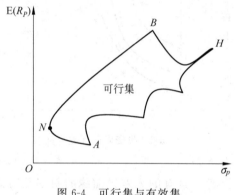

图 6-4　可行集与有效集

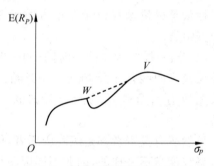

图 6-5　有效集不可能存在凹陷

（四）最优组合的确定

确定了有效集后，投资者就可以根据自己的无差异曲线群来选择使自己投资效用最大化的证券投资组合，这个组合位于无差异曲线与有效集的切点 E 上，如图 6-6 所示。

虽然对于投资者来说，I_3 上的组合效用最大，但是可行集中不存在这样的组合，因而是不能实现的；对于 I_1 来说虽然可行集中存在这样的组合，但是效用太小，因此不是最优的组合。而 I_2 代表了可以实现的最高投资效用。由于不同的投资者风险偏好不同，所以无差异曲线是不同的，通过投资者各自的偏好所确定的无差异曲线和有效集相切时就得到了能够满足投资者个人的效用最大化的投资组合。有效集上凸和无差异曲线下凹的特点决定了

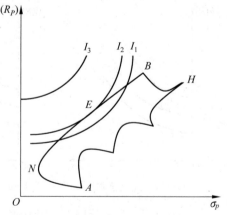

图 6-6　最优证券投资组合的确定

有效集和无差异曲线的切点只有一个,即最优投资组合是唯一的。但是对于不同的投资者来说由于其无差异曲线斜率的不同,最优组合的位置是不同的。风险厌恶程度越高的投资者无差异曲线的斜率越大,因此其最优投资组合越接近 N 点;反之则接近 B 点。

五、无风险借贷对有效集的影响

投资组合理论的基本模型讨论的是市场中仅存在风险资产可供投资者选择时,厌恶风险的投资者通过使其无差异曲线与有效集相切从而确定市场中存在的可以满足投资者最大效用的最优投资组合。但是在市场中除了风险资产外还存在无风险资产可供投资者选择,因此引入了无风险资产的借贷对有效集的影响。

(一) 无风险资产的定义

无风险资产是预期收益率确定且方差为零的资产,每一个时期的无风险利率等于它的预期值;无风险资产的预期收益率和任何风险资产的预期收益率之间协方差都是零,也就是说无风险资产与风险资产不相关。

这种固定收益而且没有风险的证券在现实中可能是由政府发行的短期债券,但是如果投资者在政府债券到期前就提前出手,这时政府债券也是有风险的,因为在持有期利率的变化是不可测的,所以面临着利率的风险。因此,只有投资者将政府债券持有到与债券到期期限相同才可以被看作无风险资产。

(二) 无风险资产贷出对有效集的影响

1. 投资于一种无风险资产和一种风险资产的情形

如果投资组合由一种无风险资产和一种风险资产构成时,此时的预期收益率为

$$E(R_P) = \sum_{i=1}^{n=2} \omega_i E(R_i) = \omega_1 E(R_1) + \omega_F E(R_F) \qquad (6\text{-}12)$$

标准差为

$$\sigma_p = \sqrt{\omega_1^2 \sigma_1^2 + \omega_F^2 \sigma_F^2 + 2\omega_1 \omega_F \sigma_{1F}} \qquad (6\text{-}13)$$

因为无风险资产方差 $\sigma_F^2 = 0$,而且无风险资产与任何风险资产之间的协方差 $\sigma_{1F} = 0$,所以可得

$$\sigma_p = \sqrt{\omega_1^2 \sigma_1^2} = \omega_1 \sigma_1,$$

即

$$\omega_1 = \frac{\sigma_p}{\sigma_1},$$

又由于

$$\omega_1 + \omega_p = 1,$$

代入整理后得

$$E(R_P) = E(R_F) + \frac{E(R_1) - E(R_F)}{\sigma_1} \sigma_P \qquad (6\text{-}14)$$

由此可以看出,一种无风险资产和一种风险资产构成的投资组合预期收益率是组合

风险的线性函数。大致可以表现为图 6-7。

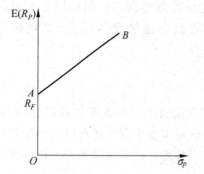

图 6-7 无风险资产与风险资产的组合

从图 6-7 中可以看出：对于任意一个由某种无风险资产和风险资产构成的投资组合，表示其相应的预期收益率和标准差的点都落在一条线段上，这条线段连接的是表示无风险资产和风险资产构成的投资组合的预期收益率和标准差的点，若 A 点表示无风险资产，B 点表示风险资产，由这两种资产构成的投资组合的预期收益率和风险一定落在 AB 这个线段上，因此 AB 连线也称为资产配置线。由于 AB 线段上的组合均是可行的，因此允许无风险贷款将大大扩大可行集的范围。

2. 投资于一种无风险资产和一个风险资产组合的情形（图 6-8）

假设风险资产组合 B 是由风险证券 C 和 D 组成的，根据可行集的分析，则 B 一定位于经过 C 和 D 两点向上凸出的弧线上。引入无风险贷款后，新的有效集由 AT 线段和 TD 弧线构成。其中 T 点是线段 AT 和弧线 CD 的切点。如图 6-9 所示。

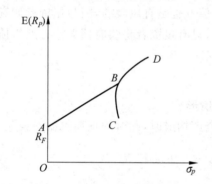

图 6-8 无风险资产与风险资产组合的情形

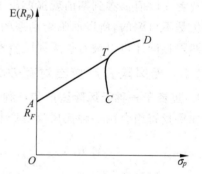

图 6-9 引入无风险贷款后的可行集与有效集

可以得出当投资者的投资包含风险资产和无风险资产时，投资者的可行集发生了变化，不再呈伞状，而变成若干条线段的组合。这些线段连接着表示无风险资产和风险资产所构成的投资组合的预期收益率和标准差的点。在新的可行集中符合马柯维茨有效集"收益一定时风险最小、风险一定时收益最大"的有效集就变为图 6-9 中的线段 AT 和弧线 TD。其中 AT 斜率是最大的。

最优风险实际上是使无风险资产与风险资产组合的连线斜率最大的风险资产组合。即目标是求：

$$\underset{\omega_a,\omega_b}{\text{Max}} \frac{E(R_1) - R_F}{\sigma_1}$$

其中：

$$R_1 = \omega_A R_A + \omega_B R_B$$
$$\sigma_1^2 = \omega_A^2 \sigma_A^2 + \omega_B^2 \sigma_B^2 + 2\omega_A \omega_B \rho \sigma_A \sigma_B$$

可以解得

$$\omega_A = \frac{[E(R_A)-R_F]\sigma_B^2 - [E(R_B)-R_F]\rho\sigma_A\sigma_B}{[E(R_A)-R_F]\sigma_B^2 + [E(R_B)-R_F]\sigma_A^2 - [E(R_A)-R_F+E(R_B)-R_F]\rho\sigma_A\sigma_B}$$

3. 引入无风险贷出对最优投资组合的影响

引入无风险资产后,不同风险厌恶程度的投资者的最优投资组合仍然是由投资者的无差异曲线与新的有效集的切点代表的投资组合来表示。对于风险厌恶程度轻的投资者来说,其投资组合的选择不受无风险贷款的影响,投资组合将选择无差异曲线与 DT 弧线的相切点 O 所代表的投资组合。如图 6-10 所示。

对于较厌恶风险的投资者来说将选择无差异曲线与 AT 线段相切的点所代表的投资组合,即 O_2。如图 6-11 所示。

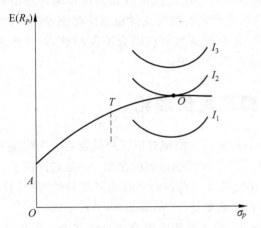

图 6-10　引入无风险贷出对最优投资组合的影响　　图 6-11　风险厌恶程度高的情况

可见,投资者的风险厌恶程度越高,投资组合点就越靠近 A 点,反之则靠近 D 点。

六、现代证券投资组合理论的局限性

(一) 理论假设的局限性

现代投资组合理论的假设条件要求很高,存在很大的局限性,有很多假定难以进行科学和客观的实证,很值得怀疑。例如,马柯维茨假定大多数理性投资者都是风险厌恶的,但是现实中的投资者的态度比假设的复杂得多。

(二) 风险观的局限性

现代投资组合理论风险观认为,风险是证券未来收益率变动的方差或是标准差。这一定义虽然使风险的含义非常明确并可以度量,但是这无异于将预期收益率有益于投资者的变动也划入了风险的范畴,使风险这一概念的提出更多地是为了满足数学的需要,而不是为了满足投资者对其真正面临风险进行规避的需要。

(三) 风险分散方式的局限

现代证券投资组合理论中,风险分散方式理论的提出使投资者可以通过各种非完全正相关证券的组合来对风险进行分散,以实现规避风险的目的。但是这个风险分散的前提是认为风险既无法改变也不能消灭,但是,在很多情况下很多风险可以通过主观的努力得到一定的改善,所以这一前提是不能够完全成立的。

(四)理论运用的局限

现代证券投资组合理论的运用条件要求非常高,必须要对证券市场的变化做出及时而准确的反应,但是在现有条件下是无法办到的。

七、资产组合管理理论对中国的现实意义

我国金融市场是一个新兴的市场,现在还存在诸多不完备之处,如市场结构层次贫乏、交易品种单一、金融法规有待完善等。但是随着金融体制的深化,金融机构的市场化程度必然会越来越高,市场机制将发挥越来越重要的作用。我国现在实行市场化经济机制,经济受到全球的影响,竞争也越来越大,金融资产组合的时变性也越来越强,随着时间的推移,原来有效的资产组合可能不再有效了,这就需要对资产组合不断调整,对资产进行有效的配置。因此我国要借鉴西方国家的资产组合理论。

第二节 资本资产定价理论

资本资产定价模型(CAPM)是现代金融学的奠基石。模型对于资产风险及预期收益率之间的关系给出了精确的预测。这一关系给出了两个极富创造力的命题:一是它提供了一对潜在投资项目估计其预期收益率的方法;二是它使我们能够对不在市场交易的资产同样做出合理的估价。资本资产定价模型(CAPM)最早是由夏普(William Sharpe)、林特尔(Jhon Lintner)、特里诺(Jack Treynor)和莫森(Jan Mossin)等人在资产组合理论的基础上提出的,被认为是金融市场现代价格理论的支柱,广泛应用于投资决策和公司理财领域。夏普在1963年发表的《证券组合分析的简化模型》一文中提出了资本资产定价模型(CAPM)。

一、资本资产定价模型的假设

经济学中很多理论都是在假设的前提下才能成立,资本资产定价模型也是建立在一系列假设基础之上。

资本资产定价模型的假设包括:

(1)所有投资者的投资期限相同。

(2)投资者通过在单一投资期内的期望收益率和标准差来评价投资组合。即遵循马柯维茨组合理论。

(3)投资者对证券的预期收益率、方差、协方差具有相同的预期,投资者以相同的方法对信息进行分析和处理,从而形成对风险及组合的预期收益率、标准差以及相互之间协方差的一致看法。

(4)市场是完全竞争的,存在大量的投资者,每个投资者都是价格的接受者,并且拥有相同的信息。信息充分且免费。

(5)投资者永不满足,当面临其他条件相同的两种选择时,他们将选择具有较高期望收益率的那一种。

（6）每种资产都是无限可分的，也就是说，投资者可以买卖单位资产或组合的任意部分。

（7）税收和交易费用均忽略不计。

（8）投资者是风险厌恶的，当面临其他条件相同的两种选择时，他们将选择具有较小标准差的那一种。

（9）投资者可按相同的无风险利率借入或贷出资金，所有投资者可以按照该无风险的资金借贷从事证券买卖。

通过这种假设，资本资产定价模型将现实简化为满足以上条件的极端情况。在通常情况下，假设条件往往与现实不符，它只是描述了一种理想的均衡状态。资本资产定价模型的成立并不需要上述所有假设条件成立，在将某些假设条件去掉后，模型仍然成立。附加以上条件只是为了容易推导和解释资本资产定价模型。

二、分离定理

由于假设投资者对证券的收益率、方差和协方差，以及无风险利率具有相同的预期，所以他们所确定的切点组合以及由无风险资产和切点组合构成的线性有效集都是相同的。他们之所以选择不同组合唯一的原因就在于它们拥有不同的无差异曲线，如图6-12所示，投资者风险厌恶程度越高，持有切点组合的比例越低，持有无风险资产的比例越高。反之，风险厌恶程度越低，持有切点组合的比例越高，持有无风险资产的比例越低。但不论投资者的风险偏好如何，他们都持有相同的风险证券组合。资本资产定价模型中的这一特征被称为分离定理：所

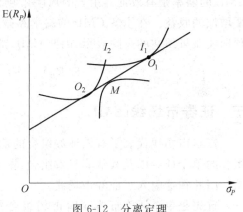

图6-12 分离定理

有投资者都持有相同的风险证券组合，投资者的风险偏好与风险证券构成的选择无关，即一个投资者的最佳风险证券组合，在并不知晓投资者的风险偏好前就可以确定。

三、市场组合

在均衡状态下，每个证券在均衡点投资组合中都有一个非零的比例。这是因为，在每一个投资者的投资组合中，风险资产部分仅仅是对切点组合 M 的投资，每一个投资者都购买组合 M，如果市场中某种证券不包含在组合 M 中，在整个市场中就没有人对它进行投资，这就意味着该证券在资本市场上是供大于求的，它的价格必然会下降，从而证券的期望收益率会上升，一直到该证券在组合 M 中的比例达到一定水平使供求平衡为止。反之如果在组合 M 中某证券比例过大，在资本市场上供不应求，其价格就会上升，从而导致该证券的期望收益率下降，一直到平衡为止。这又称为"投资分散化定理"。

当所有风险证券的价格调整都停止时，市场就达到一种均衡状态。首先，每一个投资者对每种风险证券都持有一定数量，也就是说最佳风险资产组合 M 包含了所有的风险证券；其次，每种证券供求平衡，此时的价格是一个均衡价格；最后，无风险利率的水平正好

使借入资金的总量等于贷出资金的总量。从而在风险资产组合中,投资于每一种风险证券的比例都等于该资产的相对市值,通常我们把最佳风险资产组合 M 称为市场组合。

四、资本市场线(CML)

资本市场线(图 6-13)是由无风险收益为 R_F 的证券和市场证券组合 M 构成的。市场证券组合 M 是由均衡状态的风险证券构成的有效的证券组合。同时投资者可以收益率 R_F 任意地借款或贷款,即无风险利率。

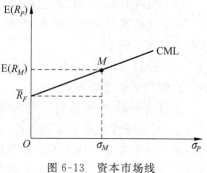

图 6-13 资本市场线

$$\text{CML 的斜率} = \frac{E(R_M - R_F)}{\sigma_M} \tag{6-15}$$

CML 的斜率是有效证券组合的风险市场价格,表示一个证券组合的风险每增加 1%,需要增加的收益。在了解 CML 的斜率和截距 R_F 后,在 CML 上的任意有效证券组合中的预期收益可用它的风险表示,因此 CML 的表达公式为

$$E(R_P) = R_F + \frac{E(R_M) - R_F}{\sigma_M} \cdot \sigma_P \tag{6-16}$$

五、证券市场线(SML)

资本市场线代表了有效证券组合的期望收益率和标准差的均衡关系,对于构成市场组合的单个证券以及其他非有效组合,资本市场不能体现其期望收益率和风险之间的关系。因此在这引入了证券市场线。

首先是单个风险证券 i 对市场组合的贡献度。市场组合 M 收益率的方差可以表示为

$$\sigma_M^2 = \sum_{i=1}^{n} \sum_{j=1}^{n} \omega_{iM} \omega_{jM} \sigma_{ij} \tag{6-17}$$

其中 ω_{iM} 和 ω_{jM} 分别表示证券 i 和 j 在市场组合 M 中所占的比例;σ_{ij} 为风险证券 i 和 j 的协方差。因此可将上式改写为

$$\sigma_M^2 = \omega_{1M} \sum_{j=1}^{n} \omega_{jM} \sigma_{1j} + \omega_{2M} \sum_{j=1}^{n} \omega_{jM} \sigma_{2j} + \cdots + \omega_{nM} \sum_{j=1}^{n} \omega_{jM} \sigma_{nj} \tag{6-18}$$

利用协方差的性质:证券 i 跟市场组合的协方差等于证券 i 跟市场组合中每种证券协方差的加权平均数,即

$$\sigma_{iM} = \sum_{j=1}^{n} \omega_{jM} \sigma_{ij} \tag{6-19}$$

可得

$$\sigma_M^2 = \omega_{1M} \sigma_{1M} + \omega_{2M} \sigma_{2M} + \cdots + \omega_{nM} \sigma_{nM}$$

其中 σ_{1M} 表示证券 1 和市场组合的协方差,σ_{2M} 表示证券 2 和市场组合的协方差;以此类推。

可见，在考虑市场组合风险时，重要的不是各种证券自身的整体风险，而是其与市场组合的协方差。具有较大 σ_{iM} 值的证券必须按比例提供较大的预期收益率才能吸引投资者。当市场达到均衡时，必然要求组合中风险贡献程度高的证券相应地提供较高的收益率。如果某一证券在给市场组合带来风险的同时没有提供相应的收益率，那就是说当把这种证券从组合中删除后，将使得组合的期望收益率相对于风险提高；如果某一资产在给市场组合带来风险的同时提供过高的收益率，这就是说增加该证券的比重，会使市场组合的期望收益率相对于风险有所上升。这样市场组合就不再是有效投资组合，因此，当市场达到均衡时，应该满足如下条件：

$$\frac{E(R_i) - R_F}{\sigma_{iM}} = \frac{E(R_M) - R_F}{\sigma_M^2} \tag{6-20}$$

可以写成：

$$E(R_i) = R_F + \frac{E(R_M) - R_F}{\sigma_M^2} \sigma_{iM} \tag{6-21}$$

上式(6-21)所表达的就是证券市场线，如图 6-14 所示，它反映了个别证券与市场组合的协方差与其期望收益率之间的均衡关系。

证券市场线的另一种表示方式为

$$E(R_i) = R_F + \beta_{iM}[E(R_M) - R_F] \tag{6-22}$$

其中

$$\beta_{iM} = \frac{\sigma_{iM}}{\sigma_M^2} \tag{6-23}$$

因此证券市场线也可以表示为图 6-15。

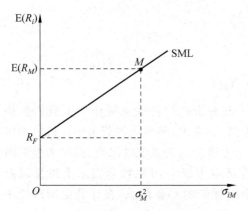

图 6-14 用协方差表示的证券市场线

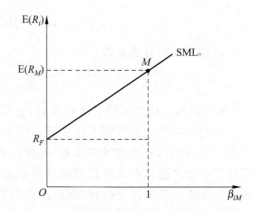

图 6-15 用协方差 β 系数表示的证券市场线

在市场组合点 M，β 值为 1，期望收益率为 $E(R_M)$，在无风险资产点，β 值为 0，期望收益率为 R_F。证券市场线反映了在不同的 β 值水平下，各种证券及证券投资组合应有的期望收益率水平，从而反映各种证券和证券投资组合的市场风险与期望收益率的均衡关系。

六、资本市场线和证券市场线的关系

资本市场线和证券市场线是 CAPM 的重要结论,从不同侧面描述了风险资产的收益与其风险之间的关系:

CML 描述的是有效的投资组合所满足的关系,给出的是投资组合的预期收益率与其标准差之间的线性关系,单个资产总是在 CML 的右边。

SML 描述的是均衡状态下单个证券所满足的关系,给出的是单个证券的预期收益率与 β 系数之间的关系,β 系数反映的是该资产对资产组合方差的影响程度或贡献度,在均衡市场中,所有的证券都落在证券市场线上。

证券市场线实际上是资本市场线的一个特例。当单个资产或资产组合有效率时,该项资产与市场组合 M 的相关系数为 1,此时的证券市场线和资本市场线是相同的。因为

$$r_p = r_f + \frac{r_m - r_f}{\sigma_m^2}\sigma_{pm} = r_f + (r_m - r_f)\frac{\rho_{pm}\sigma_p\sigma_m}{\sigma_m^2} \tag{6-24}$$

$$= r_f + (r_m - r_f)\frac{\rho_{pm}\sigma_p}{\sigma_m} = r_f + (r_m - r_f)\frac{\sigma_p}{\sigma_m} \tag{6-25}$$

而该公式即资本市场线。

七、β 系数

贝塔系数的一个重要特征是:一个证券组合的 β 系数等于该组合中各种证券的 β 系数的加权平均数,权数为各种证券在该组合中所占的比例,即

单个证券的贝塔系数:

$$\beta_{iM} = \frac{\sigma_{iM}}{\sigma_M^2} \tag{6-26}$$

证券组合的贝塔系数:

$$\beta_{pM} = \sum_{i=1}^{n} X_i \beta_{iM} \tag{6-27}$$

β 系数是证券系统性风险的度量指标,它反映了某种资产价格变动受市场上资产价格平均变动的影响程度。在资本市场发达国家如美国、加拿大、英国等的著名中介机构都定期公布各上市公司的系统风险系数,向投资者揭示上市公司的系统性风险,同时为投资组合管理提供资产选择和风险控制的基本信息。在证券市场上,β 系数是揭示上市公司股票系统性投资风险的重要指标,更是投资组合、业绩评价的必备信息,在证券定价理论中,β 系数也是不可或缺的参数。

八、资本资产定价模型的扩展

1. 借款受到限制的情形

Black 指出在不存在无风险利率的情形下,均值方差的有效组合具有如下三个特征:

(1) 由有效组合构成的任何组合一定位于有效边界上。

(2) 有效边界上的每一个组合在最小方差边界的下半部分(无效部分)都有一个与之不相关的"伴随"组合。由于"伴随"组合与有效组合是不相关的,因此被称为该有效组合

的零贝塔组合。

（3）任何资产的预期收益率都可以表示为任何两个有效组合预期收益率的线性函数。

2. 流动性问题

传统的 CAPM 假定证券交易是没有成本的。但在现实生活中，几乎所有证券交易都有成本，投资者自然喜欢流动性好的证券，流动性差的证券自然需要较高的回报率。

九、资本资产定价模型的意义

资本资产定价模型是一个关于金融资产定价的均衡模型，同时也是可以进行计量检验的金融资产定价模型。模型的首要意义是建立了资本风险与收益的关系，明确指明证券的期望收益率就是无风险收益率与风险补偿两者之和，揭示了证券报酬的内部结构。资本资产定价模型另一个重要的意义是，它将风险分为非系统风险和系统风险。非系统风险是一种特定公司或行业所特有的风险，它是可以通过资产多样化分散的风险。系统风险是指由那些影响整个市场的风险因素引起的，是股票市场本身所固有的风险，是不可以通过分散化消除的风险。资本资产定价模型的作用就是通过投资组合将非系统风险分散掉，只剩下系统风险，并且在模型中引进了 β 系数来表征系统风险。

第三节　指数模型与套利定价理论

资本资产定价模型从理论上看是很完美的，但是在实际应用中却存在很大的困难。指数模型和套利定价理论（arbitrage pricing theory，APT）在实际中的应用价值却很高。指数模型又称因素模型，指数模型为公司系统风险和特有风险的性质研究提供了重要的新视角。产生于 20 世纪 70 年代的套利定价理论，是一种因素模型推导出的资产定价均衡关系的新的理论方法。

一、指数模型

指数模型建立在证券收益率对各种因素或指数变动具有一定敏感性的假设基础之上。我们将单一证券的风险简单分为两部分：市场风险和公司特有风险。相应地将证券的收益率写成包含系统风险和公司特有风险的形式，而其中的系统风险可以用主要的证券指数的收益作为一般代表，我们称这样的收益理财公式为指数模型。

（一）指数模型的概述

1. 指数模型的产生

按照马柯维茨理论，构造风险资产有效边界时，要对资产组合中的每一只股票的期望收益、方差和协方差进行估算，这种计算的工作量是巨大的。例如，中国上交所和深交所上市的股票一共约有 1 800 种，如果对所有上市公司股票进行分析，要估算的数值将达到 1 619 100 个协方差。为了减轻估算的工作量，使股票的收益-风险分析具有使用价值，需要有新的方法。因此在 1963 年夏普提出了单指数模型，简化了资产组合理论应用于大规模市场面临的复杂计算问题。

2. 指数模型的假设

夏普的单指数模型有两个重要的基本假设：

(1) 证券的风险分为系统性风险和非系统性风险，因素对非系统性风险不产生影响。

(2) 一个证券的非系统性风险对其他证券的非系统性风险不产生影响，两种证券收益率仅仅通过因素的共同反映而相关联。

这两个假设就意味着 $COV(r_m, \varepsilon_i) = 0$ 和 $COV(\varepsilon_i, \varepsilon_j) = 0$ 成立，这就在很大程度上减少了计算量。

（二）单因素模型

1. 单因素模型

单因素模型是指投资者认为证券的收益率只受一个因素的影响，即把经济系统中所有相关因素作为一个总的宏观经济指标。单因素模型认为收益形成过程只包含唯一的因素，我们把证券的持有期收益写成：

$$R_{it} = \alpha_i + \beta_i R_{mt} + \varepsilon_{it} \tag{6-28}$$

式中：R_{it} 是证券 i 在 t 时期的收益率；R_{mt} 是在 t 时期因素的预期值；β_i 是证券 i 对该因素的敏感度；α_i 是零因子，即因素值为 0 时证券 i 的期望收益率；ε_i 代表剩余收益率，它是一个随机变量，测度 ε_i 与平均收益率之间的偏差，也称为随机误差项，它是一个期望值为零，标准差为零的随机变量。虽然从严格意义上说 CAPM 中的贝塔与单因素中的贝塔是有区别的，前者是相对于市场组合而言，而后者则是相对于市场指数而言，但是我们一般用市场指数来代替市场组合。

【例 6-2】 假定证券 i 的收益率由 GDP（gross domestic product，国内生产总值）这一因素决定，为此，收集该证券与同期 GDP 增长率的数据如表 6-1 所示。

表 6-1 证券 i 的收益率与同期 GDP 增长率   %

	GDP 增长率	证券 i 的收益率		GDP 增长率	证券 i 的收益率
1	5.7	14.3	4	7.0	15.6
2	6.4	19.2	5	5.1	9.2
3	7.9	23.5	6	2.9	13.0

在下图 6-16 中，横轴表示 GDP 的增长率，纵轴表示证券 i 的收益率，图 6-16 上各点表示上表 6-1 中给定年份证券 i 的收益率与 GDP 增长率的关系。

按单指数模型，证券 i 的收益率与 GDP 增长率之间存在着线性关系，可表示为

$$r_i = a_i + b_i GDP_t + \varepsilon_{it}$$

对这组数据进行回归分析得出两者的回归方程为

$$r_i = 4\% + 2GDP_t + \varepsilon_{it}$$

将直线在上图 6-16 中画出。在上图 6-16 中，零因子为 4%，表明当 GDP 的预期增长率为零时，证券 i 的收益率为 4%，图 6-16 中直线的斜率为 2，表示证券 i 的收益率对 GDP 增长率的敏感度，这个值高表明高的 GDP 预期增长率一定伴随着高的证券收益率。如果 GDP 的预期增长率为 5%，则证券 i 的收益率为 14%；如果 GDP 的预期增长率增加 1%，

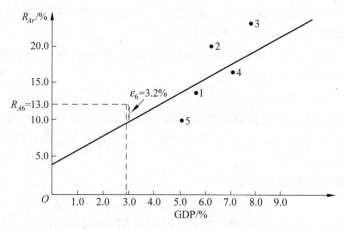

图 6-16　证券 i 的收益率与 GDP 增长率的关系

即 6% 时，则证券 i 的收益率增加 2%，即 16%。在本例中，第 6 年的 GDP 预期增长率为 2.9%，证券 i 的实际收益率为 13%。因此，证券 i 收益率的特有部分（由 ε_i 给出）为 3.2%。

2. 单因素模型的不一致性预期

林特耐（Lintner）1967 年的研究表明，不一致性预期的存在并不会给资本资产定价模型造成致命影响，只是资本资产定价模型中的预期收益率和协方差需使用投资者预期的一个复杂的加权平均数。尽管如此，如果投资者存在不一致性预期，市场组合就不一定是有效的组合，其结果是资本资产定价模型不可检验。

3. 单因素模型的意义

单因素的主要优势是大大减少了证券分析时所需估计的工作量。由于单指数模型将证券的风险划分为系统风险和非系统风险，如果我们将风险的不确定性 R_M 的方差定义为 σ_M^2，将非系统性风险的不确定性 e_i 的方差定义为 $\sigma^2(e_i)$，股票 i 的收益率的方差为 $\sigma_i^2 = \beta_i^2 \sigma_M^2 R_M + \sigma^2(e_{ii})$。

由于非系统风险是公司特有的，独立于系统风险，因此 R_M 和 e_i 的协方差为 0，又因为 e_i 和 e_j 是每个公司特有的，它们之间显然不相关。而每个股票超额收益率的协方差，譬如 R_i 和 R_j 的协方差，都与市场因素 R_M 有关，所以，R_i 和 R_j 的协方差为 $\text{cov}(R_i, R_j) = \text{cov}(\beta_i R_M, \beta_j R_M) = \beta_i \beta_j \sigma_M^2$。

（三）多因素模型

在现实经济生活中，证券收益率的影响因素有很多，如 GDP 增长率、利率、通货膨胀率、石油价格水平等，因素的增加使模型的精准度增加，通常形成了双因素模型和多因素模型。

1. 双因素模型

与单因素模型不同，双因素的定价模型中有两个因素影响证券收益率。双因素模型的方程表达式可表示为

$$R_{it} = a_i + b_{i1}F_{1t} + b_{i2}F_{2t} + e_{it} \tag{6-29}$$

其中 F_{1t} 和 F_{2t} 是两个对证券收益率具有普遍影响的因素，b_{i1} 和 b_{i2} 是证券 i 分别对两

个因素的敏感度。e_{it}是随机误差项，a_i是当两个因素值都为0时证券i的期望收益率。

2. 多因素模型

如果考虑到多种因素对证券收益率的影响，如GDP增长率、利率、通货膨胀率、石油价格水平等。从而形成多种因素的模型：

$$R_{it} = \alpha_i + \beta_{IP_t}IP_t + \beta_{EI_t}EI_t + \beta_{CG_i}CG_t + \beta_{GB_i}GB_t + \varepsilon_{IT} \tag{6-30}$$

与单因素相似，估计出每种证券的预期收益率、方差和协方差，投资者就可以找出马柯维茨有效组合，加上无风险收益率，就能确定切点处的证券组合，继而根据投资者的无差异曲线决定最优证券组合。

3. 多因素资本资产定价模型

$$\bar{R}_i = R_f + (\bar{R}_M - R_f)\beta_{i,M} + (\bar{R}_{F1} - R_f)\beta_{i,F1} + \\ (\bar{R}_{F2} - R_f)\beta_{i,F2} + \cdots + (\bar{R}_{FK} - R_f)\beta_{i,FK} \tag{6-31}$$

该公式表明，投资者除了承担市场风险需要补偿之外，还要求承担市场外风险而要求获得补充。当市场外要素的风险为零时，多要素资本资产定价模型就转化为传统的CAPM。

（四）因素模型与均衡

因素模型不是一个资产定价的均衡模型，比较以下两个公式：

$$E(R_i) = a_i + b_i E(F)$$
$$E(R_i) = R_F + \beta_{iM}[E(R_M) - R_F]$$

根据资本资产定价模型，决定期望收益率的唯一特征是β_i，R_F表示无风险利率，对所有证券都是相同的。在因素模型中，决定证券期望收益率的有两个特征，分别是a_i和b_i，不同的证券零因素a_i是不同的，正是这一点使因素模型不是一个均衡模型。

但是在一定条件下，因素模型也可以是均衡模型，取$F=R_M$，则上式可写成

$$E(Ri) = a_i + b_i E(R_M)$$
$$E(R_i) = (1 - \beta_{iM})R_F + \beta_{iM}E(R_M)$$

如果单因素模型和CAPM都成立，比较两式可得

$$a_i = (1 - \beta_{iM})R_F$$
$$b_i = \beta_{iM}$$

因此，单因素模型要成为均衡状态必须满足以上两个式子。

二、套利定价理论

资本资产定价理论模型刻画了均衡状态下资产的期望收益率和相对市场风险测度之间的关系，是建立在一系列假设基础之上才能实现的。套利定价理论（APT）从一个更广泛的角度来研究和说明风险的均衡定价问题，这个理论的假设条件少，逻辑更简单。

（一）套利

套利是利用同一种资产或证券之间的不同价格来赚取无风险利润的行为。如果市场

上同一种商品的价格出现了不同,套利机会就出现了。一般将套利行为分为三种:跨时套利、跨地域套利和跨商品套利。跨时套利是指利用不同时期同种商品或资产的不同价格而进行的套利行为。例如,当交易所预期远期的商品价格高于现在的商品价格时,则交易所买入近期交割月份的合约同时卖出远期交割的合约,从而赚取差价。跨地域套利是利用同种商品在不同地方定价不同而进行的套利,一般从价格低的市场买入然后卖到价格高的市场,即低买高卖。跨商品套利是利用两种不同的但是相关联的商品之间的差价进行的交易。主要是同时买入和卖出相同交割月份但是不同种类的商品期货合约。

(二) 套利定价理论的基本假设

套利机会的出现是套利定价理论的关键,该理论还包括以下假设:
(1) 市场是完全竞争的,交易成本为 0。
(2) 投资者是不满足的,当套利机会出现时,他们会利用不增加风险只增加预期收益的机会。
(3) 所有投资者具有相同的预期,即收益率是由某些共同的因素决定的。
(4) 每一个证券的随机误差项与因素不相关,任何两个证券的随机误差项不相关。
(5) 市场上存在的证券个数很多并且多于因素的个数。
(6) 允许卖空。

(三) 套利证券组合

套利组合的基本条件:
(1) 套利组合要求投资者不追加资金,即套利组合属于自融资组合。
(2) 套利组合对任何因素的敏感度为 0,即套利组合没有因素风险。
(3) 套利组合的预期收益率应该大于 0。

【例 6-3】 假定一个投资者持有三种证券,预期收益率分别为 15%、21% 和 12%,敏感度分别为 0.9,3.0 和 1.8。

就一套利组合而言,不需要投资者投入任何的额外资金,如果 w_i 表示在套利组合中证券 i 的权重,则可以表示为

$$w_1 + w_2 + w_3 = 0$$

另外,一个套利组合应该对任何因素都没有敏感性,即套利组合的因素风险为 0,一个套利组合的非因素风险也应该为 0,在投资组合中持有多个证券而使非因素风险变得很小,从而忽略不计。套利组合的这一性质可以表示为

$$0.9w_1 + 3w_2 + 1.8w_3 = 0$$

由此可以求出无限多组解。如假定 $w_1 = 0.1$,则可求得 $w_2 = 0.075, w_3 = -0.175$。投资者的最终目的是获得无风险收益,因此套利组合应该具有正的收益率,即

$$0.15 \times 0.1 + 0.21 \times 0.075 + 0.12 \times (-0.175) = 0.00975 > 0$$

可见上述投资组合同时符合套利组合的三项条件,该组合为一个套利投资组合。由于存在这样的套利机会,由套利定价的基本假设可知投资者是不满足的,每个投资者都会利用这样的套利机会进行套利,从而每个投资者都会购买证券 1 和证券 2,卖出证券 3,因此必然会影响到三种证券的需求量从而影响价格,进而影响证券的收益率。证券 1 和 2

的价格会上升,证券3的价格会下降,一直到市场达到最终的均衡状态。

也就是说投资者套利活动是通过买入收益率偏高的证券同时卖出收益率偏低的证券来实现的,其结果是使收益率偏高的证券价格上升,其收益率将相应回落;同时使收益率偏低的证券价格下降,其收益率回升。这一过程将一直持续到各种证券的收益率与各种证券对因素的敏感度保持适当的关系为止。

(四)套利定价线

首先分析单因素模型的情形,投资者构造套利组合的结果是使套利机会消失,此时证券处于一个平衡状态,也就是说,所有不需要初始投资、因素为 0 的证券组合,其期望收益率也为 0。这时三个证券的期望收益率满足以下的条件。

如果:

$$w_1 + w_2 + w_3 = 0$$

$$b_1 w_1 + b_2 w_2 + b_3 w_3 = 0$$

则必然会有

$$w_1 E(R_1) + w_2 E(R_2) + w_3 E(R_3) = 0$$

因此,用数学语言加以描述可得

$$(w_1, w_2, w_3) \begin{pmatrix} 1 \\ 1 \\ 1 \end{pmatrix} = 0$$

$$(w_1, w_2, w_3) \begin{pmatrix} b_1 \\ b_2 \\ b_3 \end{pmatrix} = 0$$

$$(w_1, w_2, w_3) \begin{pmatrix} E(R_1) \\ E(R_2) \\ E(R_3) \end{pmatrix} = 0$$

因此,在三维空间,单位常向量、因素敏感度向量和期望收益率向量在一个平面上,由线性代数知识可知必然存在常数使下面等式成立:

$$E(R_I) = \lambda_0 + \lambda_1 b_i$$

这就是由无套利均衡得出的定价关系,称为套利定价线。它表示在均衡状态下期望收益率和因素敏感度之间的关系。

所以一个套利证券组合由 n 种资产组成,权重为 $W_i (i=1,2,\cdots,n)$。投资者没有使用其他财富进行套利,因此,套利证券组合要求无净投资。套利定价线,或叫作 APT 资产定价线,表示在均衡状态下预期收益率与影响因素敏感度之间的线性关系。

就任意证券而言,如果它不落在这条直线

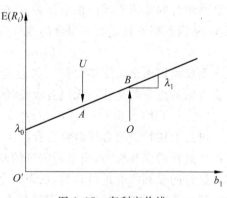

图 6-17 套利定价线

上,投资者就有构造套利组合的机会。图6-17中证券U在套利定价线的上方,表示证券价格被低估了,期望收益率比与它具有相同因素敏感度的证券A要高,投资者可以通过卖出证券A而买进证券U来构造套利组合。同样,证券O在套利定价线的下方,表示其价值被高估了,投资者可以卖出证券O并买进证券B来构造套利组合。这样的套利组合不需要投资者使用任何新的资金,同时证券U和证券A以及证券O和证券B都有相同的敏感度,这使得构造证券的套利组合敏感度为0,而且套利组合都有正的期望收益率。由于购买压力增加使得证券U的价格上升,收益率下降;卖出压力增加使得证券O价格下降,收益率上升,最后分别达到A点和B点,套利机会消失。

(五)套利定价理论和资本资产定价模型的关系

套利定价模型和资本资产定价模型本质上是一致的,都是证券价格的均衡模型。与套利定价理论不同,资本资产定价模型没有假设证券的收益率是由因素模型产生的。

(1)套利定价理论对资产或资产组合收益生成的说明,比资本资产定价模型更具现实意义。收益实际上是一个内涵十分复杂而丰富的概念,而CAPM仅将收益限制在风险的回报上,显然与现实有所脱节,而APT对收益不做事先的规定和限制,因素可多可少,过程可繁可简,要求可高可低,非常富有弹性,可根据实际情况和自身需要进行灵活选择,因而较易接近现实。

(2)套利定价理论对投资者的效用函数没有严格的假定。CAPM假定投资者的效用函数为风险回避型,尽管这一假定较为合理,但也增加了理论的复杂性和接受检验的难度。而APT没有这一假定,理论更为简洁明了,大大减少了该理论应用于实际的种种限制。

(3)APT通过套利行为来说明资本市场的均衡。资本市场均衡是资本资产定价的前提。CAPM认为资本市场的均衡是因为投资者都按照马柯维茨的理论去行动,从而实现均衡,而APT则认为资本市场的均衡是由套利行为去实现的,比前者更为直观易懂,具有更强的解释说服力。

(4)APT的参数b比CAPM的参数β更加灵活多变。β的含义非常明确和具体,即用来衡量资产、资本组合的风险,而b可用来衡量资产、资本组合的风险,也可以用来作为对某一因素灵敏度和贡献率的度量,因而APT在实践中更易得到应用。

(5)APT的单期模型可以很容易扩展为多期模型,比CAPM更容易实现动态化,对时间序列的实用性和解释能力更强。

应注意的是,简洁灵活是APT的优点,在一定条件下也会成为其缺陷。虽然收益生成过程的计算公式可由投资者根据需要自由选定,但APT并没有说明选择某一计算公式的可靠程度和合理性;也就是说,APT虽然导出了均衡条件下平均收益率的决定关系式,但对该关系中各要素的性质、意义及取值并没有做出具体而严格的解释。因而其简洁灵活的长处,若掌握不好,极易演变成为含糊不清、主观随意的短处。

三、我国的证券投资组合风险管理的现状及存在的问题

以上海、深圳证券交易所的建立为起点,我国证券已经走过了26年的发展历程。虽然我国证券市场起步晚,但是发展相当迅速,现在已经成为世界上发展速度最快的证券市

场之一,在国民经济中日益发挥着重要的作用。但是作为一个发展中国家,我们的证券市场机制与发达国家之间有很大的不同,我国证券市场还是一个不成熟、不十分有效的市场,使现代证券投资组合理论在我国证券市场的应用受到了很大的局限,具体表现为以下几点。

1. 我国证券市场的投资风险特征

我国证券市场的投资风险特征限制了现代证券投资组合理论在我国发挥作用。

我国证券市场存在较大的系统性风险,主要是政策风险、周期波动风险、利率风险、购买力风险等。由于我国的证券市场并不完善,因此这些存在于企业外部的风险是单一证券无法抗拒和回避的。经调查,相比西方发达国家,我国证券市场中系统风险占很大的比例,这样会导致通过投资多元化来分散和降低风险的空间极其有限,使现代证券投资组合所强调的通过多元化投资组合消除非系统性风险来降低风险无法发挥明显的作用。

2. 我国证券市场本身的不足

证券市场规模太小。虽然我国发展速度较快,但从总体来看,与国外相差很大。而且我国的证券市场机构不完善。证券中介机构就是在证券市场上为参与各方提供服务的机构,目前的中介机构主要包括证券公司、信托公司、会计事务所、律师事务所、资产评估机构等,虽然涉及了很多功能,但是与国外相比还存在很多的功能缺陷。例如,投资银行核心任务之一的购并业务对于我国中介机构来说几乎还未曾涉及。西方国家的公司购并活动大多由投资银行策划完成,投资银行起着搭桥牵线、筹划交易过程、为交易筹措资金和参与交易谈判等重要作用。我国目前还没有这样的中介机构,这就严重制约了我国企业重组活动的顺利开展。

3. 投资者结构不合理,投资观念不成熟

从在证券公司开户的人来看,个人投资者占绝大多数,机构开户的投资者比例很小。而在国外情况正好相反。所以我国证券市场实际上是以个人投资为主的,投机性强,股价波动大,也不利于对上市公司的有效监督。而西方国家的证券市场中机构投资者很多,不仅投资规模大,而且具有成熟的投资观念和专业的投资人士,因此比较稳定。

4. 上市公司质量较差和行为的不规范

上市公司运作规范是保证股票市场稳定健康发展的基础。但是在我国,上市公司经营中存在许多问题,使股市难以稳健发展。主要是组织管理不规范、经营行为不规范、信息披露不规范等,这些都影响到了上市公司的发展。从而造成了股票市场的不稳定性。

5. 证券市场制度不完善

近年来我国已制定了《中华人民共和国公司法》《股票发行与交易管理暂行条例》《证券交易所管理办法》《证券投资基金管理暂行办法》等。但是还没有形成完整的体系,导致证券交易中很多环节还是无法可依,证券交易中违规的行为经常发生。我国的市场制度还存在很多需要完善的地方。

四、针对我国证券市场的现状提出的措施

(一) 加大证券监管力度,完善证券法律责任制度

证券市场的高风险性决定了证券市场失败的可能性很大。证券市场的虚拟性容易导致泡沫经济,因此,证券市场需要监管。首先,证监会应该建立规范性文件,加强证券交易中的规范,同时可以打击一部分违法犯罪的经济犯罪分子。其次,充分发挥证券交易所和证券交易协会的功能,对证券的交易实行严格的监管,同时应加强执法的力度。

(二) 向外国发达国家学习

我国应该注意国外的管理方式尤其是美国投资银行的管理方式,逐渐把风险决策和管理数量化。证券业会出现越来越多的新业务和新的金融工具,因此风险管理必须要借鉴外国的定量分析的方法。我国证券公司多采用一些隐蔽的手段进行融资和对外对拆,这就要求公司加强风险和信用的管理。因此我国应借鉴国外发达国家的成功案例。

(三) 证券风险管理的创新

由于证券行业是一种服务行业,因此要向不同的人提供个性化服务,券商就必须对所提供的产品进行适度的创新,以维持或提高公司的竞争力,此外证券行业是人才聚集的行业,因此必须要考虑组织形式的创新管理。首先要进行组织制度的创新,因为它决定了公司的组织结构、信息流、资金流等,因此要针对证券公司的本身特点确定适合的组织制度管理。其次要注重企业运行机制的创新。

(四) 大力发展机构投资者

机构投资者是理性的投资者,是稳定证券市场的主要力量,大力发展机构投资者对稳定我国的证券市场、促进证券市场健康有序地发展具有重要的作用。目前我国的机构投资者群体数量很少,还不能完全承担稳定我国证券市场的重任。特别是随着股市的下降,许多证券投资基金跌破面值的情况屡见不鲜,因此我国要大力发展机构投资者,从而促进证券市场的良好发展。

长期资本管理公司的兴衰及启示

总部设在离纽约市不远的格林尼治的美国长期资本管理公司(Long-Term Capital Management,LTCM),是一家主要从事定息债务工具套利活动的对冲基金。该基金创立于1994年,主要活跃于国际债券和外汇市场,利用私人客户的巨额投资和金融机构的大量贷款,专门从事金融市场炒作,与量子基金、老虎基金、欧米伽基金一起称为国际四大"对冲基金"。LTCM掌门人是梅里韦瑟(John Meriwether),这位被誉为能"点石成金"的华尔街债券套利之父,聚集了一批华尔街上证券交易的精英入伙:1997年诺贝尔经济学奖获得者默顿(Robert Merton)和舒尔茨(Myron Scholes),前财政部副部长及美联储副

主席莫里斯(David Mullins),前所罗门兄弟债券交易部主管罗森菲尔德(Rosenfeld),以至于有人称为"梦幻组合"。在1994年到1997年,它的业绩辉煌而诱人,以成立初期的12.5亿美元资产净值迅速上升到1997年12月的48亿美元,每年的投资回报为28.5%、42.8%、40.8%和17%,1997年更是以1994年投资1美元派2.82美元红利的高回报率让LTCM身价倍增。

然而,在1998年全球金融动荡中,长期资本管理公司难逃一劫,从5月俄罗斯金融风暴到9月全面溃败,短短的150多天资产净值下降90%,出现43亿美元巨额亏损,仅余5亿美元,已走到破产边缘。9月23日,美联储出面组织安排,以Merrill Lynch,J. P. Morgan为首的15家国际性金融机构注资37.25亿美元购买了LTCM 90%的股权,共同接管了LTCM,从而避免了它倒闭的厄运。

尽管"梦幻组合"的光环已渐渐黯淡,尽管与冰山碰撞引起的轩然大波已成为海面下汹涌的暗流,但LTCM这艘泰坦尼克号并没有沉没,如同它的故事还远没有结束一样。它给我们带来了更多的思考。

小概率事件:数学模型的致命缺陷

LTCM的投资手法较为特别,在深信"不同市场证券间不合理价差生灭自然性"的基础上,积极倡导投资数学化,运用计算机建立数量模型分析金融工具价格,利用不同证券的市场价格差异进行短线操作,不太注重交易品种的后市方向。

Myron Scholes和Robert Merton将金融市场历史交易资料、已有的市场理论、学术研究报告和市场信息有机结合在一起,形成了一套较完整的计算机数学自动投资模型。他们利用计算机处理大量历史数据,通过连续而精密的计算得到两个不同金融工具间的正常历史价格差,然后结合市场信息分析它们之间的最新价格差。如果两者出现偏差,并且该偏差正在放大,计算机立即建立起庞大的债券和衍生工具组合,大举套利入市投资;经过市场一段时间调节,放大的偏差会自动恢复到正常轨迹上,此时计算机指令平仓离场,获取偏差的差值。一言以蔽之,就是"通过计算机精密计算,发现不正常市场价格差,资金杠杆放大,入市图利"的投资策略。

在具体操作中,LTCM始终遵循所谓的"市场中性"原则,即不从事任何单方面交易,仅以寻找市场或商品间效率落差而形成的套利空间为主,通过对冲机制规避风险,使市场风险最小。

对冲能够发挥作用是建立在投资组合中两种证券的价格较高的正相关(或负相关)的基础上的。在较高的正相关的情况下,当一种证券价格上升时,另一种证券价格也相应上升,这时多头证券获利,空头证券亏损。反之,当两种证券价格都下降时,多头亏损而空头获利。所以可以通过两者按一定数量比例关系进行组合,对冲掉风险。在价格正相关的变化过程中,若两者价格变化相同,即价差不变,则不亏不赚,若变化不同,价差收窄,则能得到收益。但如果正相关的前提一旦发生改变,逆转为负相关,则对冲就变成了一种高风险的交易策略,或两头亏损,或盈利甚丰。

从公布的一些有关LTCM的投资策略来看,LTCM核心资产中持有大量意大利、丹麦和希腊等国政府债券,同时沽空德国政府债券,这主要是由于当时随着欧元启动的临近,上述三国与德国的债券息差预期会收紧,可通过对冲交易从中获利。只要德国债券与意大利债券价格变化方向相同,当二者息差收窄时,价差就会收窄,从而能得到巨额收益。LTCM据此在1996年获得巨大成功。与此同时,LTCM在美国国内债券市场上,它也相应做了沽空美国30年期国债、持有按揭债券的对冲组合。像这样的核心交易,LTCM在同一时间内共持有二十多种。当然,为了控制风险,LTCM的每一笔核心交易都有着数以百计的金融衍生合约作为支持,这都得归功于计算机中复杂的数学估价模型,LTCM正是凭着这一点战无不胜,攻无不克。

但是这样复杂的计算机模式有一个致命弱点,它的模型假设前提和计算结果都是在历史统计数据基础上得出的,德国债券与意大利债券正相关性就是统计了大量历史数据的结果,因此它预期多个市场将朝着同一个方向发展。但是历史数据的统计过程往往会忽略一些概率很小的事件,这些事件随着时间的积累和环境的变化,发生的机会可能并不像统计数据反映的那样小,如果一旦发生,将会改变整个系统的风险(如相关性的改变),造成致命打击,这在统计学上称为"胖尾"现象。LTCM万万没有料到,俄罗斯的金融风暴使这样的小概率事件真的发生了。1998年8月,由于国际石油价格不断下跌,国内经济恶化,再加上政局不稳,俄罗斯不得不采取"非常"举动。8月17日,俄罗斯宣布卢布贬值,停止国债交易,将1999年12月31日前到期的债券转换成了3~5年期债券,冻结国外投资者贷款偿还期90天。这引起了国际金融市场的恐慌,投资者纷纷从新兴市场和较落后国家的证券市场撤出,转持风险较低、质量较高的美国和德国政府债券。8月21日美国30年期国债利率下降到20年来的最低点,8月31日纽约股市大跌,全球金融市场一片"山雨欲来风满楼"的景象。对冲交易赖以存在的正相关逆转了,德国债券价格上涨,收益率降低,意大利债券价格下跌,收益率上升,LTCM两头亏损。

在LTCM的投资组合中,金融衍生产品占有很大的比重,但在Black-Scholes的期权定价公式中,暗含着这样的假设:交易是连续不断进行的,不会出现较大的价格和行情跳跃。虽然Merton等人针对行情跳跃而对Black-Scholes期权定价公式进行过一些修正,但是,作为期权定价核心的风险中性状态前提条件,在价格剧烈变动的情况下这个重要条件无法满足。当系统风险改变的时候,过去有效的金融衍生工具的定价公式现在就远不是那么有效了。尽管Myron Scholes和Robert Merton作为LTCM的风险控制者,对数学模型进行过修正,但这只能引起我们的反思。以期权定价公式荣膺诺贝尔经济学奖的Merton和Scholes,聚集了华尔街如此众多精英的LTCM,也不能有效控制金融衍生工具的风险,那它带给我们的将是什么呢?金融衍生产品日益脱离衍生的本体,成为一个难以捉摸的庞然大物,它到底是天使,还是魔鬼?

高杠杆比率:赌徒的"双刃剑"

LTCM利用从投资者筹得的22亿美元资本作抵押,买入价值1 250亿美元的证券,杠杆比率高达约60倍。高杠杆比率是LTCM追求高回报率的必然结果。由于LTCM借助计算机模型分析常人难以发现的利润机会,这些交易的利润率都非常微小,如果只从事数量极少的衍生工具交易,则回报一般只能达到市场平均水平。所以需要很高的杠杆比率将其放大,进行大规模交易,才能提高权益资本回报率。

高杠杆比率在帮助创造辉煌业绩的同时,也埋下了隐患。当市场向不利方向运动时,高杠杆比率要求LTCM拥有足够的现金支持保证金要求,不过"梦幻组合"这耀眼的光环帮助了他们。他们几乎可以不受限制地接近华尔街大银行的"金库",在关键时刻利用雄厚的资本压倒国内外金融市场上的竞争者,这是他们成功的重要因素。正如所罗门兄弟公司的资深经纪人形容的:"他一直赌红色会赢,每次轮盘停在黑色,他就双倍提高赌注,在这样的赌博中,只有1 000美元的赌徒可能会输,有10亿美元的赌徒则能够赢得赌场,因为红色最终都会出现——但是你必须有足够的筹码一直赌到那一刻。"

但这一次LTCM赌不下去了,1998年8月市场形势逆转导致该基金出现巨额亏损,但管理层认为对欧元启动息差收窄的预期是正确的,只要短期内有足够的现金补足衍生合约的保证金,等到风平浪静,市场价差还会回到原有的轨道上来。LTCM开始抛售非核心资产套现,为其衍生工具交易追补保证金以维持庞大的欧洲政府债券和美国按揭证券仓盘。但这场暴风雨来得太猛烈了,持续的时间也太长了,超出了LTCM承受的范围。LTCM的经纪行Bearsterns Companies开始下最后通牒,LTCM已经没有足够的现金了,它面临着被赶出赌场的危险。

高杠杆比率带来的流动性不足把LTCM推向了危机的边缘,事实证明,只要LTCM拥有足够的现金追缴保证金,它就能等到风雨之后出现彩虹的那一刻。因为小概率事件的发生虽然会使现实偏离轨道,但在事件结束后仍会回到正常的轨道上来。

欧元的启动使息差收窄成为必然,11月中旬意大利降低利率至3.5%;12月3日,欧元10国央行联合降息,基准利率统一为3%。LTCM的预期是正确的,11月28日德意两国长期国债息差已降到0.20%左右。在美联储连续降息的刺激下,根据对《Wall Street Journal》的追踪,到11月28日,美国30年期国债收益率为5.178%,30年期按揭证券收益率为6.4%,息差也缩窄到1.2%左右。

1998年9月15家国际性金融机构联手出资挽救LTCM,一方面是要减少金融市场的振动;另一方面也心存侥幸——只要不被迫清仓,一旦市场风向反转,其所持仓盘仍能获得盈利,并归还银行贷款。若被赶出赌场,那潜在的损失就变成了实实在在的血本无归。因此不难理解11月中旬,大通曼哈顿银行向LTCM追加了1 000万美元贷款。事实也证明,LTCM劫后重生,据1998年12月24日《Wall Street Journal》报道,到1998年11月底LTCM开始盈利,高达4亿多美元。LTCM的惊险历程再次印证了财务学上的一个基本原理"Cash is the king"。

思 考 题

一、名词解释

单指数模型　多指数模型　套利定价理论　分离定理　市场组合　资本市场线　证券市场线　市场组合　系统性风险　非系统性风险　可行集　最优投资组合　有效集　无风险资产　β系数　单因素模型

二、问答题

1. 资本市场线和证券市场线的关系?
2. 资本资产定价模型的基本假设有哪些?
3. 相关系数的取值如何反映两证券收益率的变动情况?

4. 如何使用无风险资产改进马柯维茨有效集？面对改进后新的有效集，投资者如何寻找最优证券组合？

5. 影响证券组合风险的因素有哪些？

6. 讨论马柯维茨有效集的含义。

7. 三种股票的各种可能收益率的概率分布如表6-2所示。

表 6-2 三种股票各种可能收益率的概率分布

股票甲的回报	−10%	0	10%	20%
股票乙的回报	20%	10%	5%	−10%
股票丙的回报	0	10%	15%	5%
概率	0.30	0.20	0.30	0.20

假定这三种证券的权重分别为20%、50%和30%，并且它们是两两不相关的。计算由这三种证券组成的证券组合的收益率和标准差。

8. 套利定价理论的基本假设有哪些？

9. 套利定价理论与资本资产定价模型的关系？

10. 我国证券市场存在的问题和解决对策？

11. 证券投资风险的来源有哪些？

12. 金融投资的系统性风险及非系统性风险有哪些？

13. 现代投资组合的无差异曲线有哪些特征？

三、计算题

1. 在市场处于均衡条件下，股票1的期望收益率为19%，该股票β值为1.7；股票2的期望收益率为14%，该股票β值为1.2。假设CAPM成立，则市场组合的期望收益率为多少？无风险利率为多少？

2. 给定两种证券、市场组合和无风险收益率的信息如下：

	预期收益率/%	与市场组合的相关系数	标准差/%
证券1	17	0.9	20
证券2	9	0.8	9.0
市场组合	12.0	1.0	12.0
无风险收益率	5.0	0	0

（1）画出证券市场线。

（2）两种证券的β值是多少？

四、讨论题

资本贸易定价模型对我国金融业发展的意义是什么？

第七章 流动性风险的管理

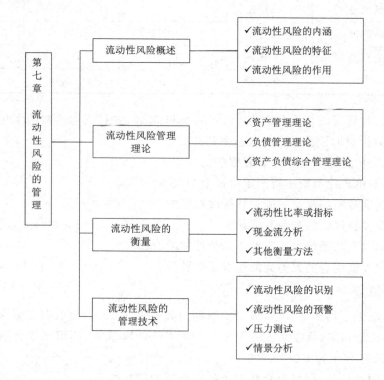

学习目标

- ◆ 掌握流动性风险的内涵、特征、作用；
- ◆ 了解资产管理理论、负债管理理论、资产负债综合管理理论；
- ◆ 掌握流动性风险的衡量方法；
- ◆ 掌握流动性风险的识别、预警，理解压力测试和情景分析。

第一节 流动性风险概述

一、流动性风险的内涵

（一）流动性

流动性的概念从理论上讲可以从三个领域或角度进行理解。在商业银行领域，商业银行经营管理理论将流动性定义为银行的偿付能力，具有较好流动性的商业银行应该具有随时能够满足客户提取存款等方面需求的能力;在微观金融领域,微观金融理论以及货币层次的划分中都将流动性概念定义为金融资产以较小成本甚至无损失而达到变现目的的能力;在经济学领域,凯恩斯的流动性偏好理论认为流动性是指与生息资产债券相对应的无息资产货币。

流动性的含义包含三个方面的要素:资金数量、成本和时间三要素;同时流动性还应包括两个层次,分别为资产的流动性及负债的流动性。资产的流动性指的是在无损失状态时,银行资产的迅速变现能力;而负债的流动性指的是银行通过各种融资渠道能以低价格、低成本迅速获得融资的能力。

(二)风险

风险的核心是不确定性。而具体到风险的含义,不同研究领域有着不同的解释,几种具有代表性的观点包括:①风险是事件未来可能结果发生的不确定性;②风险是损失发生的不确定性;③风险是指可能发生损失的损害程度的大小;④风险是指损失的大小和发生的可能性;⑤风险是由风险构成要素相互作用的结果;⑥利用对波动的标准差统计方法定义风险;⑦利用不确定性的随机性特征来定义风险。无论如何定义,风险具有的普遍特征包括:普遍性、客观性、损失性、不确定性和社会性,并且都具有风险的三个构成要素,分别为风险因素、风险事故和损失。风险可分为广义和狭义两个层次,广义风险定义为预期事件的不确定性。通常广义分为风险收益和损失两种情况,即预期不确定性所致的意外风险收益以及预期不确定性所致的风险成本或风险损失。狭义风险指后者,即仅仅指预期不确定性所致的风险成本。

(三)流动性风险

流动性风险是指银行因无力为负债的减少和资产的增加提供融资,而造成损失和破产的可能性。流动性风险管理是商业银行资产负债管理的重要组成部分,通过对流动性进行定量和定向分析,从资产、负债和表外业务等方面对流动性进行综合管理。商业银行的流动性状况直接反映了其从宏观到微观的所有层面的运营状况及市场商誉。

二、流动性风险的特征

一般而言,商业银行流动性风险具有以下几种特征。

(一)商业银行流动性风险具有客观性

风险总是伴随着商业银行的经营管理而客观存在,不以个人意志为转移。局限于信息披露不足导致的信息不对称性以及经济主体仅具有有限理性,商业银行基于该事实所做出的决策往往是比较片面的、滞后的,甚至是偏离正确预期的,因此,客观上商业银行流动性风险极易产生。并且经济主体利用自己的信息优势,取得银行贷款后进行高风险投资,这便是由道德风险产生信用风险并最终影响流动性的风险。此外,商业银行作为信用中介机构及金融服务性质也决定了其业务的复杂性,并且对流动性风险只能加以管理及规避,不可能做到完全避免。

(二) 商业银行流动性风险具有可控性

如上所述,尽管商业银行流动性风险具有其客观性,然而也是可以对其进行管理监控的。所谓可控性,是指金融市场主体对流动性风险按照既定的指标体系、监管制度及应急计划等措施进行事前预测、事中防范和事后化解的可行性。在风险发生之前,根据商业银行流动性风险的性质,建立既定的测度、预警指标,并根据导致风险的因素,建立监督管理控制架构,为控制银行风险提供条件。同时还可以建立管理信息控制系统,对流动性风险管理提供日常监测报告以及技术支持,为防范银行风险创造技术性条件。此外,在长期的实践中,通过不断完善金融制度和监管手段,完善流动性风险管理机制,从而将商业银行流动性风险控制在一定的范围内。

(三) 商业银行流动性风险具有扩散性

商业银行流动性风险不同于其他经济风险的一个最显著的特性是,该风险不仅影响银行系统本身,商业银行作为金融中介,可以通过各种资金渠道传染、扩散至整个经济体系,使 国乃至全球面临危机的挑战,本次美国由信用危机导致的流动性危机便在金融全球大环境下通过各种金融创新渠道向世界范围扩散,其产生的多米诺骨牌效应使得全球范围经济出现停滞,各国经济金融体系都面临流动性风险的威胁。

(四) 商业银行流动性风险具有隐蔽性

所谓隐蔽性,是指银行风险因信用中介特征常常被掩盖,例如本次金融危机爆发前,整个世界经济领域还在为流动性过剩现象寻求解决之道,然而一旦资金链从某一机构开始断裂,直至此刻流动性危机才会显现。这是因为,银行业遵循"有借有还,存款此存彼取,贷款此还彼借"的信用原则,导致许多银行风险被这种信用循环掩盖。银行业所具有的信用货币发行和创造信用的功能,也使得银行潜在风险可能被通胀、借新还旧、贷款还息所掩盖。银行风险的隐蔽性加剧了银行流动性风险防范的难度。

(五) 商业银行流动性风险呈现加速性

商业银行支付风险一旦出现,存款者的取款行为将会产生一种加速效应,从而出现银行挤兑。当一家或几家银行出现流动性问题时,银行客户会将存款提出并转移到经营比较稳健的商业银行;然而当后者也出现支付风险时,存款客户将大规模提取存款,从而形成大规模的银行挤兑,然而该种现象周而复始地循环下去时,即银行陷入了恶性循环。这种效应导致商业银行流动性危机一旦爆发,就时常伴有加速现象。商业银行流动性风险的这种特性要求银行业在预测、管理和防范流动性风险时,要特别注意防止局部风险演化成系统风险。

三、流动性风险的作用

保持良好的流动性状况对商业银行运营将产生积极的作用:
(1) 增进市场信心,向市场表明商业银行是安全的并有能力偿还借款。
(2) 确保银行有能力实现贷款承诺,稳固客户关系。
(3) 避免商业银行的资产廉价出售。
(4) 降低商业银行借入资金所需支付的风险溢价。

第二节 流动性风险管理理论

一、资产管理理论

20世纪60年代以前,资产管理理论盛行。解决银行流动性问题最初认为负债是既定并且被动的,而资产业务可以由商业银行进行主动的控制和管理,因此,资产流动性管理是商业银行流动性管理的重点,资产管理理论认为商业银行流动性风险管理的基本目标是在资产方面将其流动性以储存起来的形式进行管理。而该理论大致经历了以下三个阶段,分别为商业贷款理论、资产转换理论和预期收入理论。

(一)商业贷款理论

作为最早的流动性风险管理理论,商业贷款理论源于亚当·斯密的《国民财富的性质与原因研究》。商业贷款理论:商业银行的资金来源主要是具有高度流动性的活期存款,而银行的商业贷款也具备了流动性的特点,其中以短期贷款的流动性为最优,在借款人能够按照约定届时还本付息的前提下,商业银行可以将这一部分资金以流动性资金的方式利用起来,以满足客户的提现请求及新增企业贷款的需求。因此,合理有效地利用并保持与资金来源相适应的高度的流动性的前提在于商业银行贷款组合的正确选择以及投资组合的有效管理。商业贷款理论为现代商业银行的流动性管理确立了重要的原则。

(二)资产转换理论

资产转换理论是资产管理理论的核心思想。1918年莫尔顿在《商业银行及资本形成》中正式提出资产转换理论,并且盛行于其后的10~20年里。资产转换理论扩大了对于流动性的认定范围,它认为不仅短期贷款可以为商业银行提供流动性需求,而且商业银行的所有流动资产都可以用来满足其对于流动性的需求,并且指出持有随时可以变现转让的流动性资产是商业银行保持良好资产流动性的最好方法。这里的流动性资产是指那些能够在发育良好的市场上以合理稳定的价格迅速变现的资产,在一般情况下,商业银行认为流动性良好的可持有资产的主要形式包括:政府债券、逆回购协议、银行承兑汇票、商业票据等。

(三)预期收入理论

预期收入理论于20世纪40年代产生,认为银行资产的流动性并非取决于贷款期限的长短,并且认为应将客户的预期收入与商业银行对于流动性的需求相联系,该理论认为客户的按时偿还贷款还本付息的能力取决于预期收入,只要商业银行能够掌握客户的预期偿还能力并据此来合理安排贷款的组合,保障其预期的收益,就可以满足对流动性的需求。然而该理论具有一定的局限性,该理论仅凭商业银行主观认识来推断客户的预期收入,客观性不强;客户的预期收入不仅仅取决于其承诺和约定,同时也会受到当时整个社会经济状况的影响,而未来社会的经济环境不确定性较大,市场动荡有可能出现,客户预期收入随之波动将会影响其偿还债务的能力,一旦预期的收入不能够实现,这种期望的落差就很有可能将商业银行带入流动性风险甚至挤兑危机的困境。

从全局角度看,资产理论是一种存量调整的管理策略,要求商业银行将流动性资产作为一种储备存储起来,在突然发生不可预计的计划外流动性需求时,可以将这些存储起来的资产迅速在二级市场上以合理价格出卖,以达到迅速变现,应对银行突发性的流动性需求。对于商业银行经营管理本身来说有利于维护保持客户的信心,安全性较好。然而这种理论也有缺陷,它过分限制了银行业务范围,囤积大量流动性资产的机会成本在于放弃高收益的资产,风险收益较小;并且将政府债券等流动性资产以出卖的方式变现以获得流动性的做法,往往损失商业银行的信誉,打击客户对银行的信心;并且将资产变现也会产生一定数量的交易成本,造成一定损失。

二、负债管理理论

负债管理理论盛行于20世纪60年代,该理论与资产管理理论侧重点截然不同,它主张通过主动负债的方式来获得流动性,而非以单一的资产储备流动性,二者的差别在于获得与储备。负债管理理论认为满足流动性需求,解决流动性问题的方式不仅仅可以通过持有现金资产或者通过流动性资产变现的途径来实现,商业银行通过主动负债的形式同样可以在货币和资金市场上获得所需流动性。这样,银行一方面可以达到其盈利性目的;另一方面又可以较低的成本从资金市场上借入资金。然而这种做法同样存在较大的风险,一旦资金市场出现波动,商业银行就可能由于市场流动性的紧缩或者借入资金成本较高而到期不能筹集到相应的资金,从而面临流动性风险。

(一) 银行券理论

银行券理论认为,客户将金银或者铸币存入银行之后,银行开出银行券,允诺执票人凭票即可取得与票面数额相当的金银或铸币。该理论强调银行券是银行发行的可兑换的信用货币,它的发行以银行持有的贵金属作为发行保证。由于持券人不会同时要求兑现,因此银行不必以十足的金银资产做后盾,即银行能够以超过所持有贵金属的数量发行银行券。

(二) 存款理论

存款理论是银行负债理论的主要理论,其主张存款是银行最重要的资金来源,是银行资产经营活动的基础;银行在吸收存款过程中是被动的,为保证银行经营的安全性和稳定性,银行的资金运用必须以其吸收存款沉淀的余额为限;银行支付的存款利息是对存款者放弃流动性的补偿,并构成银行的成本支出。存款的安全性是存款者和银行共同关注的问题,也是银行经营的客观要求。存款理论的优点在于具有稳健性和保守性,强调应按照存款的流动性来组织贷款,将安全性原则放在首位。然而其缺陷在于没有认识到银行在扩大存款或其他负债方面的能动性,也没有认识到负债结构、资产结构以及资产负债综合关系的改善对于保证银行资产的流动性、提高银行盈利性等方面的作用。

(三) 购买理论

购买理论是继存款理论之后出现的,但是与存款理论截然不同,它将被动的存款观念变为主动的借款观念,变消极的付息负债为积极的购买负债。购买理论的观念是银行对于负债并非消极被动、无能为力,完全可以主动购买外界资金;商业银行购买资金的基本目的是为了增强其流动性。并且认为商业银行吸收资金的适宜时机是在通货膨胀的情况下,此时,实际利率较低甚至为负数,或在实物投资不景气而金融资产投资较为繁荣时,通过刺激信贷规模可以弥补由利差下降带来的银行利润损失。

购买理论产生于 20 世纪 70 年代西方发达国家经济滞胀时期,它对于促进商业银行更加主动地吸收资金,刺激信用扩张和经济增长,以及增强商业银行的竞争能力,具有积极的意义。但是,其缺陷在于助长了商业银行片面扩大负债,加重了债务危机,导致了银行业的恶性竞争,加重了经济的通货膨胀负担。

(四)销售理论

销售理论产生于 20 世纪 80 年代。以金融服务为基础,通过创造适合于不同客户需要的金融产品,为更大范围的客户提供形式多样的服务。其基本观点是:银行是金融产品的制造企业,银行负债管理的中心任务就是迎合顾客的需要,努力推销金融产品,扩大商业银行的资金来源和收益水平。该理论是金融改革和金融创新的产物,它给银行负债管理注入了现代企业的营销观念,即围绕客户的需要来设计资产类或负债类产品及金融服务,并通过不断改善金融产品的销售方式来完善服务。它反映了 20 世纪 80 年代以来金融业和非金融业相互竞争和渗透的情况,标志着金融机构正朝着多元化和综合化发展。

三、资产负债综合管理理论

随着市场的进一步发展和完善,对银行的经营管理也提出了更高的要求。20 世纪 70 年代中后期,市场利率大幅上升,使银行负债成本上升,银行风险加大,银行的国际竞争力降低,此时仅凭资产管理或负债管理都已经不能保证银行的流动性需求,因此出现了资产负债管理理论。该理论结合了以上两种理论的优势并认为流动性、安全性、盈利性均衡问题不能单纯地依赖资产管理理论和负债管理理论就能解决,并且主张满足流动性的需求应从资产和负债两方面进行,综合资产理论与负债理论的同时动态调整资产与负债的结构,并且将未来对流动性的需求划分为预期与未预期两部分流动性需求。对于预期的流动性需求,可以部分以持有可转换证券或在其他商业银行存款的方式储存流动性资产;另一部分从往来银行及其他资金融资渠道预先以信贷额度的形式给予支持。对于未预期的流动性需求,可以临时通过以短期借款的方式满足,同时对于长期流动性需求,采取手段对其做出预测,通过将中、短期贷款和证券逐步变现的方式来满足。通过对不同期限的资产与负债的期限错配研究,计算各个资产及负债的成本及收益率水平,以利润最大化为目标,对银行资产及负债产品的数量期限的对称联系来交叉配置,将资产与负债结构调整至可持续提供流动性的状态,实现信贷资金的优化配置。这样做可以确保储备一部分流动性的同时能从外部购入一部分流动性,这样既增加了资产管理的盈利性又降低了负债管理的风险性。

第三节 流动性风险的衡量

在衡量流动性风险方面,目前还没有统一的指标。Kyle(1985)给出了市场流动性的计量刻画方法,他将市场流动性用四个指标进行描述:市场即时性、市场宽度、市场深度和市场弹性,也称流动性的四维。

市场即时性是指证券交易的速度,是指一定量的证券在对价格影响一定的条件下达成交易所需要的时间。即时性反映的是流动变现性速度方面的特征。

市场宽度是指市场交易价格偏离市场有效价格的程度,它是投资者支付的流动性升水,它反映的是流动性价格方面的特征。在任何一个市场中,如果投资者为获得流动性愿意接受极为不利的条件,那么该类交易一般都能够得到迅速执行。因此,流动性都是在交易成本尽可能低的条件下获得的,或者说,在特定的时间内,如果某资产的价格呈刚性,卖方的折价很少或交易的买方溢价很小,则意味着该资产的流动性较强。市场宽度的观测值是做市商的买卖差价,当买卖价差足够小时,市场具有宽度;只有当这个差额为零时,才可以认为这个市场完全达到流动性;如果订单的买卖价差很大,市场缺乏宽度。宽度指标主要用来衡量流动性中的交易成本因素。

市场深度是指在不影响当前价格情况下可成交的交易数量,它反映的是流动性数量方面的特征。当市场具有良好的流动性时,投资者可以以当前市场价格对证券进行大量的买入及抛出的操作。而考察市场深度的指标是在某一时点市场经理人委托订单的数量。订单数量与市场深度成正比,订单越多意味着市场越有深度,反之亦然。市场的价格稳定程度可以由深度指标衡量,在市场深度较大的金融市场中,资产价格的波动受一定规模的交易波动的冲击相对较小;而在浅度市场,由于市场承受能力受限,同等规模的交易波动对价格的冲击相对大。

市场弹性是指资产价格受到交易冲击而产生的波动的消失速度,或者说一定数量的交易导致价格偏离均衡水平后恢复均衡价格的速度。资产价格受到临时性的订单失衡的冲击而发生变化后,新的订单立即大量进入,使市场迅速恢复正常,则该金融市场的弹性较好;当订单流量对价格变化的反应调整缓慢,则该市场缺乏弹性。两次委托的价差较小,返回需要的时间较短,则市场弹性较好;反之,如果两次委托的价差较大,返回需要的时间较长,则市场弹性不好。

由以上阐述可见,流动性风险的衡量应该是多维的。需要指出的是,这四维指标在衡量流动性时不可能同时存在,可能彼此之间存在冲突。例如,深度和宽度通常很难达成一致,交易数量越多、市场深度越大,往往伴随着买卖差价越大、宽度越小,反之亦然。

在金融市场上,流动性提供方与需求方互相寻找,流动性是交易双边搜索的目标。因此,可以为流动性建立搜索函数,其中可以将流动性的四维指标定义成四个变量。流动性用 L 表示;p 表示交易价格,市场宽度可以以价格差来表示;q 表示交易数量,用来衡量市场深度;t 表示时间,也表示即时性,r 表示弹性,则流动性函数可表达为

$$L = f(p, q, t, r)$$

其中,$\frac{\partial L}{\partial p} < 0, \frac{\partial L}{\partial q} > 0, \frac{\partial L}{\partial t} < 0, \frac{\partial L}{\partial r} > 0$。

在竞价市场,最主要的流动性提供者是限价订单的提交者,流动性的获取者通常是市价订单的提交者。通常订单簿中的限价订单越多,买卖价差越小,表示市场的流动性越大。

一、流动性比率或指标

流动性比率或指标法是各国监管当局和商业银行广泛使用的方法之一,其做法是首先确定流动性资产的种类并进行估值,然后确定合理的比率或指标并用于评估和监控。常用的比率或指标包括以下几类。

(1) 现金头寸指标＝(现金头寸＋应收存款)/总资产,该指标越高意味着商业银行满足即时现金需要的能力越强。

(2) 核心存款比率＝核心存款/总资产,对同类商业银行而言,该比率高的商业银行流动性也相对较好。核心存款是指那些相对来说比较稳定、对利率变化比较不敏感的存款,并且季节变化和经济环境对其影响也较小;非核心存款亦称为易变存款,受利率等外部因素的影响较大,一旦经济环境变化对商业银行不利,非核心存款可能大量流失,而此时正是商业银行急需流动性的时刻,因此,衡量商业银行流动性时不能考虑这类存款。

(3) 贷款总额与总资产的比率较高则暗示商业银行的流动性能力较差,而比率较低则反映了商业银行具有较大的贷款增长潜力。尽管资产证券化已使得商业银行贷款的流动性增强,但传统观念仍然认为贷款是商业银行的盈利资产中流动性最差的资产。一般来说,该比率随商业银行规模的增加而增加,大银行的比率高于中小银行。但是,由于该比率忽略了其他资产,特别是流动资产,因此该指标无法准确地衡量商业银行的流动性风险。

(4) 贷款总额与核心存款的比率是一种传统的衡量商业银行流动性的指标。实际上,贷款总额与核心存款的比率可以通过上述两种比率换算得到:

$$贷款总额与核心存款的比率 = \frac{贷款总额/总资产}{核心存款/总资产}$$

比率越小则表明商业银行存储的流动性越高,流动性风险也相对越小。

(5) 流动资产与总资产的比率越高则表明商业银行存储的流动性越高,应付流动性需求的能力也就越强。流动资产是指到期期限短(不超过1年)、信誉好、变现能力强的资产。总的来说,商业银行的规模越大则该比率越小,因为大银行不需要存储太多的流动性。

(6) 易变负债与总资产的比率衡量了商业银行在多大程度上依赖易变负债获得所需资金。易变负债是指那些受利率等经济因素影响较大的资金来源,当市场发生对商业银行不利的变动时,这部分资金来源容易流失。一般来说,在其他条件相同的情况下,该比率越大则商业银行面临的流动性风险越高。

(7) 大额负债依赖度＝(大额负债－短期投资)/(盈利资产－短期投资),从事积极负债管理的商业银行被认为大额负债有较高的依赖度,意味着"热钱"对商业银行盈利资产的支撑程度。对大型商业银行来说,该比率为50%很正常,但对主动负债比率较低的大部分中小商业银行来说,大额负债依赖度通常为负值。因此,大额负债依赖度仅适合用来衡量大型特别是跨国商业银行的流动性风险。

商业银行应当恰当把握和控制上述比率或指标,以及其他各种(如备付金比例、拆入资金等)流动性指标。一旦这些指标超过了警戒线,处置不当则可能失去清偿能力,并最终导致商业银行破产。

流动性比率或指标的优点是简单实用,有助于理解当前和过去的流动性状况;缺点是属于静态分析,无法对未来特定时段内的流动性进行评估。应当注意的是,运用流动性比率或指标法时,不能简单地根据一项或几项比率或指标就对商业银行的流动性状况和变化趋势做出评估和判断,原因在于不同规模的商业银行其业务特质及获取流动性的途径和能力各不相同,因此必须综合多种比率或指标以及内外部因素,才有可能对商业银行的流动性做出正确评估。

二、现金流分析

通过对商业银行短期内(如未来 30 天)的现金流入(资金来源)和现金流出(资金使用)的预测和分析,可以评估商业银行短期内的流动性状况,现金流入和现金流出的差异可以用"剩余"或"赤字"来表示。当来源金额大于使用金额时,出现所谓的"剩余",表明商业银行拥有一个"流动性缓冲器",即流动性相对充足,但此时商业银行必须考虑这种流动性剩余头寸的机会成本,因为剩余资金完全可以通过其他途径赚取更高收益;相反,若商业银行出现流动性"赤字",则必须考虑这种赤字可能给自身运营带来的风险。根据历史数据研究,剩余额与总资产纸币小于 3%～5% 时,对商业银行的流动性风险是一个预警。实践证明,为了合理预计商业银行的流动性需求,应当将商业银行的流动性"剩余"或"赤字"与融资需求在不同的时间段内进行比较(如未来 90 天),其目的是预测出新贷款净增值(新贷款额－到期贷款－贷款出售)、存款净流量(流入量－流出量),以及其他资产和负债的净流量,然后将上述流量预测值加总,再与期初的"剩余"或"赤字"相加,获得未来时间段的流动性头寸。

在正常市场条件下,现金流分析有助于真实、准确地反映商业银行在未来短期内的流动性状况。但如果商业银行的规模很大而且业务非常复杂,则分析人员所能获得完整现金流量的可能性和准确性随之降低,现金流分析的可信赖度也逐渐减弱。在实践操作中,现金流分析法和缺口分析法通常一起使用,互为补充。

三、其他衡量方法

除了采用上述的流动性比率或指标法和现金流分析法以外,国际商业银行还广泛利用缺口分析法和久期分析法来深入分析和评估商业银行的流动性状况。

(一)缺口分析法

缺口分析法是巴塞尔委员会认为评估商业银行流动性的较好方法,在各国商业银行得到广泛应用。缺口分析法针对特定时段,计算到期资产(现金流入)和到期负债(现金流出)之间的差额,以判断商业银行在未来特定时段内的流动性是否充足。

为了计算商业银行的流动性缺口(亦称为融资需求),需要对资产、负债和表外项目的未来现金流进行分析。需要注意的是,在特定时段内虽没有到期,但可以不受损失或承受较少损失就能出售的资产应当被计入到期资产。此外,为实现盈利目的,商业银行的近期差额(资产－负债)通常为负数,但商业银行必须确保此项差额得到有效控制,并有足够能力在需要时迅速补充资金。

经验表明,虽然活期存款持有者在理论上可以随时提取存款,但通常大多数活期存款都在银行存放两年以上。在美国,商业银行通常将包括活期存款在内的平均存款作为核心资金,为贷款提供融资来源。商业银行的贷款平均额和核心存款平均额之间的差异构成了所谓的融资缺口,公式为

$$融资缺口 = 贷款平均额 - 核心存款平均额$$

如果缺口为正,那么商业银行必须动用现金和流动性资产,或者介入货币市场进行融资。以公式表示为

$$融资缺口 = -流动性资产 + 借入资金$$

公式改写后变为

$$融资需求(借入资金) = 融资缺口 + 流动性资产$$

上述公式意味着商业银行的流动性需求(需要借入的资金规模)是由一定水平的核心存款和贷款以及一定数量的流动性资产来决定的。换言之,商业银行的融资缺口和流动性资产持有量越大,商业银行从货币市场上需要借入的资金也越多,从而它的流动性风险也越大。融资缺口扩大可能意味着存款流失增加,贷款因客户增加而上升。例如,房地产市场发展过热,一方面,导致居民大量提取银行存款用于购买住房;另一方面,房地产企业贷款和长期住房抵押贷款显著增加。一旦大量房地产企业和住房贷款申请人由于内外部因素变化而无力按期偿还本金和利息,商业银行将会面临严重的流动性风险。如果商业银行此时不减少手中所持有的流动性资产,资金调度主管将不得不转向货币市场借入资金,随着借入资金增加,货币市场的债权方将关注该商业银行的信用质量,其结果可能导致该商业银行借入资金的成本上升,或信贷额度趋严,直至因流动性危机而引发银行倒闭。

积极的流动性缺口分析的时间序列很短,大多数商业银行重视对四五周之后的流动性缺口分析。通常,活跃在短期货币市场和易于在短期内筹集到资金弥补其资金缺口的商业银行具有较短的流动性管理时间序列,而活跃在长期资产和负债市场的商业银行则需要采用较长的时间序列。

(二)久期分析法

由于利率变化直接影响商业银行的资产和负债价值,造成流动性状况发生变化,因此长期分析经常被用来评估利率变化对商业银行流动性状况的影响。

用 D_A 表示总资产的加权平均久期,D_L 表示总负债的加权平均久期,V_A 表示总资产的初始值,V_L 表示总负债的初始值,R 为市场利率,当市场利率变动时,资产和负债的变化可表示为

$$\Delta V_A = -[D_A \cdot V_A \cdot \Delta R/(1+R)]$$
$$\Delta V_L = -[D_L \cdot V_L \cdot \Delta R/(1+R)]$$

久期缺口可以用来衡量利率变化对商业银行的资产和负债价值的影响程度,以及对其流动性的作用效果:

$$久期缺口 = 资产加权平均久期 - (总负债/总资产) \times 负债加权平均久期$$

(1)当久期缺口为正值时,如果市场利率下降,则资产价值增加的幅度比负债价值增

加的幅度大,流动性也随之加强;如果市场利率上升,则资产价值减少的幅度比负债价值减少的幅度大,流动性也随之减弱。

(2) 当久期缺口为负值时,如果市场利率下降,流动性也随之减弱;如果市场利率上升,流动性也随之加强。

(3) 当久期缺口为零时,利率变动对商业银行的流动性没有影响。这种情况极少发生。

总之,久期缺口的绝对值越大,利率变化对商业银行的资产和负债价值影响越大,对其流动性的影响也越显著。

商业银行在经营的过程中,一方面为了追求利润最大化,总是希望将更多的资金用于贷款和投资,并倾向于持有期限长、利润大的资产;另一方面,负债的不稳定性和不确定性又要求商业银行必须持有足够的流动资金来应付经营过程中的流动性需要,以避免发生流动性风险。因此,选择恰当的流动性风险评估方法,有助于把握和控制商业银行的流动性风险。

第四节 流动性风险的管理技术

一、流动性风险的识别

对流动性风险的识别和分析,必须兼顾商业银行的资产和负债两方面,即流动性集中反映了商业银行资产负债及其变动对均衡要求的满足程度,因而商业银行的流动性体现在资产流动性和负债流动性两个方面。

资产流动性是指商业银行持有的资产可以随时得到偿付或者在不贬值的情况下出售,即无损失的情况下迅速变现的能力。变现能力越强,所付成本越低,则流动性越强。因此,商业银行应当估算所持有的可变现资产量,把流动性资产持有量与预期的流动性需求进行比较,以确定流动性适宜度。

负债流动性是指商业银行能够以较低的成本随时获得需要的资金。筹集能力越强,筹集成本越低,则流动性越强。由于零售客户和公司机构客户对商业银行风险的敏感度有差别,因此负债流动性应当从零售和公司机构两个角度进行分析。

(1) 零售客户,特别是小额存款人对商业银行的信用和利率水平不是很敏感,其存款意愿取决于其金融知识和经验、商业银行的地理位置、服务质量产品种类和存款利息等。通常,个人存款往往被看作核心存款的重要组成部分。

(2) 公司机构存款人对商业银行的信用和利率水平一般都高度敏感,通过监测商业银行发行的债券和票据在二级市场的交易价格变化,来评估商业银行的风险水平,并据此调整存款额度和去向。因此,公司机构存款通常不够稳定,对商业银行的流动性影响较大。

(一) 资产负债的期限结构

商业银行的各种存款与借入资金构成其资金来源,其中大部分的存款和借入资金是短期的,然而资金投放于贷款或债券的投资资金占用却是长期的,这种资产负债期限的不匹配导致商业银行资产负债具有内在的不稳定性。若银行的资金来源是短期的,资金运用是长期的,则银行的收益较高,而流动性下降,我们称之为资产负债的期限结构错配。在这种不合理的资产负债结构下,在客户大量提取存款的情况下,银行会因为资产难以变现而产生流动性风险。若资金来源是长期的,而运用是短期的,资金流动性较高,而收益则会下降。因此银行的资金运用要考虑偿还期对称原则,长期负债和短期负债中的银行沉淀资金用于发放长期贷款或其他长期资产,而短期负债用于短期资产。

(二)币种结构

对于国际性银行而言,多币种的资产与负债增加了银行的流动性风险。当银行以不同外汇计价的资产和负债在规模和期限上不对称时,会导致币种错配,引起流动性风险。

(三)资产负债分布结构

商业银行资产分布分散程度不足,可能会面临较大潜在风险,甚至产生巨额的损失。商业银行除了要保护客户对象的分散、避免风险集中暴露在单一客户身上之外,还要保持资产种类的多样化,避免集中在高风险的贷款资产上,而要根据资产多样化的原则在不同流动性、收益性的资产种类中进行合理安排,保持一个具有较好流动性的资产组合。同时,商业银行的资金来源分散程度不足,也可能导致银行面临较大的潜在风险。如果缺乏多样化的融资渠道和客户资源,在市场发生变化或者客户的资金发生转移时,只能寻求其他高成本资金或者被迫紧急变现资产,从而导致流动性风险。因此,商业银行的负债种类和客户也要保持一定的分散程度,以规避流动性风险。

二、流动性风险的预警

流动性风险发生之前,通常会表现为各种内、外部指标或信号的明显变化。

(1)内部指标或信号主要包括商业银行的内部有关风险水平、盈利能力、资产质量,以及可能对其他流动性产生中长期影响的指标变化。例如,某项或多项业务或产品的风险水平增加、资产或负债过于集中、资产质量下降、盈利水平下降、快速增长的资产的主要资金来源为市场大宗融资等。

(2)外部指标或信号主要包括第三方评级、所发行的有价证券的市场表现等指标变化。例如,市场上出现有关商业银行的负面传言、外部评级下降、客户大量求证等不利于商业银行的传言、所发行的股票价格下跌,以及所发行的可流通债券(包括次级债券)的交易量上升且债券的买卖价差扩大,甚至出现交易商或经纪商不愿买卖债券而迫使银行寻求熟悉的交易商或经纪商支持等。

(3)融资指标或信号主要包括商业银行的负债稳定性和融资能力的变化等。例如,存款大量流失、债权人(包括存款人)提前要求兑付造成支付能力出现不足、融资成本上升、融资交易对手开始要求抵(质)押物且不愿提供中长期融资、愿意提供融资的对手数量减少且单笔融资的金额显著上升、被迫从市场上购回已发行的债券等。及时、有效地监测上述预警指标或信号,有助于商业银行及时纠正错误,并适时采取正确的风险控制方法。

三、压力测试

商业银行应当对因资产、负债及表外项目变化所产生的现金流量及期限变化进行分析,以正确预测未来特定时段的资金净需求。除了监测在正常市场条件下的资金净需求外,商业银行还有必要定期进行压力测试,根据不同的假设情况(可量化的极端范围)进行流动性测算,以确保商业银行储备足够的流动性来应对可能出现的各种极端状况。例如,商业银行根据自身业务特色和需要,对各类资产、负债及表外项目进行以下压力测试,并根据压力测试的结果分析商业银行当前的流动性状况。

(1) 四种收益率曲线平行移动各100个基点,同时收益率曲线倾斜25个基点。

(2) 三个月的收益率变化增加或减少20%。

(3) 相对于美元的汇率,主要货币增加或减少6%,非主要货币增加或减少20%。

(4) 信用价差增加或减少20%个基点。

(5) 其他敏感参数的极端变化。

四、情景分析

在不同的情景条件下,商业银行对现金流入和流出的缺口分析结果存在显著差异,虽然历史经验可以借鉴,但更多情况下取决于商业银行的主观判断,因此,对商业银行运营过程中可能出现的各种情景进行相对保守的估计,有助于减少流动性缺口分析的偏差。通常,商业银行的流动性需求分析可分为以下三种情景,在每种情景下,商业银行应尽可能考虑到任何可能出现的有利或不利的重大流动性变化。

(1) 正常状况是指商业银行在日常经营过程中,与资产负债相关的现金流量的正常变动。分析商业银行正常状况下的现金流量变化,有助于强化商业银行存款管理并充分利用其他债务市场,以避免在某一时刻面临过高的资金需求,也因此降低了市场冲击或对其经营状况的疑虑等临时性问题对负债规模和期限的影响。

(2) 商业银行自身问题所造成的流动性危机。在此状况下最重要的假设是:商业银行的许多负债无法展期或以其他负债代替,必须按期偿还,因此不得不减少相应资产。实质上,绝大多数严重的流动性危机都源于商业银行自身管理或技术上(公司治理和内部控制体系)存在致命的薄弱环节。例如,由于内部控制方面的漏洞,很多金融机构在衍生产品交易中遭受巨额损失,而且短期内难以筹措足够的资金平仓,出现严重的流动性危机,甚至破产倒闭。因此,有必要对商业银行自身问题所造成的流动性危机做好充分的心理和资源准备。

(3) 某种形式的整体市场危机,即在一个或多个市场,所有商业银行的流动性都受到不同程度的影响。在此状况下最重要的假设是:市场对信用等级特别重视,商业银行之间以及各类金融机构之间的融资能力的差距会有所扩大,一些商业银行可以从中受益,而另一些则可能受到损害。商业银行需要测算现金流量在此情况下的可能变动范围,以确定每一类资产负债的现金流量的时间分布。虽然商业银行关于现金流量分布的历史经验和对市场惯例的理解对决策会有所帮助,但危急时刻主观判断常常占有更重要的地位。在各种可能出现的情形之间进行选择时,不确定性是不可避免的,此时商业银行应当持审慎态度,在分析现金流入时采用较晚的日期,而在分析现金流出时采用较早的日期。

将特定时段内的预期现金流入和现金流出之间的余额相加,可以把握商业银行在上述三种情景下的流动性演变和资金净余缺的情况,从而深入理解商业银行的流动性状况,并审慎假设条件是否一致、合理。应当注意的是,整体市场危机与商业银行自身危机可能出现的情景存在很大区别:一方面在商业银行自身出现危机时,其出售资产换取现金的能力有所下降,但在整体市场危机时,这一能力下降得更加厉害,因此此时极少有交易双方愿意或有能力以现金购买流动性欠佳的资产。从另一方面看,在市场上享有盛誉的商业银行反而会从整体市场危机中受益,因为潜在的存款人会为其资金寻找最安全的庇护所,形成资金向高质量的商业银行流动。

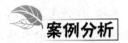

中国金属旗下钢铁公司破产

一、案情来源

10月9日,新加坡上市公司中国金属发布公告称,公司约有一笔人民币7.06亿元的流动资金贷款已经到期,公司无力偿还。公告还披露,公司累计负债52亿元左右,旗下5家子公司已经全面停产。中国金属下属的科弘等子公司均为高端钢材加工企业,2003年在钢铁行业景气持续提升的推动下,这些企业通过多渠道融资方式开始盲目举债扩张,到2008年下半年,钢铁行业进入下降周期,致使中国金属资金链断裂,宣布破产。

中国金属是常熟市第一家上市公司,于2005年5月登陆新加坡主板。其麾下双赢集团和卓越控股分别投资了星岛系(星岛、星海、星宇)的多家公司以及常熟科弘。

中国金属旗下子公司的破产消息事发突然。2008年10月8日上午,常熟科弘材料科技有限公司(以下简称常熟科弘)通知其员工即日起全厂放假。当日,根据浦发银行常熟支行、中国银行常熟支行提出的财产保全申请,常熟市人民法院决定立即冻结科弘银行账户存款2.71亿元或查封、扣押等值财物。之后,包括中国金属的其他五家控股公司常熟星岛新兴建材有限公司(以下简称常熟星岛)、常熟星海新兴建材有限公司(以下简称常熟星海)、常熟星宇新兴建材有限公司(以下简称常州星宇)、常熟常钢板材有限公司以及泓洋港口都已被法院查封全部资产。

目前,科弘公司的8名高管和10余名主要中层共20人已在10月7号晚间包车开往上海浦东机场,不知去向。就在当晚,常熟市市委常委就此事召开紧急会议。此次事件司法介入的主要原因是该公司大量欠款,资金流被冻结,债权方要求保全。中国金属并未在文告中具体透露贷款涉及哪些银行。但根据公司2006年和2007年年报,主要贷款银行包括花旗集团、中国建设银行、中国农业银行、华夏银行及德国商业银行。

二、原因

1. 行情判断有误,盲目扩张酿成悲剧

科弘注册资本2.1亿美元,实到资金1.3亿美元,员工3 000人,经营范围包括生产销售镀锌不锈钢板、彩涂不锈钢板、新型建筑用墙体材料及配套件。自2002年年底建立以来,该公司年销售额一直保持在百亿元以上,是常熟市的利税大户,跻身"2008年中国制造业500强",位列373位。

科弘起步之时正值国内钢铁行业开始升温。自2003年以来,国内房地产、汽车、家电等行业增长速度持续加快,出口增速迅猛,导致相关机械设备需求量快速上升,并带动了对于钢材,尤其是中厚板等高技术含量钢材的需求。在这种背景下,2005年前后,我国主要钢铁企业、一些海外资金及民间资本纷纷投资上马建设高技术含量钢材生产线。在此背景下,科弘刚刚投产即获得巨大成功。

以董事长佘春太为首的公司高层十分看重企业发展速度,在一期投产取得较好的经济效益后,科弘又在常熟经济开发区成立了星岛建材(全称为常熟星岛新兴建材有限公司),投资主体为双赢集团。星岛建材主要生产建筑用厚型镀锌钢卷,年产量达30万吨,主要销往中国大陆市场和欧洲、北美等地区。该企业同样获得成功。至此,科弘走上了永无止境的扩张道路。就在2008年8月26日,中国金属还发布公告称,通过全资子公司双赢集团追加4 000万元的资金为其子公司常熟科弘用于运营资本需要。利用这笔资金科弘三期生产线在2008年5月完工。

据粗略统计,在2003—2008年5年间,科弘共上马了多达9期的扩建项目。与此同时,在2005年至2008年的三年时间内,佘春太先后组建或兼并了常熟星海新兴建材有限公司、常熟星宇新兴建材有限公司、常熟常钢板材有限公司等4家同类企业,并联合星岛和科弘成立了中国金属。2005年,中国金属在新加坡主板上市,注册资本为1.09亿元,上市不久即获得美国花旗银行属下财团1.6亿美元的融资,国内银行也因此给予近2亿美元的配套融资。

然而,钢铁行业周期性特征明显,2008年下半年开始,国际经济形势持续恶化,国内需求大面积缩水,钢材市场行情陡转直下,价格出现大幅下滑,已经跌至2007年5月份的水平。当时科弘这样的钢铁中游企业产品价格可能已经低于其原材料的采购价格。于是,激进的扩张策略导致科弘的资金链断裂,被迫停产。

2. 多渠道、激进式融资模式成为科弘破产的另一个重要因素

由于扩张心切,并且前期钢材市场行情一直较好,科弘、星岛希望资金能快速周转,于是开始利用自己工厂的平台不停地寻找能够循环的资金。多渠道、激进式的融资成为科弘、星岛破产的另一个重要因素。

科弘作为钢材深加工企业,上游主要是能提供原料的各大钢厂,下游则是众多钢材贸易商。由于上游大型钢厂的议价能力较强,要求下游必须签订长期供货协议,并且押3 000万元保证金。与上游钢厂的长期协议是勒住常熟科弘、星岛颈脖的命门之一,于是与下游贸易商开展国际信用证融资合作成为科弘解决资金问题的一个主要模式。科弘与贸易公司之间的交易模式,以宁波宁兴公司为例,科弘海外公司在开了信用证后,通过宁兴国内公司向上游钢厂如宝钢等购买原材料,供给科弘,科弘国内企业在生产加工过程中不付原材料货款,因为有最终采购信用证给了宁兴海外公司,当科弘生产完毕后,宁兴海外得到生产产品,通过信用证的开证卖给科弘海外公司,于是宁兴海外获得货款。宁兴海外再将出口货款付给科弘国内,科弘国内将原材料采购成本还给宁兴国内,同时支付代理费给宁兴国内。

通常这种融资模式都会有抵押物,但是科弘和宁兴的交易没有抵押物,全程靠宁兴垫资,科弘没有出钱。用国际信用证的好处是:开证不用钱,只要银行额度;用国内公司的话,国内的承兑汇票等都是要钱押着的,而且是用公司的人民币贷款额度。国际信用证不

占用贷款额度,只与银行授信有关。这样的融资模式并不是每家贸易公司都可以做得到。市场行情好的时候,这种模式收益率较高,但是高收益同时就意味着高风险,目前科弘的失败就说明了这种融资模式的弊端。

三、启示

科弘破产绝对不是偶然事件,在钢材市场整体下行的时期具有普遍性,银行应该从中发现可能存在的风险,更重要的是汲取宝贵经验,制定防范风险的策略。

1. 尽管高端钢材毛利率较高,但目前市场风险较大

2008年下半年,钢价触顶,伴随下游需求大幅减少,钢价一路下挫。10月6—10日,国内钢材价格出现暴跌,平均跌幅在12%左右。其中,建筑钢材下跌10.35%,中厚板下跌12.75%,冷轧下跌9.63%,热轧跌幅高达16%。由于国家控制产能过剩的低端钢材,鼓励高端品种发展以替代进口,从2007年开始,中厚板、冷轧薄板等汽车、机械、船舶需用的中高端钢材产能扩张速度加快。再加上这类产品毛利率较高,又符合产业发展政策,因此也是银行重点支持的对象。

但是,就目前的情况来看,包括中厚板在内的所有钢材都已呈现供大于求的局面,库存居高不下。科弘绝不会是最后一个倒闭的企业,银行应该有意识地收紧中厚板、冷轧板等钢材项目的信贷,并且对已发放的贷款进行严格管理,预防此类资产产生不良,中厚板产能扩张速度比较快的地区包括河北省、江苏省、河南省,这些地区也可能存在像科弘这类高负债率扩张的企业,风险较大,值得关注。

2. 关联企业的应收账款回收压力增大,银行应关注其现金流

科弘是江苏省钢铁中游企业中信用评级较高的一家公司,与国内许多贸易公司都有往来。比如宁波宁兴、浙江远大、浙江省物产、宁波工艺等国内主要贸易公司均为常熟科弘进行过信用证融资,目前均面临借款无法回收的压力。

此外,还有为科弘及其关联企业的一系列扩建项目垫付巨额资金的工程、设备外包商。一旦科弘破产,这些企业获得偿付比例会很低。据媒体披露,在这些企业中,有一家金额较大的债务高达3亿元。高额应收账款无法回收,将给这些企业,特别是小型贸易企业的资金周转带来巨大压力,进而破坏整条资金链也不无可能。银行在处理自身债务问题的同时也要关注破产企业上下游债券企业的现金流方向。

3. 注意远期信用证业务的风险防范

一方面企业对远期证业务的需求越来越大,另一方面远期证又潜藏着比即期证更大的风险。因此,只有严于防范,才有利于远期信用证的健康发展。

(1) 按制度办事,从严审查远期证业务。防范风险的关键在于开证行严格按照内部规章制度对开证申请人做全面的审查:①审查开证申请人资格及开证条件;②调查开证申请人的近期业务经营状况,资产质量及负债状况、信用等级,已开证未付汇情况记录及原因等情况;③审查开证担保人的合法性、经营状况、盈利情况、负债状况和资产流动性情况;④了解受益人的资信情况、生产能力及以往的业务合作情况,尤其对金额较大的信用证交易,更要加强对受益人资信的调查。因为受益人的资信直接影响此笔业务的成败。有的受益人伪造单据进行诈骗,出口货物以次充好,以少充多或与进口商相互勾结联合欺骗银行。因此对受益人资信的调查尤为重要。

(2) 加强保证金管理，贯彻统一授信制度。对远期证必须落实足额保证金或采取同等效力的担保措施。保证金收取比率与进口商资信、经营作风、资金实力及进口货物的性质和市场行情有着密切关系。对风险较大的必须收取100%甚至更多保证金。对保证金必须专户管理，不得提前支取或挪作他用。

(3) 严格付款期限及进口商品的审查。远期信用证虽是银行对企业的贸易融资，是为解企业燃眉之急而为，但企业应该专款专用，逐笔收回，不能周转。一个业务流程结束后，应该归还银行，企业再使用时再申请。如果一个进口商两个月的投料生产加工加上一个月的销售回款期，一个完整的生产周期是90天，那么他的开证申请是180天或360天，都是不合适的，应该压缩远期期限，减少银行风险。同时对进口商进口热门敏感商品，开证行也更应谨慎，必须确认进口商有进口合法途径和方式，增加保证金比例，并落实相应的风险防范措施，同时对许可证商品在开证前要核验许可证的真实性。

(4) 重视对远期信用证的后期管理。首先，要重视改证。有的银行开证时严格把关，信用证开出后，对其修改放松了警惕，最终导致业务风险发生。因此，对信用证的修改，尤其是对增加金额，延展效期，修改单据和付款条件都应该像开证时一样严格。

其次，注意收集有关进口商的负面消息。有的银行收单经申请人承兑后，就把卷宗束之高阁，专等到期申请人付款，一旦进口商在此期间出了问题，银行的风险也随之而来。因此，要注意对进口商跟踪，及时掌握进口商的销售、经营、财务等情况，要了解进口商是否有违反国家有关规定被处罚或吃官司，甚至要赔偿大笔款项之类的消息以便及早做出反应，采取相应的措施。

思 考 题

一、名词解释

流动性　流动性风险　流动性风险管理　流动性风险的四维　缺口分析法　市场即时性　市场宽度　市场深度　市场弹性

二、问答题

1. 负债管理理论包括哪些？
2. 衡量流动性风险的指标有哪些？
3. 缺口分析的基本做法是什么？
4. 商业银行流动性风险的特征有哪些？
5. 流动性比率的优点是什么？缺点是什么？

三、讨论题

1. 商业银行如何用缺口分析法分析和评估商业银行的流动性状况？
2. 商业银行如何用久期分析法分析和评估商业银行的流动性状况？

第八章 信用风险管理

知识结构

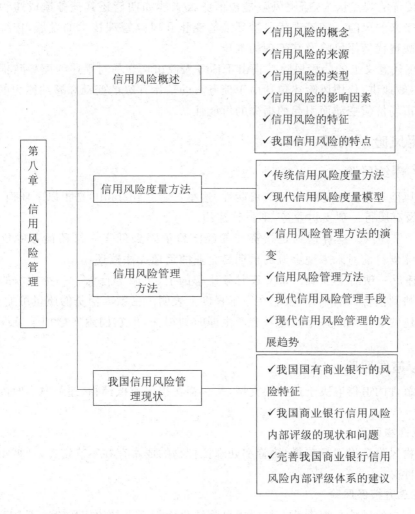

学习目标

◆ 掌握信用风险的概念、来源、类型、影响因素、特征,了解我国信用风险的特点;
◆ 理解传统和现代的信息风险度量方法;
◆ 了解信用风险管理方法的演变,掌握信用风险管理方法、现代信用风险管理手段、现代信用风险管理的发展趋势;

◆ 掌握我国国有商业银行的风险特征、我国商业银行信用风险内部评级的现状和问题、完善我国商业银行信用风险内部评级体系的建议。

第一节　信用风险概述

一、信用风险的概念

（1）传统的观点认为，信用风险是指债务人未能如期偿还其债务造成违约而给经济主体经营带来的风险。随着现代风险环境的变化和风险管理技术的发展，传统的定义已经不能反映现代信用风险及其管理的本质。

（2）现代意义上的信用风险是指由于债务人或市场交易对手违约而导致损失的可能性；更为一般地讲，信用风险还包括由于债务人的信用评级的变动和履约能力的变化导致其债务的市场价值变动而引起的损失的可能性。

二、信用风险的来源

（一）违约风险

违约风险是指发生违约事件的可能性，这里"违约"（default）是指以下任何一种情况：

（1）没有履行一项支付业务，即付款违约。

（2）经济违约。这种违约是指资产的经济价值降到低于未偿还债务的价值时的状态。这意味着目前对未来现金流的预期是企业的负债无法偿还。

（3）违反一项约定事项。如突破财务比率的上、下限等行为。一些技术的违约并不一定能威胁到债权人的生存，但它在一定程度上表明了借款人信贷的质量可能出现问题。

以上违约事件虽然并不一定都会产生即时的损失，但它们确实增加了最终违约的可能性。

（二）追偿风险

违约事件的追偿取决于违约的类型，是否存在担保或抵押物、违约发生时的背景等诸多因素。

1. 抵押物风险

抵押物风险是指银行获得、接管和处理抵押物的成本存在不确定性，抵押物的价值存在不确定性。

2. 第三方担保风险

第三方担保风险是把借款人的信用风险转化为担保人的信用风险。不是简单的风险转移，其产生的风险是借款人和担保人同时违约的风险。

3. 法律风险

法律风险指发生违约的时候找不到补救的措施，就会进入法律程序，这时就会被暂停借款人的全部偿还义务，直到法律程序结束。因此，这里存在法律风险。

（三）敞口风险

敞口风险是指未来风险金额的不确定性所产生的风险。有些情况则不存在敞口风险。例如,分期贷款未来未偿还的余额是事先知道的,它是根据合同的安排分期偿还的。对于具有预定还款计划的贷款,其敞口风险可以忽略。但是其他的贷款和信用额度却未必如此。表外项目一般会产生未来的敞口。例如,当银行给第三方提供担保时,银行就相当于承担了一笔或有债务。银行不能控制的因素——客户的行为,决定了未来出现风险敞口的可能性。

三、信用风险的类型

(1) 违约风险,债务人由于种种原因不能按期还本付息,不履行债务契约的风险。如受信企业,可能因经营管理不善而亏损,也可能因市场变化而出现产品滞销、资金周转不灵导致到期不能偿还债务。一般来说,借款人经营中的风险越大,信用风险就越大,风险的高低与收益或损失的高低呈正相关关系。

(2) 收入风险,人们运用长期资金做多次短期投资时实际收入低于预期收入的风险。

(3) 市场风险,资金价格的市场波动造成证券价格下跌的风险。如市场利率上涨导致债券价格下跌,债券投资者就会受损。期限越长的证券,对利率波动就越敏感,市场风险也就越大。

(4) 购买力风险,指未预期到的高通货膨胀率所带来的风险。当实际通货膨胀率高于人们预期水平时,无论是获得利息还是收回本金时所具有的购买力都会低于最初投资时预期的购买力。比如年利率4%,通货膨胀率5%时,即实际利率为负。当人们持有100元人民币时,年终价值104元,但若持有100元的商品,年终价格为105元,即年初的100块钱可以买到的商品到了年终却买不到了,这就是说货币的购买力下降,或说货币存在对内贬值。

四、信用风险的影响因素

(一) 借款人的信用程度

银行的放款是经过严格审核之后的决策,但是由于贷款或投资发生之后的不确定性因素,可能影响到借款人到期偿还债务的能力,从而降低贷款质量。

银行在经营中的违约风险因客户类型不同和期限差异而有所不同。政府债务的违约风险较低,企业的债务违约风险相对比较大。即使同一客户,其信用程度也会因时间不同而有所变化:偿还期限越长,借款人的偿付能力就越不确定;短期贷款相对容易判断偿还能力,但如果处于经济衰退时期,借款人最终能否保证偿还也是一个未知数。

(二) 贷款的集中程度

商业银行的贷款集中程度与信用风险正相关。贷款越分散,风险越小;贷款越集中,面临的风险越大。贷款的集中程度是与一国的经济体制紧密联系的。市场经济国家贷款分配通常体现多元化原则,按照风险和收益状况,分散在多个客户;而发展中国家,尤其是市场化程度较低、价格机制尚不完善的国家,主要集中在某些行业和产业。如我国一个时期以来,银行贷款绝大多数集中于国有企业,非国有企业仅占较小的比重。

（三）表外业务发展程度

表外业务不反映在资产负债表内。大多属于担保、承诺和金融衍生业务，具有透明度差、风险高与收益高的特点。信用风险是衍生工具多种交易性风险中的一大险别。交易所内，保证金制度和结算制度有效地保证了契约的履行，基本上不会有信用风险发生。而场外交易，既没有保证金，也没有交易对手资格等方面的限制，通常只能以信用为保证，契约的履行存在很大的风险。

五、信用风险的特征

相对于市场风险来说，信用风险具有以下特点。

（一）风险概率分布的有偏性

企业违约的小概率事件以及贷款收益和损失的不对称，造成了信用风险概率分布的偏离。市场价格的波动是以其期望为中心的，主要集中于相近的两侧，通常市场风险的收益分布相对来说是对称的，大致可以用正态分布曲线来描述。相比之下，信用风险的分布不是对称的，而是有偏的，收益分布曲线的一端向左下倾斜，并在左侧出现肥尾现象。这种特点是由于贷款信用违约风险造成的，即银行在贷款合约期限有较大的可能性收回贷款并获得事先约定的利润，而贷款一旦违约，则会使银行面临相对较大规模的损失，这种损失要比利息的收益大很多。也就是说，贷款的收益是固定和有上限的，而它的损失则是变化和没有下限的。另外，银行不能从企业经营业绩中获得对等的收益，贷款的预期收益不会随企业经营业绩的改善而增加，相反随着企业经营业绩的恶化，贷款的预期损失却会增加。

（二）悖论（credit paradox）现象

与市场风险相比，信用风险管理存在信用悖论的现象。这种"信用悖论"是指，一方面，风险管理理论要求银行在管理信用风险时应遵循投资分散化和多样化原则，防止授信集中化，尤其是在传统的信用风险管理模型中缺乏有效对冲信用风险手段的情况下，分散化更是重要的、应当遵循的原则；另一方面，在实践中的银行信贷业务往往显示出该原则很难得到很好的贯彻执行，许多银行的贷款业务分散程度都不高。造成这种信用悖论的主要原因来源于以下几个方面。

（1）对于大多数没有信用评级的中小企业而言，银行对其信用状况的了解主要来源于长期发展的业务关系，这种信息的获取方式使得银行比较偏向将贷款集中于有限的老客户企业。

（2）一些银行在其市场营销战略中，将贷款对象集中于自己比较了解和擅长的某一领域或某一行业。

（3）贷款分散化使贷款业务规模小型化，不利于银行在贷款业务上获取规模效益；

（4）有的时候市场的投资机会也会迫使银行将其贷款投向有限的部门或地区。

（三）信用风险的定价困难

信用风险的定价困难主要是由于信用风险属于非系统性风险，而非系统性风险理论上是可以通过充分多样化的投资完全分散的，因此基于马柯维茨资产组合理论而建立的资本资产定价模型(CAPM)和基于组合套利原理而建立的套利资产定价模型都只针对系统性风险因素,如汇率风险、利率风险、通货膨胀风险等进行了定价,而没有对信用风险因素进行定价。这些模型认为,非系统性风险是可以通过多样化投资分散的,理性、有效的市场是不应该对这些非系统性因素给予回报的,因此信用风险没有在这些资产定价模型中体现出来。对于任何风险的定价,都是以对风险的准确衡量为前提条件的。前述的这些原因使信用风险的衡量是非常困难的。尽管有了一些模型来衡量信用风险,但是从总体上来说,对信用风险仍缺乏有效的计量手段。信用衍生产品的发展还处于起步阶段,整个金融系统中纯粹信用风险交易并不多见,因而市场不能提供全面、可靠的信用风险定价依据。

(四)信用风险数据的获取困难

由于信用资产流动性较差,贷款等信用交易存在明显的信息不对称性以及违约事件频率小、贷款持有期长等原因,信用风险不像市场风险那样具有数据的可得性,这也导致了信用风险定价模型有效性检验的困难。由于信用风险具有这些特点,信用风险的衡量比市场风险的衡量困难得多,也造成信用风险的定价研究滞后于市场风险量化研究。

六、我国信用风险的特点

20世纪90年代末到21世纪初,我国开始进入了信用风险的全面爆发时期。不仅国有商业银行的不良资产处置非常困难,日常生活中也出现了诸多信用风险问题;甚至因为一些信用风险的巨大影响,导致整个地区背上了无信的黑锅,使当地的经济出现明显的负增长。根据我国信用风险的现状,可以总结出我国信用风险的以下特点:

(1)信用风险引起各个部门的高度重视,从中央领导三番五次地强调信用的重要性,到人大、政协的多次提案,再到地方政府的高度重视,都表明我国已经认识到这个问题的重要性了。

(2)我国迄今为止关于信用方面尚没有一部专门法规,在我国,即使见到有关信用的法律、法规,也一般是见于其他相关法中的条款,而且存在比较零散、逻辑不连贯、规定不细致等问题。鉴于此,中国的立法部门开始摸索中国信用立法的道路,信用立法有望提到中国的立法日程中来,这可能是这个时期中国信用问题管理的最大进步。

(3)有关地方政府开始着手建设本地区的信用体系,我们还注意到,着手建设本地信用体系的地方政府通常分为两个类型:一是曾经尝到信用风险苦头的地方,比如温州、汕头,它们有着重新树立形象的强烈冲动,因此在本地信用网、相关信用体系建设甚至在舆论造势方面不遗余力。二是意识比较先进,总能开全国风气之先的地方,比如北京、上海和广州等。

(4)著名学者积极探索我国信用问题管理的途径,全面管理问题的整体方案开始逐渐浮出水面。

第八章　信用风险管理

第二节 信用风险度量方法

一、传统的信用风险度量方法

（一）专家制度法

1. 专家制度法概念

专家制度法是银行机构最早采用的信用风险分析的方法，其最大的特征是：银行信贷的决策权是由该机构那些经过长期训练、具有丰富经验的信贷管理人员所掌握，并由他们做出是否贷款的决定。因此，在信贷的决策过程中，信贷管理人员的专业知识、主观判断以及某些要考虑的关键要素权重均为最重要的决定因素。

在专家制度法下，尽管各商业银行对贷款申请人进行信用分析所涉及的内容不尽相同，但大多集中在借款人的"5C"，即以下几项。

(1) 品德与声望(character)：对企业声誉的一种度量，考察其偿债意愿和偿债历史。基于经验可知，一家企业的年龄是其偿债声誉的良好替代指标。

(2) 资格与能力(capacity)：即还款能力，反映借款者收益的易变性。如果按照债务合约还款以现金流不变的方式进行下去，而收益是不稳定的，那么就可能会有一些时期企业还款能力受到限制。

(3) 资金实力(capital or cash)：所有者的股权投入及其对债务的比率(杠杆性)，这些被视为预期破产的可能性的良好指标，高杠杆性意味着比低杠杆更高的破产概率。

(4) 担保(collateral)：如果发生违约，银行对于借款人抵押的物品拥有要求权。这一要求权的优先性越好，则相关抵押品的市场价值就越高，贷款的风险损失就越低。

(5) 经营条件或商业周期(condition)：企业所处的商业周期，是决定信用风险损失的一项重要因素，特别是对于那些受周期决定和影响的产业而言。

也有些银行将信用分析的内容归纳为"5W"或"5P"。"5W"是指借款人(who)、借款用途(why)、还款期限(when)、担保物(what)、如何还款(how)；"5P"是指个人因素(personal)、目的因素(purpose)、偿还因素(payment)、保障因素(protection)、前景因素(perspective)。

2. 专家制度法存在的缺陷和不足

(1) 要准确地对目标对象的信用进行分析，需要相当数量的专门信用分析人员。

(2) 由于专家水平的高低不同，所分析出来的结果会有差别，这就造成了实施的效果很不稳定。

(3) 由于所分析出来的结果是一些相关人士的主观判断，这也许会造成银行在经营管理中的官僚主义，大大降低银行应对市场变化的能力。

(4) 加剧了银行在贷款组合方面过度集中的问题，使银行面临着更大的风险。

(5) 对借款人进行信用分析时，难以确定共同遵循的标准，造成信用评估的不一致性、随意性和主观性。

（二）信用评级方法

信用评级法又叫作 OCC 法，是因为这一方法是由美国货币监理署（office of the comptroller of the currency, OCC）最早开发出来的。它是根据企业相关指标的好坏将企业贷款信用分为若干等级。目前信用评级法一般将企业贷款信用分为 1～9 或 1～10 个级别。见图 8-1。

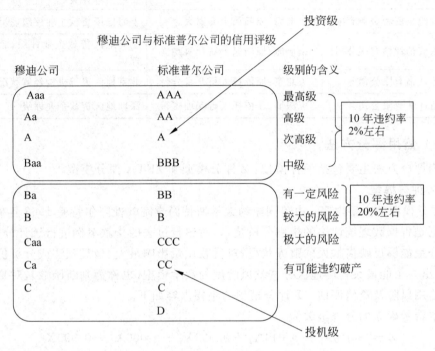

图 8-1 信用评级

评级系统的有关说明：

（1）BBB（或 Baa）以上的等级称为"投资级"（含 BBB），BBB（或 Baa）以下的等级称为高收益债券（或称为垃圾债券，Junk Bonds）。

（2）相应等级后"＋"或"－"和"1, 2 or 3"的符号

你可能看到在 S&P 评级中有"＋"或"－"符号。例如，你可能发现一个债券有 BBB＋级，这表示这个债券为 BBB 级，不过它的前景看好，有可能很快升为 A 级。你也可能看到在 Moody 评级中有"1, 2 or 3"的符号，1 代表乐观的看法；2 代表中性的看法；3 代表悲观的看法。例如，你可能发现一个债券有 Baa1 级，这表示这个债券为 Baa 级，但它前景看好，有可能很快升为 A 级。

该方法的主要缺陷是：它基本局限于定性分析，虽然也运用了许多财务分析指标，但指标的风险权重等没有明确，没有建立多变量指标的不同权重评价体系。

中国现阶段主要的评级机构见表 8-1。

表 8-1　中国主要的信用评级机构

公 司 名 称	业务区域与公司性质	主 要 业 务
联合资信评估有限公司	全国性、独立性、全面资信评估业务	各类债券与各类企业评级、公司评价与咨询、征信调查
中诚信国际信用评级公司	全国性、独立性、中外合资	各类债券与各类企业评级
大公国际资信评估有限公司	全国性、独立性	北京地区银行机构经营状况评级、企业债券评级
上海新世纪投资者服务有限公司	上海、原归属上海财大	上海地区贷款企业评级、投资咨询
上海远东资信评估有限公司	上海、原归属上海社科院	上海地区贷款企业评级、企业债券评级
长城资信评估有限公司	北京、原依托人行北京分行	北京地区银行机构经营状况评价
鹏远资信评估有限公司	深圳、原依托人行深圳支行	深圳地区贷款企业评级

（三）信用评分方法

信用评分方法主要包括两种模型：Z 评分模型和 ZETA 评分模型。

1. Z 评分模型

Z 评分模型的主要内容：由美国纽约大学斯特商学院教授阿尔特曼 1968 年提出的 Z 评分模型是根据数理统计中的辨别分析技术，对银行过去的贷款案例进行统计分析，选择出一部分最能够反映借款人的财务状况，对贷款质量影响最大、最具预测或分析价值的比率，设计出一个能最大程度地区分贷款风险度的数学模型（也称为判断函数），对贷款申请人进行信用风险及资信评估。Z 评分模型的主要内容如下。

阿尔特曼确立的分辨函数为

$$Z = 0.012X_1 + 0.014X_2 + 0.033X_3 + 0.006X_4 + 0.999X_5$$

或

$$Z = 1.2X_1 + 1.4X_2 + 3.3X_3 + 0.6X_4 + 0.999X_5$$

其中，X_1——流动资本/总资产（WC/TA）；X_2——留存收益/总资产（RE/TA）；X_3——息前、税前收益/总资产（EBIT/TA）；X_4——股权市值/总负债账面值（MVE/TL）；X_5——销售收入/总资产（S/TA）。

事实上，这两个公式是相等的，只不过权重的表达形式不同，前者用的是小数，后者用的是百分比，第五个比率是用倍数来表示的，其相关系数不变。

阿尔特曼经过统计分析和计算最后确定了借款人违约的临界值为：$Z_0 = 2.675$。如果 $Z < 2.675$，借款人被划入违约组；如果 $Z \geq 2.675$，则借款人被划为非违约组。当 $1.81 < Z < 2.99$ 时，判断失误较大，称该重叠区域为"未知区"（zone of ignorance）或"灰色区域"（gray area）。

2. ZETA 评分模型

ZETA 评分模型主要内容：ZETA 信用风险模型（ZETA credit risk model）是继 Z 模型后的第二代信用评分模型，变量由原始模型的 5 个增加到了 7 个，适应范围更宽，对不良借款人的辨认精度也大大提高。ZETA 模型为

$$ZETA = aX_1 + bX_2 + cX_3 + dX_4 + eX_5 + fX_6 + gX_7$$

其中：X_1——息税前收益/总资产（资产收益）；X_2——资产收益率在 5 年或 10 年中的标准差（收益稳定性）；X_3——息税前收益/总利息支付额（利息偿付能力）；X_4——留存收益/总资产（累计盈利能力）；X_5——流动比率（流动性指标）；X_6——普通股 5 年的平均市场价值/长期资本总额（资本实力）；X_7——总资产的对数（规模指标）。

模型中的相关参数可以使用统计方法，从相关历史数据中估计得到。当估计出的 ZETA 值高于某事先确定的较高临界值时，可以认为债务人是安全的；当 ZETA 值低于较低临界值时，可以将其归入违约组；处在两个临界值之间的区域被视为灰色或未知区域。

3. Z 评分模型和 ZETA 评分模型存在的几个主要问题

（1）两个模型都过度依赖于财务报表的账面数据，而忽视越来越重要的各项资本的市场指标，这就必然削弱预测结果的可靠性和及时性。

（2）由于模型缺乏对违约和违约风险的系统认识，理论基础比较薄弱，从而难以令人信服。

（3）两个模型都假设在解释变量中存在着线性关系，而现实的经济现象是非线性的，因而也削弱了预测结果的准确程度，使得模型不能准确地描述经济现实。

（4）两个模型都无法计量企业的表外信用风险，另外对某些特定行业的企业如公用企业、财务公司、新公司以及资源企业也不适用，因而它们的使用范围受到较大限制。

二、现代信用风险度量模型

（一）信用风险矩阵模型

J. P. Morgan 继 1994 年推出以 VAR 为基础的风险矩阵（RiskMetrics）后，1998 年又推出了信用矩阵（CreditMetrics）；瑞士信贷银行推出另一类型的信用风险量化模型（CreditMetrics＋）。因此信用风险矩阵模型主要包括：受险价值（VAR）方法（RiskMetrics 模型）、信用度量制方法（CreditMetrics 模型）和火灾保险方法（CreditMetrics＋模型）。

1. 受险价值（VAR）方法：RiskMetrics 模型

受险价值模型就是为了度量一项给定的资产或负债在一定时间里和在一定的置信度下其价值最大的损失额。

VAR 方法度量非交易性金融资产如贷款的受险价值时会遇到如下问题：因为绝大多数贷款不能直接交易，所以市值 P 不能够直接观察到；由于贷款的市值不能够观察，也就无法计算贷款市值的变动率 a；贷款的价值分布离正态分布偏差较大。

2. 信用度量制方法：CreditMetrics 模型

信用计量模型（CreditMetrics 模型）是 J. P. 摩根在 1997 年推出的用于量化信用风险的风险管理产品。与 1994 年推出的量化市场风险的 RiskMetrics 一样，该模型引起了金融机构和监管当局的高度重视，是当今风险管理领域在信用风险量化管理方面迈出的重要一步。VaR 模型是在给定的置信区间内，度量给定的资产在一定时间内的最大损失额。而信用矩阵是希望提供一个运行风险估值的框架，用于非交易性资产的估值和风险计算。通过信用矩阵模型，可以估测在一定置信区间内，某一时间贷款和贷款组合的损失。利用借款人的信用评级、评级转移矩阵、违约贷款回收率等可计算出市场价值 P 和标准差 a。

1) 信用计量模型的基本思想

(1) 债务人的信用状况可以决定其信用风险，而企业的信用状况由被评定的信用等级表示。因此，信用计量模型认为信用风险可以说是直接源自企业信用等级的变化，并假定信用评级体系是有效的，即企业的投资失败、利润下降、融资渠道枯竭等信用事件对其还款履约能力的影响都能及时恰当地通过其信用等级的变化而表现出来。信用计量模型的基本方法就是信用等级的变化分析。转换矩阵(transition matrix)一般由信用评级公司提供，即所有不同信用等级的信用工具在一定期限内变化(转换)到其他信用等级或维持原级别的概率矩阵，成为该模型重要的输入数据。一年期的信用等级转换矩阵见表 8-2。

表 8-2 一年期的信用等级转换矩阵

年初信用等级	年底时的信用评级转换概率/%							
	AAA	AA	A	BBB	BB	B	CCC	违约
AAA	90.81	8.33	0.68	0.06	0.12	0	0	0
AA	0.7	90.65	7.79	0.64	0.06	0.14	0.02	0
A	0.09	2.27	91.05	5.52	0.74	0.26	0.01	0.06
BBB	0.02	0.33	5.95	86.93	5.36	1.17	0.12	0.18
BB	0.03	0.14	0.67	7.73	80.53	8.84	1	1.06
B	0	0.11	0.24	0.43	6.48	83.46	4.07	5.2
CCC	0.22	0	0.22	1.3	6.48	11.24	64.86	19.79

(2) 信用工具的市场价值取决于债务发行企业的信用等级，即不同信用等级的信用工具有不同的市场价值，因此企业信用等级的变化会带来信用工具价值的相应变化。根据转换矩阵所提供的信用工具信用等级变化的概率分布，同时根据不同信用等级下给定的贴现率可以计算出该信用工具在各信用等级上的市场价值，从而得到该信用工具的市场价值在不同信用风险状态下的概率分布。这样就可以用传统的期望和标准差来衡量资产信用风险，也可以在确定的置信水平上找到该信用资产的信用值，而且可以用 VAR 的方法进行信用风险的管理。

表 8-3 列出了信用等级下贷款市值的状况。

表 8-3 信用等级下贷款市值状况(包括第一年的息票额)

一年结束时信用等级	市值金额/百万美元	一年结束时信用等级	市值金额/百万美元
AAA	109.37	BB	102.02
AA	109.19	B	98.1
A	108.66	CCC	83.64
BBB	107.55	违约	51.13

(3) 信用计量模型的一个基本特点就是并不是从单一资产的角度而是从资产组合的角度来看待信用风险。根据马柯维茨资产组合管理理论,多样化的组合投资具有降低非系统性风险的作用,信用风险在很大程度上可以说是一种非系统性风险,因此,在一般情况下,多样性的组合投资可以降低信用风险。另外,由于经济体系中共同的因素(系统性因素)的作用,不同的信用工具的信用状况之间存在相互联系,由此而产生的系统性风险是不能被分散的。这种相互联系用其市场价值变化的相关系数表示,这种相关系数矩阵一般也由信用评级公司提供。采用马柯维茨资产组合管理分析法,可以由单一的信用工具市场价值的概率分布推导出整个投资组合的市场价值的概率分布。

(4) 由于信用计量模型具有将单一的信用工具放入资产组合中衡量其对整个组合风险状况的作用,而不是只衡量某一信用工具自身的风险,因此,该模型使用了信用工具边际风险贡献来反映单一信用工具对整个组合风险状况的作用。边际风险贡献是指在组合中因增加某一信用工具的一定持有量而增加的整个组合的风险(以组合的标准差表示)。通过对比组合中各信用工具的边际风险贡献来分析每种信用工具的信用等级、与其他资产的相关系数以及其风险暴露程度等各方面因素,可以很清楚地看出各种信用工具在整个组合的信用风险中的作用,最终为投资者的信贷决策提供科学的量化依据。

信用度量制是通过掌握借款企业的资料如:①借款人的信用等级资料;②下一年度该信用级别水平转换为其他信用级别的概率;③违约贷款的收复率。计算出非交易性的贷款和债券的市值 P 和市值变动率 δ,从而利用受险价值方法对单笔贷款或贷款组合的受险价值量进行度量的方法。

2) 信用计量模型的不足

本模型假定了信用等级的转换概率在不同的借款人之间和在商业周期的不同阶段都是稳定的,现实条件很难满足这一假设。另外,基于 VAR 的 CreditMetrics 法测度信用风险时还存在对极端损失估计不足,需要人为加大标准差的值;模型需要假定转移概率服从 Morkowits 过程等问题,与现实中信用评级的转移有跨期自相关性不相符。

3. 火灾保险方法:CreditMetrics+模型

瑞士信贷银行金融产品部开发的信用风险附加 CreditMetrics+模型运用家庭火险财产承保的思想,把违约事件模型化为一些连续变量,这些连续变量有一定的概率分布,每一笔贷款都有极小的违约概率,而且独立于其他贷款。组合的违约概率的分布类似于泊松分布,因此根据泊松分布公式可以计算违约的概率。这样可以计算各个频度的违约概率分布,然后利用这些违约概率分布加总后得出贷款组合的损失分布。CreditMetrics+不能像 CreditMetrics 那样用违约要素之间的相关性来代替违约本身的相关性,因为它没有违约的假设。CreditMetrics+模型与模型(MTM)的 CreditMetrics 不同,它是一个违约模型(default model,DM),它不把信用评级的升降和与此相关的信用价差变化视为一笔贷款的信用风险的一部分,而只是看作市场风险,它在任何时期只考虑违约和不违约这两种事件的状态,计量预期到和未预期到的损失,而不像在 CreditMetrics 中度量预期到的价值和未预期到的价值变化。

(二) 信用监控模型（KMV）

1. KMV 模型——期权推理分析法

期权推理分析法（option-theoretic approach）是指利用期权定价理论对风险债券和贷款的信用风险进行度量。最典型的就是美国旧金山市 KMV 公司创立的违约预测模型——信用监测模型。该模型使用了两个关系：①企业资产的市值波动程度和企业股权市值的变动程度之间的关系；②企业的股权市值与它的资产市值之间的结构性关系。利用这两个关系模型可以求出企业资产的市值及其波动的程度。一旦算出所有涉及的变量值，信用监测模型便可以测算出借款企业的预期违约频率（expected default frequency, EDF）。贷款与期权的关系决定企业股权市值与它的资产市值之间的结构性关系。如图 8-2 所示。

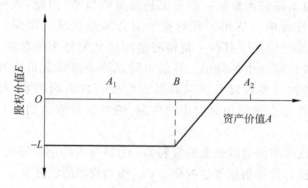

图 8-2　企业股权作为期权买权的损益情况

企业股权作为期权买权的损益情况见上图 8-2：把借款企业股东的股权市值头寸看作持有一份以企业资产市值为标的的买权。与古典布莱克—斯可尔斯—默顿模型中股票卖权定价的五个变量一样，企业股权可由下式来估价出：

$$\bar{E} = h(A, \sigma_A, \bar{r}, \bar{B}, \bar{\tau}) \tag{8-1}$$

其中 A 指的是资产的市值，B 表示的是向银行借款数，r 表示短期利率，σ_A 指的是该企业的资产市值的波动性，τ 表示股票卖权的到期日或在贷款的情形下指贷款期限（或违约期限）。r、σ_A、τ 都可以从市场上直接观察到。股权市值的波动性 σ_E 与它的资产市值波动性 σ_A 的关系：

$$\bar{\sigma}_E = g(\sigma_A) \tag{8-2}$$

股权市值的波动性可以在市场上直接观察到，故联立式（8-1）和式（8-2），就可导出所有相关变量。代入公式：

$$抵达违约点的距离 = \frac{A - B}{\sigma_A} = 标准差$$

如果借款企业的资产市值呈现正态分布，我们便可知道其违约的概率。

2. KMV 公司信用监测模型的缺陷

(1) 模型的使用范围受到限制，不适用于非上市公司。
(2) 在现实中，不是所有的借款企业都符合模型中资产的价值呈正态分布的假定。
(3) 该模型基本上属于一种静态模型，但实际的情况并非如此。

(4) 该模型不能对长期债务的不同类型进行分辨。

3. 信用计量模型与 KMV 模型的比较

KMV 模型与 CreditMetrics 模型是目前国际金融界最流行的两个信用风险管理模型。对于银行和其他金融机构在进行贷款等授信业务时授信对象的信用状况,两个模型都进行较为准确的衡量,并且可以分析这些机构所面临的信用风险,防止集中授信,进而为实现投资分散化和具体的授信决策提供量化的、更加科学的依据,克服了以主观性和艺术性为特征的传统信用分析方法存在的缺点。但是,这两个模型在建模的基本思路上有相当大的差异,这些差异主要表现在以下几个方面。

(1) 信用计量模型对企业信用风险的衡量来自于对该企业信用评级变化及其概率的历史数据的分析,而 KMV 模型对企业信用风险的衡量指标 EDF 主要来自对该企业股票价格变化的有关数据的分析。这是两者的根本区别之一。

(2) KMV 模型是根据企业股票市场价格来进行信用风险的分析,从而该模型可以随时根据该企业股票市场价格的变化来更新模型的输入数据,得出及时的能反映市场预期和企业信用状况变化的新的 EDF 值。因此,KMV 模型可以认为是一种动态模型,能及时反映信用风险水平的变化。然而,CreditMetrics 采用的是企业信用评级指标分析法。企业的信用评级无论是内部评级还是外部评级在相当长的一段时间内都保持静态特征,不可能像股票市场价格一样是动态变化的,这有可能使得该模型的分析结果不能及时反映企业信用状况的变化。

(3) 因为 KMV 模型所提供的 EDF 指标是来自于对股票市场价格实时行情的分析,而股票市场的实时行情不仅反映了该企业历史和当前的发展状况,而且反映了市场中的投资者对于该企业未来发展的综合预期,所以,该模型被认为是一种向前看的方法,EDF 指标中包含了市场投资者对该企业信用状况未来发展趋势的判断,而 CreditMetrics 模型采用的主要是依赖信用状况变化的历史数据向后看的方法。KMV 的这种向前看的分析方法在一定程度上克服了依赖历史数据向后看的数理统计模型的"历史可以在未来复制其自身"的缺陷。

(4) 信用计量所采用的信用评级分析法则是一种序数衡量法,而 KMV 模型所提供的 EDF 指标在本质上是一种对风险的基数衡量法。用基数法来衡量风险,既可以反映出风险水平差异的程度,又可以反映出不同企业风险水平的高低,因而更加准确,这也比较有利于对贷款的定价。而序数衡量法只能反映企业间信用风险的高低顺序,如 BBB 级高于 BB 级,却不能明确说明高到什么程度。

(5) 信用计量能更加与现代组合投资管理理论相吻合,因为它采用的是组合投资的分析方法,注重直接分析企业间信用状况变化的相关关系。但 KMV 是从单个受信企业在股票市场上的价格变化信息入手,着重分析该企业体现在股价变化信息中的自身信用状况,而对企业信用变化的相关性没有进行足够的分析。

(三) 宏观模拟方法(麦肯锡模型)

麦肯锡模型在 CreditMetrics 的基础上,对周期性的因素进行了处理,将评级转移矩阵与失业率、经济的增长率、利率、汇率、政府支出等宏观经济变量之间的关系模型化,并用蒙特卡罗模拟技术来模拟周期性因素的影响,用以测定评级转移概率的变化。麦肯锡模型可以看作对信用计量的补充,因为它克服了信用计量中不同时期的评级转移矩阵不变的缺点。信用度量制方法由于假定不同时期的信用等级转换概率是静态的和固定的,因而引起了很多偏差,宏观模拟模型在计算信用资产的在险价值量时,将各种影响违约概率以及相关联的信用等级转换概率的宏观因素纳入体系,克服了信用度量制引起的偏差,所以宏观模拟模型被视为信用度量制方法的重要补充。直接将信用等级转换概率与宏观因素之间的关系模型化是解决和处理经济周期性因素的常用方法,如果模型是拟合的,就可以通过制造宏观上的对于模型的"冲击"来模拟信用等级转换概率的跨时演变状况。

(四) 基于神经网络的模型

有学者提出以非线性方法(例如类神经网络或模糊理论)作为信用风险分析的工具。神经网络这一概念可追溯到 20 世纪 40 年代,但在信用风险分析中的应用还是 20 世纪 90 年代的新生事物,神经网络是从神经心理学和认识科学研究成果出发,应用数学方法发展起来的一种并行分布模式处理系统,具有高度并行计算能力、自学能力和容错能力。神经网络系统允许各因素之间存在复杂的关系,以解决传统计分方法的线性问题。国外研究者如 Altman、Marco 和 Varetto 对意大利公司财务危机预测中应用了神经网络分析法,J. Coats、Fant、Tfippi、Turban、Kevin、Karyantan 和 Mdodyy Kiang 采用了神经网络分析法分别对美国公司和银行财务危机进行了预测,取得了一定的效果。神经网络的最大缺点是其工作的随机性较强,并且使用神经网络来决策的一个缺陷是缺乏解释能力。当它们产生高的预测精度时,获取结论的推理却还不存在。故需要一套明确的和可理解的规则,有人评价对比了几种神经网络的规则提取技术,并用决策表来代表提取规则。他们得出结论,神经网络的规则提取和决策表是有效和有力的管理工具,可以为信用风险评估构建先进和友好的决策支持系统。比较研究中得出结论"神经网络分析方法在信用风险识别和预测中的应用,并没有实质性的优于线性判别模型"。另外,Chatfield 在《国际预测杂志》发表的题为"神经网络:预测的突破还是时髦"一文中对神经网络方法也只做了一般性的评述。但神经网络作为一门崭新的信息处理科学仍然吸引着众多领域的研究者。

(五) 保险方法

1. 死亡率模型(mortality model)

死亡率模型最早因由阿尔特曼(Altman)和其他学者开发的贷款和债券的死亡率表而得名的,因为阿尔特曼所运用的思想和模型与保险精算师在确定寿险保险费政策时所运用的思想和模型是相似的。

该模型以贷款或债券组合以及它们在历史上违约经历为基础,开发出一张表格,用该表来对信用资产一年的或边际的死亡率(mrginal mortality rate,MMR)及信用资产多年的或累积的死亡率(cumulative mortality rate,CRM)进行预测。将上面的两个死亡率与违约损失率(LGD)结合起来,就可以获得信用资产的预期损失的估计值。

2. 财产保险方法模型

即前面讲的 CreditMetrics+模型。

(六)现代风险度量模型方法的比较

四种模型方法的比较见表 8-4。

表 8-4 四种模型方法的比较

比较的维度	模型 1	模型 2	模型 3	模型 4
1. 风险的定义	信用度量制 J.P.摩根 MTM	信用组合观点 Tom Wilson MTM 或 DM	Credit Risk+ 瑞士信贷 DM	KMV 模型 KMV 公司 MTM 或 DM
2. 风险驱动因素	资产价值	宏观因素	预期违约率	资产价值
3. 信用事件的波动性	不变	可变	可变	可变
4. 收复率	随机	随机	在频段内不变	不变或随机
5. 信用事件的相关性	多变量正态资产收益	因素负载	独立假定或与预期违约率相关	多变量正态资产收益
6. 数学方法	模拟或分析	分析	分析	分析

第三节 信用风险管理方法

一、信用风险管理方法的演变

近 20 年来,国际银行业信用风险管理的发展历程大致经历了以下几个阶段。

(1) 自 20 世纪 80 年代初,因受债务危机的影响,银行普遍开始注重对信用风险的防范与管理,《巴塞尔协议》应运而生。该协议是对银行风险比较笼统的一种分析方法,通过对不同类型资产规定不同权数来量化风险。

1999 年 6 月 3 日,巴塞尔银行委员会发布了关于修改 1988 年《巴塞尔协议》的意见征求稿,该协议对银行进行信用风险管理提供了更为现实的选择。一方面,对现有的方法进行修改,把它作为大多数银行计算资本的标准方法,并且对于一些高风险的资产,允许采用高于 100%的权重。另一方面,巴塞尔银行委员会在一定程度上肯定了目前摩根等国际大银行使用的计量信用风险模型。但是由于数据的可获得性以及模型的有效性,信用风险模型目前还不能在最低资本限额的制定中发挥明显作用。委员会希望在经过进一步的研究和实验后,让使用信用风险模型成为可能。

(2) 自 20 世纪 90 年代以来,一些大银行认识到信用风险仍然是关键的金融风险,并开始关注信用风险测量方面的问题,试图建立测量信用风险的内部方法与模型。其中以 J.P.摩根的 CreditMetrics 信用风险管理系统最为引人注目。

1997 年 4 月初,美国 J.P.摩根财团与其他几个国际银行——德意志摩根建富、美国银行、瑞士银行、瑞士联合银行和 BZW 共同研究,推出了世界上第一个评估银行信贷风险的证券组合模型——CreditMetrics。该模型以信用评级为基础,计算某项贷款或某组贷款违约的概率,然后计算上述贷款同时转变为坏账的概率。该模型覆盖了几乎所有的信贷产品,包括传统的商业贷款、信用证和承付书、固定收入证券、商业合同如贸易信贷和应收账款,以及由市场驱动的信贷产品如掉期合同、期货合同和其他衍生产品等。

(3) 自 1997 年亚洲金融危机爆发以来,世界金融业风险出现了新特点,即损失不再是由单一风险所造成的,而是由信用风险和市场风险等联合造成的。金融危机促使人们更加重视市场风险与信用风险的综合模型以及操作风险的量化问题,由此全面风险管理模式引起人们的重视。所谓全面风险管理是指对整个机构内各个层次的业务单位,各种类型风险的通盘管理。这种管理要求将信用风险、市场风险及各种其他风险以及包含这些风险的各种金融资产与资产组合,承担这些风险的各个业务单位纳入统一的体系中,对各类风险再依据统一的标准进行测量并加总,且依据全部业务的相关性对风险进行控制和管理。这种方法不仅是银行业务多元化后,银行机构本身产生的一种需求,也是当今国际监管机构对各大金融机构提出的一种要求。在新的监管措施得到落实后,这类新的风险管理方法会得到更广泛的应用。

继摩根银行推出 CreditMetrics 之后,许多大银行和风险管理咨询及软件公司开始尝试建立新一代的风险测量模型,即一体化的测量模型,其中有些公司已经推出了自己的完整模型和软件(如 AXIOM 软件公司建立的风险监测模型),并开始在市场上向金融机构出售。全面风险管理的优点是可以大大改进风险-收益分析的质量。银行需要测量整体风险,但只有在具有全面风险承受的管理体系以后,才有可能真正从事这一测量。

(4) 随着全球金融市场的迅猛发展,一种用于管理信用风险的新技术——信用衍生产品逐渐成为金融界人们关注的对象。简单地说,信用衍生产品是用来交易信用风险的金融工具,在使用信用衍生产品交易信用风险的过程中,信用风险被从标的金融工具中剥离,使信用风险和该金融工具的其他特征分离开来。虽然最早的信用衍生产品早在 1993 年就已产生,当时日本的信孚银行为了防止其向日本金融界的贷款遭受损失,开始出售一种兑付金额取决于特定违约事件的债券。投资者可以从债券中获得收益,但是当贷款不能按时清偿时,投资者就必须向信孚银行赔款。只有最近几年,信用衍生产品才取得突飞猛进的发展。

二、信用风险管理方法

传统的信用分析主要分析企业的现金流状况和资产负债状况。对企业的信用分析是一个程序化、劳动密集型的工作,主要包括以下几个步骤。

(1) 分析企业需要这笔贷款的用途,要运用其所了解的企业基本情况,根据银行的现代政策和"喜恶特征"分析该企业的贷款申请。

(2) 对企业的资产负债及损益表进行详细分析,以发现该企业在各阶段的发展趋势和业务上的波动情况。

(3) 对试算表进行分析。

(4) 对账目进行调整以符合用于趋势分析与推测的标准格式。

(5) 根据预计现金流对该笔贷款的目的进行评价,放贷者要寻找出第一退出途径和第二退出途径。

(6) 确定较松和较严的假设前提,并进行压力测试。

(7) 分析行业结构，特别是正在出现的发展趋势、公司在行业中的地位及监管活动的潜在影响。

(8) 对公司管理高层及现行战略进行评价；同时对负责生产、库存、定价和销售系统的部门经理也要进行评价。

三、现代信用风险的管理手段

（一）信用衍生产品

1. 利用期权对冲信用风险

利用期权对冲信用风险的原理是：银行在发放贷款时，收取一种类似于供款者资产看跌期权。这是因为，银行发放贷款时，其风险等价于出售该贷款企业资产看跌期权的风险。这样，银行就会寻求买入该企业资产的看跌期权来对冲这一风险。最早运用这种信用风险对冲方式的是美国中西部的农业贷款。为保证偿还贷款，小麦农场主被要求从芝加哥期权交易所购买看跌期权，把这一期权作为向银行贷款的抵押。如果小麦价格下降，那么小麦农场主偿还全部贷款的可能性下降，从而贷款的市场价值下降；与此同时，小麦看跌期权的市场价格上升，从而抵消贷款市场价值的下降。

图 8-4 显示了小麦看跌期权具有抵消性效应。如图 8-3 所示，当小麦价格为 B 时，农场主的资产（小麦）价值恰好保证能偿还银行贷款，同时小麦看跌期权的价值为零；当小麦价格从 B 下降时，银行贷款的报酬下降，但是同时小麦看跌期权的价值上升；当小麦价格从 B 上升时，银行贷款的报酬保持不变，同时小麦看跌期权的价值进一步下降。但是，小麦看跌期权是由农场主购买的作为贷款的抵押，因此银行贷款的报酬并不发生变化。此时，农场主的最大借贷成本是购买小麦看跌期权的价格。

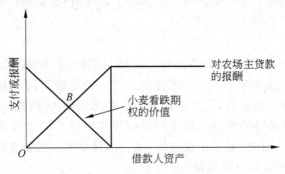

图 8-3　小麦看跌期权的抵消性效应

上述对冲方法看上去很完美，但是存在下列两个问题：一是农场主要想获得贷款必须购买看跌期权，从而必须支付一定的期权费，从农场主的角度来看，这样会使农场主贷款的成本上升。因而他肯定不愿意这样做。如果银行强迫农场主购买期权，不仅有可能会损害银行和农场主的关系，而且农场主也可以不选择这家银行贷款；二是农场主可能不是因为小麦价格的下降，而是由于个人的问题而违约。也就是说，这种方法只保证了贷款者的还款能力，但是对于贷款者的还款意愿却没有任何保证。可是从前面我们知道，信用风险的产生是还款能力和还款意愿这两者共同作用的结果。

1) 违约期权

违约期权是指在贷款违约事件发生时支付确定的金额给期权的购买者。银行如果在发放贷款时购买一个这种违约期权,与该笔的贷款的面值相对应。当贷款违约事件发生时,期权出售者就会向银行支付违约贷款的面值;如果银行的贷款按照贷款协议得以清偿,那么违约期权就自动终止。因此,银行的最大损失就是从期权出售者那里购买违约期权所支付的价格,这样就减少了银行的损失。这类期权还可以出现另一些形式,比如,可以把某种关卡性的特点写入该期权合约中。如果交易对手的信用质量有所改善,比如说从 B 级上升到 A 级,那么该违约期权就自动终止。这种期权的出售价格应该更低。

2) 贴水期权

债券的发行者可以利用期权对平均信用风险贴水进行套期保值。例如,B 公司信用评级为 BBB+1,它计划在两个月后发行总价值为 1 千万元的 1 年期债券。如果在这两个月内该公司的信用等级下降,则它付给投资者的信用风险贴水就会上升,那么公司就要以更高的利率来发行债券,融资成本必然会升高。B 公司可以购入一个买入期权来防止这种情况发生,双方约定在信用风险的贴水上浮到一定限度后,由期权的出售方弥补多出的费用。因而,买入期权在信用贴水上升时可以使其购买者以固定利率借款而避免损失,利率下降时则可以享有相应的好处。同时,期权费是享有这样的权利所要付出的代价。

2. 利用互换对冲信用风险

信用互换主要有两类:违约互换和总收益互换。

1) 违约互换

银行在每一个互换的时期向作为交易对手的某一金融机构支付一笔固定的费用。如果该笔贷款发生了违约,那么互换合约的交易对手就要向其支付违约的损失,支付的数额等于贷款的初始面值减去违约贷款在二级市场上的现值;如果银行的贷款没有违约,那么互换合约的交易对手不用进行任何支付。

2) 总收益互换

在总收益互换中,投资者支付给银行一个确定的收益(比如 LIBOR),同时接受原先属于银行的贷款或证券的全部风险和现金流。与一般互换不同的是,投资者和银行除了交换在互换期间的现金流之外,还在贷款到期或者出现违约时,根据事先在签约时确定的计算公式结算贷款或债券的价差。如果到期时贷款或债券的市场价格出现升值,银行就会向投资者支付价差;反之,如果出现减值,则会由投资者向银行支付价差。

3. 利用远期合约对冲信用风险

信用远期合约是在贷款利率被确实以及贷款被发放以后,对冲贷款违约风险增加的一种无期协议。信用远期合约为借款人发行的基准债券(或贷款)明确规定一个信用风险价差。合约的购买者承担了借款企业基准债券违约风险的增加。

(二)交易所和清算所

衍生工具的交易商、银行及其他金融机构参与者之间有大量的交易,他们在每天交易的过程中都要承担信用风险,交易所和清算所是降低这些风险的结构化手段。通过清算所防范信用风险主要是通过参加有组织的清算所。交易所实施以下一些规章措施来防止信用风险。

(1) 逐日盯市制度：即每日清算收入或损失。
(2) 保证金要求。
(3) 头寸限制。

（三）信用证券化

近年来，商业信贷或贷款证券化的发展速度非常快。主要包括两类：一是表外的CLO；二是表内的CLN。CLO之类的证券化，一般是将贷款移出资产负债表，以抵押贷款债券的形式重新包装并一揽子出售给外部的投资者。比如非常受欢迎的抵押贷款和汽车贷款。CLN之类的证券化，一般仍把贷款保留在资产负债表内，是将贷款组合发行资产支持证券。CLN全称是信用联系票据，它是同货币市场票据相联系的一种信用衍生产品。信用联系票据的购买者提供信用保护。一旦信用联系票据的标的资产出现了违约问题，信用联系票据的购买者就要承担违约所造成的损失。信用联系票据的发行者则相当于保护的购买者，他向信用联系票据的购买者支付一定的利率。如果违约情况未发生，他还有义务在信用联系票据到期的时候归还全部本金；如果违约情况发生，他只需支付信用资产的残留价值即可。

图8-4显示了信用联系票据的整个现金流过程。

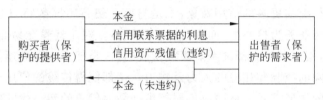

图8-4　信用联系票据的现金流过程

四、现代信用风险管理的发展趋势

随着现代科学技术的发展以及对市场风险等其他风险的管理水平的提高，现代信用风险的管理水平也得到了提升，出现了CreditMetrics、KMV、CreditRisk＋等信用风险量化的管理模型，还出现了衍生工具等现代信用风险管理手段，使信用风险管理更加精确和科学。总的来说，现代信用风险管理呈现如下几个发展趋势。

（一）信用风险管理方法从定性向定量发展

传统的信用风险管理手段主要包括防止授信集中化、分散投资、加强对借款人的信用审查和动态监控等措施。虽然这些传统的信用风险管理方法经过多年的发展已相当完善和成熟，有些甚至已经制度化，成为了金融机构风险控制的重要组成部分，但是这些传统的信用风险管理方法主要都是基于定性分析。随着现代管理办法的创新，产生了一批信用风险模型。这些现代信用风险模型主要通过数理统计手段对历史数据进行统计分析，从而对有关群体或个体的信用水平进行定量评估，并对其未来行为的信用风险进行预测，为信用风险的防范提供有效依据和手段。

（二）信用风险的管理由静态向动态发展

传统的信用风险管理长期以来都表现为一种静态的管理过程。原因主要是信用风的计量技术在很长的一段时间没有发展,银行对信贷资产的估值一般采用历史成本法,这种方法不能反映违约发生前借款人的还款能力的变化而造成信用风险,信贷资产只有到违约实际发生了才被计为损失,银行难以根据实际信用风险的程度变化来进行动态管理。在现代信用风险管理中,这一状况得到了很大的改进。首先,风险计量模型有了一定的发展,组合管理者可以利用信用风险计量模型,根据市场和交易对手的信用状况动态地衡量信用风险的水平。其次,信用衍生产品出现。组合管理者的信用风险承担水平可以根据其风险偏好,通过信用衍生产品的交易进行动态的调整,信用衍生产品是更加灵活、有效地管理信用风险的工具。

(三) 信用风险对冲手段的出现

长期以来,信用风险管理只是局限于传统的管理和控制手段,与市场风险管理模式相比缺乏创新和发展。传统的管理方法很难使投资者完全摆脱信用风险,而且传统的管理方式需要投入大量的人力和物力,这样的投入还会随着授信对象的增加而上升。对于以经营存贷业务和承担信用风险为核心业务的商业银行而言,信用风险会随着越来越多地进入证券交易和投资银行领域而变得越来越突出。对于证券交易商而言,其面临的信用风险具有以下特点:一是由于证券交易具有品种多样化、交易对手广泛的特点,证券交易商往往比商业银行面临更多的信用对象;二是与商业银行不同的特点是证券交易商是以承担市场风险自身业务为核心的,而银行是信用风险。对于证券交易商而言,信用风险只是交易的副产品,是交易双方都试图剥离或摆脱的;三是证券交易商通常缺乏像商业银行那样管理信用风险的经验和相应的人力及物力。这都使得传统的信用风险管理模式和手段不能适应市场的发展需要。从而以信用衍生产品为代表的新一代的信用风险对冲管理手段应运而生,并推动整个风险管理体系向前发展。

第四节 我国信用风险管理现状

随着金融机构资产组合的多样化和复杂化,不管是从监管的角度还是从商业银行的角度来看,信用风险的管理越来越成为保持金融系统稳定性的手段。鉴于四大国有银行占据了国内存贷款市场大部分的市场份额,所以选择四大国有银行为样本分析我国的风险管理现状。

一、我国国有商业银行的风险特征

现代商业银行信用风险不仅具有客观性、相关性、不确定性和可控性,而且呈现了新的特点。

(一) 信用风险的透明度大大降低,比传统的信贷风险更难以识别和测定

在银行的贷款中,贷款的账面价值一般能够让银行知道将承担的最大损失,然后银行再利用对名义金额的清偿率和违约概率的估计来计算出可能发生的损失额。而由于衍生工具的产生,银行的账面经常涉及衍生工具。在衍生工具的交易中,经常涉及的是名义本金,而合约的价值与信用暴露之间往往没有直接的关系。例如,互换或远期合约的初始价

值通常为零,可是这两种合约会随着基础变量的错误变动而产生巨额的亏损,因此不能立刻判断其承担的风险有多大。

(二)信用风险管理的方法和技术严重滞后

国内银行在风险管理手段,特别是比较前沿的信用度量分析技术方面非常欠缺。一方面,我国的商业银行通常是运用定性的方法来评估和管理信用风险,虽然在管理的实践中采用了打分求和方法,但从根本上说这种方法仍属于定性分析。另一方面,我国债券市场很不发达,信用评级机构落后。商业银行的贷款几乎没有可借鉴的外部相关债券的信用等级数据,与历史数据相关的信用违约和信用等级转移的数据库极为匮乏,基本没有用信息系统和量化数据模型来度量组合风险和表外业务。这些信用风险管理基础工作的滞后性严重影响了我国商业银行的发展。

(三)信用资产表现为"三高、三差"的特点

我国商业银行的信用资产表现出了"三高、三差"的特点。从流动性来说,信贷资金被长期占用,信贷资产的流动性比较差,资金周转慢。国有银行资产负债期限搭配不合理,短期负债用于长期资产,从而会引发流动性结构风险。从安全性来考虑,不良资产率高,信贷资产安全性差,可能会造成贷款严重的损失。从盈利性来分析,信贷资金筹资成本高,盈利能力差。因为国有银行的信贷资金主要来源于储蓄,我国是高利率的国家,信贷资金由于依赖储蓄而支付较高的成本;另外,由于我国利率市场尚未放开,国有银行贷款的定价会受到政策限制,使商业银行不能通过价格杠杆来控制风险和扩大盈利能力。

(四)信用风险管理基础薄弱,管理系统不完善

银行管理客户基础数据的系统性、真实性、及时性、一致性不足,评级使用的客户财务信息和管理信息也不完善,这使借款人的评级结果不能准确反映客户的信用状况;银行缺乏对不同等级客户的违约概率估计和违约损失估计以及不能对抵押物评估价值及时更新;贷前调查、贷时审查、贷后检查三个环节经营责任不到位,考核评价也不到位,而且缺少有效的激励机制。信用风险管理体系也不完善,国有银行组织体系方面表现出风险管理条块分割,各种风险管理政策的综合协调程度比较差,难以从总体上测量和把握信用风险。从方法体系方面来看,现行的风险管理方法以传统的定性分析为主,缺乏对信用风险的科学计量;同时,缺乏独立的风险报告程序,致使管理层和决策层不能全面、及时、准确地掌握信用风险状况,进而影响决策的合理性。

二、我国商业银行信用风险内部评级的现状和问题

从2001年起,我国各商业银行先后改革了信用等级分类的方法,引入了国际上先进的综合分析法和量化评级手段,建立了信用等级评定的计算机系统,使信用等级的分类上了一个新台阶。各商业银行目前采用的信用等级评定基本上是参照1999年发布的《国有资本金绩效评价规则》中对竞争性工商企业的评定方法。在具体方法上,一般采用定量分析为主或者定量分析与定性分析相结合的方法。定量分析的比重一般占70%以上,定性分析的比重一般不超过30%;定量分析采用功效系数法,定性分析采用综合分析判断法。以中国工商银行的信用评级方法为例进行说明:其信用评级指标由评议指标、基本指标、

修正指标构成。评议指标运用定性的分析方法,对企业的市场竞争能力、发展前景、管理水平等非定量因素进行分析。基本指标和修正指标运用定量分析的方法,利用财务比率对企业的偿债能力、财务效益、资金营运、发展能力等进行评价。

从以上的介绍可以看出,我国商业银行在加强信用风险管理方面已经逐步发展了内部信用风险评级体系。不过,与国际性的银行相比,我国商业银行的内部评级在评级方法数据的采集、数据的加工、对评级结果的检验、评级工作的组织以及评级体系的适用性等方面都存在相当大的差距,这些差距极大地限制了内部评级在揭示和控制信用风险方面的作用,这些不足主要表现在以下几个方面。

(一) 评级方法偏于定量化,信用风险的揭示严重不足

目前,我国商业银行的信用风险内部评级普遍采用打分法,首先,选取一定的财务指标和另外的一些定性指标,并通过专家判断或其他方法来设定每一指标的权重,由评级人员根据事先确定的打分表对每一个指标分别打分,再根据总分确定其对应的信用级别。这一方法的优点是简便易行,可操作性强。不过这一评级方法也存在着明显的缺陷:

(1) 评级所运用的是过去的财务数据,这样不能预测出银行对未来偿债的能力。

(2) 指标和权重的确定缺少客观的依据。影响评级对象信用状况的各个因素是相互联系的,在对单个指标进行打分然后加总的情况下,需要利用一定的统计分析技术来确定影响受评对象偿债能力的主要因素及其相关系数,来剔除重复计分的因素。由于缺乏足够的数据资料,只能根据经验或专家判断来选取指标和确定权重,使评级标准的可行性和准确性大大降低。

(3) 缺乏现金流量的分析和预测。充分的现金流量是分析企业未来偿付能力的最重要的因素。但是目前我国银行的内部评级方法基本上没有对现金流量充分地分析和预测,难以反映评级对象未来的实际偿债能力。

(4) 行业的分析和研究明显不足。受评对象所处的行业及在该行业中的地位也是影响其信用风险的重要因素。现在虽然有些商业银行也将评级对象按行业做出了分类,但总体来看对不同行业的分析和比较明显缺乏准确性,而且不符合实际情况。

(二) 缺乏信用文化基础,企业评级情况难以真实反映

我国整个社会缺乏信用文化。企业的财务数据真实性较小,加上信用评级未完全在贷款决策的贷款定价中起到核心作用,而且基层信贷人员对评级体系的重要性认识不足,没有积极去核准企业财务数据,导致评级体系中的财务数据不全面、不准确。风险不能被真实反映导致了信用评级的结果与企业的实际风险等级不匹配,不能准确了解企业的实际风险而为其提供贷款,加大了银行的经营风险。

(三) 评级结果的运用十分有限

从目前的情况看,我国大多数银行仅将评级结果用于授信管理等少数的领域,使内部评级在信用风险管理方面的作用大大降低。这是由于:银行管理层对内部评级的必要性和重要性缺乏足够的认识,而且在很大程度上受市场化改革进程和相关金融政策的影响,这就限制了银行根据内部评级结果来确定风险的大小。

三、完善我国商业银行信用风险内部评级体系的建议

内部评级体系主要应用在贷款决策、资产质量管理、风险准备金管理、金融产品组合贷款定价、授权管理以及成本利润核算等方面,其工作具有相当的复杂性和长期性,需要我们做出仔细的考虑和完整的计划。因此建立完善的内部评级体系对我国商业银行提高风险管理水平是非常重要的。

(一)学习和借鉴国外先进银行的内部评级法,充分揭示风险

科学合理的评级方法是充分揭示风险的基本前提。发达国家的国际性银行在长期的内部评级过程中积累了丰富的经验,形成了比较先进成熟的评级方法。借鉴这些评级技术和经验可以减少人力和财力的浪费。积极探索适合我国国情的内部评级方法体系是建立和完善我国商业银行内部评级体系的关键所在。

(二)建立有效的组织结构,保证内部评级工作顺利开展

根据《巴塞尔新资本协议》可知,银行的风险主要有三类:信用风险、市场风险和其他风险。这些风险往往不是孤立的,一般是由几种风险共同对银行的资产构成威胁。全面的风险管理要求银行对整个机构内各个层次的各业务单位的各种风险实行全面管理,而这种管理的核心就是内部信用评级。因此,内部信用评级这项工作要涉及多个部门,不仅需要领导的支持,同时也要求有关部门通力合作,建立有效的组织架构,保证内部评级工作顺利进行,从而建立完善的内部评级体系。

(三)加强行业研究,建立和完善内部评级的基础数据库

内部评级体系建立的完善与否主要反映在三个方面:方案的设计、信息的采集和信息的加工。信息的采集是三项工作的基础,它直接关系到内部评级的结果与所研究的风险是否相符。因此,我国银行必须按照行业进行适当的分工。通过对不同行业的长期深入研究,了解和把握不同行业的基本特点、发展趋势、主要风险因素,可以为受评对象在同一行业内部和不同行业之间风险的比较创造条件,从而为信用级别的确定提供参照。同时,建立和完善客户基础数据库可以为内部评级的顺利开展和评级结果的检验打下基础。

(四)充分借助国内外专业评级公司的技术力量

一些国际著名的专业评级机构,如穆迪公司、惠誉公司、标准普尔公司等以其信用评级的独立性、客观性、公正性赢得了广泛的声誉。经过十多年的发展,中国也出现了一些专业的评级机构,如大公、中成信公司(中外合资)等。这些机构积极参与企业的债券评级、企业的资信评估、银行贷款的偿债能力评估等领域,在信用风险揭示方面发挥了一定作用。近期,由于银行都在《巴塞尔新资本协议》资本充足率监管的要求下进行风险准备管理、资本金分配,一些专业的咨询公司与国内银行建立联系,凭借自己的专业技术和经验帮助国内银行建立内部评级体系来进行信用风险管理,如麦肯锡公司。目前商业银行在行业分析与研究评级体系的建立、信用级别的确定等方面都可以借助专业技术力量,以弥补其内部评级水平不高、专业人员不足的缺陷,这样就可通过合理配置有限人员发挥其各自的优势来达到事半功倍的目的。

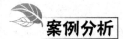

深发展15亿元贷款无法收回

一、案情

2006年3月28日,深圳发展银行(以下简称深发展)原党委书记、董事长周林被深圳市公安局刑事拘留,涉嫌违法放贷。同案被拘另有三人,均来自深发展。他们分别是深发展原行长助理、审贷会主任张宇,深发展人力资源部副总经理陈伟清,以及深发展总行公司业务部的林文聪。

这笔15亿元贷款为期3年,于2003年七八月间,由深发展天津、海口、北京三家分行完成出账,分别贷给首创网络有限公司(下称首创网络)和中财国企投资有限公司(下称中财国企)及下属五家企业,申报用途分别为建设全国性的连锁网吧以及"农村科技信息体系暨农村妇女信息服务体系"。

事实上,这笔资金很快被挪用到北京市东直门交通枢纽项目中的东华国际广场商务区(下称东直门项目)上。事后证明,共有7亿~8亿元最终进入了东直门项目,其余资金去向不明。深发展在案发后,已计提高达4亿元的拨备。

2004年年底,深发展外资股东"新桥"入股后,新管理层在检查资产质量的过程中,发现这几笔贷款有发放不合内部管理程序和借款人使用贷款违规的嫌疑,并于2004年11月向公安机关报案,并获立案。

二、原因分析

(1)深发展采取了转授信方式,将同笔贷款分拆贷给相关公司,意在回避政策限制。三九集团副总、深圳三九汽车发展有限公司负责人陈达成带来他的东直门项目被周林介绍给深发展的相关人员但数次会议的结果是,上述几人对该项目的判断一致,不具备操作可能性:一是不具备央行对房地产项目贷款的条件;二是贷款主体不具备贷款资格;三是项目投资金额巨大,而深发展的信贷政策受到限制;四是用款人背景复杂,贷款发放后很难得到有效的控制等。

2003年5月,"行领导再次要求陈伟清必须对该项目进行操作。当时项目方提供两个公司——中财投资和首创网络,要求对这两个公司授信"。最终顺利通过了审批。

(2)提供担保的银基公司对这笔贷款提供担保也超出上限。对于该笔贷款,深发展不同层级人员曾多次出具风险提示意见,对借款人的承债能力、担保人的担保能力以及贷款项目本身均提出质疑。

(3)对"一把手"监督缺位。银行业内外能顺畅勾结犯案,监督缺位是重要原因,其中尤以对一把手的监管缺位为甚。知情人称"15亿元贷款的运作,在几乎所有程序上都涉嫌违规"。而这笔贷款最后竟然能通过审查,顺利贷出,如果没有周林的一再坚持,要求相关操作人员将不符合条件的地方进行可行化操作,是不可能得以实施的。

三、启示

(1)信用风险的存在制约很多地区经济的发展,降低信用风险是促进金融业健康发展的必要手段。信用风险来源于债务人,市场交易对手的违约也可能导致债务的市场价值变动因此而造成资产损失。为此必须完善我国商业银行信用风险内部评级体系,学习借鉴国外先进的银行内部评级方法,充分揭示风险,建立有效的组织结构。

(2) 现在银行的各种内控制度多如牛毛,土制度和"洋制度"样样俱全;已经建立了内外结合、纵横到底到边的监督机制,审计员、稽核人员数量是历史上最多最庞大的,内部有稽核部门的检查、监事会的检查,外部有银监会、人民银行、审计部门的检查等,可以说一年四季检查不断。但要反思的是这些制度都得到有效地执行了吗?所以要保证各项政策得到有效地执行。

(3) 事后惩罚过轻,使银行内部人员作案和内外勾结作案成为一种成本很低而收益极高的行为。

(4) 我们引进的不仅是外资,还应有他们先进的银行风险管理经验,以及他们滴水不漏的银行人与物的金融监管体系。

思 考 题

一、名词解释

信用风险　专家制度法　期权推理分析法　信用悖论　购买力风险　第三方担保风险　敞口风险

二、问答题

1. 与普通的金融风险相比,信用风险有什么特点?
2. 请分析 CreditMetrics 模型和 KMV 模型在中国的适用性。哪一种模型更适合中国目前的国情?
3. 利用期权来规避信用风险的原理是什么?
4. 试分析总收益互换和违约互换整个过程的现金流,并说出它们的不同。
5. 简述我国商业银行信用风险管理的不足及政策建议。
6. 信用风险的来源有哪些?
7. 信用风险的影响因素有哪些?

三、讨论题

现代信用风险管理的发展趋势是什么?

第九章 操作风险管理

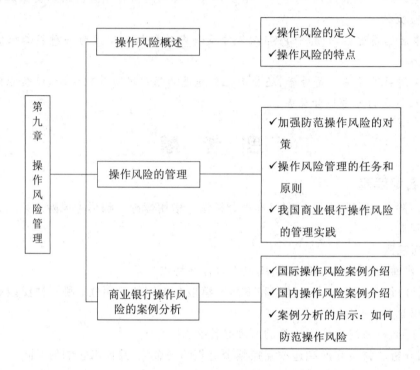

📎 **学习目标**

- ◆ 理解操作风险的定义和特点；
- ◆ 掌握操作风险管理的任务和原则；
- ◆ 了解加强防范操作风险的对策，以及我国商业银行操作风险的管理实践。

在不少金融机构中，操作风险导致的损失已经明显大于市场风险和信用风险。因此，国际金融界和监管组织开始致力于操作风险管理技术、方法和组织框架的探索与构建，目前已取得了明显的进展。但是，从国内银行业情况来看，对操作风险的认识和管理还停留在比较肤浅的层次，监管当局关注的焦点一直定位在信用风险领域，监管资源过分倾斜于银行不良资产的处置，以至于银行操作风险近些年呈持续上升趋势。

2001年巴塞尔委员会指定的《巴塞尔新资本协议》（征求意见稿），率先将操作风险的衡量与管理纳入金融机构的风险管理框架中，并要求金融机构为操作风险配置相应的资本。这既是对近年来国际金融界日益注重操作风险实践的总结，又是对操作风险提出的新要求。

第一节 操作风险概述

一、操作风险的定义

巴塞尔委员会根据英国银行家协会、国际掉期和衍生品交易协会、风险管理协会及普华永道咨询公司的意见,将操作风险定义为"由不完善或有问题的内部程序、人员及系统或外部事件造成损失的风险"。按照发生的频率和损失大小,巴塞尔委员会将操作风险分为以下七类。

(1) 内部欺诈。由机构内部人员参与的诈骗、盗用资产、违犯法律以及公司的规章制度的行为。

(2) 外部欺诈。第三方的诈骗、盗用资产、违犯法律的行为。

(3) 雇用合同以及工作状况带来的风险事件。由于不履行合同,或者不符合劳动健康、安全法规所引起的赔偿要求。

(4) 客户、产品以及商业行为引起的风险事件。有意或无意造成的无法满足某一顾客的特定需求,或者是由于产品的性质、设计问题造成的失误。

(5) 有形资产的损失。由灾难性事件或其他事件引起的有形资产的损坏或损失。

(6) 经营中断和系统出错。例如,软件或者硬件错误、通信问题以及设备老化。

(7) 涉及执行、交割以及交易过程管理的风险事件。例如,交易失败、与合作伙伴的合作失败、交易数据输入错误、不完备的法律文件、未经批准访问客户账户,以及卖方纠纷等。

二、操作风险的特点

(一) 操作风险的特点概述

与信用风险、市场风险相比,操作风险具有以下特点。

(1) 操作风险中的风险因素很大比例上来源于银行的业务操作,属于银行可控范围内的内生风险。单个操作风险因素与操作损失之间并不存在清晰的、可以界定的数量关系。

(2) 从覆盖范围来看,操作风险管理几乎覆盖了银行经营管理所有方面的不同风险。既包括发生频率高、但损失相对较低的日常业务流程处理上的小纰漏,也包括发生频率低、但一旦发生就会造成极大损失,甚至危及银行存亡的自然灾害、大规模舞弊等。因此,试图用一种方法来覆盖操作风险的所有领域几乎是不可能的。

(3) 对于信用风险和市场风险而言,风险与报酬存在一一映射关系,但这种关系并不一定适用于操作风险。

(4) 业务规模大、交易量大、结构变化迅速的业务领域,受操作风险冲击的可能性最大。

(5) 操作风险是一个涉及面非常广的范畴,操作风险管理几乎涉及银行内部的所有部门。因此,操作风险管理不仅是风险管理部门和内部审计部门的事情。

（二）目前我国商业银行操作风险的主要特征

近期，国内有人对我国商业银行的操作风险进行了实证分析。根据研究结果，我国商业银行操作风险的主要特征大概可以总结为以下几点：

（1）损失事件主要集中在商业银行业务和零售银行业务，主要可以归因于内部欺诈、外部欺诈，占到损失事件比例最大的是商业银行业务中的内部欺诈。

（2）单笔损失金额的均值相差很大，在度量操作风险时，应该分别考虑每个业务部门和每个风险事件组合下的损失分布情况。

（3）损失事件的多少与银行的总资产规模成正相关，但损失金额的多少与总资产没有明显的相关性。

（4）从损失事件数目和损失金额的地区分布看，操作风险不一定发生在经济发达的分支机构，但是肯定会发生在管理薄弱、风险控制意识不强的地区。

（三）我国商业银行当前操作风险的主要原因

（1）公司治理结构不健全。一是所有者虚位，导致对代理人监督不够。二是内部制衡机制不完善。董事会、监事会、经营管理层之间的制衡机制还未真正建立起来。三是存在"内部人"控制现象。由于国有商业银行所有者虚位，很容易导致银行高管人员利用政府产权上的弱控制而形成事实上的"内部人"控制，进行违法违纪活动。四是内部控制能力逐级衰减。国有商业银行的"五级"直线式管理架构，由于内部管理链条过长，信息交流不对称，按照"变压器"原理，总行对分支机构的控制力层层衰减，管理漏洞比较多。

（2）内控制度建设尚不完备。一是没有形成系统的内部控制制度，控制不足与控制分散并存，业务开拓与内控制度建设缺乏同步性，特别是新业务的开展缺乏必要的制度保障，风险较大。二是内控制度的整体性不够。对所属分支机构控制不力，对决策管理层缺乏有效的监督。对业务人员监督得多，而对各级管理人员监督得较少、制约力不强。三是内控制度的权威性不强。审计资源配置效率低下，稽核审计职能和权威性没有充分发挥，内部审计部门没有完全起到查错防漏、控制操作风险的作用。

（3）风险管理方法落后，信息技术的运用严重滞后。

（4）员工队伍管理不到位。银行管理人员在日常工作中重业务开拓，轻队伍建设；重员工使用，轻员工管理，对员工思想动态掌握不够，加之举报机制不健全，使本来可以超前防范的操作风险不能被及时发现和制止。

（5）与风险控制有冲突的考核激励政策容易诱导操作风险。

（6）社会转型及银行变革容易引发操作风险。当前社会治安形势仍然严峻，针对银行的抢劫、诈骗、盗窃等犯罪时有发生。从银行内部来看，国有银行正在进行股改，伴随机构撤并，也带来了大量富余人员消化问题，最终导致各种矛盾的尖锐化。

第二节 操作风险的管理

一、加强防范操作风险的对策

（一）加大改革力度

（1）建立完善的公司法人治理结构。我国商业银行要建立规范的股东大会、董事会、监事会制度，设立独立董事，构建以股东大会-董事会-监事会-行长经营层之间的权力划分和权力制衡有效结构，通过高级管理层权力制衡，抑制"内部人"控制、"道德风险"的发生。

（2）按照"机构扁平化、业务垂直化"的要求，推进管理架构和业务流程再造，从根本上解决操作风险的控制问题。

（3）改革考核考评办法。正确引导分支机构在调整结构和防范风险的基础上提高经营效益，防止重规模轻效益。要合理确定任务指标，把风险及内控管理纳入考核体系，切实加强和改善银行审慎经营和管理，严防操作风险。不能制定容易引发偏离既定经营目标或违规经营的激励机制。

（二）不断完善内部控制制度

商业银行在坚持过去行之有效的内部控制制度的同时，要把握形势，紧贴业务，不断研究新的操作风险控制点，完善内部控制制度，及时有效地评估并控制可能出现的操作风险，把各种安全隐患消除在萌芽状态。

当前，重点要在以下七个方面完善内部控制制度：一是建立相应的授权体系，实行统一法人管理和法人授权；二是建立必要的职责分离，以及横向与纵向相互监督制约关系的制度；三是明确关键岗位、特殊岗位、不相容岗位及其控制要求；四是对于重要活动应实施连续记录和监督检查；五是对于产品、组织结构、流程、计算机系统的设计过程，应建立有效的控制程序；六是建立信息安全管理体系，对硬件、操作系统和应用程序、数据和操作环境，以及设计、采购、安全和使用实施控制；七是建立并保持应急预案和程序，确保业务的持续开展。

（三）全面落实操作风险管理责任制

首先，要通过层层签订防范操作风险责任合同，使风险防范责任目标与员工个人利益直接挂钩，形成各级行一把手负总责，分管领导直接负责，相关部门各司其职、各负其责，一线员工积极参与的大防范工作格局。其次，要真正落实问责制。要明确各级管理者及每位操作人员在防范操作风险中的权力与责任，并进行责任公示。今后银行发生大案，既要有人及时问责，又要深入追查事件责任人。对出现大案、要案，或措施不得力的，要从严追究高管人员和直接责任人的责任，并相应追究检查部门、审计部门及人员对检查发现的问题隐瞒不报、上报虚假情况或检查监督整改不力的责任。

（四）切实改进操作风险管理方法

（1）不断摸索，逐步完善操作风险计量方法。虽然目前对操作风险的计量还没有一个十分完善的方法,但是随着商业银行全面风险管理的深入开展,准确计量操作风险并计提准备金将是一个必然的发展趋势。

(2) 加强信息技术应用。在数据大集中的进程中,要加强业务系统操作平台建设,全面查找设计上的漏洞,完善系统软件。

(3) 建立、健全操作风险识别和评估体系。要借鉴国际先进经验并运用现代科技手段,逐步建立覆盖所有业务类别操作风险的监控、评价和预警系统,识别和评估所有当前和未来潜在的操作风险及其性质。

(4) 建立和完善内部信息交流制度。针对近年来多发的管理人员带头实施违规,强迫命令下属违规操作,形成案件和资金风险的问题,银行要建立和完善员工举报制度,依靠和发动一线员工,鼓励检举违法违规问题,坚决遏制各类案件特别是大案要案的高发势头。

(五)加强人员管理

(1) 牢固树立以人为本的经营思想,充分发动和依靠广大员工抓好操作风险管理工作。

(2) 加强思想政治教育。要深入开展矛盾纠纷和不安定因素排查化解工作,多方面、多层次将矛盾纠纷和不安定因素化解在单位内部和萌芽状态。

(3) 加强风险意识教育。要坚持不懈地进行安全形势教育、典型案例教育、规章制度教育,提高全行员工的安全防范意识和遵纪守法观念。

(4) 及时、深入了解重要岗位人员工作、生活情况,掌握思想和行为变化动态,对行为失范的员工要及时进行教育疏导和诫勉谈话,情节严重的,要严肃处理。

二、操作风险管理的任务和原则

引入对操作风险的监管是《巴塞尔新资本协议》的一大创新。12月10日,巴塞尔银行监管委员会(Basel Committee on Banking Supervision,BCBS)在总结近年来操作风险管理和监管实践经验的基础上发布了《操作风险管理和监管的良好做法》,该文件明确了监管机构对操作风险的监管职责,指出银行应建立三道防线应对操作风险,并提出了银行操作风险管理的11条原则。

(一)监管机构的任务

(1) 建立评估机制。监管机构应建立适当的机制,对银行涉及操作风险的政策、程序和系统进行直接或间接的定期独立评估,并掌握银行的发展情况。

(2) 监管评估的范围。对操作风险的监管评估应覆盖理论上涉及操作风险管理的所有领域。如果被监管的银行是某一金融集团的成员,则监管机构应督促该金融集团采用适当和统一的方式管理操作风险。在进行这种类型的评估时,监管机构需要展开与其他监管机构的合作和信息交流,或选择使用外部审计机构完成此类评估。

(3) 监管措施的制定。监管机构可以通过一系列的监管措施矫正在监管评估过程中发现的银行操作风险管理的缺陷。因此,监管机构必须使用与银行及其运营情况相匹配的监管工具,并应建立银行和外部审计机构的报告机制以保证自身能够及时获得操作风险的相关信息。

（4）鼓励银行持续改善内部管理。监管机构可以在监测和评估银行操作风险管理的发展情况的基础上，分析影响其有效性的原因，并在与其他银行的情况进行对比后进行反馈，帮助银行了解和改善自身的管理状况。

（二）银行操作风险管理的三道防线

操作风险是所有银行业产品、服务和活动所固有的风险，因此，有效的操作风险管理也就成为银行风险管理程序中的基本要素。基于近年来对银行良好风险管理做法的观察，BCBS认为良好的操作风险管理通常主要依靠以下三道防线。

（1）业务条线管理。即明确各业务单位的人员在识别和管理银行产品、服务和活动中的内在风险的责任。这是操作风险管理的第一道防线。

（2）独立的法人操作风险管理部门。法人操作风险管理部门作为业务条线管理的有效补充，是操作管理风险管理的第二道防线。其独立性程度依据银行的规模变动，其关键职责在于审查业务条线的投入与产出、银行的风险管理、风险测度和报告系统。

（3）独立的评估与审查。操作风险管理的第三道防线是对银行操作风险管理的操作、程序和系统进行独立评估和审查。实施此类评估和审查的人员必须经过培训，并保持独立。在必要时，银行可以引入具备资质的外部机构参与此类评估和审查。

决定上述三道防线的架构和活动的因素包括：银行产品、服务的资产组合；银行的规模；银行的风险管理方式。此外，强有力的风险文化、三道防线之间的协调、内部审计的独立性和力度对银行操作风险管理的有效性也具有重要影响。

（三）银行操作风险管理的11条原则

1. 基本原则

原则1：董事会应发挥主导作用，发出"高层声音"（tone at the top），推动强效风险管理文化的构建。董事会和高级管理层应以实现强有力的风险管理为目标，建立适当的公司文化和标准，支持和鼓励专业和负责任的行为。在这方面，董事会应确保强有力的操作风险管理文化的存在，并贯穿于整个银行业务流程的始终。

原则2：银行应在其全面风险管理程序中开发、实施和维持操作风险框架。银行对该框架的选择依据一系列要素，包括自身特点、规模、复杂性和风险情况等。

2. 公司治理

原则3：董事会应建立和审批银行的操作风险管理框架并对其进行定期评估，还应对高级管理层进行监督以保证操作风险管理的政策、程序和系统在所有决策层面得到有效实施。

原则4：董事会应审批和评估操作风险的风险偏好和容忍度报告。该报告应明确描述银行愿意承受的操作风险的特征、类型和水平。

原则5：高级管理层应建立清晰、有效和稳健的操作风险管理架构，适当、透明和统一地划分操作风险管理责任，并经董事会审批通过。高级管理层还应根据银行的风险偏好和容忍度，负责银行操作风险政策、程序和系统的统一实施和维护。

3. 风险管理环境

原则6：高级管理层应确保对所有重要产品、活动、程序和系统的内在操作风险的识别和评估足以实现对内生风险和动机的充分理解。

原则7：高级管理层应确保银行具有充分评估所有新产品、活动、程序和系统的操作风险的正式程序。

原则8：高级管理层应定期对操作风险情况和导致损失的重要风险敞口实施监测。银行应在董事会、高级管理层和业务条线等各个层面具备适当的报告机制，积极主动地管理操作风险。

原则9：银行应具备强有力的操作风险管理体系，包括：操作风险管理政策、程序和系统；适当的内部控制；适当的风险缓释和转移策略。

原则10：银行应制定业务弹性和连续性方案，确保自身在严峻业务损失发生时具备持续经营和限制损失的能力。

4. 信息披露的作用

原则11：银行的公开信息披露应能支持市场参与者对银行的操作风险管理方式进行评估。

三、我国商业银行操作风险的管理实践

《巴塞尔新资本协议》将操作风险定义为由于内部程序、人员、系统不充足或者运行失当以及因为外部事件的冲击等导致直接或间接损失的可能性风险，并将操作风险列为与信用风险、市场风险并列的三大风险之一。我国银监会发布《关于加大防范操作风险工作力度的通知》，首次提出了操作风险这一概念。研究操作风险，界定、度量操作风险，深刻分析其产生的理论根源和现实起因，并结合我国商业银行操作风险管理的特殊性，进而相应地提出商业银行操作风险管理的对策，对操作风险管理的理论和实践、金融业的健康运行乃至整个国民经济的平稳健康运行都具有非常重要的意义。

（一）商业银行操作风险管理存在的问题

1. 对操作风险存在认识上的偏差

各商业银行普遍制定了一定的操作风险防范和控制措施，建立了授权审批制度、岗位分离制度、重要环节控制制度、对账制度、内部审计制度等，在管理流程和业务运营方面也有严格的操作规范，但目前基层商业银行操作风险管理仍然处于初级阶段，对操作风险没有形成一个全面、系统的认识。如误认为操作风险就是前台柜面人员操作上的行为风险，或者只是直接面对各项业务操作的经营性风险，认为各种风险操作事件之间是孤立的，无法对其计量等。

2. 不健全的操作风险管理框架

健全的操作风险管理框架是实现全面操作风险管理的前提。从目前的情况看，我国银行业在操作风险管理框架上的缺陷表现在：一是管理职责分散，缺乏专门的管理部门；二是基层分支机构操作风险管理职能缺失；三是对银行的某些活动缺乏足够的风险评估；四是内部审计部门权威性不强。我国很多银行几乎一致将内部审计部门作为操作风险管

理的职能部门。

3. 执行制度不力,问责不严

制度是员工行为的准则和业务操作的规范,商业银行的一切活动都要严格按照制度的规定执行。但是不少基层行员工缺乏风险防范意识,有章不循、麻痹大意较为普遍;有的机构内部管理薄弱,违规经营、越权操作时有发生,以信任代替管理、以习惯代替制度、以情面代替纪律的积弊未得到根除;对违规违纪行为处罚力度不够,一定程度上纵容了违规违纪行为,致使制度防线失控。此外,一些制度本身就存在问题,有的不够精细化,对某些关键风险点的规定存在遗漏;有的更新迟缓,未能与业务拓展和产品创新保持同步;有的制度之间缺乏衔接,甚至相互矛盾。

(二)我国商业银行操作风险的现实原因

1. 内部原因

一是内控机制缺失;二是业务链不完善;三是劳资关系蕴藏操作风险。另外,由于企业对员工负有责任,诸如工伤事件、企业做出的违反员工健康及安全规定的事件、工人的劳保开支等都构成了引发操作风险损失的诱因。此外,性别及种族歧视事件也可能诱发操作风险损失。

2. 外部原因

一是外部事件。外部事件引起操作风险损失主要包括两种情况。第一种情况是针对银行的经济和刑事犯罪活动,诸如盗窃抢劫、伪造银行单证诈骗银行资金、黑客攻击、盗窃信息等。第二种是一些不可抗拒因素,包括诸如地震等自然灾害,以及诸如战争等政治因素。二是法律法规不健全。由于法律法规以及内部规章制度的不健全或有效性发挥受阻,使一些营私舞弊的不良行为得以滋生,比如操纵市场、从事未经当局批准的业务活动、洗钱、泄露私密、冒险销售、为多收手续费反复操作客户账户等。三是保险和外包孕育新风险。保险可能引起诸如流动性风险等其他相应风险的增加。在外包方面,由于我国的社会信用机制不完善,外包机构能否按时、保质地完成合同义务存在一定的不确定性,而且,业务外包实际上是将内部操作的部分业务或项目交给第三人,第三人的独立性造成了银行与其沟通和交流的困难。

3. 技术原因

一是技术缺失。业务相关技术(主要涉及业务执行、商品交割及流程管理)的欠缺会引起产品瑕疵或工作人员因判断失误采取不正确的交易策略,或操作失误。这可能引发的操作风险损失事件包括:产品存在瑕疵(未经授权等);业务员操作失误,包括数据录入错误、误操作、任务未履行或履行失误等;会计错误;交割失败;担保品管理失败等。二是电子平台的脆弱性。面对当今银行业务对电子系统的高依存度,软硬件、电力、动力输送等配套环节的约束常常导致银行业务中断或系统失效。

(三)完善我国商业银行操作风险管理的对策

当前我国银行业治理结构和经营机制改革正在迈向深入,这为重建操作风险管理体系创造了良好机遇。能否找到发展与风险的平衡点,是对商业银行经营能力的重大考验。

1. 建立全新的商业银行操作风险管理机制

我国商业银行要实现稳定发展的目标,必须构建符合《巴塞尔新资本协议》的金融操作风险管理新机制。首先,银行应完善自身的运作自律体系。这种自律体系是建立在明确的产权关系、科学规范的现代银行制度以及合理的治理结构基础上的。其次,接受来自监管当局——银监会的监管指令。银监会是在《巴塞尔新资本协议》的框架下进行监管运作的,根据商业银行披露的信息和掌握着的商业银行未披露的其他有关信息,对商业银行运作的金融风险做出准确及时的分析判断,并发出预警指令。第三,接受来自市场上的存款客户、投资者和有关债权人的压力。如果商业银行的经营业绩不错和风险较低,披露的信息令客户满意,就会赢得越来越多的新客户和投资者的支持;相反,如果银行的经营效益很差和风险状况不佳,不能令存款人满意,就会导致资金大量流失和客户转移。这里,银行信息披露是十分必要和重要的。

2. 强化内控建设,切实提高执行力

商业银行最重大的操作风险往往在于内部控制及公司治理机制的失效、不适当的操作风险管理或运作习惯,而这些都属于银行可控范围内的内生风险,所以首先要健全内控制度。银行必须理出具体业务流程,根据损失资料寻找流程中的风险点,并制定详细的规章、制度,从制度上保证每一种可能的风险因素都有监控,每一种业务都有操作风险管理规范,形成有效的自我约束和自我保护。其次是提高执行力。认真落实银监会《关于加大防范操作风险工作力度的通知》,加强制度执行情况的监督检查,确保各项制度在各部门、各层次得到贯彻执行。主要工作有:提高领导决策能力、提高管理人员的执行力、提高操作人员的执行力和强化落实八小时内外行为失范监察制度。最后,在有效的常规管理的基础上,银行应针对突发事件制定具体的应急措施。

3. 构建操作风险管理的监管框架

我国商业银行的监管应坚持以督导为主,在监管方式上改变事后监督的模式,主动采取措施防患于未然,实施超前监管。可以构建下面的监管框架来对我国商业银行的操作风险进行监控与督导:建立对商业银行的风险评估系统、建立操作风险管理信息报告制度、建立外部审计师制度、建立最低的资本充足率、建立完善的公司治理结构。

4. 制定操作风险管理的信息披露制度

有效的市场约束需要完善的信息披露,市场参与者只有在充分了解银行状况的基础上,才能做出理性的决策,进而激励商业银行加强内部控制,改善操作风险管理,规范经营行为,达到市场约束的目的。可以从下面几个方面入手:完善会计标准、完善信息披露标准、完善信息披露采用的方法、提高风险防范和信息甄别意识。

第三节 商业银行操作风险的案例分析

一、国际操作风险案例介绍

案例一:巴林银行。

(一)案例介绍

1995年2月英国中央银行英格兰银行宣布了一条消息:巴林银行不得继续从事交易活动并将申请资产清理。10天后,以1英镑的象征性价格被荷兰国际集团收购。巴林银行总损失为13亿美元;资本损失100%;从违规到灾难发生的时间为三年;违规内容是未经授权及隐匿的期权和期货交易、隐匿亏损;违规者为新加坡附属机构交易员;操作风险发生的原因在组织因素上,治理、管理、文化多元、沟通失败;在政策因素上,违反政策、不合规、职责不清;在人员因素上,雇员不当、雇主判断失误。

(二)案例分析

具体分析巴林银行倒闭的原因,首先,巴林银行没有将交易与清算业务分开,允许里森既作为首席交易员,又负责其交易的清算工作。在大多数银行,这两项业务是分立的。因为让一个交易员清算自己的交易会使其很容易隐瞒交易风险或亏掉的金钱。这是一种制度上的缺陷。其次,巴林银行的内部审计极其松散,在损失达到5 000万英镑时,巴林银行总部曾派人调查里森的账目,资产负债表也明显记录了这些亏损,但巴林银行高层对资产负债表反映出的问题视而不见,轻信了里森的谎言。里森假造花旗银行有5 000万英镑存款,也没有人去核实一下花旗银行的账目。监管不力不仅导致了巴林银行的倒闭,也使其三名高级管理人员受到法律惩处。

案例二:日本大和银行。

(一)案例介绍

1995年总部设在大阪的日本大和银行行长藤田彬宣布,由于驻纽约分行雇员井口俊英从1984年开始在账外买卖美国债券,使该行蒙受了1 100亿日元(约合11亿美元)的巨额损失。

(二)案例分析

第二次世界大战结束时,日本通过了《证券和交易法》,其中第65条严令禁止日本的银行参与国内证券业,旨在保证存款人利益不受证券市场大幅度波动的影响。然而,日本银行业的利润来源因此大受限制,在与非银行金融机构的业务竞争中也显然处于不利地位。于是,日本银行业纷纷积极拓展国际证券业务,通过国际渠道进行国内证券投资,以此增加利润、积累经验,等待国内金融管制的放松。许多日本银行将其海外分支机构作为对国内人员进行证券交易培训的基地。由于膨胀太快,交易人员缺乏必要的素养和经验,交易机构又缺乏必要的风险管理机制,这就为恶性事件的发生埋下了隐患。

二、国内操作风险案例介绍

(一)案例介绍

某分理处发生多功能借记卡自助质押贷款诈骗案:

2004年中行湖州市分行凤凰分理处因员工严重违规操作:违规办卡、违规放贷,网点员工基于自身利益,合伙违规、隐瞒不报,引发多功能借记卡自助质押贷款诈骗案。经查,涉及金额2 599万元,形成巨大风险。

(二)案例分析

(1)缺乏科学的发展观和正确的业绩观。一是缺乏正确的经营理念,没有把握和处理好业务发展和风险控制的关系。基层行一味强调任务的完成率,产生了偏重业务发展,疏忽内部管理和风险防范的偏向。二是缺乏审慎经营的思想,没有把握和处理好业务发展和合法守规的关系。没有把工作重心和主要精力锁定在风险防范上,而是片面地追求"存款增长幅度"、"市场占有率"、"贷款增加额"等粗放型经营指标。三是缺乏对零售贷款的管理经验,没有把握和处理好新业务品种的风险点,缺乏对新业务品种必要的操作风险评估与防范。零售贷款作为新的业务发展品种,对其风险点分析不足,操作风险的评估不到位,特别是在操作过程中没有发现风险、提示风险、防范风险。

(2) 缺乏内控制度执行的有效性,没有真正建立起防范约束机制。该分理处从2002年年初开始违规操作,代办借记卡,不签贷款协议书放贷,在此后长达两年的时间里,每次检查都没有发现,没有排除,清楚地说明该行的内部控制基本失去应有的效力,很难发挥各种制度和监督机制的约束力。

(3) 缺乏科学完善的考核机制,利益误导驱使少数员工为完成考核链而走险。一方面在业务发展的管理上,该行采取考核与完成任务挂钩的做法,造成部分风险意识薄弱的员工为了眼前利益而不惜以违规经营的代价来换取一时的经营业绩和利益。另一方面该行对考核办法缺少辅助教育的手段,没有通过合理的业绩考核和合理的待遇水平来增强员工对单位的归属感和忠诚度,来提高员工的奉献精神以及政策水平和工作能力,避免员工因追逐短期利益而不惜采取违规经营的行为。

三、案例分析的启示:如何防范操作风险

从巴塞尔委员会对操作风险的界定来看,操作风险包括了人员、程序、系统和外部事件四个风险因素。降低操作风险,也就是要降低这四个风险因素的发生概率。

结合上述几个案例,防范操作风险可从以下几个方面入手。

(1) 增强操作风险管理和内部控制。针对操作风险而言的内部控制包括:银行员工的操作风险观、操作风险内部控制意识和操作风险管理职业道德等,对风险的敏感程度、承受水平、控制手段有足够的理解和掌握,银行高级管理层应了解本行的主要操作风险所在。从案例中我们可以发现,人员因素是操作风险发生的主要因素,对我国而言,建立完善的绩效考核制度和激励机制在操作风险管理中十分重要。

(2) 构建全面风险管理模式和完整、独立的操作风险管理体系。商业银行不能只注重单一风险管理,而应将信用风险、利率风险、流动性风险、操作风险及其他风险,以及包括这些风险在内的各种金融资产进行组合。

(3) 建立健全操作风险识别、评估体系和完整的内控信息反应机制。商业银行应按照新资本协议框架的要求,从操作风险数据库、操作风险管理信息系统等方面,建立科学的内部评级法,建立覆盖所有业务的操作风险的监控和评价预警系统,并进行持续的监控和定期评估。

(4) 整合优化业务流程,强化专业稽核审计,实行内控管理的标准化和规范化。建立独立、垂直、具有监督权威的内部稽核部门,设置科学的量化监控指标体系,反映监控对象的主要内容,促进内控和操作风险管理水平的提高。

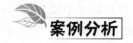

案例分析

法国兴业银行巨亏

一、案情

2008年1月18日,法国兴业银行收到了一封来自另一家大银行的电子邮件,要求确认此前约定的一笔交易,但法国兴业银行和这家银行根本没有交易往来。因此,兴业银行进行了一次内部查清,结果发现这是一笔虚假交易。伪造邮件的是兴业银行交易员凯维埃尔。更深入的调查显示,法国兴业银行因凯维埃尔的行为损失了49亿欧元,约合71亿美元。

凯维埃尔从事的是什么业务导致如此巨额损失?答案是欧洲股指期货交易,一种衍生金融工具产品。早在2005年6月,他利用自己高超的计算机技术,绕过兴业银行的5道安全限制,开始了违规的欧洲股指期货交易,"我在安联保险上建仓,赌股市会下跌。不久伦敦地铁发生爆炸,股市真的大跌。我就像中了头彩……盈利50万欧元。"2007年,凯维埃尔再赌市场下跌,因此大量做空,他又赌赢了,到2007年12月31日,他的账面盈余达到了14亿欧元,而当年兴业银行的总盈利不过是55亿欧元。从2008年开始,凯维埃尔认为欧洲股指上涨,于是开始买涨。然后,欧洲乃至全球股市都在暴跌,凯维埃尔的巨额盈利转眼变成了巨大损失。

二、原因

(1)风险巨大,破坏性强。由于衍生金融工具牵涉的金额巨大,一旦出现亏损就将引起较大的震动。巴林银行因衍生工具投机导致9.27亿英镑的亏损,最终导致拥有233年历史、总投资59亿英镑的老牌银行破产。法国兴业银行事件中损失达到71亿美元,成为历史上最大规模的金融案件,震惊了世界。

(2)爆发突然,难以预料。因违规进行衍生金融工具交易而受损、倒闭的投资机构,其资产似乎在一夜间就化为乌有,爆发的突然性往往出乎人们的意料。巴林银行在1994年底税前利润仍为1.5亿美元,而仅仅不到3个月后,它就因衍生工具上巨额损失而破产。中航油(新加坡)公司在破产的6个月前,其CEO还公开宣称公司运行良好,风险极低,在申请破产的1个月前,还被新加坡证券委员会授予"最具透明度的企业"。

(3)原因复杂,不易监管。衍生金融工具风险的产生既有金融自由化、金融市场全球化等宏观因素,也有管理层疏于监督、金融企业内部控制不充分等微观因素,形成原因比较复杂,即使是非常严格的监管制度,也不能完全避免风险。像法兴银行这个创建于拿破仑时代的银行,内部风险控制不可谓不严,但凯维埃尔还是获得了非法使用巨额资金的权限,违规操作近一年才被发现。这警示我们,再严密的规章制度,再安全的计算机软件,都可能存在漏洞。对银行系统的风险控制,绝不可掉以轻心,特别是市场繁荣之际,应警惕因盈利而放松正常监管。

三、启示

衍生金融工具的风险很大程度上表现为交易人员的道德风险,但归根结底,风险主要来源于金融企业内部控制制度的缺乏和失灵。在国家从宏观层面完善企业会计准则和增强金融企业实力的同时,企业内部也应完善财务控制制度,消除企业内部的个别风险。

(1) 健全内部控制机制。在一定程度上,防范操作风险最有效的办法就是制定尽可能详尽的业务规章制度和操作流程,使内控制度建设与业务发展同步,并提高制度执行力。内部控制制度是控制风险的第一道屏障,要求每一个衍生金融交易人员均应满足风险管理和内部控制的基本要求,必须有来自董事会和高级管理层的充分监督,应成立由实际操作部门高级管理层和董事会组成的自律机构,保证相关的法规、原则和内部管理制度得到贯彻执行;要有严密的内控机制,按照相互制约的原则,对业务操作人员、交易管理人员和风险控制人员要进行明确分工,要为交易员或货币、商品种类设立金额限制、停损点及各种风险暴露限额等,针对特定交易项目与交易对手设合理的"集中限额"以分散风险;交易操作不得以私人名义进行,每笔交易的确认与交割须有风险管理人员参与控制,并有完整准确的记录;要有严格的内部稽核制度,对风险管理程序和内部控制制度执行情况以及各有关部门工作的有效性要进行经常性的检查和评价,安排能胜任的人员专门对衍生金融交易业务的定期稽核,确保各项风险控制措施落到实处,等等。

(2) 完善金融企业的法人治理结构。金融交易人员的行为风险可以通过内部控制制度防范,但再严格的内控对于企业高层管理人员也可能无能为力,管理层凌驾于内控之上的现象是造成金融企业风险的深层原因。我国国有商业银行所有者虚位的现象严重,对管理层的监督和约束机制还相对较弱。对于金融企业主要领导者的监督应借助于完善的法人治理结构。首先是建立多元的投资结构,形成科学合理的决策机构;其次是强化董事会、监事会的职责,使董事会应在风险管理方面扮演更加重要的角色;最后是强化内部审计人员的职责,建立内部审计人员直接向股东会负责的制度。

思 考 题

一、名词解释

操作风险　机构扁平化　业务垂直化　巴塞尔协议

二、问答题

1. 操作风险的种类是什么?
2. 与信用风险、市场风险相比,操作风险的特点是什么?
3. 操作风险形成的原因是什么?
4. 如何防范操作风险?
5. 银行操作风险管理的三道防线是什么?

二、讨论题

1. 我国商业银行操作风险的现实原因有哪些?

第十章 其他风险管理

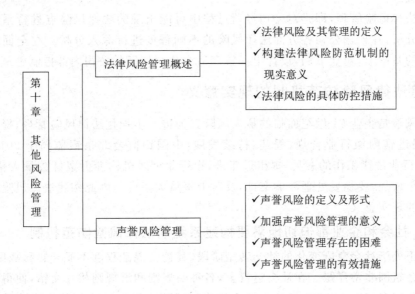

学习目标

- ◆ 理解法律风险及其管理的定义、声誉风险的定义及形式；
- ◆ 掌握构建法律风险防范机制的现实意义、加强声誉风险管理的意义；
- ◆ 了解法律风险的具体防控措施、声誉风险管理存在的困难以及声誉风险管理的有效措施。

第一节 法律风险管理概述

一、法律风险及其管理定义

法律风险是指由于企业不懂法律、疏于法律审查，或者逃避法律监管而违反国家法律、法规或者其他规章制度导致承担法律责任或者受到法律制裁的风险和主观上不知道采取法律手段对自己的权利或者将要遭受的经济损失进行法律救济所带来的经济损失的风险。法律风险一旦发生，企业自身难以掌控，往往会带来相当严重的后果，有时甚至是颠覆性的灾难，建立、健全法律风险防范机制，是加强企业风险管理最基本的要求。因此，法律风险管理是减少公司经营成本，控制潜在风险的首要方法。

广义的法律风险包括如下三个层面:第一,决策中未充分考虑依法合规性,经营、披露、宣传中因内外因素造成声誉损失,而由策略风险及声誉风险转化而成的法律风险;第二,由不完善或有问题的内部程序、人员及系统或外部事件所造成损失的法律风险,包括依法合规经营、人员授权控制、业务管理控制出现问题及外部法规变动带来的法律风险;第三,由信用风险及市场风险转化而成的法律风险,包括授信管理、准入退出制度、授信制度、风险政策及风险目标出现问题以及交易性风险、流动性风险及利率风险控制失当带来的法律风险。

所谓法律风险管理,即是对公司经营过程中可能出现的法律风险点进行系统性归纳和层次性分析,并根据公司各方面法律风险的不同程度进行深入分析。在全面测评公司法律风险的基础上,对症下药,设计出一整套适合公司特征的公司内部控制管理流程。

二、构建法律风险防范机制的现实意义

法律风险是企业 21 世纪面临的最大风险。为进一步强化法律风险管理,提高法律工作水平,促进辖内银行业合规、程建、持续发展,中国银监会北京银监局于 2014 年出台 2014 年银行业法律工作的意见,提出近年来,银行业金融机构涉诉案件数量大幅上升,涉案金额逐年增加,要稳妥处理涉诉案件,及时上报重大案件。因此构建法律风险防范机制具有重要的现实意义。

(一) 社会和企业都迫切地需要构建系统的法律风险防范机制

中国正处于社会急剧变化的社会转型阶段,其社会混乱程度不亚于春秋战国时期,并且整个社会氛围非常浮躁。在社会运行上,各种明规则和潜规则相互交错,使得社会形式错综复杂和瞬息万变,也使各行各业都承受着不同的法律性风险和非法律性风险。在这样的社会背景下,社会和企业都迫切地需要构建系统的法律风险防范机制。

(二) 构建法律风险防范机制对公司的生存和发展具有战略性的重要意义

现代的企业管理要求把法律风险防范机制提高到企业战略发展的高度。它要求企业系统地评估其法律风险环境,并对每一类法律风险和该公司业务可能产生的其他主要风险都制定一套法律风险战略管理并加以执行。把构建法律风险防范机制作为一项基本的管理方式,长期执行,从而形成战略性、常规性的法律风险防范机制。

(三) 构建法律风险防范机制,对企业的风险可以进行系统性的防范

法律风险防范机制是个系统工程,它是一张严密的法律风险防范网。首先,从公司"出生"开始到公司"死亡"终止,整个过程都对公司企业进行全程的法律风险防范,做到全程监控、时时监控;其次,构建公司项目的事前防范、事中控制和事后化解的系统风险防范机制,做到事事监控;再次,对公司每一项业务的风险系统地进行识别、规避、控制和化解,做到事事防范;最后,在人员方面,不仅公司高层要对法律风险防范有足够的重视和起到示范作用,还需要对全体员工进行法律风险防范培训,做到人人防范;并且,在构建法律风险防范机制的过程中,必然对整个公司的治理结构、人力资源管理、财务会计管理等相关问题进行持续完善和优化,也就是说,构建法律风险防范机制,本身就是对企业的整个运行进行了一次次"规范整顿",必然提高企业的管理水平和减少企业隐患。当然,企业可以

选择防范的广度和深度。

（四）构建法律风险防范机制，有效地防范企业、企业高管的刑事法律风险

近几年，富豪"落马"事件接连不断，纷纷上演。中国富豪遭受"牢狱之灾"的比例非常高，世界罕见。对众多富豪而言，刑事风险已经成为实实在在的、紧迫的现实危险。需要注意，中国的刑罚是世界上最严厉的，涉及死刑的罪名有七十多个。一旦富豪、企业高管被刑事追究，常常会造成非常严重的后果，自由被剥夺、财产被没收，相关的任职资格被彻底剥夺掉，企业还会因此而破产、倒闭。可以说，刑事风险是最恐怖的风险。但令人遗憾的是，很多富豪、企业高管的法律意识非常淡薄，根本没有意识到律师的作用，即使聘请律师，也是"赶时髦""摆花瓶"，聘请一些经济法的律师，聘请一些没有出庭经验的律师，根本起不到防范刑事风险的作用。在这点，中国的富豪们、企业和企业高管也应当向西方法治发达国家学习，聘请一些庭辩经验丰富、以刑事辩护见长的律师，不要聘请"花瓶"律师，为自己切切实实地防范刑事风险，远离这人世间最恐怖的风险。

（五）法律风险防范机制强调前瞻性，强调防患于未然，重视法律风险防御能力的提高，以切实减轻企业的损失

现代的法律风险防范机制就是为了避免传统法律顾问的种种弊端，适应现代企业的法律服务需求，而对企业法律服务的形式和内容进行重新构造和制度设置的产物，并最终替代传统的法律顾问制度，自然具有前瞻性；现代的法律风险防范机制，强调防患于未然，它要求企业对法律风险环境进行系统的评估，要求对各种法律风险制定预防性措施和突发事件管理预案，要求制定法律风险管理战略，尽一切努力预防法律风险，减少法律风险，预防诉讼，减少诉讼，以切实减少企业的损失。构建系统性的法律风险机制，达到提高企业法律风险防御能力的目的。

（六）法律风险防范机制的有效性和发展性

通过对大案、要案诉讼的理性反思，思考企业管理中的现实漏洞；通过对大量案件的系统研究，思考构建现代法律风险防范机制的内容体系；通过对律师实务经验的理论总结，探讨现代法律风险防范机制的有效实施；通过同企业的全程互动，通过对西方发达国家法律风险防范经验的有效借鉴，完善和发展我们的法律风险防范体系；通过多学科知识的融合，提高我们的法律风险防范机制的深度和效用性。

（七）中国经济的发展和企业的国际化迫切需要一个系统的法律风险防范机制

首先，中国处于转型阶段，社会急剧变化，错综复杂，企业面临的风险加剧；其次，中国仍处于市场经济的初级阶段，企业驾驭市场的能力有限，可供企业借鉴的经验也不多，也使得企业面临的风险加大；最后，中国已加入WTO，年轻的中国企业和企业家就要面临国内国际两个市场的直接竞争，压力骤加，使中国企业面临的风险更加复杂，别让法律风险成为中国企业失败的原因。因此，构建现代的法律风险防范机制，对中国经济的发展和中国企业的国际化进程，具有不可置疑的积极作用。

企业法律风险防范机制是中国当前经济发展的迫切需要和法律服务市场发展的必然趋势，它必将取代传统法律顾问制度，成为中国企业必备的"战略防御武器"，为中国企业

走向世界、做大做强奠定坚实的法律保障基础。

三、法律风险的具体防控措施

银行法律风险的防控首先要解决的是在决策层、管理层及操作层都强调依法合规经营的问题,即在银行内部树立"合法性效益"的观念,不鼓励"唯效益论"和"唯业绩论",重视法律风险可能给银行带来损失的巨大程度和广泛影响。银行法律风险的防控还需要在决策中、经营中及观念上制定切实有效的防控体系,在内部机制上及经营过程中贯彻具体、可操作的防控措施,建立良好的银行法律文化。具体措施归纳为以下几点。

(一)决策中法律风险的防控

决策是企业生存发展的核心元素,银行业也不例外,但决策程序中法律意见的缺失恰恰构成了中国银行业最大的法律风险。

1. 建立首席法律顾问负责制,参与银行重大战略决策

建立法律风险防控机制,首先是实行首席法律顾问负责制。首席法律顾问对法律风险评估、防控方案的设计实施负总责,在决策机制中的地位应相对独立,直接向董事会负责,有权参加董事会议。作为董事会会议的参加者,首席法律顾问对董事会的决策程序进行监督,并对董事会决议的合法合规性进行把关;董事会在对外签发任何重要的法律文件之前,都应该取得首席法律顾问的肯定性意见;另外,首席法律顾问还可以就集团重大战略和决策中的法律风险做出评估报告,并在董事会上提出防控法律风险的建议、意见和方案。

2. 建立法律顾问委员会制,规范专业委员会评审决策

我国银行通常都设有风险管理委员会、资产负债管理委员会、业务发展委员会以及人事薪酬委员会等专业委员会,其中一些委员会吸收了个别法律人员参与,但由于往往采取"多数"表决制,这些法律人员未能利用专业判断发挥把关作用,更没有影响委员会决策及防控法律风险的地位,往往是跟着业务部门跑。为此,有必要在董事会下设立由资深法律顾问组成的法律顾问委员会,该委员会派员参加各专业委员会的评审决策,实行法律意见单独记录、法律风险一票否决制。另外,各专业委员会的评审程序也需要进一步完善,并由法律顾问监督其实施。需要完善的内容包括:确立法律顾问在专业委员会的地位,明确法律意见在评审考量中的权重,规范法律意见书的内容,建立各专业委员会对法律意见的反馈机制;统一规范专业委员会会议程序和议事规则;慎选委员会成员,明确专业委员会委员的权责;进一步规范会议文件,特别是对反对意见和通过情况的记录;要求专业委员会对一些非常规性决议做出具体说明并进行法律风险评估。

3. 综合平衡发展,加强整体法律风险防控能力

为适应我国银行跨国经营、跨业经营的需要,有必要针对不同情况,针对一级法人、全资子公司、控股公司和参股公司制定不同的法律风险防控模式,在合理框架下对法律风险防控区分为直接管理和间接管理,采取不同方式有效控制整个银行集团的法律风险,适应混业经营、跨国监管的法律风险特征。另外,由于法律人员相对较少,大部分银行的二级分行和县支行的法律风险防控能力较弱,有必要根据实际情况,尽快研究明确对省级行以下分支行法律风险防范的具体指导原则及工作要求,应从法律风险防控的最薄弱环节抓起。值得强调的是,我国银行对监管环境比较严苛的海外分支机构的法律合规管理尚显薄弱,有鞭长莫及之感。因此,有必要整合海外法律资源,利用当地律师及合规官的专业知识,结合银行整体法律风险防控战略,制定和实施适合当地法律和监管要求、方式有差异但目标统一的海外法律风险防控机制。从组织机构上看,全行法律人员应当在首席法律顾问领导及法律顾问委员会指导下,对全辖法律风险实施防控,实现对法律风险的统一管理、差别处理;在法律人员分布上,应采取派驻制与流动制结合的方式,针对弱点环节、重点地区集中制定实施防控方案。

4. 完善危机管理制度,保证应急措施合法合规

任何一家银行都无法远离危机,全球金融业的大环境要求银行要时刻保持危机意识。在国际政治、经济风云变幻中,如何最大限度地保证集团利益和信誉,这就需要一整套危机管理程序。在各种危机的处理当中,如何保持应急措施的合法合规性,如何处置法律风险带来的危机,这都要求在危机处理中预先考虑法律风险的防控。什么样的事件以及行为可以构成"危机状态"?最终决定由谁做出?上述程序一旦启动,业务部门、分支机构应如何与法律顾问协调配合?如果双方发生冲突,应如何解决?这些问题都应写入集团的《危机处理办法》并予以明确,非常事件需要以非常效率应对,但这种非常效率必须是合法合规地产生的,至少不应存在引发更大危机的潜在因素。此外,建立危机预警程序、报告程序也十分必要,对于可能引起危机的政治、经济和法律因素,应当有长期跟踪、长期研究的制度,以保证起到预警作用并及时向有关决策层报告。首席法律顾问及法律顾问委员会应在危机处理中起到法律危机管理的重要作用。

(二) 经营中法律风险的防控

经营中法律风险的防控,主要依靠整个经营中的机制性防控以及具体经营中的过程性防控,前者主要指授权制度与合规制度,后者包括事前防范、事中控制和事后化解。

1. 完善机制性防控,实现长期发展与当期效益双增长

1) 授权制度

随着银行业务的拓展,金融创新产品的日益增多,在从分业经营到混业发展以及从本地经营到跨国经营的转变中,银行不得不在内部实行业务及管理权力的下放,这就在客观上暴露出许多法律的灰色地带,给居心叵测者以可乘之机,而商业银行自身又对此尚缺乏足够的重视,更多的是着重信贷方面的防控。没有制衡的权力必然产生腐败,信息不对称必然产生寻租,有授权就必须有制约,银行要切实防范和控制法律风险,一项基础且极其重要的工作就是建立有效的授权制度,包括岗位法律风险评估及防控、岗位法律风险报告、规范内部授权办法等。

要健全银行的法律防控体系,首先应做到对内部的每一个岗位特别是对领导岗位、敏感岗位及重要业务、管理岗位进行法律风险评估,制定相应的授权与控制办法,并将之以内部规定的方式确定下来,逐步改变授权多、控权少,监督机制薄弱、权责制约失衡的局面。其次,应当建立通畅的内部违规报告制度,作为防控类似风险再次出现的依据,并对经常出现风险的岗位、人员考虑道德风险的防控。最后,对于各个部门制定的内部操作规范、业务规程尤其是授权性规范,应当由法律顾问予以审查,并就各种内部规章的制定程序制定"立法法",避免出现任意立法造成的风险,以保障其责权统一、制衡有力,并保持与外部法律与法规、监管要求的一致性。

2) 合规制度

为适应跨业经营、国际化的金融集团的发展需要，银行应积极探索和实践具有中银特色的集团化法律与合规工作模式：密切跟踪国内外监管立法动态，熟悉和了解国内外监管环境，按照现代金融企业制度的要求，不断调整工作管理范围和运行机制，积极拓展集团化法律与合规工作的新领域。集团化工作范围应包括国内分行，在海外25个国家和地区的500多家机构及中行的投资银行、保险公司，并通过做好集团公司自营业务的法律与合规工作、对集团公司成员间业务往来所涉法律与合规工作的管理、对集团子公司法律与合规工作的指导三个方面，全面反映银行法律与合规工作跨行业、国际化、高度统一的工作特色和工作职能。

这项工作主要包括：合规制度的建立；法律与法规、外部监管要求的分解及内化实施；与国内监管机构、外国监管机构及国际监管机构的合作等。

2. 加强过程性防控，保证资产规模与资产质量双提高

1) 事前防范

事前防范是指法律专职人员应当以事前防范事故或损失发生前的风险为主要职责。包括如下方面：立足银行业务及管理经验，建立法律风险预计及评估体系，总结研究存在的法律风险并及时提出防控方案；加强对新产品、新业务、新客户的了解、跟踪，开展法律尽职调查，包括提前介入到该类产品、业务的设计阶段及客户谈判阶段，避免盈利表象下存在巨大法律风险；加大普法宣传力度，提高银行上下的法律风险意识，接受书面函件及非正式谈话的法律咨询，对业务及管理中有可能出现的法律风险尽到及时告知的义务。

（1）法律风险评估及预警。如何识别和评判中国银行业最大的法律风险？如果从源于法律风险而使银行蒙受经济损失或信誉损失的多少反推回去，可以准确地判定出什么是中国银行业最大的法律风险。也就是根据法律风险导致银行赔了多少钱，被罚了多少款，或因信誉受损导致眼前或长远的经营损失的多少来确定最大的法律风险。这种判断方法因其结果已经显现或已存在，故而是客观的、准确的，也是动态的。但由于这种判断带有明显的滞后性，不能对已产生的损失加以挽回或补救，不具有前瞻性，不能防患于未然。它唯一的价值是可以使我们从中汲取教训，吃一堑长一智，在今后的工作中避免犯同样的错误，但毕竟银行已为此付出了昂贵的代价。所以，探究什么是中国银行业最大的法律风险，应该是从预警的角度，通过及时发现、防范可能出现的潜在的法律风险，从而有针对性地加以规避，避免银行因此而蒙受损失。法律风险评估及预警系统要求建立法律风险事件数据库，对曾经发生法律风险的业务、岗位、人员及发生情况进行对应归类，并由法律部门长期跟踪重要的风险点，对可能发生法律风险的事件进行独立评估，并及时做出评估报告和向业务、管理部门发出预警。

这项工作还包括：对重大项目、重大案件法律风险进行定期评估，总结可能的法律风险点及其变化情况，并为业务部门提出相应的法律风险防控指引；对外部法律环境的定期评估，分析外部法律环境变化对现有经营结构、业务种类、操作项目的影响，做出相应的法律风险防控指引。

（2）法律尽职调查。在银行发展新业务、新产品、新客户时，法律合规部门应集中优势力量全面跟踪参与，对其中可能存在的法律风险进行尽职调查，同时提供法律咨询、谈判、协议起草等多方面的法律服务。为此，应建立与相关业务部门的勾连机制，明确程序、职责，发挥尽职调查的事前防范作用，保证资产安全与创新发展并进。法律尽职调查应涵盖新产品的研制、开发、投入市场的前期风险观察；新业务的签约、履约和争议处理阶段；新客户的资质说明文件、商业信誉和资金实力；对遭遇或可能遭遇的突发事件或变化进行谨慎的评估，做出合理的判断，使法律风险降至最低。上述法律尽职调查报告，必须经首席法律顾问签字确认并提交给业务、管理部门乃至董事会，作为决策的依据。

（3）法律合规咨询。首席法律顾问作为董事会的法律顾问，可以对董事会提出的法律合规问题给出咨询意见，并作为董事会的决策依据。在业务部门、管理部门面临法律合规问题时，应当咨询法律合规部门的意见，尤其对于某些重大事项，应当取得法律合规部门的书面咨询意见，这对于法律风险的事前防范将很有帮助。银行员工在业务操作工程中遇到法律合规问题的，应当通过"法律咨询热线"随时咨询法律合规部门的意见。此外，有必要对于特定岗位的特定事项建立强制性咨询制度，对应当咨询而没有咨询的予以诫勉，对因没有咨询导致损失的予以处罚。

2）事中控制

事中控制即指法律合规工作人员以控制法律风险为前提推动业务发展，在动态的过程中对法律风险进行防控。包括对与业务开展过程中的合同协议文本法律风险的全程管理，以及整合外部法律资源、发挥外聘律师优势对银行经营过程中的法律风险进行防控。

（1）合同全程管理。银行虽然法律合规部门越来越多地参与到合同的审查过程中，但这个审查仅停留在签约前的文本审查阶段，而法律风险存在于整个合同磋商、订立、履行的各个阶段；对于已制定的示范合同文本，业务部门在制定合同过程中，同样存在许多问题，如客户经理擅自更改合同，可能使银行处于不利地位；有的签署保证合同时，保证合同中援引的主合同的序号、金额等描述与主合同不一致，可能导致保证合同无效。这些风险严格意义上讲属于操作风险，但引起争议、涉及诉讼后，则实际上转化为法律风险，这就需要建立对合同法律风险的全程管理制度。

合同管理制度。合同管理制度又分为合同文件管理、签约管理、合同备案管理、履约管理和索赔管理。所有合同的正本及复印件都由专门的合同管理员负责保管，任何人调阅都要履行手续；签约实行洽谈与签字分离制度，重要合同要由首席法律顾问签字确认，法律合规部门必须参加谈判和签字的全过程；签约之后负责该项目的法律顾问要申请召开合同交底例会，业务部门负责人应参加，该法律顾问在会上要将重要合同条款的履行注意事项以及违约产生的风险进行详细讲述，力争做到防范在先；对履约过程，法律合规部门要进行全程跟踪，所有往来法律文件都要由其把关，防止留下于己方不利的证据；关于索赔，法律合规部门要做好一切准备工作，与业务人员密切合作，注意收集索赔证据。

（2）外部法律资源整合。法律风险点的提出和防控方案足够科学，从而为科学地包含充分法律基础的决策提供可靠的依据，也同样是在考虑最大限度避免法律风险时需要考量的重要因素。如果银行的法律顾问是全能的，法律风险自然就可以得到最大限度的降低,但这在事实上是不可能的。这不仅是因为个人能力与精力的局限性,更与社会分工的大趋势不相符合。因此,引入社会中介即合理使用和管理外部律师就变得非常重要。

在西方公司中,外部律师与内部法律顾问在对公司的法律决策中扮演着不同的角色。内部法律工作人员能够专业、准确地从银行的角度向外部法律专家提出银行需要解决的问题,外部法律专家则在自身熟悉的法律专业领域中提供成熟并经得起推敲的专家意见。然而在银行,外部律师的使用往往仅仅限于诉讼律师,在咨询方面往往主要依赖银行内部法律工作人员的情形却比比皆是,这使银行内部法律顾问的知识不能得到外部的有效输入,仅靠自身经验的积累从而进步缓慢。由内部自成体系式的似乎全能式的运转机制向开放式的有效对外部法律资源进行管理整合的运转机制,有助于促进银行法律风险防控工作。

3) 事后化解

事后化解是指法律专职人员以最大限度地消除法律风险所带来的不良影响为目标而采取的各种方式。主要包括:利用诉讼、仲裁手段最大限度地维护银行的利益,或者用和解等方式化解法律冲突;根据相关法律、法规的披露要求,对相关重大事项进行披露,避免造成信誉及合法性危机。

(1) 诉讼仲裁管理。此项工作主要包括诉讼预案的制定、诉讼目标的论证以及起诉、应诉及参与审理等工作,也包括对诉讼结果及其体现的法律风险的分析,不但承担救火队的作用,也将精力转向对诉讼仲裁案件的分析、对业务的警示和预警工作等。

(2) 参与审核信息披露,建立信息披露制度。什么样的事件和信息必须披露,如何披露,何时披露,披露前和披露后要做好何种准备工作,披露的文件如何起草,如何获得董事会的谅解同时尽量打消投资人的顾虑和敌意等,上述种种问题都需要专业人员在技术上予以把关。信息披露制度包括:信息渠道的规范化、披露程序的制度化;对披露事项、内容的审定;参与披露文件的起草和审查等。

(三) 银行的法律文化建设

银行内部普遍存在法律分析防控意识不足的情况,法律与合规文化尚需建立,主要表现在:决策层对法律与合规性风险的认知不足或不准确,对法律与合规部门的职能定位不科学;业务部门、风险管理部门及其人员依法合规经营意识淡薄,对风险损失的理解和防控由于业务操作本身,不能深层次挖掘其对法律与合规风险认知、理解与防范方面的意识缺失;法律与合规人员法律水平、业务素质、职业操守与其所负职责要求存在差距,胜任本职工作乏力。

树立健康的法律合规文化是银行防范和控制法律风险的治本之策。这种法律合规文化应是银行风险内部控制制度中的一种"非正式规则",它包括银行员工的合规观、法律风险内部控制意识和法律风险管理职业道德等。这些内容决定了银行在法律风险管理上的价值取向、行为规范和道德水准,对银行内部控制有着重要的影响。国际现代大银行拓展业务时,都着力培育独特的法律合规文化。银行同样要有现代化的法律风险内控管理方法,要树立法律风险内控意识,要有适当的法律风险控制行动,对全行员工,特别是对市场开拓线上的员工和法律风险控制线上的员工,要有持续不断的法律合规意识的熏陶。

1. 依法合规责任手册

必须明确各个岗位、各个级别、各个部门的合法合规义务,并说明违反哪些义务会导致哪些责任,包括法律责任及内部处理的责任。因此,有必要针对决策层、执行层及操作层的不同岗位制定《依法合规责任手册》,在其中说明该岗位的法律责任和合规责任,并明确相应的法律后果及内部处罚措施,这有助于银行的全体人员都明确权责,可以根据该手册按图索骥地感知自身责任的重大。《依法合规责任手册》的内容包括:该岗位适用的法律、法规和内部规定;对禁止性规范的强调、违反各种规范的责任和后果;遵守这些规范应遵照的方法、程序;对他人违反相应规范的报告制度等。

2. 法律风险防控知识培训

为提高决策层、业务部门、管理部门人员的法律风险防控意识,应当建立上岗法律风险培训、专项业务法律风险培训、专案法律风险培训等知识培训机制;对以上培训的内容予以总结提炼,形成规范统一的培训教材,以便于再培训及继续培训的实施。另外,需要建立培训考核机制,未经过法律风险培训的人员不能上岗、未通过专项业务法律风险知识考核的不能从事该种业务,使培训具有制度保障和动力。

3. 绩效考核的法律合规性目标

在明确权责、加强培训的同时,应当在绩效考核方面引入法律风险因素。目前,银行并不缺少追求利润的冲动,缺少的恰恰是依法合规、风险控制的更理性的意识和经营作风,恶性陈案频发的教训不可谓不深刻,作为总行经营"指挥棒"的绩效考核指标,在体系设计上,应该较大分量地增设对法律风险防范、内控制度建设及执行情况的要求或评价方面的定性考核指标,以倡导持续稳健的经营作风。

这种指标的引入包括:在设计集团成员的绩效考核指标体系时,引入对法律风险防控、内控制度建设及执行情况等方面的定性指标,以倡导持续稳健经营的作风;在设计集团员工的绩效考核指标体系时,对照《依法合规责任手册》对其岗位的要求及其实际表现,设定一定的增减幅度以奖励合法合规、诫勉违法违规的决策者、管理者和业务操作者。

4. 法律与合规人员素质建设

为了法律人员在风险控制中更好地发挥作用,应为法律顾问多提供银行业务学习的实践机会。促使法律顾问了解业务,避免法律与业务脱节,弥补法律顾问不懂业务这一不足,在可能的情况下到核心业务、新业务、风险大的业务、专业性强的业务部门去深入了解和学习,同时,应整合银行内外资源,鼓励法律顾问学习、深造,力争培养出银行自己的法律专家。

5. 法律信息收集公布

对法律工作的信息进行收集、整理并进行分析,有利于发现银行经营中的问题;对法律工作进行知识管理,有利于不断积累银行法律工作的经验。因此应当建立法律信息收集、公布体系,对已经解决的问题发送指引、对新发生的问题进行研讨分析、对重要的法律专题及案例予以公布,并采取一定的形式将此种知识资源在银行全行共享。具体包括如下几个方面:法律合规部门档案的索引数据库、法律合规工作信息、定期不定期专题研讨案例分析发布和法律合规网站等。

第二节 声誉风险管理

一、声誉风险的定义及形式

（一）声誉风险的定义

声誉风险是由于和银行有关的负面消息、宣传和流言引致客户流失，以及诉讼或盈利下降等事件在市场传播给商业银行的形象带来不利影响而导致的损失。

（二）声誉风险的几种形式

声誉风险与其他金融风险不同，难以直接测算，并且难以与其他风险分离、进行独立处理。声誉风险对银行损害极大，会动摇整个市场的信心，引起银行挤兑现象甚至倒闭，严重时还会给一国或多国金融市场带来灾难性影响。根据 PWC 最近的调查，134 家银行的高级风险管理人员表示，总体上声誉风险是他们面临的最大风险。

声誉风险产生的原因非常复杂，有可能是商业银行内、外部风险因素综合作用的结果，也可能是非常简单的风险因素就触发了严重的声誉风险。如果商业银行不能恰当地处理这些风险因素，就可能引发外界的不利反应。商业银行一旦被发现其金融产品或服务存在严重缺陷、内控不力导致违规案件层出不穷等，则即便花费大量的时间和精力用于事后的危机管理，也难以弥补对银行声誉造成的实质性损害。一家操作风险事件频发的银行，会给公众一种内部管理混乱、管理层素质低、缺乏诚信和责任感等不良印象，致使公众特别是客户对银行的信任程度降低，银行的工作职位对优秀人才失去吸引力，原有的人才大量流失，股东们因对银行发展前景失去信心，对长期持有银行股票发生怀疑，进而在资本市场上大量抛售股票造成股价下跌，银行市值缩水，最终导致监管当局的严厉监管措施等。归纳起来，声誉风险大体上有以下几种情形。

(1) 发生金融犯罪案件情形。银行一旦发生金融犯罪案件，就会使社会公众对商业银行的业务管理能力产生怀疑，并将极大损坏银行的声誉。

(2) 引发民事诉讼案件的情形。由于银行没有尽到应有义务致使客户遭受损失，如存款被冒领、信用卡资金被盗等；在拓展业务时虚假宣传，不能对客户兑现承诺，如理财业务方面的诉讼；涉嫌不公平交易引起的诉讼，如储户状告银行少算存款利息等；单方面宣布对某种服务进行收费引起的诉讼，如储户状告银行跨行查询收费、小额账户收费侵权等。商业银行一旦涉及民事诉讼案件，如果处理不当，其声誉可能就会受到损害。

(3) 可能招致公众投诉的事件。如在按揭贷款业务中让客户负担律师费等，服务质量低下招致金融消费者不满，不能提供公平金融服务。对于公众投诉，商业银行如果不能认真处理，将给其声誉造成不良影响。

(4) 银行内部问题。如果银行不能从人文关怀角度对待员工，员工的薪金收入与其贡献差距较大，员工不能同工同薪等，员工的"口碑效应"就会使银行的声誉受损。近年来社会公众对银行高管人员的腐败丑闻、天价薪酬等反响强烈，银行的声誉确实受到了严重影响。

(5) 商业银行的违规事件。因违反金融法律、法规，被监管机构予以行政处罚的事件;违反财经管理法规,被审计、工商行政管理等部门处罚的事件,这些都是行政机关对商业银行的重大负面评价,也是公众对其进行评价所考虑的重要因素。

(6) 有较大影响力的评级机构有失公允的评级、不够客观的宣传等,也可能带来声誉风险。

二、加强声誉风险管理的意义

过去一年对于整个金融业来说是相当艰难的一年,银行业的风险管理就成为大家重点关注的焦点之一。巴塞尔委员会在总结危机经验教训的基础上引入了系统性、资产证券化等风险管理的要求,进一步提出了第二支柱的风险管理,要求商行建立全面风险管理体系,对所有风险都应该有相应的资本。声誉风险作为重要的组成部分,在金融危机之后也备受大家关注。

雷曼等银行的倒闭对华尔街产生了很大的打击,但对华尔街的声誉冲击更大。不可否认的一点是,现代舆论对这些金融机构的倒闭有重大的作用。中国金融业在本次金融危机当中可以说表现非常出色,收获了很多声誉。但是声誉风险最后对中国银行业来说同样是应该重点关注的问题。因为随着我国经济体系的市场化改革不断深入,类似于十几年前那种仅靠国家信用就可以生存的历史已不复存在了。

声誉日益成为我国银行等金融业生存竞争的重要因素,是客户对于金融业的要求,中国又处于转型时期,社会情绪有易变性和脆弱性。银行等相关保险制度还不健全,任何负面的事件都在社会上容易产生一定的共鸣。如果在一家企业上发生声誉问题,全行业将会遭受巨大的打击,正面的声誉积累却需要经历长期不懈的努力。所以,在这个时期讨论中国金融业的声誉风险管理从眼前和长远来看都是非常有意义的。

但是声誉风险相对于市场风险、操作风险而言又是一种非常特殊的风险。对其进行有效的管理是相当具有挑战性的。首先,对于声誉风险缺乏统一的界定和标准。虽然在新资本协议里把声誉风险作为了八大风险之一,要求商业银行进行有效的管理。但是到底声誉风险的具体标准是什么也还没有找到一个非常明确的界定,即使银监会9月份发布的商业银行声誉风险指引就这一问题进行的定义,还是比较宽泛的。这给声誉风险的识别监控带来了很大的困难。

三、声誉风险管理存在的困难

声誉风险相对于信用、市场、操作等风险而言是一种非常特殊的风险,对其进行有效管理也具有相当大的挑战性。对其特点我们总结了以下几个方面。

(1) 对声誉风险缺乏通行的界定和衡量的标准。包括新资本协议和美国的《企业风险管理指引》等都未对声誉风险进行相关的界定。银监会9月份发布的《商业银行声誉风险管理指引》对解决这一问题提供了非常有意义的探索,但定义还相对宽泛。目前,对声誉风险及其危害的衡量,国际上还普遍缺乏有效的标准和手段,为声誉风险的识别、监控等带来很大的障碍,声誉风险管理基本沦为被动的危机事件处理,风险管理效率低下,作用有限。

(2) 难以组织有效的声誉风险管理体系。声誉风险产生的原因非常复杂,可能是商业银行内外部风险因素综合作用的结果,也可能是非常简单的风险因素就触发了严重的声誉风险。发生的部位可能是银行由内到外的任何环节,利益相关者也包括内部员工和外部公众。表现形式多样,不易界定,并具有突发性、动态性和扩散性,难以通过常规的风险管理部门和利用常规方法进行有效管理。必须有一支遍布银行各部门的高素质专业队伍,并赋予适当高的权限和具有高效的协调机制,保证内部的有效反应、对外的有效沟通,才能保证管理的效率。但建立这样的管理体系在实施上难度非常大,管理效率很难保障。

(3) 监管机构和媒体在声誉风险管理中起到重要作用。监管机构是代表政府维护公众对银行体系信任的一种机制设计,并通过监管法规强制性地影响银行行为,增强公众对银行体系的信任。比如,规范商业银行外部营销业务,有效保护消费者权益,促进银行公平和合法、合规经营等。因此,监管体系是否完善对声誉风险管理有很大影响。另外,媒体是商业银行和利益相关群体保持密切联系的纽带,媒体的态度对声誉风险的危害和处理效果带来直接的影响,是声誉风险管理的重要环节。

(4) 金融创新使声誉风险有加大的趋势。在金融创新不断加快、各种复杂金融工具和金融产品不断涌现的状况下,消费者准确理解产品的难度和比较各家金融机构具体产品差异的难度都在不断加大。普通客户要么没有精力研究各种金融产品,要么根本没有对各种金融产品进行分析的能力,理性的选择是购买具有良好声誉的商业银行提供的金融产品和服务,即凭借商业银行声誉来选择购买产品或进行合作。可以说,好的声誉已经成为银行吸引资源的核心竞争力之一,而一件严重的声誉事件可能会使一家银行毁于一旦。

四、声誉风险管理的有效措施

声誉风险不仅具有重要性和特殊性,同时具有容易被忽视和难以管理的特点。银监会制定了商业银行声誉风险管理指引,已经将声誉风险提高到了发展战略的高度,要有效防范声誉风险应该从以下几个方面加强管理。

(一) 必须提高对声誉的积极的认识

声誉已经成为金融业的核心竞争力之一,是可以使金融企业获得长期利益的无形资产,银行业必须结合品牌建设进行声誉评估和投资,提高专业、实力、监管合规道德等方面的信任,加强内部协调和处理好外部传播关系。增强客户和员工的忠诚度,增加声誉资产的价值。

(二) 要培养以声誉为导向的企业文化

建立以声誉为导向的企业文化,才能在企业内部形成从上到下的声誉管理意识,这是基础。声誉建设不同于广告策划,不可能通过短期的策划来实现,需要长期不断地投入。从高管到普通员工只有关注长期利益才能真正提高其事业心和责任感,才能提高其声誉建设。将短期、被动的危机处理转化为长期、自觉的声誉建设。在银行内部积极培养员工的认同感,形成全员的声誉风险管理体系,才能真正把声誉风险管理置身于企业的长远发展当中。

（三）应该将声誉风险管理纳入全面风险管理体系

尽管声誉风险具有特殊性，但是它又具有风险的一般性。就是说，它也会造成对企业实实在在的损失，威胁到银行的生存和发展。根据实施新资本协议的要求，声誉风险必须纳入银行的全面风险管理体系。对于已识别的声誉风险，银行必须准确计量其可能造成的损失和对其他风险的影响，并配置相应的资本弥补损失。评估重大风险事件可能产生的影响和波及的后果，制订可行的应对方案。

（四）建立完善的声誉风险管理体系

建立体系是有效实施声誉风险管理的保障。首先董事会作为声誉管理的最高决策部门，要建立与银行一致的管理制度，使管理者、各部门、每位员工对声誉风险有具体的界定，对自身职责有清晰的认识，并对声誉风险处理有足够的了解。作为一种特殊的风险，体系也应该进行改进。品牌管理部门、公共关系部门也必须成为管理的主体。各业务条线应该有相关的管理岗位。这些相关职能部门及岗位之间需要建立高效的沟通和协调机制，具有快速的反应和决策能力，这样才能及时、有效地处理声誉风险事件，管理声誉风险。

（五）制定完善的法规以建立金融企业信息系统和社会评价系统

完善的监管对规范商业银行行为至关重要，并对银行经营理念具有导向性作用。提高监管效率，对于营造公平透明的经营氛围、提高企业风险意识、改善公共关系方面有重要影响。特别是目前我国正处于社会转型期，金融业务发展日新月异，提高监管效率对银行的监管当局非常重要。

（六）加强和媒体的沟通

媒体往往是声誉事件的媒介，处理好和媒体的关系，及时沟通，澄清事实，可以尽可能确保其对正面形象的关注，进行客观报道，正确地引导舆论，减少不良危害。

"吴英神话"：法律背后的乱象

2011年4月7日，浙江东阳亿万富姐吴英案二审开庭。此前，2009年12月18日，浙江省金华中院对吴英案做出一审判决，以集资诈骗罪判处吴英死刑。吴英不服，提起上诉。

吴英案案发四年多来，记者关注着此案的进展。记者发现，在"吴英神话"的法律审判背后，积聚着太多的社会乱象。细细梳理，竟然发现其价值远远超过对这一个案的法律审判。

一、谁制造了"吴英神话"

吴英是2007年2月被公安部门带走的，当年她还不到26周岁。此前几个月，这个连中专都没毕业的东阳小女子一直在创造"吴英神话"。仅仅一年多时间，不知从哪里冒出来的她居然能弄到那么多钱，开办那么多公司，向社会捐赠那么多钱，能引来那么多媒体关注,最终成为胡润 2006 年度中国富豪 68 位,女富豪第 6 位,并且进入名牌大学的教案。就在这些虚幻的光环让人眼花缭乱之时,吴英被捕,神话戛然而止。

其实,早在 2006 年 10 月,金融监管部门就发现了吴英投资行为的问题并进行了秘密调查,这次秘密调查发现了吴英及其公司本色集团的大量问题。当年 11 月,浙江省公安厅制订了抓捕吴英的计划。

对吴英神话提出质疑的还有媒体和学者。当时有媒体公开质询:只有散财勇气而无生财之道的经营模式怎可能积聚财富?再多的财富也经不起这样折腾。

小女子吴英虽然连账本都看不懂,却有她的聪明之处。她主动约见记者,采用"以金钱换立场"的手段,让质疑的声音换成吹捧的文章。北京、广州、上海及浙江等地的多家媒体为吴英做了正面报道,有一篇文章的标题就用了吴英的自述:我的财富是干净的。某著名高校的学者也通过媒体发表高论:"吴英的做法很前卫,是一种新的商业模式,说明企业家正由一种原先单一的价值链模式向价值网络模式转变。"

吴英的丈夫周某对媒体的报道有过这样的评价:"太虚幻,但宣传效果很好。"

一审判决书写道:法院审理查明,吴英用非法集资款购置房产、投资、捐款等方法,进行虚假宣传,给社会公众造成其有雄厚经济实力的假象,骗取社会资金。

很显然,公众认知的"吴英神话"是虚假宣传造就的。造就"吴英神话"的主体中,有媒体、学者和官员。"吴英神话"破灭后,吴英承担了法律责任,吴英案的受害者承担了资金有去无回的严重后果。有受害者问记者:我是相信你们媒体,才把钱借给她(吴英)的!吴英怎么说,你们媒体就怎么写?

哲学家尼采曾以梦境来诠释日神精神。他表示,日神精神是人们伪装自我真实所塑造的一个外观魅力的梦境。处于日神精神状态中的人们,只是生活在自己编制的虚幻梦境中,而非真实的世界中。记者今天以这段文字对照"吴英神话",发现神话破灭前夕的吴英已经处在虚幻梦境中。只是这个虚幻梦境的编制者并不是她自己,而是一个庞大的群体。

二、"虚假注册"为何畅通无阻

2006 年,吴英完成了 15 项公司及分公司设立登记、备案事项,注册成立本色商贸有限公司、本色车业有限公司、本色广告传媒有限公司、本色网络有限公司、本色概念酒店等 12 家实业公司之后,吴英又注册成立了浙江本色控股集团并任董事长。一审法院的判决书对此的判定为"用非法集资款先后虚假注册了多家公司"。

让记者困惑的是,既然是"虚假注册",而且是短期内注册十多家公司,为什么当时就能畅通无阻?如果有主管部门对这些注册登记严格审核,其不合理乃至不合法的破绽应该不难发现。

在今年 4 月 7 日的二审中,吴英承认自己犯了"非法吸收公众存款罪"。而此前她为自己所做的是无罪辩护。吴英的代理人杨照东、张雁峰二审中依然为吴英做无罪辩护,不认同一审法院所判的"集资诈骗罪"。

依照法律,非法吸收公众存款罪的最高刑期为 10 年,而集资诈骗罪的最重判决是死刑。一审以集资诈骗罪判处吴英死刑,吴英在二审中承认自己犯"非法吸收公众存款罪",显然是希望保命。

浙江省公安厅披露，涉众型非法集资类案件已成为浙江省金融领域犯罪的重要类型。仅2008年全年立非法吸收公众存款案件近200起，集资诈骗案件40多起，同比大幅上升。其中共立1亿元以上非法吸收公众存款案件17起。同样是涉众型非法集资类案件，同样是数额巨大，同样由在浙江省域范围内的法院审理，但定案的法律条款和量刑结果却相去甚远。

2009年1月，浙江丽水市外号"小姑娘"的杜益敏因集资诈骗罪终审判决死刑，其非法集资7亿元；同年5月，绍兴五环氨纶有限公司法定代表人韩秋华因"非法集资"被判处有期徒刑5年，韩在半年内29次向15家单位和个人借款人民币18 645万元；2009年，在温州市中院，乐清农妇高秋荷和郑存芬，分别以集资诈骗罪被一审判处死刑。但其后在浙江省高院的二审中，两人都被改判死缓……

浙江丽水的吕伟强、单旭波非法集资案更是让海内外关注。2004年8月到2008年3月，吕伟强先非法集资26 294.08万元，丽水中院以集资诈骗罪判处吕伟强死刑，缓期两年执行。吕伟强集资诈骗案中的同案犯单旭波非法集资6 280多万元，至案发尚有5 375万元借款没有归还。当地公安局的起诉意见书认定单旭波涉嫌非法吸收公众存款罪和集资诈骗罪，但丽水市莲都区法院却只以非法吸收公众存款罪判处单旭波有期徒刑九年六个月。

法律界人士将吴英案与韩秋华案、单旭波案做了比较，认为吴英案与韩秋华案相类似，而作案动机和性质要轻于单旭波，因为后者自身并无实业，其集资手段是以编造项目和打着领导干部的招牌骗取资金，而且受害者为不确定人群。

按照我国司法实践中渐趋重视的"遵循先例"的判例法原则，法院在审理案件时可将先前法院的判例作为审理和裁决的法律依据；对于相同或相似的案件，在没有新情况和提不出更充分的理由时，就不得做出与过去的判决相反或不一致的判决，除非最高法院在另一个同类案件中做出不同的判决。

三、谁在处置吴英的财产

吴英案发后，借钱给吴英的受害人通过各种渠道表达了自己的诉求：依法处置吴英的财产，尽可能多地归还自己的借款。

吴英的父亲吴永正称，如果将吴英的资产合理处置，可以还上吴英所借的款项。案发前，吴英在东阳有几处别墅和房产，在湖北荆门有5 000万元的商铺，这些固定资产按当时价格合计不少于2.5亿元。这几年房产升值，比如湖北荆门同类地段商铺价格四年来已涨了三倍。

吴永正表示，吴英及本色集团的财产处置由东阳公安部门操作。他认为，公安没有这个权力，应该由法院来处置。吴永正称，已经拍卖的吴英及本色集团公司部分财产有几千万元，这些拍卖的钱要么还给被害人，要么收缴国库，但一审判决时没有详细的说明。

吴英的律师认为，按照刑事诉讼法规定，吴英案尚未开庭前，她只是犯罪嫌疑人，吴英和本色集团的财产只能查封、扣押、冻结，不能处置。在没有法院判决及吴英本人签字的情况下，无论是司法机关还是政府部门强行拍卖本色集团的财产都属于违法。

记者注意到，吴英案发后的几年，中国的司法拍卖被媒体广泛关注，因为司法拍卖已成为司法腐败的重灾区。曾有媒体披露了司法拍卖的"潜规则"：司法拍卖"四六分成"，法院拿四成,拍卖公司拿六成。

最早在全国两会上披露司法拍卖"潜规则"的重庆高院院长钱锋在接受记者独家专访时表示,以往的司法拍卖由于缺乏法律制约,缺乏监管,出现了一系列问题,贿赂、关联交易、非正常流标、串标、围标,甚至黑恶势力介入。而一旦法官和拍卖机构结成利益关联,司法拍卖就有可能成为少数人的游戏。为拨乱反正,重庆高院率先改革司法拍卖体制,从2009年4月1日起试行司法拍卖新规定,将司法拍卖全部纳入重庆联合产权交易所进行,通过引入第三方交易平台、以电子竞价代替现场竞价、建立统一司法拍卖机构名册等方式,从根本上遏制围标、串标、职业控场等"乱象",司法拍卖工作进入良性发展轨道。

由此追溯对吴英及本色集团财产的处置,是否也有"潜规则"?吴英的父亲吴永正认为,本色的资产一直在流失,很多资产蒸发掉了,"他们各个都在趁火打劫。"如果吴永正说的确有其事,那些趁火打劫者又该当何罪?

以上陈述暴露出了我国法律、法规的许多弊端,完善法律体系势在必行。法律知识的宣传也应该加强,让人们知法懂法守法,减少犯罪,减少伤害,建立和谐的社会。

思 考 题

一、名词解释

声誉风险　法律风险　监管机构　资产证券化　法律风险管理

二、问答题

1. 声誉风险形成的原因有哪些?
2. 声誉风险有几种情形?
3. 法律风险的具体防控措施有哪些?
4. 声誉风险管理的有效措施有哪些?

三、讨论题

1. 讨论构建法律风险防范机制的现实意义。

第十一章 金融风险管理的未来

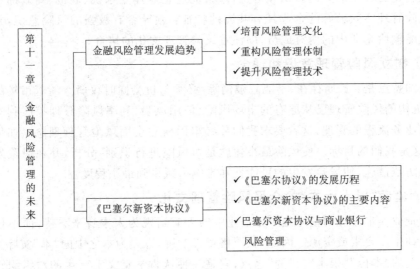

学习目标

◆ 理解金融风险管理发展趋势；
◆ 了解《巴塞尔新资本协议》的内容，包括巴塞尔协议的发展历程、巴塞尔新协议的主要内容，以及巴塞尔资本协议与商业银行风险管理。

第一节 金融风险管理发展趋势

金融是现代经济的核心，是国民经济的枢纽，选择合理的金融发展模式对一国的经济发展至关重要。美籍奥地利经济学家熊彼特的创新理论被认为是金融发展的推动力。在过去的10年中，金融改革创新取得了一系列的显著进展，规避了相应的风险，但同时也带来了新的风险，这个不容忽视，例如汇率机制改革后的今天，稍有不慎就可能会带来灾难性的金融危机，股份制改革同样也面临着潜在的风险。2007年爆发于美国的次级债务危机，将金融机构之间由过去的资源探索型竞争转变为现在的内部管理与方式创新竞争的根本性转变展现得淋漓尽致，这场风暴激发或加剧了金融机构内部经营管理方式的变革，使得加强金融创新监督和全面金融风险管理日益成为现代金融机构的核心业务。与此同时，当前中国金融业已全面对外开放，加大了金融创新的力度，创新业务发展迅速，金融风险管理也呈现出新的趋势和特点。

一、培育风险管理文化

美国一位银行家说过:"一个金融机构信用管理的失败,不是因为缺乏信贷政策程序,即使是设置非常复杂的政策程序、检查、报告等控制手段,如果缺少一个好的风险管理文化,所有这些都徒有形式。"对人的管理,关键是对人的知识和价值观的管理。大力培育和塑造良好的风险管理文化,树立正确的风险管理理念,增强员工风险管理意识,将风险管理意识转化为员工的共同认识和自觉行动,促进企业建立系统、规范、高效的风险管理机制。风险管理实效较好的企业具有共同的特征:领导者有极强的风险意识,并极力将这种意识灌输给企业内的所有成员,即注重风险管理文化的培育。

(一)树立风险管理意识和理念

风险的特点是:长期存在、不能总被消除,必须与机会同时权衡。随着市场的发展变化,金融机构的风险管理已从原有的市场风险、信用风险、利率风险管理扩展到对所有业务品种和业务流程的管理,这就要求我们务必牢固树立全面风险管理理念。如何使风险最小化,这是我们的目标。使风险最小化就是对风险进行识别、分析,并在风险发生影响之前采取防范措施,使风险发生的可能性和影响力减少到最小程度。

(二)建设"以人为本"的全员风险管理文化

现代企业人本管理的核心是:对企业中的人应当视为人本身来看待,而不仅是将他们看作一种生产要素或资源。因此,从严格意义上讲,以人为本之中的"本"实际上是一种哲学意义上的"本位""根本""目的"之意,它是一种从哲学意义上产生的对组织管理本质的新认识。

人本管理在本质上是以促进人自身自由、全面发展为根本目的的管理理念与管理模式,而人自身自由、全面发展的核心内容是个体心理目标结构的发展与个性的完善。著名管理学家陈怡安教授把人本管理提炼为三句话:点亮人性的光辉,回归生命的价值,共创繁荣和幸福。这一认识与上述的观点基本一致。

二、重构风险管理体制

中国经济处在高速增长的平台上,仍然面临严峻的社会问题和挑战。城乡、地区之间的收入差距正在扩大,原有的社会结构也在变化。大批农村劳动力进入城市,数以千万计的原公有制企业职工被迫进入市场,市场所带来的风险、不确定性和不安全感增加,劳资矛盾凸显。而社会发展滞后,短期内限制了消费者的消费意愿和消费水平,妨碍了国内市场的扩大和供需平衡;长期看,它将影响中国人力资本的提升,从而损害经济持续发展。

社会发展水平与民众的现实需求和长远预期之间的差距是普遍存在的,但这种差距持续扩大,就容易激化社会冲突,一旦这种差距与城乡、地区等因素联系在一起,则更容易破坏社会稳定。如何使全体中国人不分年龄、地域、职业、性别、民族能共享发展成果,如何在经济发展的同时也实现社会发展,成为当前面临的一项重要挑战。

（一）向集中化、专业化发展

专业化集中管理不是简单的管理业务和相关人员的"合并同类项"，而是以优化资源、提高效率为目标，调整管理体制，优化管理机制。努力打破"思想围墙"，在方案调研、设计和组织实施等各个环节，由专业管理部门和实施单位共同配合，制定可行的实施细则，明确业务界面、操作流程和实施步骤，稳步推进专业化集中管理工作，从自身的实际出发，将专业化集中管理分为重组磨合、调整优化和机制创新三个阶段进行推进。通过这种管理体制、业务流程的再造和同类资源的重组整合，形成了一个新的管理模式和运行机制。

（二）理顺前、中、后台关系

金融风险管理以客户为中心，搭建前后台快速准确的客户响应机制，以实现客户需求理解准确、后台能力响应及时、订单和障碍过程管控规范，从而达到全面提高内部运作效率的目的。真正彻底打破了职能本位主义的思考方式，部门间的运作与协调按流程要求执行，注重流程的运作效率，前、中、后台职责分工合理、清晰、顺畅，更好地适应科学管理、规范管理、系统管理的要求。

（三）优化内部控制环境，建立专业化、垂直化的风险管理组织体系

多元化的股权结构和完善的治理机制，是产生有效内部控制的生存空间和土壤。在做好诚信调查和市场准入审核的基础上，应当鼓励多元化的股东资金进入，适时可以考虑民营资金等其他资金的进入，进而优化股权结构；改革"官本位"的激励导向，探索收入与业绩挂钩的激励方式，同时建立有效的监督与约束机制。通过完善治理，促使高管人员进一步端正经营思路，提高对防范各类风险的认识，增强内控建设的动力，不断优化内部控制环境。这是全面建立、完善和落实有效的内控制度、内控机制，防范和化解金融风险的重要前提条件。

（四）建立内控考评体系

完善以绩效考核和责任追究为核心的激励约束机制。经营管理绩效考评技术的架构与改进必须服从于经营管理绩效考核目标的有效实现，应当首先做好经营管理绩效考评目标的基本定位。在经营管理绩效考评技术中，目标选择、指标体系、指标意义三者之间，以及目标层、准则层、指标层三者之间存在严格的逻辑关系。以市场开拓和经济效益等经营绩效、资产质量和内部控制等安全绩效这对既关联又冲突的同一事物的两个方面的和谐发展为战略性目标，按照"主基架构"思路设置主指标体系——经营绩效指标体系、基指标体系——安全绩效指标体系，以主指标体系作为计分的主体，将基指标体系的得分率作为主指标体系完成水平的修正系数，"主指标体系——经营绩效"与"基指标体系——安全绩效"构成乘数联动关系组合计分，进而计算出经营管理绩效的考评得分。

（五）建立科学的风险预警体系

需要完善资本市场调控和管理的政策协调机制，增强政策调控的有效性。政策调控与政策干预有所不同，前者一般是间接地对市场产生影响，后者则更多直接影响市场。市场经济并不排斥政策调控。造成市场恐慌的，虽然有技术调整、交易机制、市场传言方面

的因素,但也暴露出市场缺乏权威的声音,缺乏有效的风险预警体系。为此,需要加快培育对市场有较大影响的优质品牌服务机构发布权威性市场预测研究报告,有效引导市场走势预期。市场监管部门应进一步提高政策预期透明度,为投资者增强理性预期和投资提供参考。

三、提升风险管理技术

根据风险评价结果,为实现风险管理目标,选择和实施最佳风险管理技术与实施是风险管理中最为重要的环节,风险管理技术分为控制法和财务法两大类,前者的目的是降低损失频率和降低损失程度,重点在于改变引起风险事故和扩大损失的各种条件;后者是事先做好吸纳风险成本的财务安排。

(一)规范业务和管理流程,提升风险识别、控制的科学性

风险识别一方面可以通过感性认识和历史经验来判断;另一方面也可通过对各种客观的资料和风险事故的记录来分析、归纳和整理,以及必要的专家访问,从而找出各种明显和潜在的风险及其损失规律。因为风险具有可变性,因而风险识别是一项持续性和系统性的工作,要求风险管理者密切注意原有风险的变化,随时发现新的风险。

(二)推动以风险计量为核心的技术创新机制建设

金融风险管理的技术创新机制建设有两个:一是风险监控,也就是对市场风险和信用风险进行实时和全面的监控,以避免重大风险时间的发生;二是资本挖潜,通过风险资本的计量,实现经济资本的分配优化,实现有限经济资本回报最大化。

随着金融市场的全球一体化,金融风险管理具有国际化特征,一国金融监管部门在进行监管时通常是鞭长莫及,这就要求通过金融监管的国际协作。各国监管机构与国际性金融组织的合作与协调能够有效地降低金融创新风险。金融创新监管的国际监管可以从国与国之间的协作监管和国际性组织对其成员国所进行的风险监管出发,加强各国金融监管部门的合作,对国际性的金融创新实行统一的监管标准,确保金融创新既有效率,又安全可靠。

第二节 《巴塞尔新资本协议》

一、《巴塞尔协议》的发展历程

巴塞尔委员会是1974年由十国集团中央银行行长倡议建立的,其成员包括十国集团中央银行和银行监管部门的代表。巴塞尔协议的出台源于前联邦德国 Herstalt 银行和美国富兰克林国民银行(Franklin National Bank)的倒闭。这是两家著名的国际性银行,它们的倒闭使监管机构在惊愕之余开始全面审视拥有广泛国际业务的银行的监管问题。

(一)第一个巴塞尔协议出台

Herstalt 银行和美国富兰克林国民银行倒闭的第二年,即1975年9月,第一个巴塞尔协议出台。这个协议极为简单,核心内容就是针对国际性银行监管主体缺位的现实,突

出强调了两点：①任何银行的国外机构都不能逃避监管；②母国和东道国应共同承担的职责。

（二）实质性进步

20 世纪 80 年代爆发了国际债务危机，受债务危机的影响，信用风险给国际银行业带来了相当大的损失，银行普遍开始注重对信用风险的防范与管理。于是各国发达银行开始联合采取行动。于是在 1988 年 7 月通过了《关于统一国际银行的资本计算和资本标准的报告》（简称《巴塞尔协议Ⅰ》），这个报告使巴塞尔协议取得了实质性的进步。

具体来说，1988 年巴塞尔协议在国际银行界建立了一套国际通用的、以加权方式衡量表内与表外风险的资本充足率标准，极大地影响了国际银行监管和风险管理的进程。从内容看，制定于 1988 年的《巴塞尔协议Ⅰ》，主要在于就银行的资本与风险资产的比率确定国际认可的计算方法和计算标准，促进国际银行业开展公平竞争。1988 年的《巴塞尔协议Ⅰ》主要界定了银行资本的组成，规定核心资本应占整个资本的 50%，附属资本不应超过资本总额的 50%。同时，对不同资产分别给予不同的风险权数，在考核风险资产规模的基础上，要求 1992 年年底从事国际业务的银行资本与加权风险资产的比例必须达到 8%（其中核心资本不低于 4%）的目标。从国际银行业风险管理的角度看，1988 年的《巴塞尔协议Ⅰ》突出强调了资本充足率的标准和意义，确立了全球统一的银行风险管理标准，强调国家风险对银行信用风险的重要影响。

（三）2004 年《巴塞尔新资本协议》

1988 年《巴塞尔协议Ⅰ》发布以后，其国际影响力不断扩大，巴塞尔委员会也不断根据市场环境的变化对这一协议进行了一些调整、补充和完善。如 1996 年 1 月，推出《资本协议关于市场风险的补充规定》，要求对市场风险计提资本。1997 年，东南亚金融风暴引发巴塞尔委员会对全面风险管理的思考。1997 年 9 月，推出《有效银行监管的核心原则》，确立全面风险管理的理念。这些都为 2001 年《巴塞尔新资本协议》框架的出台奠定了基础。

随着金融全球化趋势和各银行金融创新步伐的加快，Basel Ⅰ 越来越不能满足银行和监管当局准确计量银行风险，根据风险状况及时、敏感地配置资本的要求。于是 2001 年 1 月 16 日，巴塞尔银行监管委员会发布了新的巴塞尔资本协议的征求意见稿，2001 年《巴塞尔新资本协议》的框架继续延续了 1988 年《巴塞尔协议Ⅰ》中以资本充足率为核心、以信用风险控制为重点，突出强调国家风险的风险监管思路，并吸收了《有效银行监管的核心原则》中提出的银行风险监管的最低资本金要求、外部监管、市场约束三个支柱的原则，进而提出了衡量资本充足比率的新思路和方法，以使资本充足比率和各项风险管理措施更能适应当前金融市场发展的客观要求。同时，新协议要求三个支柱必须协调使用才能真正体现新协议的精髓。而这也是新协议区别于 1988 年协议的核心之所在。其次，新协议对风险的认识更加全面。1988 年的协议内容主要是针对信用风险而言，而新协议中有关风险的定义扩大为信用风险、市场风险和操作风险的各种因素，基本涵盖了现阶段银行业经营所面临的风险，以保证银行资本充足性能对银行业务发展和资产负债结构变化引起的风险程度变化有足够的敏感性。三是除标准法外，允许银行运用内部评级法来衡量和测算信用风险和操作风险,使新的监管规则有一定的灵活性,有利于吸收现代大型银行管理风险的各种先进经验。《巴塞尔新资本协议》($Basel\ II$)是对原有协议的框架进行了诸多修改后形成的,并于2004年6月正式通过。

但是1988年的《巴塞尔协议Ⅰ》还存在如下不足之处。

(1) 容易导致银行过分强调资本充足的倾向,从而相应地忽视银行业的盈利性及其他风险。

(2) 没有考虑同类资产不同信用等级的差异。

(3) 对于国家信用的风险权重的处理比较简单。

(4) 仅仅注意信用风险,而没有考虑到在银行经营中影响越来越大的市场风险、操作风险等。

(四) 2010年《巴塞尔协议Ⅲ》

最新通过的《巴塞尔协议Ⅲ》是受到2008年全球金融危机而直接催生的,该协议的草案于2009年提出,2010年9月12日,巴塞尔银行监管委员会管理层会议在瑞士巴塞尔举行,会议通过了加强银行体系资本要求的改革方案,即《巴塞尔协议Ⅲ》,并于11月在韩国首尔举行的二十国集团首尔(G20)峰会上获得正式批准。根据这项协议,商业银行必须上调资本金比率,以加强抵御金融风险的能力。

该协议内容有:一是普通股权收益/风险加权资产从2%提高到4.5%,核心资本充足率最低要求从4%提高到6%,这一规定代表的时间是2015年,在最低要求之上还可以增加2.5%的普通股权收益的反周期缓冲。二是核心资本充足率达到6%的标准,但低于7%的银行,应执行较为谨慎的利润留存政策。对于有系统性影响的重要银行,应该有更大的损失吸收能力,会有更高的充足率标准。三是过渡时间:2013年1月1日到达阶段性目标,普通股权益/风险加权资产提高3.5%,核心资本充足率达到4.5%,充足率达到8%。此后,每年普通股权益/风险加权资产和核心资本充足率在2013年的基础上提高0.5个百分点。反周期缓冲的充足率要求则是从2016年开始,每年提高0.625%,四年后达到2.5%。

相比于原有的巴塞尔协议,《巴塞尔协议Ⅲ》有了许多突破。一方面,资本充足率要求明显提高,其中银行一级资本率比原来提高了2%,核心一级资本率比原来高出三倍多,虽然在巴塞尔新规定下银行可以将核心资本比率降低到7%以下,但可能会面临分红、派息以及股权回购等方面的限制,特别是一旦银行的资本金比率低至4.5%以下,将面临严厉的监管制裁,可能是由国家监管机构出面干预。另一方面,《巴塞尔协议Ⅲ》第一次提出了资本缓冲资金的规定,该规定将从2016年1月开始启用,并于2019年完全生效。同时《巴塞尔协议Ⅲ》也存在着一定的忧虑,如加强银行对高风险业务的控制可能会迫使银行减少贷款,而这些贷款正是经济增长的"助推剂";新规在是否能够防止危机再次发生方面仍然存在不确定性,同时由于措施分阶段实施的时间很长,未来各国或许还将放宽限制等。

《巴塞尔协议Ⅲ》是近几十年来针对银行监管领域的最大规模改革。各国央行和监管部门希望这些改革能使银行减少高风险业务,同时确保银行持有足够的储备金,可以不依靠政府救助独自应对今后可能发生的金融危机。

二、《巴塞尔新资本协议》的主要内容

2004年6月份通过的《巴塞尔新资本协议》(Basel Ⅱ)代表了金融风险管理最新发展趋势,新协议的三大支柱和主要内容可以总结为三部分:最小资本要求、资本充足性的监管约束和市场约束。

(一) 最小资本要求(minimum capital requirement)

1. 信用风险的衡量和计算

(1) 调整了计算风险资产的"标准方法"。在确定资产的风险权重时,原协议主要根据债务所在国是否为经合组织成员国来区分,新框架则提出三种方法:外部评级的结果——通常情况下银行可以据此来确定风险权重;内部评级的结果——由于内部占有信息多,涵盖客户范围广,具有外部评级不具备的优势,原则同意先进的银行可以按照内部评级作为计算风险资产的基础,其细节还需进一步商定;信用风险组合模型——新框架认为该模型可以从整体角度对信用组合进行风险评价,优于内外部的评级,所以鼓励高度发达银行采用此法,但是同时指出,该法在资料充分性以及模型有效性等方面还具有很多的局限性。

(2) 新框架对于某些高风险的资产对银行稳健经营的副作用给予了足够的估计,甚至对高风险资产规定了高于100%的风险权重。

(3) 注意到金融创新对银行风险的影响。一方面,在承认资产证券化在分散信用风险方面作用的同时,为避免银行借此蓄意抬高资产充足比率,新框架建议使用外部评级来确定风险权重;另一方面,新框架肯定了金融工具在降低信用风险上的作用,扩大了此类金融工具中所涉及的担保及抵押品范围,并且制定了更为完善、可行的方法。

2. 市场风险修改

在市场风险管理方面,不仅保持了1996年"补充协议"中要求对交易账户中的利率风险、汇率风险与商品风险规定资本要求,对于利率风险大大高于平均水平的银行,也要求其根据银行账户中的利率风险提高相应的资本数量。

3. 其他风险的纳入

新框架首次将与银行内部控制密切相关的操作风险、流动性风险、法律风险和名誉风险都包括在内,纳入其他风险的范围,显示了对其重视的程度。但是如何衡量与量化还是一个尚须解决的问题。其中法律风险、信誉风险等的量化具有较大难度;而操作风险则有一些银行正在逐步探索其初步框架的设计。巴塞尔委员会提出依据营业收入总额、手续费收入额、营业费用、资产总额等银行业务总量指标,来确定最低资本要求的简单模型,供各国参考。

(二) 资本充足性的监管约束(supervisory of capital adequacy)

这一部分是首次被纳入资本框架的。新框架认为,为了促使银行的资本状况与总体风险相匹配,监管当局可以采用现场和非现场稽核等方法审核银行的资本充足状况。监管当局应该考虑银行的风险化解情况、风险管理状况、所在的市场性质以及收益的可靠性和有效性等因素,全面判断银行的资本充足率是否达到要求;在资本水平较低时,监管当局要及时对银行实施必要的干预。

有效的监管约束应遵循四个原则：监管当局有权根据银行的风险状况和外部经营环境，要求银行保持高于最低水平的资本充足率；银行要建立严格的内部评估体系，使其资本水平与风险度相匹配；监管当局要及时检查和评价银行的内部评价程序、资本战略以及资本充足状况；在银行资本下滑或有此类迹象时，监管当局有权并且有必要对其进行尽早的干预。

（三）市场约束（market discipline）

市场约束机制也是第一次被正式引入。新框架充分肯定了市场具有迫使银行有效而合理地分配资金和控制风险的作用，市场奖惩机制可以促使银行保持充足的资本水平；同时，富有成效的市场约束机制将是配合监管当局工作的有效杠杆。为了确保市场约束的有效实施，必然要求建立银行信息披露制度。新框架规定，银行在一年内至少披露一次财务状况、重大业务活动及风险度以及风险管理状况，这些指标主要包括资本结构、风险敞口、资本充足比率、对资本的内部评价机制以及风险管理战略等，巴塞尔委员会还将在广泛征求意见的基础上，进一步完善现行的信息披露制度，以增强市场的约束能力。

三、巴塞尔资本协议与商业银行风险管理

（一）商业银行风险管理的发展阶段

(1)"我们只做好贷款"。自1944年通过关于汇率、利率稳定的布雷顿森林体系，至20世纪70年代末，由于对银行营业执照的严格控制，银行普遍倾向于逃避风险，风险准入标准趋同。

(2)"贷款应该评级"。20世纪70年代末布雷顿森里体系崩溃，汇率、利率波动性急剧上升，逐步放松对银行业的管制，以前封闭的市场趋向全球化，市场竞争日趋激烈，银行逃避风险会逐渐消亡。银行业开始进行市场细分，根据各自的风险偏好确定信用风险转入标准，银行需要对所有客户进行信用风险评级。

(3)"ROE(资产净收益)是目标"。随着一些银行上市，投资者不仅关心资产回报率，更关心权益回报率，寻求资本增值，追求更好的综合回报，风险管理第三个阶段的标志是"ROE是目标"，但也伴生了监管资本套利现象，并引发了1988年第一个银行业监管协议《巴塞尔资本协议》的诞生。但ROE是目标也存在明显的缺陷，未经风险调整的收益考核容易隐藏潜在的信贷风险问题。

(4)"对风险进行定价"。20世纪80年代开始的利率市场化进程，引发了一个考验银行能否提高风险识别能力、通过贷款定价进行信用风险价格转移的过程。以1996年《巴塞尔资本协议》对市场风险的补充为标志，国际银行业的信贷风险管理进入第四个阶段。

(5)"像管理投资组合一样管理贷款"。随着马柯维茨的资产组合理论在银行业的应用，国际银行业的风险管理进入第五个阶段，"像管理投资组合一样管理贷款"，这对银行信贷风险管理能力和IT技术水平提出了更高的要求。

(6)"股东要求风险收益匹配"。21世纪初美国和西欧国家的银行监管当局进一步放松对银行业的管制，股东对有效资本配置提出了越来越高的要求，对在资产组合层面上风险收益能否平衡更加苛刻，使股东价值最大化成为风险管理的使命，以2001年《巴塞尔

新资本协议》草案为标志,随着银行内部风险管理、外部监管和市场纪律约束三大支柱的逐渐清晰,银行业风险管理的第六个阶段接踵而来,即"股东要求风险收益匹配"。

(7)"分散资产组合风险至高无上"。当前一些管理水平更高的大型国际活跃银行已跃入风险管理的第七个阶段,即"分散资产组合风险至高无上",银行在全部资产组合层面分散风险,对自留风险定价、资产证券化、对部分资产组合从事避险交易等措施,在这个阶段,银行只承担系统性风险。

(二)商业银行全面风险管理

1. 商业银行全面风险管理的内涵和外延

COSO(the Committee of Sponsoring Organisations of the Treadway Commission)是美国政府机构所组织的特别委员会,其主要职责是对美国经济管理部门,如财务监督、审计等部门进行建议性指导。2001年秋,COSO委员会开始《全面风险管理框架》(ERM框架)的研究,于2003年7月完成了ERM框架草案,并公开向业界征求意见。

ERM框架对全面风险管理框架的定义、目标类别、组成部分、基本原则以及其他要素进行了全方位的深入描述,是全面风险管理最佳实践的高度总结,为银行及其他组织决定如何完善其风险管理构架指出了方向,同时提供了在现实环境下全面风险管理框架的应用模式及背景。根据COSO报告对银行风险管理的定义,结合《巴塞尔新资本协议》的有关要求,全面风险管理是个过程,这个过程由银行董事会、高级管理层以及各级员工,在战略制定、管理活动和各项业务中运行。

全面风险管理要求对各类风险进行识别、评估和管理,并支持银行资产价值的保值和增值;要求银行将风险和收益、风险偏好和风险策略紧密结合起来,增强风险应对能力,尽量减少操作失误和因此造成的损失,准确判断和管理交叉风险,提高对多种风险的整体反应能力。全面风险管理能提高银行根据风险科学分配经济资本,从而合理把握商业机会的能力,促进银行业稳健经营、健康发展。

2. 商业银行全面风险管理的框架

全面风险管理包括八个相互联系的模块(要素),这些模块完善了全面风险管理的方式,并且作为衡量全面风险管理有效性的标准,与其他的管理过程一起构成了一个完整统一的整体,如图11-1所示,其中:

风险管理环境(尤其是风险管理文化和风险管理组织结构)是风险管理的基础和保障;

风险管理目标与政策设定是风险管理的出发点,是对风险管理手段的设计和总要求;

风险识别、风险评估、风险应对是风险管理的具体实施流程;

内部控制是确保风险管理流程规范运行的有效手段;

风险信息处理和报告是保证银行全面实施风险管理的媒介;

后评价和持续改进有助于对风险管理体系的再控制和再完善。

3. 商业银行全面风险管理的特点

(1)全面风险管理是一个过程。风险管理既不是一个独立的管理活动,也不是银行新增加的一项管理活动,它渗透银行经营管理活动中的一系列行为,内生于银行各项经营管理的流程之中。全面风险管理强调银行的战略制定必须要与银行风险管理偏好一致,

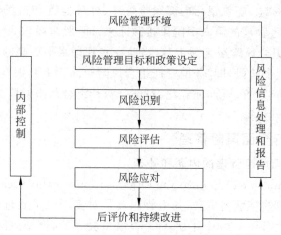

图 11-1 全面风险管理框架

并建立适当的机制来管理风险,以实现多个层面的目标。而且风险管理本身也有输入和输出的要素,具有规范的流程。

(2) 全面风险管理必须依靠全体员工。全面风险管理不仅意味着大量的风险管理政策、报告和规章,而且包含银行各个层面员工的"知"和"行"。正是银行的董事会、管理层以及员工决定了风险管理文化、风险偏好、风险管理目标和政策,风向管理流程也必须依靠全体员工才能运行,强调全员风险管理至关重要。

(3) 全面风险管理涵盖了银行各层次的各类风险。根据《巴塞尔新资本协议》的划分,银行的各类业务风险都可以归结为信用风险、市场风险和操作风险三类风险。银行的全面风险,就是指由银行不同部门(或客户、产品)与不同风险类别(信用风险、市场风险、操作风险)组成的"银行业务风险矩阵"中涵盖的各种风险。全面风险管理就是要对所有影响银行目标的单一风险及其交叉风险进行系统的识别、评估、报告和处置,它必须考虑银行所有层面的活动,从总行层面的战略规划和资源分配,到各业务单元的市场和产品管理,风险都应得到有效控制。

(4) 全面风险管理是银行实现银行目标体系的必要条件。银行经营的目标有四个,即战略目标、经营目标、报告目标和合规目标。全面风险管理是达到银行经营管理目标的一个手段,它并不是目标本身,但它不排斥银行其他经营管理活动,只有在全面、准确衡量风险和有效控制风险的前提下,合理分配经济资本等资源,在单笔资产和资产组合层面上达到风险和收益的平衡,才能确保银行目标体系的实现。

(三) 巴塞尔协议对银行风险管理的作用

实施《巴塞尔新资本协议》的目标不是简单地强制遵循一套新的资本规则,而是为银行奠定坚实的风险管理基础,全面提升其风险管理水平和资本充足率,同时强化市场约束,促进金融市场的稳定。从长远来看,实施巴塞尔协议对银行的风险管理可以起到以下作用。

1. 促使银行建立科学有效的全面风险管理体系

由于银行业务结构和经营环境的变化,银行间的竞争日趋激烈,再加上金融创新的迅速发展,银行越来越需要更加全面和系统的框架来应对金融风险日趋复杂化的事实。新协议顺应了这种需求,建立起全面的资本监管框架,将信用风险、市场风险和操作风险共同纳入资本充足度的约束之中,与之相应,银行势必需要建立全面综合的风险管理系统,对自身面临的各种风险进行一体化分析和度量,并对各种风险合理配置资本。

2. 鼓励银行不断改进风险管理方法、提高风险管理技术

在满足有关条件的前提下,采用内部评级法来科学计量借款人的违约概率、债项的违约损失率以及风险暴露值,由此确定借款人及债项的信用等级、风险定价及资本准备要求。同样,对于市场风险和操作风险,新协议也提出了多种可供选择的风险度量方法,并且鼓励银行利用内部模型估测风险水平。这种安排实质上是建立一个监管资本要求随风险管理水平递减的激励机制,激励银行不断改进风险评估技术,投入更多的资源,提高风险模型对银行风险状况的敏感度,以便确定更加经济的资本水平,降低经营成本。

3. 将银行内部风险控制和外部监管有机结合

监管当局作为一种外部监管,要重点检查和评估商业银行决策管理层是否已经充分了解、重视和有效监控银行所面临的各种风险,是否已经制定科学、稳健的风险管理战略与内部控制系统。监管当局应主动介入银行风险管理过程,对银行内部风险管理系统的有效性进行评估和检查,履行其理应尽到的监督责任。

4. 加大市场约束的力度,督促银行充分客观地披露资本和风险的信息

新协议试图借助市场纪律提高商业银行经营及风险的透明度,强化市场和社会公众的监督,确保市场对银行的约束效果。新协议提出了全面信息披露的理念,对商业银行的信息披露范围、内容、要点及方式都做出了明确的规定。通过这些规定和约束,力图构建起一个银行自律、当局监管和市场约束相辅相成的全方位的银行风险控制体系。

四、巴塞尔协议在中国

《巴塞尔新资本协议》将风险管理带入一个新的时代,它充分考虑金融创新和金融创新复杂性带来的风险,实施巴塞尔新协议已经成为世界上各大商业银行的共同趋势。目前中国银监会充分考虑中国银行业发展的阶段性特征和远期目标,又兼顾与国际资本监管制度接轨的需要,发布了《新资本协议实施指导意见》,体现了"分类指导、分层推进和分步达标"的原则,即对海外设有经营性机构的国际业务占相当比例的大型商业银行,要求从2010年年底起开始实施新协议,其他自愿实施新协议的商业银行可以从2011年开始提出申请。除此之外,近期银监会还发布了一系列金融风险管理政策指导,对银行业存在的操作风险、信用风险、市场风险和流动性风险等都有明确的指导(如附表)。

目前中国银监会已经把核心资本充足率的要求提到了7%,中小银行的充足率要求为10%,大型银行的充足率要求为11.5%,已经在相当程度上达到了巴塞尔的标准。中国在大力支持实施《巴塞尔新资本协议》的同时,也面临着一系列的问题,例如数据质量和数据累计不够满足新资本协议的要求,这就会使风险防范大打折扣。因此必须首先建立好完整的风险管理体系,才能顺应《巴塞尔新资本协议》对银行风险管理的要求。

巴塞尔委员会发布的新资本协议的推行对我国银行改革和发展将产生广泛的影响。考虑到目前国有商业银行资本充足率、信息披露及风险管理中的现实处境,全面实施新资本协议尚存在巨大的困难。正视国际银行业风险管理规定的新变化,分清重点,有条不紊地推动银行综合化改革,已成为我国银行适应新资本协议要求,提高风险管理水平需要解决的现实问题。提高资本充足率、完善风险管理制度、强化金融风险监管、推动信息披露的规范化则成为我国银行适应新资本协议要求亟须解决的主要议题。

(一)通过综合改革提高资本充足率

保持充足的资本水平是巴塞尔协议的基本要求,是银行防范金融风险的物质基础。长期以来,由于资产增长很快,盈利空间有限,又缺乏有效的注资渠道,我国国有商业银行资本充足率一直偏低。从长远来看,资本充足率的提高有赖于国有商业银行通过综合化改革解决单一的国有产权制度与财政注资能力不足、高税赋与银行自我积累能力不足、金融管制与盈利能力不足之间的矛盾,为解决我国银行资本充足率偏低问题提供制度基础。一是要按照建立现代企业制度的要求稳步推进国有商业银行的股份制改造及上市融资,拓宽注资渠道,为我国银行提供规范的增加资本的渠道。二是规范银行税费管理,提高自我资本积累能力。税赋过重、法规不一是影响我国银行发展的重大障碍。要进一步下调并逐步取消银行营业税,应收利息高于实收利息部分要允许银行冲减次年营业收入,代收邮电费、凭证手续费等应直接冲减相关费用支出,既减轻银行财务负担,又推动同外资银行的公平竞争。三是逐步放开银行业务限制,推动银行信贷结构调整,强化信贷质量管理,推动金融创新及全面成本管理,千方百计地提高银行盈利水平,通过留存收益转增资本,提高资本充足水平。四是在细算成本的基础上适当发债,尤其可以考虑向海外资本市场发行次级债券(subordinary debt),补充银行次级资本,改善资本结构。

(二)强化风险管理制度

内控机制不健全、风险测量工作滞后、资产损失率高、抗风险能力弱化是当前我国商业银行在经营管理中亟须解决的首要问题。我国商业银行虽已根据1988年《巴塞尔资本协议》建立了风险管理的基本框架,但资产风险测算统计工作始终未能制度化。要达到新资本协议要求,不仅在信用风险测量方面存在工作量过大、成本过高、外部评级资料缺乏等现实挑战,在市场风险、操作风险的测量方面也存在不少困难。考虑到我国银行风险管理的现状,2004年全面实施新资本协议是存在明显困难的。当前迫切需要通过机构改革强化信贷风险监控体系及信贷责任制,提高风险管理水平。一是要进一步完善风险管理制度,强化风险管理部门责任,对照新资本协议草案创新风险评级方法,更为准确地评估银行经营中的信用、市场及操作风险。二是强化信贷风险监控体系,进一步发挥信贷台账系统的功能,通过建立客户经理制、信贷责任制等措施不断提高资产质量。三是进一步完善经营、管理的规章制度,严格金融纪律,防范操作风险。四是强化研究及规划工作,不断开拓新的盈利空间,积累风险储备,提高防范市场风险的能力。

(三)强化金融监管

通过金融当局的监督管理提高银行风险管理水平,保障金融安全是新资本协议的重要要求。按照新资本协议要求,监管当局必须在强化合规性监管的同时重视安全性监管,逐步强化商业银行的资本充足率约束。一是按照新资本协议要求制定相应的规章,强化对商业银行及金融控股公司的风险管理及资本充足率要求。二是对银行风险评估体系的合理性、准确性及信息披露的可信性进行监督,严格监管纪律,推动商业银行风险管理的科学化。三是针对国有商业银行资本充足率偏低的问题制定综合配套政策,使国有商业银行资本充足水平尽快达到巴塞尔协议要求。四是强化监管当局对银行安全性监管的独立性与权威性,自主决定对风险管理不合规银行的处罚措施,提高监管水平,确保金融安全。

(四) 规范信息披露

新资本协议将市场约束列为银行风险管理的第三支柱,对银行信息披露给予了新的强调。银行信息披露既要考虑强化市场约束、规范经营管理的因素,又要考虑到信息披露的安全性与可行性。为规范信息披露工作,国有商业银行宜进一步修改信息披露制度,逐步推进信息披露的规范化。一是按照新资本协议要求,对银行风险管理制度与程序、资本构成、风险披露的评估和管理程序、资本充足率等领域的关键信息准确核算,按照由内到外、逐步公开的原则,稳步推动国有商业银行信息披露工作。二是结合银行股份制改造工作,推动会计制度的国际化,提高会计信息的一致性和可比性。在条件成熟时引进权威会计师事务所对重点业务部门、区域进行审计,银行内部稽核部门也要进一步严明纪律,发挥审计检查职能,提高经营、会计信息的准确性。三是在完善风险管理制度,逐步采用风险评估的标准法、初级内部法、高级内部法的同时,相应提高信息披露标准,严格披露程序,提高信息质量,防止市场误解。

《巴塞尔协议Ⅲ》的进展及其影响

自2008年以来的全球金融危机的爆发,促使全球金融监管当局反思监管框架并加强了对大型金融机构的监管,尤其是系统性风险的防范问题,对次贷危机及对《巴塞尔协议Ⅱ》的争议和反思直接推动了《巴塞尔协议Ⅲ》大致内容的迅速出台。在次贷危机之后,新协议的补充文件主要集中在公允价值的度量和建模、健全流动性监管的若干原则和额外风险要求准则等。而这次新协议所进行的大规模监管改革,主要集中在以下领域:一是资本监管要求,包括资本的重新定义、资本留存缓冲、逆周期资本缓冲和杠杆比率;二是流动性监管要求,给出了流动性监管的一些工具;三是对《巴塞尔协议Ⅲ》的过渡期的时间表安排。《巴塞尔协议Ⅲ》从2009年7月新协议的提案到2010年9月的决议通过,只用了一年左右的时间,体现了加强银行体系监管的重要性和紧迫性。到2010年年底,巴塞尔银行监管委员会(BCBS)将对新的资本要求进行微调,各银行逐步采用新协议的实施标准。新协议大大缓解了资本充足率的顺周期性并强化了对系统性风险的防范,必然给全球以及中国金融业带来持续而深远的影响。

一、对资本框架的再定义和新要求

《巴塞尔协议Ⅲ》在资本结构的框架方面发生了较大变化,一是一级资本尤其是普通股的重要性上升,二级、三级等较低级的资本重要性削弱;二是资本充足率的顺周期性下降,逆周期或者风险中立的资本要求明显上升;三是正视"大则不倒"问题并提出了资本配置要求,旨在确保银行拥有稳健运行的能力。新资本结构框架包括更强的资本定义、更高的最低资本要求以及新资本缓冲引入的组合,将确保银行能更好地抵御经济和金融的紧张时期,从而促进经济增长。(见表11-1)

表11-1 新协议资本框架的调整

资本要求和留存缓冲(所有数字为百分比)			
	普通股(扣除之后)/风险加权资产	核心资本(Tier 1)/风险加权资产	总资本/风险资产
最低资本要求	4.5	6.0	8.0
资本留存缓冲		2.5	
最低资本要求+资本留存缓冲	7.0	8.5	10.5
逆周期缓冲范围	0~2.5		
系统重要性银行资本要求	1		

资料来源:Basel Committee on Banking Supervision, Group of Governors and Heads of Supervision Announces Higher Global Minimum Capital Standards, Sep. 12, 2010.

(一)《巴塞尔协议Ⅲ》对资本框架的重新定义

在原有的资本框架定义中,简单清晰的以普通股为主的一级资本比重趋降;日益复杂的、在金融体系中相互融资的二级资本,以及更低级的抵御市场风险的三级资本却占据了大部分的资本构成。这使原巴塞尔资本充足率具有明显的顺周期性和公众难以理解的复杂性。《巴塞尔协议Ⅲ》大大简化了资本框架的定义,重新突出了普通股、资本缓冲等的重要性。《巴塞尔协议Ⅲ》对银行资本进行了如下重新定义:

(1)银行的一级资本必须充分考虑在"持续经营资本"(going concern capital)的基础上吸收亏损,其核心形式是普通股和留存收益,剔除少数股东权益、无形资产等项目;不满足普通股核心资本标准的资本工具,自2013年1月1日起,将不计入普通股核心资本。

(2)二级资本在银行"破产清算资本"(gone concern capital)的基础上吸收损失,并取消了二级资本结构中的所有子类别。

(3)银行的三级资本被废除,以确保市场风险要求下的资本质量向信贷和操作风险要求下的资本质量看齐。

相对于《巴塞尔协议Ⅱ》的资本充足率要求,新协议规定,截至2015年1月,最高亏损吸收资本形式——由普通股构成的核心一级资本占银行风险资本的下限将从现行的2%提高至调整生效之后的4.5%;包括普通股和其他基于更严格标准的合格金融工具的一级资本,在同期内将从4%提高到6%。这种对资本框架的再定义简化了资本结构、降低了附属资本的地位、突出了股东必须对银行直接承担风险的原则,缩减了银行业利用复杂资本结构向市场或者政府转嫁风险的空间。

(二)资本留存缓冲被纳入资本框架

《巴塞尔协议Ⅲ》引入了全新的资本留存缓冲(capital conservation buffer)要求,这一改变使银行必须在最低资本充足率的基础上,建立总额不低于银行风险资产2.5%的资本留存缓冲资金池,该留存缓冲在一级资本中表现为普通股权益。资本留存缓冲主要用于经济下滑时,缓冲金融危机给银行带来的资本损失。

(1) 留存缓冲是为了确保银行维持一个恰当的资本缓冲区,银行在金融和经济紧张时期把资本缓冲抽出,用来吸收或有损失。资本留存缓冲和拨备率的明显区别在于,资本留存缓冲是相对风险资产总额提取的,拨备则是相对于不良资产提取的;资本留存缓冲因风险资产的增加而增加,拨备覆盖却有可能在拨备余额并无增加时,因资产不良率的下降而出现拨备覆盖率虚增的现象。因此资本留存缓冲比拨备率具有更强烈的抵御周期能力。

(2) 当银行的监管资本率越接近于最低要求时,其在收益分配上的限制就越大。一旦银行的资本留存缓冲比率达不到该要求,监管机构将强行限制其派息、回购股票以及发放红利等活动,从而加强银行抵御不良冲击的能力,确保在危机发生时能够独自应对,进而保护纳税人利益不受侵犯。这一机制可以防止一些银行在资本头寸恶化时也大量发放奖金和高红利的情况。

这一规定将在2016年1月至2019年1月之间分阶段执行,至此银行普通股权益资本要求达到7%,目前也不排除未来新协议对银行的贸易金融、衍生工具及证券化业务提出更高的资本要求。

(三) 逆周期资本缓冲成为备选工具

《巴塞尔协议Ⅱ》下银行采用可变的风险权重,监管资本对风险资产更为敏感,这可能导致商业银行对风险管理工具尤其是内部模型法的滥用,并以此放大杠杆节约资本,使银行的资本充足率呈现更强的顺周期性,从而加剧了经济周期的演变乃至银行体系的波动。为了实现更广泛的宏观审慎目标,《巴塞尔协议Ⅲ》提出了0%~2.5%的逆周期资本缓冲(countercyclical capital buffer)作为备选工具的要求。

(1) 资本留存缓冲是有明确过渡期时间表安排的资本要求,各监管当局一旦接受新协议就必须实施资本留存缓冲。但逆周期资本缓冲则是巴塞尔委员会的建议,各监管当局可以根据自身判断,决定是否引入该工具。

(2) 逆周期资本缓冲主要针对的是一国信贷的高速扩张。银行在信贷高速扩张时期(经济上行期)计提超额资本,当信贷过快增长以至于系统性风险出现,在经济下行期银行得以将逆周期资本缓冲用于吸收损失,以维护整个经济周期内的信贷供给稳定。

相当于普通股或其他完全亏损吸收资本的0%~2.5%的逆周期缓冲,取决于各国经济状况。对一国而言,这种资本缓冲仅仅在"信贷增速过快并导致系统性风险扩张"的情况下有效,且逆周期缓冲一旦实施,将会带来留存缓冲范围的扩展。对于资本充足率低于2.5%的银行,其股息发放、股票回购以及现金红利都将受到不同程度的限制。该资本缓冲将于2016年开始实施,2019年完成。

二、新协议对系统风险的高度关注和杠杆限制

次贷危机使人们对系统性风险和对大机构的风险高度关注。危机至今,监管当局倾向于认为"大则不倒"的概念破坏了正常的监管规则。为处理"大则不倒"问题,监管者需要一种特殊的处理程序,使其可以有序处理具有系统重要性的大机构,这就是所谓的"生前预嘱"及相关法律,G20伦敦峰会上该设想得到了正面评价。美联储理事塔鲁洛(Daniel K. Tarullo)指出了"生前预嘱"的局限:一是很难预测出公司哪一部分在危机时

面临压力最大,也不会知晓危机时的具体经济状况和市场状况如何;二是政府可能不愿意依赖一个濒临倒闭的金融公司制定的清算计划;三是机构的管理层可能会在计划中尽可能地保存股东权益。然而监管者对大银行进行有序的清算,几乎意味着消灭股东的利益。

次贷危机之后,巴塞尔严厉批评大机构的复杂化往往是出于监管套利或税收方面的考虑,而不完全是出于竞争压力的创新,分拆已在所难免。巴塞尔委员会跨境银行处理组建议关注大型机构的复杂性和关联性问题,并建议应当简化大机构的组织结构。巴塞尔《跨境银行处理组报告及建议》中指出,某些大机构在金融体系中起到中枢作用,类似于基础设施或公共事业设施,因此应急处理计划应该成为复杂的大型跨国机构监管进程的一部分。

《巴塞尔协议Ⅲ》的出台,很大程度上呼应了上述关注。危机中巴塞尔考虑的是简化大机构的结构、让股东为机构倒闭埋单以及通过"生前预嘱"引导有序破产,而在新协议中,对系统性风险的防范,直接体现在对具有系统重要性银行的特别资本要求以及对银行业的杠杆约束两方面。

(一)对具有系统重要性银行的特别资本要求

《巴塞尔协议Ⅲ》引入了"系统重要性银行"(systemically important bank)这一概念,对于业务规模较大、业务复杂程度较高,发生重大风险事件或经营失败会对整个银行体系带来系统性风险的银行,提出特别资本要求,使其具有超出一般标准的吸收亏损的能力。按照资产规模来看,资产规模5000亿美元以上均可被归为此类。

(1)对于"大则不倒"的银行,该规则能够减少道德风险和对经济的冲击,降低系统性风险。监管机构主张使用目的在于增强非核心一级资本(Tier 1)和附属资本(Tier 2)的亏损吸收能力的资本工具,包括额外资本要求,即资本附加费(capital surcharges)、或有资本(contingent capital)和缓释债务(bail-in debt)的组合,流动性和其他谨慎性要求,或降低组织机构的复杂性。此外,还要确保非稳健性监管资本的亏损吸收能力。

(2)新协议对系统重要性银行的附加资本充足率要求为1%,这一附加资本可以由非核心一级资本(一级资本中普通股以外的部分)来承担。由于系统重要性银行的特殊地位,在实施时间和达标时间上,新协议要求上述系统重要性银行从2013年开始实施该资本要求,2018年达标。在新协议的压力下,大机构面临要么分拆,要么再融资并充实资本的压力。在未来,大机构的组织架构、业务类型、交易对手甚至薪酬结构等都有可能得到监管当局的重点关注,大机构之间"高度自我交易"(high element of proprietary trading)的趋势也可能为更密切地服务于实体经济所取代。

(二)基于风险中立的杠杆比率

《巴塞尔协议Ⅱ》的资本充足率要求导致了不正当激励问题,即基于风险的资本充足率往往被用于节约资本,增加杠杆。为了减少监管套利,新协议在最低资本要求之上补充了一个基于风险中立的杠杆比率(non-risk-based leverage ratio),这是一项逆周期措施,设定一级资本占非权重资产的杠杆比率下限为3%,以此降低银行的顺周期性。

在计算杠杆比率时,所有的表外资产必须通过一定的系数转化计算,同时衍生金融资产也需要被计入。这一规则将在2013年至2017年期间进入"平行测试阶段(parallel run period)",银行应从2015年开始公布其杠杆水平,委员会将结合平行测试的结果,于2017

年上半年进行最终调整,杠杆比率上限将于2018年最终确定,并逐步纳入新协议的第一支柱部分。风险中立的杠杆比率使跨国银行试图通过复杂的内部模型法节约资本的做法受到了很大限制,风险管理和计量技术不再能被过度滥用在节约资本上。

总体来说,巴塞尔新协议大大强化了对系统性风险的关注,降低了银行的经营杠杆,也弱化了银行资本充足率的顺周期性。一是正视了系统性风险的防范,对具有系统重要意义的大银行有了特别的资本补充要求;二是正视了内部模型法的缺陷,引入风险中立的系统杠杆比率,以限制银行通过计量技术降低风险权重并节约资本的做法。尽管如此,新的资本监管要求也存在一定的局限性:一是对上述措施可能会导致不同规模的银行受新协议影响不一,同时这些措施是否激励相容也值得观察;二是由于金融集团资本要求的复杂性,上述监管规定是否能有效实施值得观察;三是更加严格的资本定义所带来的去杠杆化压力将导致银行业回报率下降,化解银行业有毒资产的过程更为艰难。

三、强化流动性监管的框架和要求

在次贷危机爆发之前,全球并不存在一个统一协调的流动性监管标准,各国银行业的流动性监管制度虽各有不同,但都是建立在支持和保护其金融体系的安全和稳健的基础之上。2010年4月巴塞尔委员会正式发布的《流动性风险计量、标准和监测的国际框架》(以下简称《国际框架》)被各国监管当局广泛使用。大多数国家都采用了定量的监管指标,比如流动性比率、期限缺口比例等来衡量银行的流动性,少数国家还通过压力测试来建立流动性预警机制。

次贷危机后出现了强化流动性监管的趋势,下列流动性管理原则得到了更多的认同:一是在常态和压力状态下,均应保持足够的资本缓冲和充足的流动性;二是表外资产和负债应纳入监管过程;三是改善金融信息系统和压力测试对流动性风险管理不可或缺;四是合理的流动性管理要求透明的、多样化的资金来源和运用方式;五是监管者在流动性风险管理中扮演的角色至关重要。

针对本次金融危机呈现出的流动性风险管理的粗放和低效性,《国际框架》建议监管者采用下述四种监测工具,即合同期限错配、融资集中度、可用的无变现障碍资产,以及与市场有关的检测工具,这些工具有助于监管者掌握银行现金流、资产负债表结构、可用无变现障碍抵押品和市场指标的信息。2010年9月12日,《巴塞尔协议Ⅲ》引入了全球流动性监管标准,并分阶段做了渐进安排。其中,流动性偿付比率(liquidity coverage rate, LCR)自2011年进入观察期,并于2015年达到最低标准;净稳定资金比率(net stable funding ratio, NSFR)自2012年起进入观察期,并将在2018年以前达到最低标准。委员会将在过渡时期制定严格的报告程序并进行监控,并在必要时发布这些结果。

(一)新的流动性监管指标:流动性覆盖比率和净稳定融资比率

流动性覆盖率主要描述短期(30天以内)特定压力情境下,银行所持有的无变现障碍的、高质量的流动性资产数量,以此应对资金流失的能力。该比率一方面可以反映机构的个别情况;另一方面套用全球金融危机的历史数据也可以反映整个金融系统的情况。净稳定融资比率主要考核的是银行中长期(1年以上)的流动性,即各项资产和业务融资,至少具有与它们流动性风险状况相匹配的满足最低限额的稳定资金来源。(见表11-2)

表 11-2 新协议的流动性监管指标

项目	流动性覆盖率(LCR)	净稳定资金比例(NSFR)
监管目标	短期流动性风险的监测	调整期限错配、稳定资金来源
分析基础	资产负债表	现金流量表
作用	保障银行基本的流动性	促进银行使用更长期的结构性资金来源以支持资产负债表内、表外风险暴露和资本市场业务活动
目的	通过确保机构拥有足够的优质流动性资源来提高应对短期流动性风险的能力	让银行运用更加稳定、持久和结构化的融资渠道来提高其在较长时期内应对流动性风险的能力,防止银行在市场繁荣、流动性充裕时期过度依赖批发性融资
对应的压力场景	①机构公众信用评级显著下降;②储蓄的部分损失;③无担保的批发资金的损失;④担保资金头寸的显著增加;⑤对衍生品交易提出追加抵押品的要求;⑥对契约性与非契约型的表外风险暴露提出高额提款要求	①信用等级被调低;②因风险造成的清偿或盈利能力下降;③突发事件造成银行的声誉损失或者社会信任度下降

资料来源:巴曙松,等.国际银行业的流动性监管现状与述评[J].中国金融40人论坛,2010.

目前,巴塞尔委员会将两个流动性标准的指标最低值均设定为100%,并允许各国监管当局在此最低要求基础上增加额外的监管要求,如110%、120%等。同时,还对流动性资产和负债界定了不同的权重和压力测试的场景,这有助于银行在常态和压力状态下,维持恰当的流动性。

(二)流动性监管的辅助检测工具

除了流动性覆盖比率和净稳定融资比率这两个具有强约束力的标准外,《巴塞尔协议Ⅲ》还提出了若干辅助性的监测工具,以更好地获得关于银行现金流、资产负债结构的信息(见表11-3)。新的流动性监管框架和逆周期、注重系统性风险防范的思路一起,从宏观和微观两方面为审慎监管奠定了良好基础。

表 11-3 流动性监管的辅助性监测工具

监测工具	作用
合同到期期限错配评估	基线评估,以了解银行最基本的流动性需求
资金集中度	对已知和潜在的交易对手、货币、市场和交易工具类别的批发融资集中程度进行分析,反映银行的资产负债表中的大型资产风险暴露分析结果
可用的未抵押资产	评估银行能够在市场上进行抵押或通过中央银行的常设信贷,在短期内筹得流动资金的资产水平
市场监控工具	鼓励监管机构定期收集市场数据,补充上述的其他三种监控工具,如大额存单展期、股价变动、各种波动度指标及个别机构的消息等

资料来源:根据BIS相关资料整理。

四、《巴塞尔协议Ⅲ》主要规则的过渡期安排

新协议将于一系列不同的过渡期内分阶段执行,这种安排有助于确保银行界能通过合理的留存收益和资本筹集应对更高的资本标准,使全球银行业在满足更高要求的同时保持合理的盈利水平并进行融资,为经济发展提供信贷支持。所有成员国将从2013年1月1日开始执行新协议内容,并且必须在此日期之前将新协议规则写入国家法律规范和相关规定当中。各项规则的最终落实期虽有所不同,但最晚均于2019年1月1日予以实施。(见表11-4)

表11-4 《巴塞尔协议Ⅲ》各项规则的分阶段安排(阴影为过渡期)

项目 \ 年份	2011	2012	2013	2014	2015	2016	2017	2018	2019起
杠杆比率	监管监测期		过渡期为2013年1月1日—2017年1月1日,从2015年1月1日开始披露					纳入第一支柱	
最低普通股充足率/%			3.5	4.0	4.5	4.5	4.5	4.5	4.5
资本留存缓冲/%						0.625	1.25	1.875	2.50
最低普通股充足率+资本留存缓冲/%			3.5	4.0	4.5	5.125	5.75	6.375	7.0
核心资本中普通股的扣减项*				20	40	60	80	100	100
最低核心资本(一级资本)充足率/%			4.5	5.5	6.0	6.0	6.0	6.0	6.0
最低总资本充足率/%			8.0	8.0	8.0	8.0	8.0	8.0	8.0
最低总资本充足率+留存缓冲/%			8.0	8.0	8.0	8.625	9.25	9.875	10.5
逆周期资本缓冲/%						0.625	1.25	1.875	2.5
系统重要性银行附加资本要求/%						1	1	1	1
不属于非核心一级资本和二级资本的资本工具的过渡期			从2013年起,分10年逐步取消;固定面值在2013年之前仍未偿付的,被认定为原面值的90%,此后每年减少10%						
总的资本充足率**/%			8.0	8.0	8.0	10.25	11.5	12.75	14
流动性覆盖比率(LCR)			观察期			引入最低标准			
净稳定融资比率(NSPR)			观察期					引入最低标准	

注:*核心资本中普通股的扣减项包括递延所得税限额、抵押服务权等;**总的资本充足率=一级资本充足率+资本留存缓冲+逆周期资本缓冲+系统重要性银行附加资本要求。

资料来源:Basel Committee on Banking Supervision, Group of Governors and Heads of Supervision Announces Higher Global Minimum Capital Standards, Sep. 12, 2010.

(1)核心资本要求的提高。不包括资本缓冲在内的普通股占风险加权资本的比率和核心资本比率要求,将在2013年1月至2015年1月逐步落实。2013年1月1日,最低普通股要求将从目前2%的水平提高到3.5%,核心资本要求将从4%提高到4.5%;2014年1月1日,银行将面临4%的最低普通股要求和5.5%的核心资本要求;2015年1月1日,银行面临4.5%的最低普通股要求和6%的核心资本要求。总的资本要求将继续保持在目前 8.0% 的水平,不需要改变。

(2) 对资本监管框架的调整。即从普通股当中扣除的部分,包括总额超过 15% 的对金融机构投资的限制、抵押服务权以及来自时间差异的递延所得税,将于 2014 年 1 月至 2017 年年底逐步扣减。从 2014 年 1 月 1 日起,对普通股中需要扣除的部分进行 20% 的扣减,2015 年 1 月达到 40%,2016 年 1 月达 60%,2017 年 1 月达 80%,直至 2018 年 1 月 1 日全部扣除。在此过渡时期,剩余未从普通股中扣除的部分,将继续遵照各国现有的处理方式。

(3) 对资本留存缓冲的落实更为宽松。银行可以在 2016 年 1 月至 2019 年 1 月期间分阶段落实。从 2016 年占风险资产的 0.625% 开始,往后每年增加 0.625 个百分点,并于 2019 年达到最终占风险资产 2.5% 的水平。监管机构可以考虑加快建立资本缓冲保护,酌情制定更短的过渡期限。已经满足了在过渡时期的最低比例要求,但仍低于 7% 的普通股目标(最低普通股充足率加上资本留存缓冲)的银行,应保持审慎的收入策略以尽可能快地满足留存缓冲区的要求。

(4) 不属于非核心一级资本和附属资本的资本工具,将从 2013 年 1 月 1 日起,分 10 年逐步被淘汰。如果这些工具的固定面值在 2013 年 1 月 1 日之前仍未偿付,则从即日起,它们将被认定为原面值的 90%,并在其后的每年减少 10 个百分点。此外,具有赎回激励的工具也将在其有效期内被逐步淘汰。

五、《巴塞尔协议Ⅲ》对全球金融监管的初步影响

巴塞尔委员会此次制定的新协议,旨在促使各国商业银行减少高风险业务,提高抵御金融危机的能力,并确保银行持有足够的储备金,在发生金融危机时能够不依靠政府救助而独自应对危机。新协议尚未正式获批实施,已引起全球金融界的广泛讨论,在短期和长期内必然给全球金融业带来持续而深远的影响。

(一) 新协议对国际银行业的可能影响

《巴塞尔协议Ⅲ》要求提高银行持有资本金的水平,以抵御银行未来的运营危机。多数人士认为,即将实施的新资本标准将大幅增加银行的运营成本,并对信贷活动带来限制,对实体经济的负面影响不可避免。也有观点认为,新资本监管规则旨在促使银行拥有更强动力来改变银行业务发展模式,促使金融体系更加稳定。

(1) 全球银行业面临较大的融资压力,欧洲银行业最受冲击。对于未达到新协议改革条件的银行,可能还需要从市场上筹措资金。未来几年,为了监管达标,全球银行业需要从不同途径融资高达上千亿美元。受冲击最大的应该是欧洲银行业,如果普通股核心资本充足率为 5%,则需要融资 300 亿美元,7% 的话就需要融资 570 亿美元。而欧债危机的阴云并未完全消散,股票市场尚未回暖,欧洲银行业通过资本市场融资扩充资本金的难度较大。

(2) 银行资本的新标准太过严苛,将对经济造成很大的影响,可能会抑制对经济增长和新增就业至关重要的资本供应。新的普通股资本充足要求达到 7% 的高水平,将提高借款者的借贷成本,并限制银行的放贷,经济复苏力度就会减弱。

(3) 新的资本结构影响到金融部门的商业模式和业务模式。一是相对于原来交易资本金非常少的情况,银行现在的交易必须要考虑对手方的风险,需要更多资本金的支持;

二是长期贷款需要一定的或有资本金,以应对周期性的风险,使银行的资本结构、资本分配发生改变,从而改变它们的业务模式。不同银行可能受的影响也不同,主要取决于各自的商业模式。

(4) 新协议可能导致国际监管的短期套利。新协议中资本金的标的、质量,流动性的短期、长期指标及杠杆率,这些指标在各个国家实施的时间点不一样,可能导致对于国际监管框架的短期套利。

然而也有观点认为,只要措施得当,新协议就将有利于长期金融稳定和持续的经济增长。一是新协议的资本金要求将促使资本市场不断活跃,有利于银行体系的长期稳定发展。商业银行更多的流动性缓冲将来源于更稳定、更长期的资金需求,从而改变银行的传统经营模式,优化银行体系的发展结构。二是新协议将促进银行吸引资本的模式发生改变。传统的提高股权回报的方式将逐渐被其他方式取代,由于拥有更多资金,银行将更安全、盈利波动将变小,投资者将降低股票投资回报率,转而通过提高银行声誉、增加银行股本等举措来降低银行的融资成本。

(二) 新协议对中国银行监管的可能影响

对于中国银行业而言,《巴塞尔协议Ⅲ》本身的影响微小,但新协议或影响国内监管思路。按照《巴塞尔协议Ⅲ》的要求,国内监管机构制定了更为严格的新规,主要涉及资本充足率、杠杆率、拨备率和流动性要求四大方面。(见表 11-5)

(1) 目前中国银行业的资本充足率监管标准以及实际充足率均处于较高水平。中国主要商业银行资本充足率以及核心资本充足率均已超过《巴塞尔协议Ⅲ》所规定的下限,故核心资本充足率提升对我国银行业影响不明显。中国银监会目前规定国内大型银行的资本充足率下限为 11.5%,核心资本充足率不低于 7%,而《巴塞尔协议Ⅲ》中这两个指标分别为 8% 和 6%,即便巴塞尔新协议马上执行,国内资本充足标准也仍高于国际标准。

表 11-5 系统性银行资本监管指标对比表

指标体系	具体指标	我国监管部门要求	BaselⅢ要求	达标时间	
				我国监管部门	BaselⅢ
资本充足率	普通股核心资本/%	最低 6	最低 4.5	2011年开始实施,2012年达标	2013年1月1日—2015年1月1日
	一级资本/%	最低 8	最低 6		
	总资本/%	最低 10	最低 8		2019年前仍为 8%
	资本留存缓冲/%	0~4(必要时可达5)	2.5		2016年1月1日—2019年1月1日
	逆周期资本缓冲/%	尚未确定	0~2.5		2016年1月1日—2019年1月1日
	系统重要性银行附加资本/%	1	1		2013—2018年间逐步实施
杠杆率	核心资本/未加权表内外资产/%	最低 4	最低 3	2011年开始实施,2012年年底达标	2013—2018年间逐步实施

续表

指标体系	具体指标	我国监管部门要求	Basel Ⅲ要求	达标时间	
				我国监管部门	Basel Ⅲ
拨备率	拨备/信贷余额/%	最低2.5		2011年开始实施，2012年年底达标	2013—2018年间逐步实施
	拨备覆盖率/%	最低150		已实施，动态调整	
流动性	流动性覆盖率/%	最低100		2011年开始实施，年底达标	2015年开始实施
	净稳定融资比率/%	最低100			2018年开始实施

注：我国监管部门的监管标准建议根据公开资料整理归纳，目前只是监管部门的建议，具体标准和实施时间还需以监管部门后续的相关文件和政策为准。

资料来源：刘勇，等.巴塞尔协议Ⅲ资本监管改革及其可能影响[J].中国金融40人论坛，2010.

(2) 如果中国的银行监管要求随着新协议而明显提高，那么银行将面临补充资本的压力。一是银行规模扩张节奏放缓。2009年10万亿元的贷款使得银行业平均资本充足率由2008年年底的12%下降到2009年年底的11.4%，严格的资本计提要求和杠杆率要求，将大大抑制商业银行的信贷扩张冲动。新规中的普通股核心资本充足率、一级资本充足率和总资本充足率分别为6%、8%和10%，这一要求分别高于《巴塞尔协议Ⅲ》的4.5%、6%和8%。再加上0~4%的资本留存缓冲和1%的系统重要性银行附加资本要求，由于国内新规中的留存缓冲0~4%尚未确定，假设以《巴塞尔协议Ⅲ》所要求的2.5%为准，2012年年底，国有大型商业银行和大多数上市股份制银行资本充足率须达到13.5%(10%+2.5%+1%)；若以4%的最高限为准，上述银行资本充足率则最高须达到15%(10%+4%+1%)，且这一数据还未考虑到《巴塞尔协议Ⅲ》提出的0~2.5%的逆周期资本缓冲。二是随着普通股在监管资本中主导地位的进一步确立，商业银行将面临更高的资本成本。考虑到在银行间市场发行的次级债，事实上形成了银行相互持债的附属资本虚增；考虑到新协议要求的缓冲资本要求和拨备覆盖的差异，这也会对中国银行业带来额外的补充资本的压力。银行将更多地通过扩大利润留存或股权融资方式筹资。

(3) 新协议的其他监管指标，如杠杆率、缓冲资本和流动性指标等，也会对中国银行业产生一定影响。监管机构对于杠杆率(核心资本/表内外总资产)提出最低4%的要求，也高于《巴塞尔协议Ⅲ》中3%的杠杆水平。其中，系统重要性银行需在2010年年底达标，非系统重要性银行可推迟至2016年年底。从目前国内银行状况来看，大中型银行杠杆率水平达到4%，小型银行约3.5%，似乎影响不大。此外，拨备率和流动性指标的完成时间均比《巴塞尔协议Ⅲ》的实施时限提前数年。新协议可能导致中国银行业杠杆率的进一步下降、资本补充压力的上升，以及系统性风险防范能力的增强，但同时银行的总资产收益率、资本收益率也都会有下调的压力。

综上所述，《巴塞尔协议Ⅲ》给全球银行业带来的影响才刚刚开始。一是全球银行业在改善资本结构和补充资本规模、加强系统性风险和流动性风险防范的同时，在漫长的过渡期内全球银行业都会放缓增速，加强调整；二是不同区域和不同规模的银行承受的压力不同，其中新兴国家和较小规模的存款性机构受到的压力可能轻一些，创新的空间也更大一些；三是新协议仍然在不断完善之中，监管支柱和风险覆盖的变革，以及其对非银行金融机构的影响,仍有待时日。

思 考 题

一、名词解释

资本充足率　核心资本充足率　附属资本　国际监管　风险管理制度　巴塞尔协议Ⅲ

二、问答题

1. 金融风险管理有哪些趋势和特点?
2. 巴塞尔协议经历了哪些发展阶段?
3. 巴塞尔协议对银行风险管理有哪些作用?
4. 怎样针对中国的特殊情况运用巴塞尔协议?
5. 资本充足性的监管约束应遵循的原则是什么?
6. 商业银行全面风险管理的特点是什么?

三、讨论题

1. 如何提升风险管理技术?

参 考 文 献

[1] 王翔,郑晓龙.当前资源型地区金融风险管理现状及建议[J].华北金融,2015(10):20-22.
[2] 朱镕甲.金融创新条件下金融风险管理分析[J].中国市场,2015(52):37+41.
[3] 段海宁.加强金融风险与金融创新管理的途径分析[J].河北企业,2015(12):43.
[4] 杨婧."一带一路"建设中的金融风险管理[J].时代金融,2015(36):37-38.
[5] 向茜.《金融风险管理》教学改革探讨[J].时代金融,2016(3):202+204.
[6] 江山,邓辰.对我国商业银行金融风险管理的探讨[J].现代营销(下旬刊),2016(2):84-86.
[7] 师鸽.集团财务公司金融创新管理的着力点[J].财经界(学术版),2016(22):204.
[8] 陈颖,王建红.区域金融风险管理的目标与策略研究[J].海南金融,2011(7):25-28.
[9] 谷丽.我国金融风险管理中存在的问题及对策分析[J].财经界(学术版),2014(20):47-48.
[10] 李瑞娥,刘红.金融风险管理悖论的经济学释析[J].财经科学,2015(1):17-25.
[11] 陈丹彤.试论金融创新与金融风险管理[J].电子制作,2015(6):273.
[12] 刘计敏.金融风险管理与企业财务控制的研究[J].商,2015(2):20.
[13] 王柯懿.金融工程在金融风险管理中的应用[J].现代经济信息,2015(12):299.
[14] 黄思逸.关于市场经济下金融风险管理的认识[J].中国管理信息化,2015,18(20):118.
[15] 杨国华.基于金融创新的金融风险管理研究[J].时代金融,2015(30):271+276.
[16] 孟令然.浅析金融风险管理及其发展趋势[J].商场现代化,2017(1):81-82.
[17] 李雪林.中国房地产金融风险影响因素相关性分析[J].时代金融,2017(8):79+81.
[18] 宁宇.浅谈金融创新与金融风险管理[J].时代金融,2017(9):28.
[19] 甘毅.Copula方法在金融风险管理中的应用研究[J].现代经济信息,2017(2):295.
[20] 武晓利.试析如何加强银行内控机制以及防范金融风险[J].时代金融,2017(11):108+110.
[21] 张兴奇.浅析企业金融风险管理理论研究[J].商场现代化,2017(7):104-105.
[22] 黄朔,史建平.金融风险管理工作决策风险偏好研究[J].云南财经大学学报,2017,33(3):139-146.
[23] 荆典,张海韵.基于金融创新条件下的金融风险管理[J].现代商业,2017(6):75-76.
[24] 王婷婷.构建新型地方金融风险管理体制的构想[J].当代经济管理,2017,39(9):84-90.
[25] 李新耀.商业银行金融风险管理探讨[J].财经界(学术版),2017(18):20.
[26] 冯桂宾.我国当前金融风险管理存在的问题及策略研究[J].中国外资,2012(20):51.
[27] 崔鸿雁.建国以来我国金融监管制度思想演进研究[D].复旦大学,2012.
[28] 孔洁.互联网金融下江西省银行风险管理研究[D].江西财经大学,2017.
[29] 霍咪咪.金融风险的建模与管理方式分析及研究[J].现代经济信息,2017(21):240-241.
[30] Paola Cerchiello,Paolo Giudici. Big data analysis for financial risk management[J]. Journal of Big Data,2016,3(1).
[31] Tobias Nigbur. Francis X. Diebold, Neil A. Doherty, and Richard J. Herring: The known, the unknown, and the unknowable in financial risk management[J]. Financial Markets and Portfolio Management,2010,24(4).
[32] Constantin Zopounidis. The use of multicriteria knowledge-based systems in financial risk management[J]. Operational Research,2006,6(2).
[33] 管河山,王谦.金融风险管理人才培养探究[J].教育教学论坛,2014(3):225-227.

[34] 陈晋. 供应链金融中商业银行的风险管理研究[D]. 华东理工大学,2016.

[35] 杨燕青. 中国金融风险与稳定报告：管理日趋复杂的金融系统[M]. 北京：中国金融出版社,2017.

[36] 乔治·E. 瑞达,迈克尔·J. 麦克纳马拉. 金融系列 风险管理与保险原理(第12版)[M]. 北京：中国人民大学出版社,2017.

[37] 邹宏元. 金融风险管理[M]. 成都：西南财经大学出版社,2017.

[38] 朱淑珍. 金融风险管理(第3版)[M]. 北京：北京大学出版社,2017.

[39] 陈忠阳. 我国金融风险管理与监管问题研究[M]. 北京：中国金融出版社,2017.

[40] 中央财经大学,中国金融发展研究院. 新常态经济下金融风险管理若干问题研究[M]. 北京：中国金融出版社,2017.

[41] [美]罗伯特·A. 加罗；[美]阿柯德夫·查特吉. 衍生证券、金融市场和风险管理[M]. 上海：汉语大词典出版社,2017.

[42] 蔡向辉. 股指期货 风险管理的金融逻辑[M]. 北京：东方出版社,2017.

[43] 中国社会科学院国家金融与发展实验室. 管理结构性减速过程中的金融风险[M]. 北京：社会科学文献出版社,2017.

[44] 顾婧. 供应链金融模式创新与风险管理：理论与实证研究[M]. 成都：西南财经大学出版社,2017.

[45] 陈小辉. 从喧嚣到理性 互联网金融全面风险管理手册[M]. 北京：电子工业出版社,2017.

[46] 戴致光. 非金融公司风险管理动机与效应研究[M]. 北京：首都经济贸易大学出版社,2017.

[47] 刘海龙,王惠. 金融风险管理[M]. 北京：中国财政经济出版社,2009.

[48] 冯宗宪. 金融风险管理[M]. 西安：西安交通大学出版社,2011.

[49] 卢文莹. 金融风险管理[M]. 上海：复旦大学出版社,2006.

[50] 刘园. 金融风险管理[M]. 北京：首都经济贸易大学出版社,2008.

[51] 王周伟,崔百胜,杨宝华,等. 风险管理[M]. 上海：上海财经大学出版社,2011.

[52] 刘毅,杨德勇,万猛. 金融业风险与监管[M]. 北京：中国金融出版社,2006.

[53] 宋清华,李志辉. 金融风险管理[M]. 北京：中国金融出版社,2005.

[54] 周旭东. 公司治理视角的商业银行声誉风险管理[J]. 中国金融,2010(7).

[55] 李剑波,姚文林. 商业银行声誉风险管理的建议与对策[J]. 浙江金融,2011(6).

[56] 蔡彦贞. 我国商业银行声誉风险管理对策初探[J]. 中国集体经济,2011(19).

[57] 徐悦薇. 浅谈我国保险公司声誉风险管理[J]. 经济研究导刊,2011(29).

[58] 王菁. 论巴塞尔新资本协议对我国商业银行制度改革的推进[D]. 沈阳：东北大学,2010.

[59] 王稳,王东. 企业风险管理理论的演进与展望[J]. 审计研究,2010(4).

[60] 王东. 国外风险管理理论研究综述[J]. 金融发展研究,2011(2).

[61] 安玉雪. 基于我国商业银行风险管理对策探讨[J]. 特区经济,2012(2).

[62] 孙矗. 国外银行风险管理架构与流程的经验及启示[J]. 农村金融研究,2011(1).

[63] 王荣荣. 信用视角下的商业银行风险管理分析[J]. 现代商业,2011(12).

[64] 刘睿,巴曙松. 我国中小银行实施巴塞尔新资本协议的问题与建议[J]. 金融与经济,2011(1).

[65] 岳毅. 实现全面风险管理与银行战略的融合——基于巴塞尔新资本协议视角[J]. 中国金融,2011(4).

[66] 王林. 巴塞尔协议Ⅲ新内容及对我国商业银行的影响[J]. 西南金融,2011(1).

[67] 钟伟,谢婷. 巴塞尔协议Ⅲ的新近进展及其影响初探[J]. 国际金融研究,2011(3).

[68] 宋琴,郑振龙. 巴塞尔协议Ⅲ、风险厌恶与银行绩效——基于中国商业银行2004—2008年面板

数据的实证分析[J]. 国际金融研究,2011(7).

[69] 陈波,杨开泰. 巴塞尔协议Ⅲ对全球流动性风险管理的革命性影响:变化与思路[J]. 上海金融,2011(10).

[70] 李东卫. 关于银行声誉风险管理问题的几点思考[J]. 中国农村金融,2010(1).

[71] 廖岷. 加强中国银行业声誉风险管理[J]. 中国金融,2010(7).

[72] 米歇尔·科罗赫,丹·加莱,罗伯特·马克. 风险管理[M]. 曾刚,等,译. 北京:中国财政经济出版社,2005.

[73] 涂永红. 外汇风险管理[M]. 北京:中国人民大学出版社,2004.

[74] 刘立峰. 宏观金融风险——理论、历史与现实[M]. 北京:中国发展出版社,2000.

[75] 唐·M钱斯. 衍生工具与金融风险管理[M]. 北京:中信出版社,2003.

[76] 基思·卡思伯森. 金融工程——衍生品与风险管理[M]. 北京:中国人民大学出版社,2004.

[77] 徐建华. 次贷危机后我国商业银行全面风险管理体系的构建[J]. 现代财经,2009(6).

[78] 温红梅,姚凤阁,王岩伟. 金融风险管理[M]. 大连:东北财经出版社,2009.

[79] 胡祖六. 财经论衡:全球化时代的汇率与宏观经济政策[M]. 北京:北京大学出版社,2009.

[80] 丁志杰. 汇改两周年:破解汇率管理核心[J]. 资本市场,2007(8).

[81] 徐超. 破解人民币汇率困境[J]. 中国金融,2010(21).

[82] 李艳芹. 外汇风险评估与管理方法的探析[J]. 财经界,2010(8).

[83] 刘胜军,张永涛. 衍生工具的风险控制效应计量原理的探讨[J]. 商业经济,2010(3).

[84] 李明辉. 衍生工具的风险内部控制:国外经验及启示[J]. 商业经济与管理,2007(10).

[85] 胡阳,李艺凡,王欣然. 金融衍生品对商业银行信贷风险控制的影响研究[J]. 金融论坛,2010(2).

[86] 邓翠薇,刘强. 对金融衍生工具风险管理的思考[J]. 西南金融,2005(4).

[87] 毛乾梅,王振东,杨忠英. 浅议衍生金融工具的风险管理[J]. 经济研究导刊,2009(36).

[88] 王爱俭. 金融衍生工具特点及风险管理[J]. 财经问题研究,1997(6).

[89] 张金清. 金融风险管理[M]. 上海:复旦大学出版社,2011.

[90] John C Hull. 风险管理与金融机构[M]. 北京:机械工业出版社,2011.

[91] 叶永刚. 中国与全球金融风险报告 2011[M]. 北京:人民出版社,2011:23-90.

[92] 许启发. 金融高阶矩风险识别与控制[M]. 北京:清华大学出版社,2007:200.

[93] 陈公越. 金融风险测量和全面风险管理——理论、应用和监管[M]. 上海:上海科学技术出版社,2011:89-92.

[94] 姚良. 商业银行金融产品创新风险传染与免疫研究[M]. 北京:中国金融出版社,2011:199-210.

[95] 贾德奎. 货币政策透明度与金融风险管理[M]. 北京:社会科学文献出版社,2011:230-241.

[96] 马丁森. 风险管理案例集:金融衍生产品应用的正反实例[M]. 大连:东北财经大学出版社,2011:109-212.

[97] 张周. 金融资产投资与风险管理[M]. 上海:上海财经大学出版社,2011:103-110.

[98] 周晔. 金融风险度量与管理[M]. 北京:首都经贸大学出版社,2011:65-90.

[99] Stanley B Block. A study of financial analyst:practice and theory[J]. Financial Analysts Journal,1999(4):86-92.

[100] Basel Committee on Banking Supervision. principles for enhancing corporate governance[R/OL]. 2010.

[101] Matthew. S. Eastin. Diffusion of e-commerce:an analysis of the e-commerce activities[J].

Telematics and Infor, 2002(4).

[102] Fareena Sultan. Consumer response to the internet: an exploratory tracking study of online home users[J]. Journal of Business Research, 2002, 55: 655-663.

[103] A F erbst. E-finance: Promises Kept, Promises Unfultilled, and Implications for Policy and Research[J]. Global Finance Journal, 2001,12: 205-215.

[104] David Friedman. Contracts in cyberspace[J]. American Law and Economics Association Meeting,2000.

[105] Yiqun Li, et al. Study on system application and efficiency analysis e-port[J]. Journal of Convergence Information Technology (JCIT), 2011.

[106] Yiqun Li, et al. Informatization development and management of foreign trade enterprise in China: case study in proceeding trade[J]. International Journal of Digital Content Technology and its Applications (JDCTA),2010,4(7): 79-87.

[107] Yiqun Li, Wenlei Ge. Study on the government supervision on third-party payment under cost-utility model in China. The Fifth IEEE International Conference on Service Operations, Logistics and Informatics, 2009(6): 22-24.

[108] Douglas M Hawkins. Fitting multiple Analysis, change-point models to data. Computational Statistics & Data, 2001. 323-311.

[109] Shumaila Y Yousafzai, John G Paliister, Gordon R FoYall. A proposed model of e-trust for electronic banking[J]. Technovation,2003,23:847-860.

[110] Rockafeller T, Uryasev S. Optimization of conditional valve-at-risk[J]. Journal of Risk,2000,2.

[111] Acharya V, L Pedersen, T Philippon, and M Richardson. Measuring Systemic Risk. New York University,2009.

[112] Accrbi C, Tasche D. On the coherence of expected shortfall[J]. Journal of Banking & Finance, 2002,26: 1487-1503.

[113] Akerlo F G. The market for lemons: quality uncertainty and the market mechanism[J]. Quartery Journal of Economics, 1970,84: 488-500.

[114] Alexander J McNeil, Rudiger Frey. Estimation of tail-related risk measures for heteroscedastic financial time series: an extreme value approach[J]. Journal of Empirical Finance, 2000(7): 271-300.

[115] Althur J Rolnick. Maintaining a uniform (electronic) curreney[J]. Journal of Money, Credit and Banking. Columbus, 1999, 31(3):674-676.

[116] Aivarez S, Barney J B. Entrepreneurial capabilities: A resource-based view. In: GD Meyer, KA Heppard. Entrepreneurship as strategy[M]. Thousand Oaks. CA: Sage Publications, 2000: 63-81.

[117] Drehmann M, N Tarashev. Systemic importance: some simple indicators[J]. BIS Quarterly review.

[118] Castro J, D Gomez, J Tejada. Polynomial calculation of the Shapley value based on sampling[J]. Computers and Operations Research,2009,36: 1726-1730.

[119] BCSS. Global systemically important banks: assessment methodology and the additional loss absorbency requirement [J]. Basel Committee on Banking Supervision Consultative

Document,2011.

[120] Acharya V, L Pedersen, T Philippon, et al. Measuring systemic risk[M]. New York: New York University,2009.

[121] Douglas M Hawkins. Fitting multiple analysis, change-point models to data[J]. Computational Statistics&Data, 2001,3: 23-311.

[122] A Ferbst. E-finance: Promises kept, promises unfultilled, and implications for policy and research [J]. Global Finance Journal, 2001,12: 205-215.

表 A-1 中国银监会有关金融风险管理的主要法规

规 章 名 称	实 施 时 间
商业银行集团客户授信业务风险管理指引	2003年10月23日、2007年7月3日修改
股份制商业银行风险评级体系	2004年2月22日
商业银行资本充足率管理办法	2004年3月1日、2007年7月3日修改
商业银行不良资产监测和考核暂行办法	2004年3月25日
商业银行房地产贷款管理指引	2004年9月2日
商业银行市场风险管理指引	2005年3月1日
商业银行个人理财业务风险管理指引	2005年11月1日
商业银行风险监管核心指标(试行)	2006年1月1日
关于进一步加强外汇风险管理的通知	2006年2月28日
商业银行合规风险管理指引	2006年10月25日
商业银行操作风险管理指引	2007年6月1日
商业银行并购贷款风险管理指引	2008年12月9日
商业银行信息科技风险管理指引	2009年6月1日
关于进一步加强银行业金融机构与机构客户交易衍生品风险管理指引	2009年7月31日
商业银行声誉风险管理指引	2009年8月25日
中国银监会关于进一步加强商业银行代理保险业务合规销售与风险管理的通知	2010年11月1日
中国银监会办公厅关于做好住房金融服务加强风险管理的通知	2011年3月8日
关于提升银行业服务实体经济质效的指导意见	银监发〔2017〕4号
关于集中开展银行业市场乱象整治工作的通知	银监发〔2017〕5号
关于银行业风险防控工作的指导意见	银监发〔2017〕6号
关于切实弥补监管短板提升监管效能的通知	银监发〔2017〕7号
关于开展银行业"违法、违规、违章"行为专项治理工作的通知	银监办发〔2017〕45号
关于开展银行业"监管套利、空转套利、关联套利"专项治理工作的通知	银监办发〔2017〕46号
关于开展银行业"不当创新、不当交易、不当激励、不当收费"专项治理工作的通知	银监办发〔2017〕53号

附表：近期银监会发布的风险管理政策指引总结

银监会操作风险相关文件

监管内容	银监会发文名称	发文时间	主要监管对象	文件内容总结
操作风险	《商业银行操作风险管理指引》	2007.05.14	各城市商业银行、农村商业银行、农村合作银行、农村信用社、城市信用社、外资独资银行、中外合资银行和外国银行分行主报告行	《指引》共有4章、31条。第一章总则，阐述了《指引》制定的目的和适用范围，操作风险的概念。第二章操作风险管理，强调商业银行应该从组织构架建设来明确职责，通过制定完善的操作风险管理政策、方法和程序来管理风险，通过适时计提操作风险所需资本来抵御风险，建立符合各个商业银行自身业务性质、规模和复杂程度相适应的操作风险管理体系。第三章操作风险监管，主要强调商业银行应该建立操作风险事件的报告制度，银监会要加强对操作风险的监管力度。第四章附则，明确政策性银行和非银行金融机构参照本《指引》执行，并对有关的名词概念详细说明
操作风险	《商业银行操作风险监管资本计量指引》	2008.10.17	各城市商业银行、农村商业银行、农村合作银行、农村信用社、城市信用社、外资独资银行、中外合资银行和外国银行分行主报告行	《商业银行操作风险监管资本计量指引》包括5章、26和4个附件。将操作风险纳入最低资本要求是新资本协议的重要内容之一。本指引允许商业银行采用标准法、替代标准法计量操作风险监管资本要求，明确了商业银行业务条线划分、收入归集和分配原则及方法，以增强可操作性；规定了商业银行采用标准法应该达到的定性要求，包括操作风险管理组织框架、操作风险管理信息系统、操作风险报告等，以推动商业银行提升操作风险管理能力。为了鼓励商业银行提高操作风险计量能力，本指引允许商业银行采用高级计量法的原则性要求和稳健性标准，明确了操作风险损失事件和数据收集的原则

银监会信用风险管理相关文件

监管内容	银监会发文名称	发文时间	主要监管对象	文件内容总结
信用风险	《商业银行信用风险内部评级体系监督指引》	2008.10.18	在中华人民共和国境内设立的中资商业银行、外商独资银行、中外合资银行适用本指引	《指引》包括10章、249条。内部评级法是新资本协议最重要的制度创新，商业银行内部评级体系开发建设是保证内部评级法乃至新资本协议成功实施的关键。该指引借鉴其他国家和地区相关监管政策，充分考虑国内大型银行的实际，对新资本协议内部评级法的原则性要求进行了细化，对商业银行内部评级体系的治理结构、评级技术要求、内部评级流程、信用风险参数量化、IT和数据管理体系、内部评级体系的验证和应用等许多方面明确了技术要求、建立了具体监管标准。《指引》将有助于降低监管政策的不确定性，便于商业银行准确理解监管意图，为商业银行内部评级体系开发建设提供技术指导

续表

监管内容	银监会发文名称	发文时间	主要监管对象	文件内容总结
信用风险	《商业银行账户信用风险》	2008.10.18	适用于《中国银行业实施新资本协议指导意见》确定的新资本协议银行和自愿实施新资本协议的其他商业银行	包括9章、55条。该指引明确了商业银行信用风险暴露分类应遵循的基本原则和总体要求,并建立了划分各类风险暴露的技术标准;商业银行采用内部评级法计算信用风险资本要求时,应将银行账户信用风险暴露分为主权风险暴露、金融机构风险暴露、零售风险暴露、公司风险暴露、股权风险暴露以及其他风险暴露六大类。该指引为商业银行准确把握各类信用风险暴露的风险特征、计量信用风险监管资本要求奠定了基础
	《商业银行专业贷款监管资本计量指引》	2008.10.18	适用于《中国银行业实施新资本协议指导意见》确定的新资本协议银行和自愿实施新资本协议的其他商业银行	《指引》包括23条、4个附件。专业贷款是公司风险暴露的子类,由于专业贷款风险成因的特殊性,新资本协议允许商业银行采用监管映射法计量专业贷款的监管资本要求。本指引分别明确了项目融资、物品融资、商品融资、产生收入房地产贷款四类专业贷款的监管评级标准、监管评级与外部评级的映射关系,以及不同级别专业贷款的风险权重和预期损失比例,保证商业银行审慎评估专业贷款风险和计量监管资本要求
	《商业银行流动资金贷款管理办法》	2010.02.12	中华人民共和国境内经国务院银行业监督管理机构批准设立的金融机构	包括8章、46条,包括对流动资金的受理与调查、风险评价与审批、协议与发放、支付管理、贷后管理、法律责任等方面的规定
	《银监会个人贷款管理办法》	2010.02.12	各城市商业银行、农村商业银行、农村合作银行、农村信用社、城市信用社、外资独资银行、中外合资银行和外国银行分行主报告行	包括8章、44条,涵盖了个人贷款的受理和调查、风险评价和审批、协议与发放、支付管理、贷后管理、法律责任等方面的内容
	《银监会固定资产贷款管理办法》	2009.07.23	中华人民共和国境内经国务院银行业监督管理机构批准设立的金融机构	共7章、38条,规定了固定资产贷款的受理和审查、风险评价和审批、合同签订、发放与支付、贷后管理、法律责任等方面的内容
	《项目融资业务指引》	2009.07.18	中华人民共和国境内经国务院银行业监督管理机构批准设立的金融机构	重点有以下六个方面内容:一是明确项目融资定义。二是明确识别、评估、管理项目建设期恶化经营期两类风险的要求。三是明确和增加保证贷款人相关权益的措施。四是进一步加强贷款资金支付的管理要求。五是加强项目收入账户管理。六是强调银团贷款原则

续表

监管内容	银监会发文名称	发文时间	主要监管对象	文件内容总结
信用风险	《商业银行房地产贷款风险管理指引》	2004.08.30	各商业银行即商业银行是指依照《中华人民共和国商业银行法》设立的商业银行法人机构	包括8章、44条,包括对房地产贷款的风险控制、土地储备贷款的风险管理、房地产开发贷款的风险管理、个人住房贷款的风险管理、风险监管措施等方面的内容
信用风险	《商业银行并购贷款风险管理指引》	2008.12.06	各商业银行即商业银行是指依照《中华人民共和国商业银行法》设立的商业银行法人机构	包括4章、99条,包括并购贷款风险评估、风险管理等内容
信用风险	《商业银行个人理财业务风险管理指引》	2004.12	各商业银行即商业银行是指依照《中华人民共和国商业银行法》设立的商业银行法人机构	包括5章、64条,涵盖了个人理财顾问服务的风险管理、综合理财服务的风险管理、个人理财业务产品风险管理等方面的内容

银监会市场风险相关文件

监管内容	银监会发文名称	发文时间	主要监管对象	文件内容总结
市场风险	《商业银行市场风险管理指导》	2004.12.16	中华人民共和国境内设立的中资商业银行、外资独资银行、中外合资银行和外国银行分行的合规风险管理适用本指引,其他银行业金融机构参照执行	分为4章,共有44个条款。除第一章总则和第四章附则外,第二章和第三章分别规定了市场风险管理和市场风险监管应当遵循的基本原则。第二章为《指引》的主体部分,参考借鉴了巴塞尔委员会和各国银行监管当局风险管理指导的体例结构,即以风险管理体系的四个要素为线索来构造其基本框架。一个有效的风险管理体系应当具备四个基本要素:一是董事会和高级管理层的有效控制;二是完善的风险管理政策和程序;三是有效的风险识别、计量、监测和控制程序;四是完善的内部控制和独立的外部审计
市场风险	《商业银行账户利率风险管理指引》	2008.10.18	在中华人民共和国境内设立的中资商业银行、外商独资银行、中外合资银行适用本指引	《指引》分为4章、38条,规定了银行账户利率风险管理,第三章规定了银行账户利率风险的监督检查等方面的相关内容

续表

监管内容	银监会发文名称	发文时间	主要监管对象	文件内容总结
市场风险	《商业银行市场风险资本计量内部模型法监管指引》	2010.02.27	在中华人民共和国境内设立的中资商业银行、外商独资银行、中外合资银行适用本指引	《指引》分为23条、4个附件。专业贷款是公司风险暴露的子类,由于专业贷款风险成因的特殊性,新资本协议允许商业银行采用监管映射法计量专业贷款的监管资本要求。本指引分别明确了项目融资、物品融资、商品融资、产生收入房地产贷款四类专业贷款的监管评级标准、监管评级与外部评级的映射关系,以及不同级别专业贷款的风险权重和预期损失比例,保证商业银行审慎评估专业贷款风险和计量监管资本要求
	《商业银行资产证券化风险暴露监督资本计量指引》	2008.10.18	本指引适用于《中国银行业实施新资本协议指导意见》确定的新资本协议银行和自愿实施新资本协议的其他商业银行	《指引》分为5章、116条。规定了商业银行账户风险暴露分类的政策和程序、主权风险暴露、金融机构风险暴露、公司风险暴露、零售风险暴露、股权风险暴露等方面的问题

银监会流动性风险相关文件

监管内容	银监会发文名称	发文时间	主要监管对象	文件内容总结
流动性风险	《商业银行流动性风险管理指引》	2009.10.29	中华人民共和国境内设立的中资商业银行、外资独资银行、中外合资银行和外国银行分行的合规风险管理适用本指引,其他银行业金融机构参照执行。本《指引》不仅适用于《中国银行业实施新资本协议指导意见》确定的新资本协议银行和自愿实施新资本协议的其他商业银行,也适用于其他未实施新资本协议的商业银行	《指引》主要明确了商业银行流动性风险管理所遵循的原则、管理体系、管理方法和技术以及实施中的审慎性要求,并没有改变现行的流动性风险监管指标,商业银行仍应严格遵守目前法律、法规和行政规章中与流动性风险相关的各项监管指标,银监会依法对商业银行各项流动性风险监管指标的遵循情况进行监管。同时,《指引》也明确了监管部门在必要时可提高商业银行的流动性监管指标要求,并有权根据商业银行流动性状况对各项流动性风险监管指标的计算方法、计算口径和计算频率等进行调整,可根据商业银行的规模及其在支付系统和金融市场的地位及风险状况等因素,决定商业银行递交流动性风险监测报表和报告的内容和频率;同时鼓励商业银行设定高于流动性监管指标的内部预警指标,以便管理层及时采取措施避免流动性状况进一步恶化或突破流动性监管指标

续表

监管内容	银监会发文名称	发文时间	主要监管对象	文件内容总结
流动性风险	《商业银行资本充足率计算指引》	2009.08.03	适用于《中国银行业实施新资本协议指导意见》确定的新资本协议银行和自愿实施新资本协议的其他商业银行	银监会将根据单家银行监管资本要求设定其资本充足率的触发比例,商业银行的资本充足率降低至触发比率时,应当制订提高资本水平的计划,并及时报告银监会。这相比之前将高于最低资本充足率0.5个百分点设定为资本充足率的触发比率,更加具有可操作性。商业银行应当对当前和未来的资本需求和资本可获得性制定资本规划,确保资本水平长期稳定,资本规划应当设定至少三年的内部资本充足率目标。除此之外,还有商业银行设定的内部资本充足率目标应当高于监管部门确定的最低银行资本要求
	《商业银行资本充足率监督检查指引》	2009.08.03	本指引适用于《中国银行业实施新资本协议指导意见》确定的新资本协议银行和自愿实施新资本协议的其他商业银行	《指引》分为5章、103条,规定了商业银行内部资本充足率评估程序、资本充足率监督检查的内容、资本充足率的持续监管等内容。主要为对商业银行内部资本充足率进行评估和监督检查的相关规定。《指引》拟规定,银监会可根据宏观经济周期适度调整对银行的最低资本充足率要求。银监会对商业银行所面临的各类主要风险进行独立评估,确定银行的资本充足程度,确定银行的最低资本要求。银监会将根据对银行的资本充足率个别评估情况,决定是否银行提出8%的法定最低比率以外的额外资本要求。额外资本是银监会通过独立全面的风险评估确认银行用来覆盖其他风险的资本,最低资本充足率一般设定为0.5%的倍数
	《商业银行资本充足率信息披露指引》	2009.08.03	本指引适用于《中国银行业实施新资本协议指导意见》确定的新资本协议银行和自愿实施新资本协议的其他商业银行	《指引》分为5章、103条,规定了商业银行的并表范围、资本及资本充足率、风险暴露和评估等方面的内容
	《商业银行资本计量高级方法验证指引》	2009.08.03	本指引适用于《中国银行业实施新资本协议指导意见》确定的新资本协议银行和自愿实施新资本协议的其他商业银行	《指引》分为5章、153条,规定了商业银行验证工作的总体要求、信用风险内部评级体系验证、市场风险内部模型验证、操作风险高级计量体系验证、监督检查验证

银监会合规内控管理相关文件

监管内容	银监会发文名称	发文时间	主要监管对象	文件内容总结
合规风险	《商业银行合规风险管理指引》	2006.10.25	中华人民共和国境内设立的中资商业银行、外资独资银行、中外合资银行和外国银行分行的合规风险管理适用本指引,其他银行业金融机构参照执行	《指引》分为5章、31条,基本涵盖了商业银行董事会及其下设委员会、监事会、高级管理层、合规负责人、合规管理部门的合规管理职责以及合规风险识别和管理流程的各个环节,对合规文化建设、合规风险管理体系建设以及合规绩效考核制度、合规问责制度和诚信举报制度三项基本制度的建设做出了规定。《指引》还规定了商业银行合规政策、合规管理程序和合规指南等内部控制的报备要求、合规风险管理计划和合规风险评估报告的报送要求以及重大违规事件的报告要求,明确了监管部门对商业银行合规风险管理进行非现场监管和现场检查的重点
内部控制	《商业银行内部控制管理》	2002.09.18	各商业银行即商业银行是指依照《中华人民共和国商业银行法》设立的商业银行法人机构	分为10章、142条。涵盖了内部控制的基本要求、授信的内部控制、资金业务的内部控制、存款和柜台业务的内部控制、中间业务的内部控制、会计的内部控制、计算机信息系统的内部控制、内部控制的监督与纠正

附录 B

银行业金融机构全面风险管理指引(征求意见稿)

第一章 总则

第一条 （立法依据）为提高银行业金融机构全面风险管理水平，促进银行体系安全稳健运行，根据《中华人民共和国银行业监督管理法》《中华人民共和国商业银行法》等法律法规，制定本指引。

第二条 （适用范围）本指引适用于在中华人民共和国境内依法设立的银行业金融机构。

本指引所称银行业金融机构，是指在中华人民共和国境内设立的商业银行、城市信用合作社、农村信用合作社等吸收公众存款的金融机构以及开发性金融机构、政策性银行。

第三条 （总体要求－管理内容）银行业金融机构应当建立全面风险管理体系，采取定性和定量相结合的方法，识别、计量、评估、监测、报告、控制或缓释所承担的各类风险。

各类风险包括信用风险、市场风险、流动性风险、操作风险、国别风险、银行账户利率风险、声誉风险、战略风险、信息科技风险以及其他风险。

银行业金融机构的全面风险管理体系应当考虑风险之间的关联性，审慎评估各类风险之间的相互影响，防范跨境、跨业风险。

第四条 （总体要求－管理原则）银行业金融机构全面风险管理应当遵循以下基本原则。

（一）匹配性原则。全面风险管理体系应当与风险状况和系统重要性等相适应，并根据环境变化予以调整。

（二）全覆盖原则。全面风险管理应当覆盖各项业务线，本外币、表内外、境内外业务；覆盖所有分支机构、附属机构，部门、岗位和人员；覆盖所有风险种类和不同风险之间的相互影响；贯穿决策、执行和监督全部管理环节。

（三）独立性原则。银行业金融机构应当建立独立的全面风险管理组织架构，赋予风险管理条线足够的授权、人力资源及其他资源配置，建立科学合理的报告渠道，与业务条线之间形成相互制衡的运行机制。

（四）有效性原则。银行业金融机构应当将全面风险管理的结果应用于经营管理，根据风险状况、市场和宏观经济情况评估资本和流动性的充足性，有效抵御所承担的总体风险和各类风险。

第五条 （全面风险管理要素）银行业金融机构全面风险管理体系应当包括但不限于以下要素：

（一）风险治理架构；

（二）风险管理策略、风险偏好和风险限额；

(三)风险管理政策和程序;
(四)管理信息系统和数据质量控制机制;
(五)内部控制和审计体系。

第六条 (风险文化)银行业金融机构应当在全行层面推行稳健的风险文化,形成与本行相适应的风险管理理念、价值准则、职业操守,建立培训、传达和监督机制,推动全行人员理解和执行。

第七条 (责任主体)银行业金融机构应当承担全面风险管理的主体责任,建立全面风险管理制度,保障制度执行,对全面风险管理体系自我评估,健全自我约束机制。

第八条 (监督管理)银行业监督管理机构依法对银行业金融机构全面风险管理实施监管。

第九条 (披露要求)银行业金融机构应当按照银行业监督管理机构的规定,向公众披露全面风险管理情况。

第二章 风险治理架构

第十条 (总体要求)银行业金融机构应当建立组织架构健全、职责边界清晰的风险治理架构,明确董事会、监事会、高级管理层,业务部门、风险管理部门和内审部门在风险管理中的职责分工,建立多层次、相互衔接、有效制衡的运行机制。

第十一条 (董事会职责)银行业金融机构董事会承担全面风险管理的最终责任,履行以下职责:

(一)建立风险文化;
(二)制定风险管理策略;
(三)设定的风险偏好和风险限额;
(四)审批风险管理政策和程序;
(五)监督高级管理层开展全面风险管理;
(六)审议全面风险管理报告;
(七)审批全面风险和各类重要风险的信息披露;
(八)聘任风险总监(首席风险官)或其他高级管理人员,牵头负责全面风险管理;
(九)其他与风险管理有关的职责。

董事会可以授权其下设的风险管理委员会履行其全面风险管理的部分职责。

第十二条 (委员会间的沟通机制)银行业金融机构应当建立风险管理委员会与董事会下设的战略委员会、审计委员会、提名委员会等其他专门委员会的沟通机制,确保信息充分共享并能够支持风险管理相关决策。

第十三条 (监事会职责)银行业金融机构监事会承担全面风险管理的监督责任,负责监督检查董事会和高级管理层在风险管理方面的履职尽责情况并督促整改。相关监督检查情况应当纳入监事会工作报告。

第十四条 (高级管理层职责)银行业金融机构高级管理层承担全面风险管理的实施责任,执行董事会的决议,应当履行以下职责:

(一)建立适应全面风险管理的经营管理架构,明确全面风险管理职能部门、业务部门以及其他部门在风险管理中的职责分工,建立部门之间有效制衡、相互协调的运行

机制;

（二）制定清晰的执行和问责机制,确保风险偏好、风险管理策略和风险限额得到充分传达和有效实施;

（三）对董事会设定的风险限额进行细化并执行,包括但不限于行业、区域、客户、产品等维度;

（四）制定风险管理政策和程序,定期评估,必要时调整;

（五）评估全面风险和各类重要风险管理状况并向董事会报告;

（六）建立完备的管理信息系统和数据质量控制机制;

（七）对突破风险偏好、风险限额以及违反风险管理政策和程序的情况进行监督,根据董事会的授权进行处理;

（八）风险管理的其他职责。

第十五条 （风险总监或独立高管）规模较大或业务复杂的银行业金融机构应当设立风险总监（首席风险官）。董事会应当将风险总监（首席风险官）纳入高级管理人员。风险总监（首席风险官）或其他牵头负责全面风险管理的高级管理人员应当保持充分的独立性,不得分管业务经营条线,可以直接向董事会报告全面风险管理情况。

调整风险总监（首席风险官）的,应当事先得到董事会批准,并公开披露。银行业金融机构应当向银行业监督管理机构报告风险总监（首席风险官）的调整原因。

第十六条 （全面风险管理的职责分工）银行业金融机构应当确定业务条线承担风险管理的直接责任；风险管理条线承担制定政策和流程,日常监测和管理风险的责任;内审部门承担业务部门和风险管理部门履责情况的审计责任。

第十七条 （全面风险管理职能部门职责）银行业金融机构应当设立或者指定部门负责全面风险管理,牵头履行全面风险的日常管理,包括但不限于以下职责:

（一）实施全面风险管理体系建设,牵头协调各类具体风险管理部门;

（二）识别、计量、评估、监测、控制或缓释全面风险和各类重要风险,并及时向高级管理人员报告;

（三）持续监控风险偏好、风险管理策略、风险限额及风险管理政策和程序的执行情况,对突破风险偏好、风险限额以及违反风险管理政策和程序的情况及时预警、报告并提出处理建议。

（四）组织开展风险评估,及时发现风险隐患和管理漏洞,持续提高风险管理的有效性。

第十八条 （分支机构要求）银行业金融机构应当采取必要措施,保证全面风险管理的政策流程在基层分支机构得到理解与执行,建立与基层分支机构风险状况相匹配的风险管理架构。

在境外设有机构的银行业金融机构应当建立适当的境外风险管理框架、政策和流程。

第十九条 （资源保障）银行业金融机构应当赋予全面风险管理职能部门和各类风险管理部门充足的资源、独立性、授权,保证其能够及时获得风险管理所需的数据和信息,满足履行风险管理职责的需要。

第三章 风险管理策略、风险偏好和风险限额

第二十条 （风险管理策略）银行业金融机构应当制定清晰的风险管理策略，至少每年评估其有效性。风险管理策略应当反映风险偏好、风险状况以及市场和宏观经济变化，并在银行内部得到充分传导。

第二十一条 （风险偏好总体要求）银行业金融机构应当制定书面的风险偏好，定性指标和定量指标并重。风险偏好的制定应当与战略目标、经营计划、资本规划、绩效考评和薪酬机制衔接，在全行传达并执行。

银行业金融机构应当每年对风险偏好至少进行一次评估。

第二十二条 （风险偏好内容）银行业金融机构制定的风险偏好，应当包括但不限于以下内容：

（一）战略目标和经营计划的制订依据，风险偏好与战略目标、经营计划的关联性；

（二）为实现战略目标和经营计划愿意承担的风险总量；

（三）愿意承担的各类风险的最大水平；

（四）风险偏好的定量指标，包括利润、风险、资本、流动性以及其他相关指标的目标值或目标区间。上述定量指标通过风险限额、经营计划、绩效考评等方式传导至业务条线、分支机构、附属机构的安排；

（五）对不能定量的风险偏好的定性描述，包括承担此类风险的原因、采取的管理措施；

（六）资本、流动性抵御总体风险和各类风险的水平；

（七）可能导致风险偏好目标的情形和处置方法。

风险偏好应当明确董事会、高级管理层和首席风险官、业务条线、风险部门和审计部门在制定和实施风险偏好过程中的职责。

第二十三条 （风险偏好执行报告）银行业金融机构应当建立监测分析各业务条线、分支机构、附属机构执行风险偏好的机制。

当风险偏好目标被突破时，应当及时分析原因、制定解决方案并实施。

第二十四条 （风险偏好调整）银行业金融机构应当建立风险偏好的调整制度。根据业务规模、复杂程度、风险状况的变化，对风险偏好进行调整。

第二十五条 （风险限额管理）银行业金融机构应当制定风险限额管理的政策和程序，建立风险限额设定、限额调整、超限额报告和处理制度。

银行业金融机构应当根据风险偏好，按照客户、行业、区域、产品等维度设定风险限额。风险限额应当综合考虑资本、风险集中度、流动性、交易目的等。

全面风险管理职能部门应当对风险限额进行监控，并向董事会和高级管理层报送风险限额使用情况。

第四章 风险管理政策和程序

第二十六条 （风险管理政策和程序）银行业金融机构应当制定风险管理政策和程序，包括但不限于以下内容：

（一）全面风险管理的方法，包括各类风险的识别、计量、评估、监测、报告、控制或缓释，风险加总的方法和程序；

(二)风险定性管理和定量管理的方法;
(三)风险管理报告;
(四)压力测试安排;
(五)新产品、重大业务和机构变更的风险评估;
(六)资本和流动性充足情况评估;
(七)应急计划和恢复计划。

第二十七条 (风险的识别、计量、评估、监测、报告和控制或缓释)银行业金融机构应当在集团和法人层面对各附属机构、分支机构、业务条线,对表内和表外、境内和境外、本币和外币业务涉及的各类风险,进行识别、计量、评估、监测、报告、控制或缓释。

银行业金融机构应当制定每项业务对应的风险管理政策和程序。未制定的,不得开展该项业务。

银行业金融机构应当有效评估和管理各类风险。对能够量化的风险,应当通过风险计量技术,加强对相关风险的计量、控制、缓释;对难以量化的风险,应当建立风险识别、评估、控制和报告机制,确保相关风险得到有效管理。

第二十八条 (政策和程序的一致性)银行业金融机构应当建立风险统一集中管理的制度,确保全面风险管理对各类风险管理的统领性,各类风险管理与全面风险管理政策和程序的一致性。

第二十九条 (风险加总的方法和程序)银行业金融机构应当建立风险加总的政策、程序,选取合理可行的加总方法,充分考虑集中度风险及风险之间的相互影响和相互传染,确保在不同层次上和总体上及时识别风险。

第三十条 (内部模型)银行业金融机构采用内部模型计量风险的,应当遵守相关监管要求,确保风险计量的一致性、客观性和准确性。董事会和高级管理层应当理解模型结果的局限性、不确定性和模型使用的固有风险。

第三十一条 (风险管理报告)银行业金融机构应当建立全面风险管理报告制度,明确报告的内容、频率、路线。

报告内容应至少包括总体风险和各类风险的整体状况;风险管理策略、风险偏好和风险限额的执行情况;风险在行业、地区、客户、产品等维度的分布;资本和流动性抵御风险的水平。

第三十二条 (压力测试安排)银行业金融机构应当建立压力测试体系,明确压力测试的治理结构、政策文档、方法流程、情景设计、保障支持、验证评估以及压力测试结果运用。

银行业金融机构应当定期开展压力测试。压力测试的开展应当覆盖各类风险和表内外主要业务领域,并考虑各类风险之间的相互影响。

压力测试结果应当运用于银行业金融机构的风险管理和各项经营管理决策中。

第三十三条 (新产品、重大业务和机构变更的风险评估)银行业金融机构应当建立专门的政策和流程,评估开发新产品或对现有产品进行重大改动,拓展新的业务领域,设立新机构,从事重大收购和投资等可能带来的风险,并建立内部审批流程和退出安排。银行业金融机构开展上述活动时,应当经风险管理部门审查同意,并经董事会或董事会指定的专门委员会批准。

第三十四条 （资本和流动性充足情况评估）银行业金融机构应当根据风险偏好和风险状况及时评估资本和流动性的充足情况,确保资本、流动性能够抵御风险。

第三十五条 （应急计划）银行业金融机构应当制订应急计划,确保能够及时应对和处理紧急或危机情况。应急计划应当说明可能出现的风险以及在压力情况（包括会严重威胁银行生存能力的压力情景）下应当采取的措施。银行业金融机构的应急计划应当涵盖对境外分支机构和附属机构的应急安排。银行业金融机构应当定期更新、演练或测试上述计划,确保其充分性和可行性。

第三十六条 （恢复计划）银行业金融机构应当按照相关监管规定的要求,根据银行的风险状况和系统重要性,制订并定期更新完善本机构的恢复计划,明确本机构在压力情况下能够继续提供持续稳定运营的各项关键性金融服务并恢复正常运营的行动方案。

第三十七条 （附属机构）银行业金融机构应当制定覆盖其附属机构的风险管理政策和程序,保持机构风险管理的一致性、有效性。银行业金融机构应当要求并确保各附属机构在整体风险偏好和风险管理政策框架下,建立自身的风险管理组织架构、政策流程,促进全面风险管理的一致性和有效性。

银行业金融机构应当建立健全防火墙制度,规范内部交易,防止风险传染。

第三十八条 （外包风险管理）银行业金融机构应当制定外包风险管理制度,确定与其风险管理水平相适应的外包活动范围。

第三十九条 （风险管理应用）银行业金融机构应当将风险偏好、风险管理策略、风险限额、风险管理政策和程序等要素与资本管理、业务管理相结合,在战略和经营计划制订、新产品审批、内部定价、绩效考评和薪酬政策等日常经营管理中充分应用并得到有效实施。

第四十条 （文档管理）银行业金融机构应当对风险偏好、风险管理策略、风险限额、风险管理政策和程序建立规范的文档记录。

第五章 管理信息系统和数据质量

第四十一条 （风险管理信息系统）银行业金融机构应当具备完善的风险管理信息系统,能够在集团和法人层面计量、评估、展示、报告、加总所有风险类别、产品和交易对手风险暴露的规模和构成。

第四十二条 （系统功能）银行业金融机构相关风险管理信息系统应当具备以下主要功能,支持风险报告和管理决策的需要。

（一）支持识别、计量、评估、监测和报告所有类别的重要风险；

（二）支持风险限额管理,对超出风险限额的情况进行实时监测、预警和控制；

（三）能够计量、评估和报告所有风险类别、产品和交易对手的风险状况,满足全面风险管理需要。

（四）支持按照业务条线、机构、资产类型、行业、地区、集中度等多个维度展示和报告风险暴露情况；

（五）支持不同频率的定期报告和压力情况下的数据加工和风险加总需求；

（六）支持压力测试工作,评估各种不利情景对全行及主要业务条线的影响；

第四十三条 （信息科技基础设施）银行业金融机构应当建立与业务规模、风险状况等相匹配的信息科技基础设施。

第四十四条 （数据质量）银行业金融机构应当建立健全数据质量控制机制，积累真实、准确、连续、完整的内部和外部数据，用于风险识别、计量、评估、监测、报告，资本和流动性充足情况的评估。

第六章 内部控制和审计

第四十五条 （内控要求）银行业金融机构应当合理确定各项业务活动和管理活动的风险控制点，采取适当的控制措施，执行标准统一的业务流程和管理流程，确保规范运作。

第四十六条 （内审要求）银行业金融机构应当将全面风险管理纳入内部审计范畴，定期审查和评价全面风险管理的充分性与有效性。

银行业金融机构内部审计活动应独立于业务经营、风险管理和合规管理，遵循独立性、客观性原则，不断提升内部审计人员的专业能力和职业操守。

全面风险管理的内部审计报告应当直接提交董事会和监事会。董事会应当针对内部审计发现的问题，督促高级管理层及时采取整改措施。内部审计部门应当跟踪检查整改措施的实施情况，并及时向董事会提交有关报告。

第七章 监督管理

第四十七条 （报备及报告要求）银行业金融机构应当将风险管理策略、风险偏好、风险限额、风险管理政策和程序等报送银行业监督管理机构，并至少按年度报送全面风险管理报告。

第四十八条 （监管内容）银行业监督管理机构应当将银行业金融机构全面风险管理纳入法人监管体系中，并根据本指引全面评估银行业金融机构风险管理体系的健全性和有效性，提出监管意见，督促银行业金融机构持续加以完善。

第四十九条 （监管方式）银行业监督管理机构通过非现场监管和现场检查等实施对银行业金融机构全面风险管理的持续监管，具体方式包括但不限于监管评级、风险提示、现场检查、监管通报、监管会谈、与内外部审计师会谈等。

第五十条 （监管沟通）银行业监督管理机构应当就全面风险管理情况与银行业金融机构董事会、监事会、高级管理层等进行充分沟通，并视情况在银行董事会、监事会会议上通报。

第五十一条（监管措施）对不能满足本指引及其他关于全面风险管理要求的银行业金融机构，银行业监督管理机构可以要求其制订整改方案，责令限期改正，并视情况采取相应的监管措施。

第八章 附则

第五十二条 （与具体风险监管要求的关系）各类具体风险的监管要求按照银行业监督管理机构的有关规制执行。

第五十三条 （参照执行）经银行业监督管理机构批准设立的其他金融机构参照本指引执行。

第五十四条 （施行时间）本指引自正式发布之日起施行。本指引实施前发布的有关规范性文件如与本指引不一致的，按照本指引执行。

教师服务

感谢您选用清华大学出版社的教材！为了更好地服务教学，我们为授课教师提供本书的教学辅助资源，以及本学科重点教材信息。请您扫码获取。

❯❯ 教辅获取

本书教辅资源，授课教师扫码获取

❯❯ 样书赠送

财政与金融类重点教材，教师扫码获取样书

 清华大学出版社

E-mail: tupfuwu@163.com
电话：010-83470332 / 83470142
地址：北京市海淀区双清路学研大厦 B 座 509

网址：https://www.tup.com.cn/
传真：8610-83470107
邮编：100084